U0872867

北京市住房和城乡建设委员会　编

2015
北京市房地产年鉴
BEIJING REAL ESTATE YEARBOOK

中国社会科学出版社

图书在版编目(CIP)数据

北京市房地产年鉴. 2015/北京市住房和城乡建设委员会编. —北京:中国社会科学出版社, 2015.11
ISBN 978-7-5161-7072-4

Ⅰ. ①北… Ⅱ. ①北… Ⅲ. ①房地产业-北京市-2015-年鉴 Ⅳ. ①F299.271-54

中国版本图书馆 CIP 数据核字(2015)第 263111 号

出 版 人　赵剑英
责任编辑　孙铁楠
责任校对　林福国
责任印刷　张雪娇

出　　版　中国社会科学出版社
社　　址　北京鼓楼西大街甲 158 号
邮　　编　100720
网　　址　http://www.csspw.cn
发 行 部　010-84083685
门 市 部　010-84029450
经　　销　新华书店及其他书店

印刷装订　北京华睿林彩色印刷有限公司
版　　次　2015 年 11 月第 1 版
印　　次　2015 年 11 月第 1 次印刷

开　　本　880×1230mm　1/16
印　　张　23
字　　数　550 千字
定　　价　298.00 元

凡购买中国社会科学出版社图书, 如有质量问题请与本社联系调换
电话: 010-64009791
版权所有　侵权必究

《北京市房地产年鉴 2015》编委会

主编单位： 北京市住房和城乡建设委员会

参编单位： 北京市国土资源局

北京市规划委员会

北京市统计局

中国人民银行营业管理部

北京住房公积金管理中心

北京市房地产市场管理事务中心（北京市城建研究中心）

主　　任： 陈　刚

副 主 任： 张　维　徐贱云　魏成林

黄　艳　王文杰　姜再勇

杨学锋　王荣武　李　盟

《北京市房地产年鉴2015》编辑部

主　　编： 王荣武

常务副主编： 李　盟

副 主 编：（按姓氏笔画排列）

丁　晓　包林梅　张亚芹　郑　新　赵　宏
倪　娜

编撰人员：（按姓氏笔画排列）

丁红梅　丁卓茹　于　良　于佩平　于　雷
马薇薇　王玉明　王　争　王春阳　王　颖
王震雪　王　露　孔令军　石春兰　田卫华
田宏有　田相伟　付　平　宁　婷　巩振华
任　玮　刘　宁　刘光祖　刘俊兰　阵建军
孙荣华　杜　敬　李囡囡　李　伟　李自强
李连仲　李晓文　李　浩　李　朗　李雪雁
肖　楠　吴　岩　吴　雪　冷　涛　沈赫萌
宋　杰　张　权　张丽娜　张虹波　张　琳
张　皓　张　璐　陈立民　范亚超　林少华
林　斌　金旸滟瞳　周丹丹　周　岩　周征锋
周　泉　周　蓉　庞　茜　赵守胜　贾小刚
徐　菁　高安富　高　赛　郭丽颖　郭彦利
郭培宜　黄　晨　葛　超　蒋　然　童怡华
解丹丹　窦连增　褚建好　潘　露　燕　彦

目 录

图表目录

第一章
特　稿

北京市房地产年鉴 2015

在2015年系统工作会上的报告

北京市住房和城乡建设委员会主任　徐贱云

一、2014年主要工作回顾

2014年，面对“三期叠加”的复杂经济形势和首都建设改革发展的紧迫任务，市住房城乡建设系统全体干部职工，坚决落实市委市政府的各项决策部署，坚持问题导向和改革方向，创新政策机制，加强法治建设，激发发展活力，破解发展难题，努力为促进首都经济社会发展做出应有贡献。到年底，全市房屋累计施工面积2.17亿平方米，连续第三年超过2亿平方米。建筑业完成总产值8209.8亿元，同比增长10.1%。房地产开发投资完成3911.3亿元，同比增长12.3%。建设筹集各类保障房10.1万套、竣工10.7万套，分别完成任务144%和107%。重点工程完成投资1995.0亿元，新开工46项。

（一）强化顶层设计和管理创新，全面推进保障性安居工程

落实全面深化改革要求，完善和创新体制机制，推动住房保障方式向“租售并举，以租为主”转变，加快构建符合首都实际的住房保障和供应体系。

一是住房保障立法取得突破性进展。在全国率先起草完成省级城镇基本住房保障条例，对住房保障制度进行了多项改革创新，将进一步明确住房保障的对象、方式、标准和相关主体责任等关键问题，有利于加快建立完善北京市基本住房保障制度。市人大常委会已完成《北京市城镇基本住房保障条例》草案的第二次审议。

二是超额完成建设任务。强化全市统筹，各区县和参建单位克服困难、全力以赴，提前超额完成保障房年度建设计划。“十二五”期间，我市计划建设筹集各类保障房100万套，已完成85万套。全面落实工程质量终身责任制，确保群众住上放心房，保障房质量安全管理在住房城乡建设部检查评比中名列前茅。

三是运用市场化手段多渠道筹集建设资金。推进保障房金融产品创新，引导社会资金参与保障房建设。市投资中心充分发挥保障房融资主力军作用，共融资250.6亿元。同时，积极研究在公租房项目中发行REITs的可行性及发行方案。

四是不断创新分配与后期管理。公开配租配售保障房5.8万套，力争今年年底，通过多种方式基本解决审核备案家庭住房困难。创新采取“统一公示、分批选房、分批入住”的“大摇

号”方式，简化分配程序、提高分配效率。探索开展公租房趸租和专项配租模式，重点解决无房新就业大学生、青年教师、医生等群体的基本住房需求。积极推行保障房小区招标优选物业服务企业，完善推广物业管理市场化、使用监督专业化、社会管理属地化“三位一体”的后期管理模式。印发公租房社会管理和服务规定，解决公租房家庭就学、就医、社保等难题。

五是加快推动自住房建设上市。加强规划设计方案审查，严把自住房建设质量关。协调项目加快开工建设，自住房项目平均上市周期缩短20%。出台自住房销售及建设管理等多个配套文件，组织研发摇号软件，建立统一网上申购入口，确保申购、摇号、选房等环节规范透明。截至2014年年底，全市累计落实项目54个、房源约5.7万套，实现申购33个项目、3.7万套。自住房优化了供应结构，满足了中端需求，稳定了市场预期，并纳入保障房监督管理体系。

六是积极稳妥推进中心城区棚户区改造。棚改作为全市重点工作之一，2014年是关键一年，全年续建和新启动棚改项目205个。会同有关部门和区县，紧紧围绕政策完善、安置房筹集、投融资机制创新，扎实有效推进各项工作。自2013年以来陆续出台15个政策文件，以市政府印发《关于加快棚户区改造和环境整治工作的实施意见》为标志，基本搭建起棚户区改造的政策体系。通过区县自筹、市属国有企业和在京央企自有用地建设等多种渠道，扩大中心城区棚改定向安置房建设筹集规模，目前已落实房源5.1万套。创建“统贷统还”北京模式，搭建棚改融资平台，获得国开行500亿元授信额度，利率大幅下调18%，贷款期限最长延至25年，为改造提供了资金保障。

（二）维护良好市场秩序，保持房地产市场平稳运行

2014年房地产市场总体表现为调整态势，有经济下行的影响、市场内在规律的作用，也是政策调控的结果。因此，我们坚持既保持政策相对稳定，又根据市场变化适时进行必要的政策微调，防止大起大落。

在市场调控方面，注意发挥市场决定性作用，采取有效措施保持市场平稳。一是发挥市场机制的作用，逐步放开预售价格管控，促进项目上市和销售，保证市场有效供应。新建商品住房全年上市10.9万套，同比增加49.3%；自住房上市供应，发挥了市场稳定器的作用。二是继续执行限购政策，抑制投资投机需求，从严开展购房资格审核，19%的申购家庭因不符合限购条件未通过核验。三是出台多项经济政策，支持自住型、改善型购房需求。会同财政、地税部门，适时调整普通住房价格标准，减轻居民购房负担，促进库存消化，将普通住房税收优惠覆盖面扩大到90%以上。扎实推动央行房贷新政落地，对拥有1套住房并已结清相应购房贷款的家庭执行首套房贷款政策，下调首套住房贷款利率折扣。会同市公积金中心，出台调整公积金贷款额度政策，加大对缴存公积金职工的购房支持力度。

随着相关政策措施逐步落地，四季度商品住房市场成交量回升、房价企稳，购房资格申请量、中介门店看房量与房源量明显增加，市场活跃度有所提升，带动住房库存进入合理区间。

在市场秩序方面，不断提高监管服务水平，完善长效机制。一是引导行业诚信经营。按月梳理投诉情况，建立经纪机构投诉信息公示曝光机制，在市住建委门户网站按月公示被投诉前10名经纪机构名单，定期公布已查处的“黑中介”。二是严格执法检查。2014年，市区两级检查房地产项目1859个次；检查经纪机构7942家次。会同有关部门开展执法检查和群租治理，基本完成50个市级挂账重点社区违法群租房整治工作。三是严把预售资金监管关。截至2014年年底，监管预售项目1282个，监管金额5680.6亿元；存量房交易服务平台核验房源5.39万套，监管金额381.9亿元，保证了房地产市场资金安全。四是强化市场监测和政策研究。做好政策解读和信息公开，加强预期管理，为领导决策和市民消费提供真实充足的信息。主动适应形势、储备政策，借助专家学者智慧，深入开展政策研究和市场分析。积极推进《北京市房屋租赁条例》立法论证，召开立法工作启动会，开展系列前期调研和立法论证。

到年底，房地产市场有关经济指标有增有减，但基本处于合理区间。市住建委负责促进的保障房和商品房开发投资（不含土地购置价款）完成2350.1亿元，超额完成2000亿元的投资任务。房地产开发施工面积为1.36亿平方米，同比下降1.8%，近五年来首次负增长。商品房销售面积1459.0万平方米，同比下降23.3%，其中住宅销售1141.3万平方米，同比下降16.3%；新建商品住房和二手住房价格指数年内各月同比呈下降趋势，环比在前期连续下降后，四季度3个月合理反弹。总的来看，房地产开发扎实推进，交易市场平稳运行，居民购房、租房行为趋于理性，在发挥市场决定性作用的同时也更好地发挥了政府作用，有利于房地产市场健康发展。

（三）完善房屋管理政策措施，提高行业管理水平

规范保障房登记手续。明确征收过程中的房屋登记问题。加强房产测绘管理。在总结试点经验的基础上，在全市范围内正式开展集体土地范围内房屋所有权登记、抵押登记等各项业务。全年办结房屋登记80.9万件。

狠抓物业管理工作的指导落实。在防汛、查违、专项维修资金监管、业主大会指导、矛盾纠纷调处等方面加强指导和监管。加大居住区违法建设查处力度，全市冻结房产交易2406处。开展《北京市物业管理条例》前期立法调研，形成课题报告及条例草案初稿。

研究直管公房经营管理体制改革思路。截至2014年年底，全市（含企业）累计为120.5万人发放住房补贴378.2亿元。加强统筹协调，主动沟通了解群众需求，把落实私房政策工作做到位。

实现房屋安全度汛，汛前房屋检查覆盖面达到95%，治理危房0.94万平方米，政府、企业等各方共同努力，确保抢险队伍、组织人员、物资保障到位，汛期全市住建部门参加值班、抢险备勤人员达到2.8万人次。加强普通地下室的安全管理和检查，修编管理规范，引导合理科学使用。做好商品住宅专项维修资金使用审核，全市累计支取6.96亿元，同比增长78%，其中379个应急维修项目支取1.16亿元。

国有土地上房屋征收全面展开，集体土地上房屋拆迁平稳推进，签约率大幅上升，信访矛盾明显减少。自2011年新的房屋征收补偿条例实施以来，全市启动56个征收项目，整体签约率达到91.9%，在很大程度上扭转了过去拆迁难的局面。同时工作更加公开透明，有效维护了群众合法权益。

（四）强化源头治理和管理方式创新，完善建筑市场监管服务

2014年，我市城乡建设仍然保持巨大规模，质量安全监管任务繁重。为此，以工程质量管理立法和全面深化改革为契机，不断改进和加强行业管理，同时进一步完善市场信用体系建设，推进“两场联动”，全面提升监管服务水平。

一是推进《北京市建设工程质量管理条例》立法工作，着力解决建筑业和建筑市场存在的深层次问题。完成法规草案起草工作，立足建立质量管理长效机制，确保各项制度设计“明确、具体、管用”。草案已通过市人大一审。另外，《北京市建设工程造价管理办法》也已基本成稿。

二是进一步加强建筑市场诚信体系建设，营造良好的市场秩序。稳步推进建筑市场诚信评价工作及施工企业信用标评标工作，开展专业施工企业市场行为信用评价试点，工程监理企业、质量检测机构及其相关从业人员的市场行为信用两个评价系统正式上线运行，接受社会监督与相关部门差别化监管。深入推进资质动态核查，完善动态核查系统，提高核查工作的信息化水平。

三是加强有形市场管理，营造公开、公平、公正的市场交易环境。着力强化信息化建设等核心技术优势，升级改造电子化招投标交易系统。组建工程交易数据中心，深度挖掘交易数据服务效能。改革创新建设工程货物招标投标，不断提高招投标服务质量和水平。全年房屋市政工程项目交易共完成3.55万项，交易合同额3495.1亿元，同比分别增长27.3%和9.0%。

四是加大执法检查力度，突出工程质量安全，维护正常市场秩序。全市房屋施工面积量大面广，全年轨道交通在施线路11条、200公里，市区两级主管部门高度重视质量安全问题，围绕保障性安居工程、老旧小区综合整治、轨道交通以及雁栖湖项目、中国尊等重点工程，强化建设手续监管，强化监督执法工作。同时，加大市场综合执法力度，深入开展工程质量治理两年行动，严厉打击转包等违法行为，推动建立“以集团总公司为核心的企业自律机制”，执法能力不断增强，处罚案例种类有所增加。

其中监督总站组织抽查工程6166项次，下达《责令改正通知书》733份，行政立案处罚415起；执法大队对违法施工立案处罚51起，罚款金额2733万元。到12月底，建设工程质量监督系统监督在施单体工程25584项/标段，整体处于受控状态。针对顺义区“香悦四季小区”住宅楼倾斜和大兴区采育自住型商品房项目混凝土抗压强度偏低的问题，立即采取有效行动进行了妥善处置；针对清华附中体育馆工程钢筋网坍塌事故，全市所有工程立即停工整改，整改合格并经企业法定代表人签字后方可恢复施工。

施工安全管理一直是我们的工作重点。2014年推行了施工现场安全防护标准化工作，狠抓了危险性较大分部分项工程的安全监管，进一步提升施工现场安全生产管理水平。开展了建设工程“六打六治”打非治违专项行动等安全专项治理工作，对深基坑、高大模板支撑体系和高大脚手架、建筑起重机械、临时用电等组织了安全专项执法检查。

（五）大力推动建筑节能和绿色建筑，提高产业发展质量和效益

年内新颁布《北京市民用建筑节能管理办法》，建筑节能减排工作迈上新台阶。大力实施绿色建筑行动，推动建筑行业发展方式转变，促进行业技术进步和改造升级。全面落实清洁空气任务，加大施工扬尘治理力度。

着力引导建设高星级、高品质绿色建筑。推进绿色建筑标准体系建设，全面贯彻落实《北京市绿色建筑行动实施方案》和《北京市民用建筑节能管理办法》，严格落实新建民用建筑执行绿色建筑一星级标准的要求，功能性园区内新建建筑、政府办公建筑以及政府投资的学校、医院、保障性住房等公益性建筑强制执行绿色建筑标准。推动绿色建筑标准与本市固定资产投资审批流程相衔接，将绿色建筑标准指标要求纳入项目基本建设流程。编制发布《北京市绿色建筑适用技术推广目录》，对绿色建筑标识项目给予财政奖励。截至2014年年底，累计通过绿色建筑评价标识认证的项目94项、1077万平方米，共有1120个项目约5212.8万平方米的新建项目通过绿色建筑施工图审查，绿色建筑全面发展。

住宅产业化工作进入新阶段。大力推进保障房装配式装修，实现新建保障性住房住宅产业化全覆盖。扩大在普通商品房中实施住宅产业化的范围，在全国率先落实面积奖励政策。积极培育集设计、生产、施工、安装于一体的大型全产业链集团企业或联合体。截至2014年年底，全市累计纳入实施产业化计划项目规模超过1000万平方米。

全面完成老旧小区综合整治和农宅抗震节能改造任务。会同有关部门和区县，加大协调指导力度，全年共完成1374万平方米城镇老旧小区抗震节能综合改造和9.1万户农宅抗震节能改造，改善了约30万户城乡居民的住房条件。

启动公共建筑电耗限额管理工作。“对全市3000平方米以上的公共建筑设置耗电限额”，是“十二五”期间率先开展的建筑节能新政策。目前基本完成全市公共建筑电耗限额管理对象基础信息的采集工作，对具备条件的公共建筑电耗限额分批次陆续对社会发布。

抓好工地扬尘治理。成立施工扬尘治理工作专门机构，在全市5000平方米以上及规定区域内工地安装施工现场视频监控系统，1200多个工地完成安装工作。实地检查工地3.6万项次，实现达标率95%，超过任务目标3个百分点。加大混凝土搅拌站的治理整合工作力度，在相关区县共同努力下，基本关停了无行政许可的混凝土搅拌站，建筑领域清洁空气行动计划任务全面落实。

（六）全面加强队伍建设和行政基础工作，推动全系统改革发展

深入学习贯彻习近平总书记系列重要讲话和十八届三中、四中全会精神，着力抓好党的群众路线教育实践活动整改落实。坚持围绕改革创新和中心工作，切实加强机关党建工作和基层服务型党组织建设。加强人才队伍建设，合理调整机构设置，积极稳妥地推进事业单位分类改革，市住建委人事处荣获“全国军队转业干部安置工作先进单位”荣誉称号。

认真贯彻总书记视察北京时的讲话精神和市委改革《决定》，初步提出今后一个时期住房城乡建设领域全面深化改革的30余项重点工作。同时按照市委改革任务分解方案要求，对承担的3项牵头任务和参与的16项任务进行了分工，根据市级各专项小组的工作安排，积极配合推进落实。

圆满完成重要活动服务保障任务，及时组织隐患排查，认真制订保障方案，活动期间加强监督检查。以应急体制机制建设为重点，以提高应急能力为核心，全力以赴做好防汛、雾霾天、埃博拉疫情等应急应对工作。市区两级高度重视信访工作，坚持领导干部接访下访制度，先后开展两次全系统矛盾纠纷集中排查调处工作，推动开展社会稳定风险评估，进一步提升便民服务热线接听率、满意率、反馈率。贯彻落实十八大以来中央新要求，努力在运用法治思维、法治方式化解矛盾纠纷和改进作风等方面完善机制制度，提升群众满意率。

认真学习贯彻全面推进依法治国要求，积极推进立法、执法监督、行政复议和诉讼、法制宣传、多元调解等各方面工作，法制工作继续稳步推进。执法工作全面加强，全年全市共开展各类执法检查6.2万项次。

扎实推进行政审批制度改革，进一步精简审批事项，市、区县建设房管系统之间的工作关系进一步理顺，审批效率和服务质量不断提高。

深化电子政务建设和管理工作，进一步强化信息化基础设施，网络安全和运维体系建设，升级、开发了住房保障决策信息服务平台的16个业务系统，为业务工作提供了有利技术支撑。

市住建委完成数十项调研课题，《建设志》编修进展顺利。拟订“十三五”规划编制工作方案，启动前期研究工作。

贯彻落实市委市政府有关要求，加强新闻宣传，通过专业、周到、细致的媒体服务，生动、灵活、多样的立体宣传，快速、精准、有效的舆情监测和危机处置，为首都住房城乡建设发展营造良好舆论环境，推动各项工作的开展。

同志们，过去一年，我们在市委市政府的正确领导下，在各区县、各部门和各单位的大力支持下，团结一心，勇于担当，稳增长、促改革、调结构、惠民生成绩显著。在此，我代表市住建委领导班子，对全系统干部职工的辛勤付出表示崇高的敬意，对各区县、各部门和各单位的大力支持表示衷心的感谢！

二、2015 年重点工作

（一）工作形势与任务要求

回顾2014年，住房城乡建设领域也存在很多挑战和问题：2014年房地产市场总体处于调整期，是否开始回暖还需要进一步观察，要求我们提前预判形势，做好政策储备。保障房施工面积出现“见顶”迹象，同比降幅达到10%，建设筹集难度增大，同时后期管理也需要进一步完善。城镇既有房屋面积超过9亿平方米，其中住宅4.9亿平方米，物业管理、房屋安全管理等任务越来越重。全市工程在施面积居高不下，重大工程有所增加，工程质量安全形势不容乐观，监管任务日益艰巨。2014年发生的几起质量安全事故特别是“12·29”事故，给我们敲响了警钟，全市数千个工地，点、线、面兼顾知易行难，打牢基础、创新机制势在必行。同时，适应经济发展新常态，落实首都战略定位，建设国际一流和谐宜居之都，全面深化改革、全面推进依法治国，推动京津冀协同发展，实现“多规合一”，以及人口调控、业态疏解、城市病治理等目标任务，都给住房城乡建设工作提出了新标准新要求，形势逼人，任重道远。

2015年是“十二五”规划的收官之年，是推动首都科学发展的关键之年，既要努力完成“十二五”时期各项任务目标，也要集中力量研究行业改革发展的重大战略问题，谋划“十三五”时期的发展大局。今年的政府工作报告提出的七大类建设发展任务以及建设法治政府要求，多数与住建系统的工作密切相关。市十四届人大第三次会议确定的地区生产总值增长7%左右等主要指标，很大程度上也要靠房地产业、建筑业发展和建筑节能减排给予支撑。今年机遇与挑战并存，任务艰巨，意义重大。

2015年，住房城乡建设系统工作的总体要求是：深入贯彻落实中央和本市各项工作部署，努力提高思想认识，主动适应经济发展新常态，深化改革创新、依法行政，敢于担当，稳中求进，更加注重行业精细化管理，更加注重行业提质增效，努力改善群众住房条件，进一步突出工程质量安全管理，全面推进建筑节能减排，为推动首都经济社会持续健康发展做出新贡献。

（二）2015年重点工作

1. 深刻汲取事故教训，全面强化质量安全监督管理工作

去年发生的“清华大学附中体育馆工程安全生产事故”和“大兴当代满庭春自住房项目混凝土质量事故”，引起各级领导重视和社会广泛关注，造成严重负面影响。我们要深刻认识当前的质量安全严峻形势，结合整改工作，深入开展工程质量治理两年行动和“安全工作年”活动，全面强化质量安全监督管理工作。

一是全面推行工程质量标准化。落实五方责任主体项目负责人质量终身责任，突出施工现场质量常见问题和隐患的排查治理，切实发挥监理在施工现场质量管理中的作用，加大对违法违规行为的查处和责任追究力度，强化预拌混凝土和钢筋工程质量管理，确保结构工程质量，遏制一般工程质量事故，杜绝重大质量事故。

二是开展全年建筑业安全生产标准化达标考核工作。研究制定建筑施工安全生产标准化考评办法，开展建筑施工行业安全生产标准化达标工作，进一步提升建筑施工企业和施工现场管理水平，从源头上压减一般安全生产事故，遏制较大安全生产事故，杜绝重大安全生产事故。

三是加大质量安全事故的处罚力度。采取暂扣企业安全生产许可证、暂停责任人员职业资格、降低或吊销企业资质等级等措施，加大对事故责任单位、责任人员的处罚力度。对房地产开发企业发生安全事故或存在工程质量问题的，协调相关部门暂停其在本市行政区域内一定期限的土地投标资格。

四是进一步加大市场执法力度。重点是查处违法发包和施工单位转包、违法分包、挂靠等违法行为；协助区县建立日常执法机制，组织开展对各区县专项治理的督导抽查。

2. 推动条例尽快出台，全面强化保障房管理

积极配合推进《北京市基本住房保障条例》出台。以此为契机，改革创新住房保障制度，确立“租售并举、以租为主”供应体系，及早研究制订实施配套政策，带动住房保障工作再上新台阶。

加强住房保障工作全市统筹。加大社会单位趸租力度，通过新建、改建、收购、趸租、棚户区改造等方式，建设筹集各类保障房10.5万套以上，基本建成8万套，完成“十二五”期间建设筹集各类保障房100万套的目标，各区县政府通过多种方式基本解决符合条件备案家庭的住房困难。

全面提高后期管理水平。提高保障房物业服务水平，探索多方参与的运营管理机制。指导公租房产权单位运营管理规范化、物业服务考核和社会服务属地化落实，全面提升公租房小区管理服务水平。完善保障房交换交易平台建设，更好为住房保障发展提供保障。探索建立社会公益组织等非盈利机构参与保障房综合治理模式，各方共建和谐社区。

大力推进棚户区改造。2015年要达到累计完成8万户棚改搬迁的目标，任务特别繁重。要会同有关部门和区县，进一步完善政策实施机制，重点在棚户区改造投融资机制以及文保区内

房屋产权交易管理等方面取得突破。坚持多方式筹集定向安置房房源，充分挖掘潜力，鼓励国有企业利用自有用地建设中心城区棚改定向安置房，积极吸引民间资本参与。重点推进中心城区棚户区改造，打通城乡结合部集体土地棚户区改造瓶颈。建立在京央企棚户区改造工作机制，将符合条件的项目纳入本市棚户区改造计划。

3. 因时制宜、灵活应对，推动房地产市场和房地产业健康稳定发展

继续密切关注房地产市场形势，认真落实差别化调控要求，在充分发挥市场自我调节作用的同时，加强市场形势监测分析，完善政策执行机制，根据实际需要灵活采取积极主动的行政措施，着力稳定市场、规范秩序。

一是继续推动长效机制建设。以加快构建符合首都实际的住房保障和供应体系为目标，着眼首都城市定位和人口调控大局，加强顶层设计，合理引导预期，保障自住型、改善型住房需求。坚持限购政策，抑制投机投资性购房需求，保持市场平稳，防范大幅下行风险的同时警惕急速反弹危险。加强开发项目动态监管，对在途项目实行精细化监管，确保配套设施同步建设，避免出现配套设施缓建或不建的现象。

加强政策研究，做好政策储备，配合开展房产税征收研究、权属登记等工作。

二是进一步完善商品房销售管理。严把预售审批关的同时，加强项目批后监管，对预售项目实施动态跟踪监管。进一步完善现房销售管理政策，加强现房销售管理和调控。继续联系媒体做好政策解读，主动引导舆论，让消费者掌握真实准确的市场信息，理性消费。

三是完善房屋租赁市场管理体系。更加注重发挥住房租赁市场的作用，全面加强信息化建设、综合执法等工作。继续深化《北京市住房租赁条例》立法调研，以地方立法为契机，破解制约我市房屋租赁市场发展的难题。积极推进房屋租赁规模化经营，大胆探索促进租赁市场健康有序发展的方式方法。

四是维护交易市场正常秩序。继续会同有关部门组织开展各类执法检查。多管齐下加强房地产中介行业监管，提升行业服务水平。力争出台房地产经纪服务地方标准，积极推动房地产经纪地方规章立法进程。加快推进房地产中介信用体系建设，完善房地产经纪、评估机构及从业人员信用档案，推动建立研究机构及人员信用评级及信用制约机制。加强房地产估价批后监管，促进估价报告抽查常态化，对于资质条件不达标、扰乱市场秩序、侵害群众利益的依法清理。

4. 着力改善房屋管理，为市民安居乐业提供保障

加大政策研究和改革创新力度，逐步改进和加强房屋管理，落实城市精细化管理要求，提高城市建设管理水平，推动“城市病”解决。按照全市统一部署，会同有关部门做好《不动产登记暂行条例》贯彻实施工作。总结借鉴有关经验，做好物业条例的草案编制工作；完善物业信用信息系统，推动行业管理由资质管理向信用管理的转变。探索直管公房管理新思路，推动解决当前存在的公房出租经营、租金标准调整、使用权转让、公有设施维修费用以及纳入保障住房管理体系等方面的问题。高度重视房屋安全管理工作，保证房屋安全度汛，指导区县做好普通地下室重新审核登记和检查治理工作。加强旧城区改建房屋征收政策研究。加强首都二机场、轨道交通等重点工程征收拆迁服务力度，推动项目早日启动、实施；督促区县落实属地责

任，加快清理在征在拆及拆迁逾期安置项目。积极配合有关部门落实好拆除违法建设1500万平方米任务。综合施策，抓好经租房长期访积案调查纠错等重点问题。

5. 抓住行业改革契机，促进建筑业提质增效

进一步贯彻落实住房城乡建设部《关于推进建筑业发展和改革的若干意见》，加快推进监管机制和手段创新，逐步构建市场监管、企业自律、社会监督相结合的综合监管体系，维护公开、公平、公正的建筑市场秩序，保障工程质量安全，促进首都建筑业科学发展。

一是积极推动《北京市建设工程质量管理条例》出台。以此为契机，完善质量监管体制机制，构建权责明晰的建设工程质量责任体系、覆盖工程建设全过程的质量监管体系、充分发挥市场机制作用的建设工程质量信用体系以及过罚相当的建设工程质量责任追究体系。

二是举办北京市建筑业“诚信建设年”活动。努力打造诚信产业，规范施工总承包企业及人员、劳务企业及人员等市场主体行为。逐步完善劳务企业诚信评价等模块，进一步强化工程项目劳务用工实名制管理。研究建立监理行业监管信息平台，实现监理单位施工现场监管信息实时上传、跟踪处理。探索建立跨部门信息共享机制，严格清出标准，为保障工程质量与施工安全营造良好氛围。

三是做好行业发展服务工作。继续推动京津冀共同建筑市场建设，推动与长三角等条件成熟的省市的建筑业发展协作工作。加强对外埠在京建筑业企业的管理，建立健全与其注册所在地住房城乡建设行政主管部门的沟通机制。开展建筑业信息化示范工程，将信息化建设逐渐融入建筑业企业管理工作中。继续为建筑业企业“营改增”工作提供服务。

6. 多措并举推进建筑节能减排，促进行业绿色发展

积极会同有关部门和区县，完成1150万平方米老旧小区综合改造和8万户农宅抗震节能改造任务。进一步推进公共建筑能耗限额工作，完善公共建筑基本信息及电耗数据库，对公共建筑的电耗限额指标完成情况进行考核、公示，研究公共建筑电耗超限额差别电价制度。

加强绿色生态示范区建设，重点在保障房、政府投资公益性建筑及大型公共建筑领域推广绿色建筑建设，加强绿色建筑相关标准编制和科技研发，提升生态城市建设水平。全面推进住宅产业化，加快完善产业化住宅标准体系，推广全装修住宅。

全面落实大气污染控制治理措施，加强绿色施工管理。组织相关主管单位对《北京市预拌混凝土搅拌站绿色生产管理规程》执行情况进行检查；组织对不符合要求的搅拌站（包括非法新建站点和无行政许可手续站点）进行全面清理。配合有关部门做好施工扬尘排污收费相关工作。

7. 加强深化行政审批制度改革等各项工作，努力打造服务型政府部门

按照市政府统一部署，做好市政务服务大厅入驻各项准备工作，研究建立与市级审批平台的协调沟通机制。继续推进各类审批事项精简、下放，做好住房城乡建设部下放审批事项的承接工作。继续推进审批信息平台整合工作，逐步实现审批无纸化、审批自动化的目标。在全系统推广审批质量检查，对审批行为、审批规范性进行监督。继续推进施工许可管理工作的规范化和制度化。严格落实北京市新增产业的禁止和限制目录，把好审批关口。

市区两级住建部门要共同加强信访工作，有效提升群众满意度。深入开展诉访分离工作，

做好制度顶层设计，积极稳妥推动和规范信访事项、行政事项、司法事项甄别办理工作。追根溯源，深入分析社会矛盾规律，逐步完善政策措施，进一步做好社会稳定风险评估。要重视横向沟通协调，完善联席工作制度，协同化解矛盾纠纷，维护群众合法权益。

同时，要按照全市统一部署，落实全面推进依法治国各项要求，做好“十三五”规划、调查研究、信息公开、信息化建设、新闻宣传等各项工作。

同志们，2015 年已经到来，形势更加复杂，任务更加艰巨，我们要牢记党和人民的重托，统一思想，振奋精神，再接再厉，坚决贯彻落实市委市政府工作部署和要求，为首都经济社会发展做出更大贡献。

第二章
北京社会经济发展概况

北京市房地产年鉴 2015

第一节 自然环境

北京市位于北纬39°56′，东经116°20′；西北毗邻山西、内蒙古高原，南与华北大平原相接，东近渤海；市中心海拔43.71米。西、北、东三面环山，主要河流有永定河、潮白河、北运河等。北京市属暖温带半湿润季风型大陆性气候，四季分明，春季干燥多风，秋季清爽，是一年中最好的季节，冬季寒冷、少雪。2014年平均气温14.1℃。年极端最高气温为41.1℃，出现在5月29日。年极端最低气温-11.2℃，出现在2月11日。

全年降水量461.5毫米，比上年下降20.3%。

第二节 行政区划

截止到2014年，北京市共辖14个区、2个县。按功能区划分为首都功能核心区：东城区、西城区；城市功能拓展区：朝阳区、丰台区、石景山区、海淀区；城市发展新区：房山区、通州区、顺义区、昌平区、大兴区；生态涵养发展区：门头沟区、怀柔区、平谷区、密云县、延庆县。

全市共辖街道办事处147个、建制镇144个、建制乡38个、有社区居委会2926个、村民委员会3937个。

表2-1 2014年北京市行政区划

单位：个

地区	街道办事处	建制镇	建制乡	社区居委会	村民委员会
全市	147	144	38	2926	3937

第三节 经济发展

一、人口

2014年末全市常住人口2151.6万人，比上年末增加36.8万人。其中，常住外来人口818.7万人，占常住人口的比重为38.1%。常住人口中，城镇人口1859万人，占常住人口的比重为 86.4%。常住人口出生率 9.75‰，死亡率 4.92‰，自然增长率 4.83‰。常住人口密度为每平方公里 1311 人，比上年末增加 22 人。年末全市户籍人口 1333.4 万人，比上年末增加 17.1 万人。

二、综合经济

经济增长：初步核算，2014 年，实现地区生产总值 21330.8 亿元，比上年增长 7.3%。其中，第一产业增加值 159 亿元，下降 0.1%；第二产业增加值 4545.5 亿元，增长 6.9%；第三产业增加值 16626.3 亿元，增长 7.5%。

按常住人口计算，全市人均地区生产总值达到 99995 元（按年平均汇率折合 16278 美元）。三次产业结构由上年的 0.8:21.7:77.5 调整为 0.7:21.4:77.9。

表 2－2　2010—2014 年北京市地区生产总值

年份	地区生产总值（亿元）	人均地区生产总值（元）
2010	14113.6	75957
2011	16251.9	81658
2012	17801.0	87091
2013	19500.6	93213
2014	21330.8	99995

表 2－3　2014 年北京市地区生产总值

指　　标	绝对值（亿元）	比上年增长（%）
地区生产总值	21330.8	7.3
按产业分		
第一产业	159.0	-0.1
第二产业	4545.5	6.9
第三产业	16626.3	7.5
按行业分		
农、林、牧、渔业	161.3	持平
工业	3746.8	6.0
建筑业	907.4	10.6
批发和零售业	2447.7	5.5
交通运输、仓储和邮政业	948.1	6.8
住宿和餐饮业	381.9	-0.2
信息传输、软件和信息技术服务业	2062.0	11.7
金融业	3310.8	12.3
房地产业	1329.2	-2.2
租赁和商务服务业	1700.2	5.8
科学研究和技术服务业	1662.6	11.1

续表 2-3

指　　标	绝对值（亿元）	比上年增长（%）
水利、环境和公共设施管理业	136.0	11.4
居民服务、修理和其他服务业	162.4	13.2
教育	859.0	9.7
卫生和社会工作	468.1	10.7
文化、体育和娱乐业	470.4	1.9
公共管理、社会保障和社会组织	576.9	-2.6

全年文化创意产业实现增加值 2794.3 亿元，比上年增长 8.4%；占地区生产总值的比重为 13.1%，比上年提高 0.1 个百分点。信息产业实现增加值 3134.4 亿元，增长 9.8%；占地区生产总值的比重为 14.7%，比上年提高 0.3 个百分点。生产性服务业实现增加值 11072.5 亿元，增长 9.3%；占地区生产总值的比重为 51.9%，比上年提高 0.8 个百分点。

财政：2014 年，全市完成地方公共财政预算收入 4027.2 亿元，比上年增长 10.0%。其中，增值税 646.7 亿元，增长 12.5%；营业税 1068.6 亿元，增长 3.3%；企业所得税和个人所得税 915.8 亿元和 383.5 亿元，分别增长 14.2% 和 14.9%。地方公共财政预算支出 4510.5 亿元，增长 8.1%。其中，用于节能环保、科学技术、医疗卫生、农林水、城乡社区的支出分别增长 54.4%、20.3%、16.7%、15.5% 和 8.5%。

价格：全年居民消费价格比上年上涨 1.6%，涨幅比上年回落 1.7 百分点。其中，食品价格上涨 3.2%，非食品价格上涨 1.0%；消费品价格上涨 1.0%，服务项目价格上涨 2.5%。

三、农业

2014 年实现农林牧渔业总产值 420.1 亿元，比上年下降 0.4%。完成平原造林 35.5 万亩，在此带动下，林业实现产值 90.7 亿元，比上年增长 19.5%。全年粮食播种面积 12 万公顷，比上年减少 3.9 万公顷。粮食产量 63.9 万吨，下降 33.5%；粮食亩产 354.7 公斤，下降 12.0%。

四、工业和建筑业

工业：全年实现工业增加值 3746.8 亿元，比上年增长 6.0%。其中，规模以上工业增加值增长 6.2%。在规模以上工业中，国有控股企业增加值增长 6.7%；高技术制造业、现代制造业增加值分别增长 11.0% 和 12.2%。全年规模以上工业中战略性新兴产业增加值比上年增长 17.9%，对规模以上工业增长的贡献率达 62.7%。规模以上工业实现销售产值 17856.3 亿元，增长 5.5%。其中内销产值 16446.4 亿元，增长 6.6%；出口交货值 1409.8 亿元，下降 6.5%。

建筑业：全市具有资质等级的总承包和专业承包建筑业企业完成建筑业总产值 8209.8 亿元，比上年增长 10.1%。其中，在本市完成 2895.8 亿元，增长 3.6%；在外埠完成 5314 亿元，增长 13.9%。本年新签合同额 10441.8 亿元，增长 7.4%。

五、交通运输和邮电

交通运输：全年货运量 29513.4 万吨，比上年增长 4.3%。全年客运量 71745 万人，比上年增长 1.0%。

年末全市机动车拥有量559.1万辆，比上年末增加15.4万辆。民用汽车532.4万辆，增加13.5万辆。其中私人汽车437.2万辆，私人汽车中轿车316.5万辆，分别增加10.7万辆和5.5万辆。

邮电：全年实现邮电业务总量750.8亿元，比上年增长15.1%。其中，邮政业务总量63.7亿元，增长9.0%；电信业务总量687亿元，增长15.7%。全年发送邮政函件6.6亿件，下降7.6%；特快专递5451.1万件，增长13.7%。年末固定电话用户达到831.2万户，固定电话主线普及率达到38.6线/百人，每百人比上年末减少2.4线。全年净增移动电话用户702.6万户，年末达到4076.4万户。移动电话普及率达到189.5户/百人，每百人比上年末增加30户。全年短信业务总量达到442.8亿条，比上年下降3.5%。年末固定互联网宽带接入用户数达到552.7万户。

六、金融

存贷款：年末全市金融机构（含外资）本外币存款余额100095.5亿元，比年初增加8435亿元，增加额比上年多1846.2亿元。年末全市金融机构（含外资）本外币贷款余额53650.6亿元，比年初增加5661.4亿元，增加额比上年多1082.7亿元。

证券：全年证券市场各类证券成交额232318.6亿元，比上年增长59.2%。其中，股票成交额85714.5亿元，增长39.2%；债券成交额110657.5亿元，增长58.9%。年末证券市场累计开户数587.5万户，比上年末增加23.9万户。

保险：全年实现原保险保费收入1207.2亿元，比上年增长21.4%。其中，财产险保费收入314.8亿元，人身险保费收入892.5亿元。全年各类保险赔付支出407.2亿元。其中，财产险赔付182.7亿元，人身险赔付224.6亿元。

七、固定资产投资和房地产开发

固定资产投资：全年完成全社会固定资产投资7562.3亿元，比上年增长7.5%。其中，国有控股单位完成投资4457.1亿元，比上年增长7.2%；民间投资完成2620.7亿元，增长8.3%。

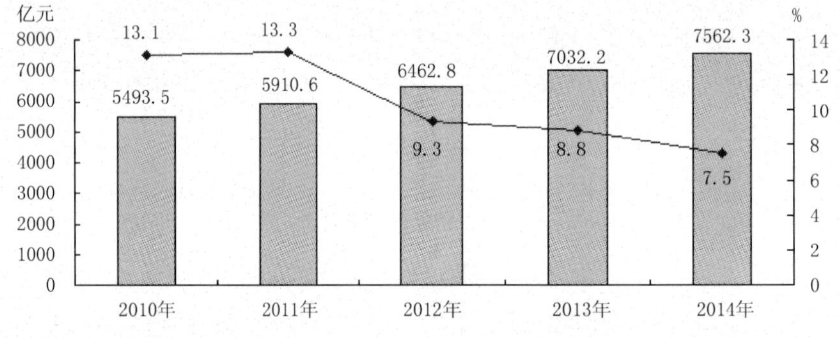

图2－1　2010—2014年全社会固定资产投资及增长速度

分城乡看，城镇投资6926.6亿元，增长9.0%；农村投资635.7亿元，下降6.5%。

分产业看，第一产业投资163.9亿元，下降6.6%；第二产业投资716.8亿元，下降5.1%；第三产业投资6681.6亿元，增长9.5%。

表 2－4　2014 年分行业固定资产投资

行业名称	投资额（亿元）	比上年增长（%）
总　计	7562.3	7.5
农、林、牧、渔业	163.9	－6.6
采矿业	8.1	－10.7
制造业	350.6	－25.0
电力、热力、燃气及水生产和供应业	353.1	30.6
建筑业	4.8	－37.4
批发和零售业	33.9	－34.1
交通运输、仓储和邮政业	776.3	13.3
住宿和餐饮业	65.1	－16.8
信息传输、软件和信息技术服务业	183.4	－12.5
金融业	54.5	－5.0
房地产业	4400.3	12.6
租赁和商务服务业	47.5	－5.8
科学研究和技术服务业	142.5	11.8
水利、环境和公共设施管理业	603.6	17.1
居民服务、修理和其他服务业	11.6	－21.2
教育	156.0	9.3
卫生和社会工作	67.0	10.1
文化、体育和娱乐业	92.0	－17.6
公共管理、社会保障和社会组织	47.9	－46.8

全年完成基础设施投资 2018.1 亿元，增长 13.0%。从投向上看，交通运输投资 756.5 亿元，所占比重为 37.5%，公共服务业投资 502.5 亿元，所占比重为 24.9%。

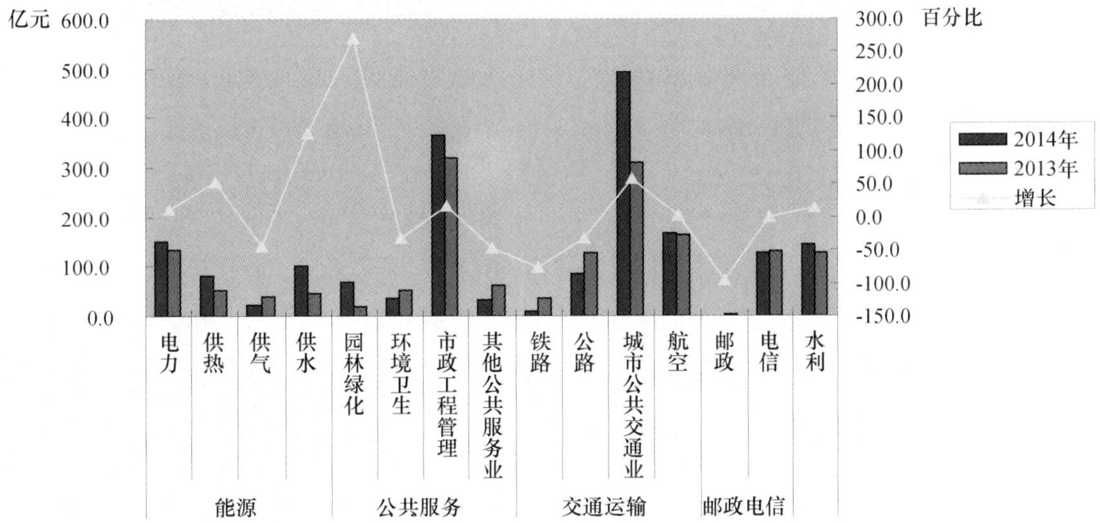

图 2－2　2014 年北京市基础设施投资完成情况

房地产开发：全年完成房地产开发投资3911.3亿元，比上年增长12.3%。其中，住宅投资1962亿元，增长13.8%；写字楼投资750.2亿元，增长22.6%；商业、非公益用房及其他投资1199.1亿元，增长4.5%。

保障性住房建设：全年新开工、筹集各类保障性住房10.1万套，竣工10.7万套，配租配售4.4万户。

八、批发和零售

全年批发和零售业实现商品购销额124012.3亿元，比上年增长5.6%。其中，实现购进额58722.3亿元，增长3.7%；销售额65290亿元，增长7.5%。

全年实现社会消费品零售总额9098.1亿元，比上年增长8.6%。限额以上批发和零售企业中，汽车类实现零售额1723.1亿元，下降2.9%；通讯器材类实现零售额916.6亿元，增长93.8%；中西药品类实现零售额783.5亿元，增长10.4%；文化办公用品类实现零售额498.6亿元，增长15.3%；家用电器和音像器材类实现零售额371.3亿元，增长10.2%。限额以上批发和零售企业实现网上零售额1456.9亿元，增长69.7%。

九、对外经济和旅游

对外经济：全年北京地区进出口总值4156.5亿美元，比上年下降3.3%。其中，出口623.5亿美元，下降1.2%；进口3533.1亿美元，下降3.7%。

表2－5　2014年北京地区进出口总值

指　　标	总值（亿美元）	比上年增长（%）
进出口总值	4156.5	－3.3
出口	623.5	－1.2
其中：一般贸易	283.7	4.0
进口	3533.1	－3.7

全年合同外资356.8亿美元，比上年增长2.2倍。实际利用外资90.4亿美元，增长6.1%。其中，租赁和商务服务业占37.6%，房地产业占15.1%，信息传输、计算机服务和软件业占12.8%，科学研究、技术服务和地质勘查业占9.6%，制造业占9.3%。

旅游：全年接待入境旅游者427.5万人次，比上年下降5.0%。其中，外国人365.5万人次，下降5.7%；港、澳、台同胞62万人次，下降0.8%。旅游外汇收入46.1亿美元，下降3.9%。全年接待国内旅游者2.6亿人次，增长4.0%。国内旅游收入3997亿元，增长9.0%。国内外旅游总收入为4280.1亿元，增长8.0%。全年经旅行社组织的出境游人数410.2万人次，增长23.9%。

十、城市建设和安全生产

道路建设：年末全市公路里程21849公里，比上年末增加176公里。其中，高速公路里程982公里，比上年末增加59公里。年末城市道路里程6426公里，比上年末增加131公里。

公共交通：年末公共电汽车运营线路877条，比上年末增加64条；运营线路长度20249公里，比上年末增加561公里；运营车辆23667辆，比上年末增加75辆；全年客运总量47.7亿人次，比上年下降1.5%。

年末轨道交通运营线路18条，比上年末

增加1条；运营线路长度527公里，比上年末增加62公里；运营车辆4664辆，比上年末增加666辆；全年客运总量33.9亿人次，比上年增长5.9%。

公用事业：全年自来水销售量10.3亿立方米，比上年增长4.1%。其中，生产运营用水1.3亿立方米，增长1.9%；公共服务用水3.8亿立方米，增长3.7%；居民家庭用水5.2亿立方米，增长4.4%。

全年北京地区用电量达到937亿千瓦时，比上年增长2.6%。其中，生产用电767.8亿千瓦时，增长1.5%；城乡居民生活用电169.3亿千瓦时，增长7.8%。

全年液化石油气供应总量54.6万吨，比上年增长15.5%；天然气供应总量113.7亿立方米，比上年增长14.3%。年末共有居民燃气用户846万户，比上年末增长14.7%，其中天然气家庭用户567.8万户，增长3.8%。燃气管线长度达到20574公里，比上年末增长4.7%。

全市10万平方米以上的集中供热面积5.6亿平方米，比上年增长2.1%。

安全生产：全年共发生道路交通、生产安全、火灾、铁路交通、农业机械安全事故1003起，死亡1096人。与上年相比，事故增加66起，上升7.0%；死亡人数增加64人，上升6.2%。

十一、人民生活、就业和社会保障

人民生活：全年城镇居民人均可支配收入达到43910元，比上年增长8.9%；扣除价格因素后，实际增长7.2%。农村居民人均纯收入达到20226元，比上年增长10.3%；扣除价格因素后，实际增长8.6%。城镇居民人均消费性支出达到28009元，增长6.6%，其中服务性消费支出9197元，增长10.7%；恩格尔系数为30.8%，比上年下降0.3个百分点。农村居民人均消费性支出达到14529元，增长7.2%；恩格尔系数为34.7%，比上年提高0.1个百分点。城镇居民人均住房建筑面积31.54平方米，农村居民人均住房面积52.42平方米。

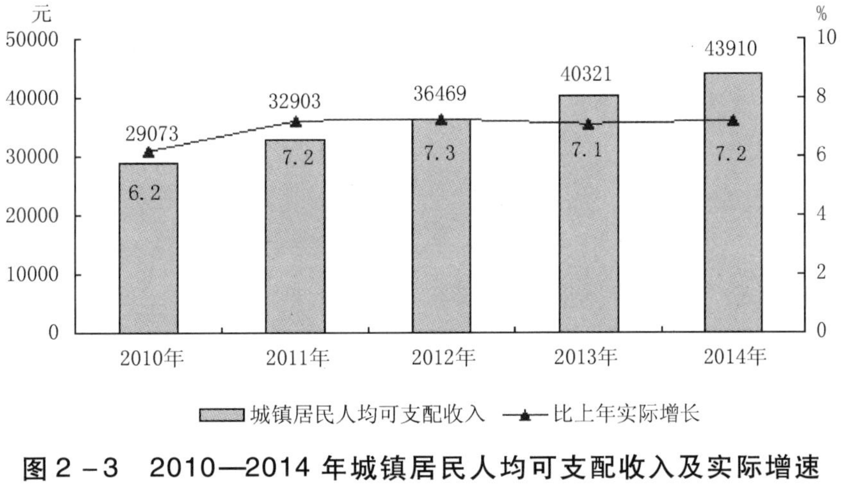

图2-3　2010—2014年城镇居民人均可支配收入及实际增速

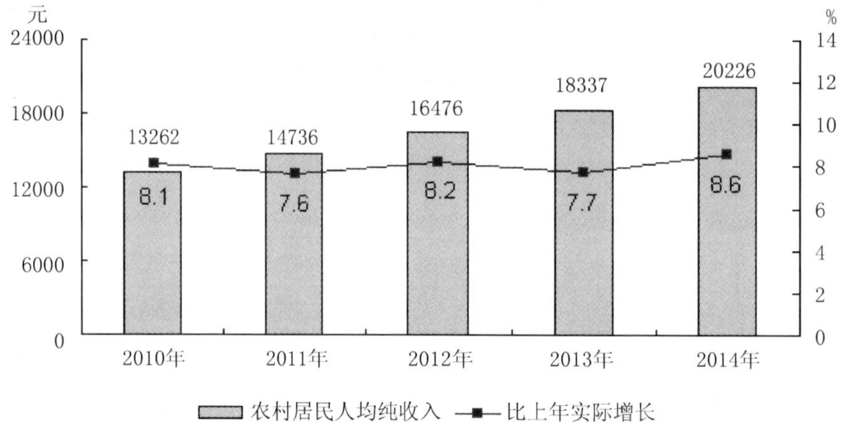

图 2-4　2010—2014 年农村居民人均纯收入及实际增速

就业： 全年城镇新增就业 42.7 万人。城镇登记失业率为 1.31%，比上年末上升 0.1 个百分点。

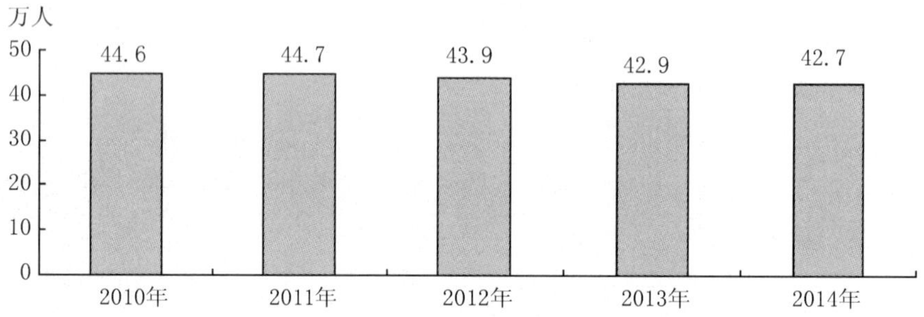

图 2-5　2010—2014 年城镇新增就业人数

社会保障： 年末参加城镇职工基本养老、基本医疗、失业、工伤和生育保险人数分别为 1392.6 万人、1431.3 万人、1057.1 万人、961 万人和 915.6 万人，分别比上年末增加 81.3 万人、76.5 万人、32 万人、40.8 万人和 32.4 万人。年末参加城乡居民养老保险人数 186.2 万人，其中农村居民参保人数 173.4 万人，比上年末增加 4.8 万人。年末参加新型农村合作医疗的人数达到 242.4 万人，参合率为 99.5%。

全市享受城市居民最低生活保障的人数为 8.9 万人，享受农村居民最低生活保障的人数为 5.1 万人。

表 2-6　社会保障相关待遇标准

指　　标	2014 年	2013 年
失业保险金最低标准（元/月）	1012	892
城市居民最低生活保障标准（元/月）	650	580
职工最低工资标准（元/月）	1560	1400

年末各类收养性单位473家，床位9.1万张，收养各类人员3.4万人。建立各种社区服务机构11069个，其中社区服务中心210个。

十二、教育、科技、文化、卫生、体育

教育：全市共有56所普通高校和80个科研机构培养研究生，全年研究生教育招生9.3万人，在学研究生27.4万人，毕业生7.7万人。全市89所普通高等学校全年招收本专科学生16万人，在校生59.5万人，毕业生14.7万人。全市成人本专科招生8.8万人，在校生23.8万人，毕业生9.4万人。

全市普通高中招生5.5万人，在校生17.8万人，毕业生5.8万人；普通初中招生10.3万人，在校生30.7万人，毕业生9万人；普通小学招生15.3万人，在校生82.1万人，毕业生11.3万人。各类中等职业教育（含技工学校）招生4.5万人，在校生16.7万人，毕业生8.2万人。特殊教育招生1110人，在校生7742人，毕业生1997人。

科技：全年研究与试验发展（R&D）经费支出1286.6亿元，比上年增长8.6%，相当于地区生产总值的6.03%。全市研究与试验发展（R&D）活动人员35.3万人，比上年增长5.7%。专利申请量与授权量分别为138111件和74661件，分别增长12.0%和19.1%，其中发明专利申请量与授权量分别为78129件和23237件，增长15.7%和12.3%。全年共签订各类技术合同67278项，增长7.2%；技术合同成交总额3136亿元，增长10.0%。

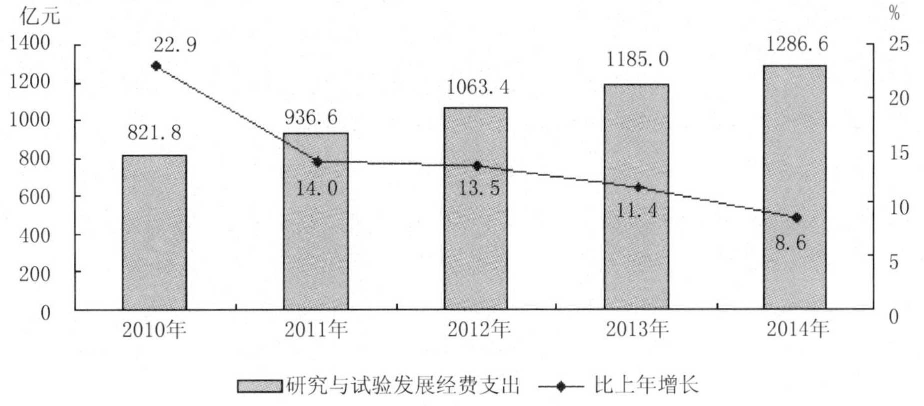

图2-6　2010—2014年研究与试验发展经费支出及增长速度

年末中关村国家自主创新示范区投产开业企业16001个，比上年末增加546个。全年实现总收入35735.6亿元，比上年增长17.2%。其中，实现技术收入4775.2亿元，增长18.4%；实现新产品销售收入4188.4亿元，增长2.9%。全年出口总额357.3亿美元，增长6.3%。实现利润总额2832.3亿元，增长25.1%。

文化：年末共有公共图书馆25个，总藏量5452.9万册；档案馆18个，馆藏案卷652万卷件；博物馆171个，其中免费开放79个；群众艺术馆、文化馆20个。年末有线电视注册用户达到551.6万户，其中高清交互数字电视用户420万户。北京地区23条院线169家影院（963块银幕，其中IMAX银幕11块）共放映电影162.5万场，观众5184.6万

人次，票房收入22.8亿元。全年制作电视剧83部3052集，电视动画片17部7530分钟，电影270部。

卫生：年末共有卫生机构10244个，比上年末增加118个，其中医院655个。医疗机构共有床位10.7万张，比上年末增加0.3万张，其中医院9.9万张。卫生技术人员达到21.6万人，比上年末增加1.3万人，其中执业（助理）医师8.1万人，注册护士9.1万人。医疗机构总诊疗21721.4万人次。全年报告甲乙类传染病发病率175.76/10万，死亡率0.79/10万。婴儿死亡率2.33‰，孕产妇死亡率7.19/10万。

体育：年末共有体育场馆6156个。全市共有优秀体育运动员1088人。获得国际性比赛奖牌42枚，其中金牌25枚，银牌11枚。获得全国性比赛奖牌123枚，其中金牌40枚，银牌35枚。

十三、资源和环境

土地供应：全年全市国有建设用地供应总量3160公顷。其中，住宅用地1195公顷（其中保障性安居工程用地678公顷），工矿仓储用地191公顷，商服用地427公顷，基础设施等其他用地1347公顷。

水资源：全年水资源总量20.3亿立方米，比上年减少18.4%。全年总用水量37.49亿立方米，比上年增长3.1%。其中，生活用水16.98亿立方米，增长4.5%；生态环境补水7.25亿立方米，增长22.4%；工业用水5.09亿立方米，下降0.6%；农业用水8.18亿立方米，下降10.1%。全市万元地区生产总值水耗为17.58立方米，比上年下降3.93%。

环境：全市污水处理率为86.1%，其中城六区污水处理率达到97.0%，分别比上年提高1.5个和0.5个百分点。全市生活垃圾无害化处理率（根据垃圾清运量计算）为99.6%，比上年提高0.3个百分点。全市可吸入颗粒物（PM10）、二氧化氮年均浓度值分别为116微克/立方米、56.7微克/立方米，分别比上年增长7.1%和1.3%。二氧化硫年均浓度值为21.8微克/立方米，比上年下降17.7%。

全年完成人工造林面积2.43万公顷，比上年减少23.1%。全市林木绿化率达到58.4%，比上年提高1个百分点。森林覆盖率达到41%，比上年提高1个百分点。城市绿化覆盖率达到47.4%，比上年提高0.6个百分点。

注：部分数据为年度初步数据。

第三章
城市规划与建设

北京市房地产年鉴 2015

第一节 北京城市规划综述

2014年，北京市城乡规划工作以习近平总书记系列重要讲话精神为指针，认真贯彻中央和市委市政府的重大决策部署，全委工作始终贯彻加强城乡规划对城市发展的统筹引导和深化城乡规划建设领域改革这两条主线，各项工作取得重要成绩。

一、通过总体规划修改，加强规划对城乡发展的统筹引导

积极组织全市各相关部门和区县政府，坚持问题导向，以人口资源环境承载能力为底线，坚决做“减法”，研究确定功能疏解、人口控制、用地减量、空间优化、环境改善、质量提升等目标任务，推动目标统筹的“多规合一”，主动呼应京津冀协同发展。

二、以规划实施为重点，大力推进城乡规划建设领域改革

为推进城乡规划实施政策和管理体制机制创新，不断提升城乡规划有序参与城市治理的能力，牵头制定城市规划建设领域改革专项小组工作方案，并取得阶段性成果。

三、统筹城乡，开展城乡建设用地减量规划

改城市规划为城乡规划，将城镇建设用地、村镇建设用地、区域性建设用地统一管理，明确减量目标和管控措施。

四、开展城市增长边界和生态红线划定，探索对城乡空间的“双线”管控模式

五、加大打击违法建设力度，打好治理“城市病”攻坚战

积极发挥严厉打击违法用地违法建设专项行动指挥部办公室的统筹协调作用，牵头组织建立部分财政指标与治理违法建设挂钩联动的奖惩机制。深入开展市属国企违建治理工作。实现违建地图化管理，新生违建系统挂账督办。提前完成市政府折子任务，初步形成全社会监督违法建设的高压态势。

六、落实京津冀协同发展战略，加强京津冀区域规划对接

会同天津市和河北省的规划部门编制了《京津冀城镇群区域规划要点》，并依此为基础深入开展规划对接。

七、加快推动基础设施规划建设，提升城市保障水平

编制完成《北京市城市轨道交通建设规划（2014—2020年）》。加快轨道交通项目建设。积极推进京沈客专、京张铁路等重点铁路的规划审批和前期工作；落实《北京市换乘停车场（P+R）专项规划（2013—2020年）》，切实做好新能源汽车基础设施研究和电动汽车推广应用等工作。

完善南水北调配套东干渠、四大热电中

心场址及配套管线工程规划审批以及陕京四线及大唐煤制天然气工程北京市内段方案深化；积极推进中心城区防洪排涝工程建设，开展《中心城64座下凹式立交桥防涝工程规划》编制工作。

八、重点推进安居工程和公共服务设施建设，服务保障民生

完成各类保障性住房选址及规划审查，并开展30余个保障性住房项目的控规研究和调整工作。根据上级工作部署，下发《关于进一步精简棚户区改造和环境整治项目规划审批程序的通知》。

组织编制16个区县的基础教育专项规划方案，中心城区通过控规动态维护平台补充养老服务设施近5万平方米；组织开展《北京市养老服务设施规划设计要点》的编制工作。

九、加强历史文化名城保护，创新规划实施路径

积极配合开展旧城前门东区、大栅栏等地区的功能调整、文物保护、环境改善等工作；组织开展我市中国历史文化街区申报认定工作。开展西城区“香厂新市区”保护研究工作。

十、积极推进首都新机场重点工程和重要功能区建设

积极配合完成北京市新机场可研报告编制及报审的规划相关工作。组织审查新机场航站楼规划设计条件，推进新机场航站楼方案设计招投标工作。组织开展新机场临空经济区规划编制工作，完善机场及其周边综合交通和市政基础设施规划。

加快推进中关村科技园及分园区规划建设与产业升级；完成了世园会的选址论证，配合完成世园会概念性规划方案的最终评审。完成通州核心区地下交通环遂等项目的规划审批。

十一、促进绿色建筑发展，加快推动住宅产业化

完善发展绿色建筑的体制机制，大力推动绿色居住区、绿色园区、绿色村镇等示范工程建设。会同有关部门发布了《北京市发展绿色建筑推动绿色生态示范区建设财政奖励资金管理办法》。成功启动了我市首批市级绿色生态示范区评选工作。

十二、加强城市设计，提升建筑品质

在总体规划修改中，增加城市设计的强制性内容，明确城市设计的分区和管理原则。与各区县政府广泛建立“协同规划”管理机制和责任规划师、责任建筑师制度，努力提升建筑和环境品质。

十三、完善城乡规划法规和技术标准体系，推动依法行政

以行政审批制度改革为切入点，进一步简化审批流程，下放审批事项。一是加强部门衔接，明确办理流程、工作机制和保障措施。二是梳理、规范、公开规划申报标准。三是提出“减、放、优、畅”4类举措。

积极推进城乡规划法规和标准建设。研究制定《关于实施北京市居住公共服务设施配置指标的意见》《北京市建设工程质量管理条例》《北京市旧城平房区规划管理办法》等法规规章。组织制定《北京市社区养老设施设计标准》《北京市居住区、居住建筑无障碍设计规程》等13项标准，编制配套图集等9项图集。

第二节 北京市规划研究和规划编制

一、城市总体规划实施政策机制

年内，市规划委会同市委、市政府研究室等部门完成《北京城市总体规划实施政策机制研究》。该课题通过分析总体规划适应性、实施过程、相关关键政策、体制机制，建立影响总体规划实施效果的政策机制框架，提出对策和建议。

二、新机场临空经济区规划

年内，市规划委编制的《北京新机场临空经济区规划》通过评审。该课题与国家发改委的北京新机场临空经济区发展规划主动对接，通过研究国内外临空经济区发展案例，深入研究了北京新机场临空经济区的功能定位、产业布局、用地规模、市政交通规划等。

三、城乡结合部产业类型研究

年内，市规划委完成《北京市城乡结合部产业类型调研及升级改造策略建议》研究。该课题系统梳理全市城乡结合部地区20余个乡镇的产业发展情况，选取昌平区北七家镇、房山区长阳镇等重点调研，深入分析一产、二产、三产发展和主要问题，提出促进产业升级改造的策略建议。

四、京津冀城镇群区域规划要点

年内，市规划委会同河北、天津编制完成《京津冀城镇群区域规划要点》。该课题分析京津冀城市群发展现状、存在问题、发展目标、战略共识和近期重大项目等，创新了三地自下而上的区域协同规划，从空间规划视角为顶层设计提供支撑。

五、《总规》实施评估报告

年内，市规划委完成《北京城市总体规划（2004—2020年）实施评估报告》。该课题对照2004版北京城市总体规划的目标，评估了近十年来的规划实施情况，总结了主要成绩和问题。

六、京津冀协同发展相关规划

年内，市规划委会同中规院、清华大学完成《京津冀协同发展相关规划》研究。该课题剖析京津冀区域城镇空间布局、交通和市政基础设施建设、生态安全格局等重点内容，提出了对策建议。

七、“山水林田湖”生态资源现状图

年内，市规划委会同市国土、水务、园林绿化、农业等部门，摸清全市“山水林田湖”生态资源底数，绘制完成生态资源现状图，为生态保护红线的划定提供了技术依据。

八、新城发展规划实施评估及分析报告

年内，市规划委完成《新城发展规划实施评估及分析报告》。该课题调研全市新城规划实施现状，综合分析新城规划实施的主要特征和重点问题，提出规划实施建议。

九、水与城市建设协调发展实施策略

年内，市规划委编制的《水与城市建设协调发展实施策略（二期）》通过评审。该课题从水安全、水生态、水利用等方面着手，明确北京水与城市建设协调发展的目标，制定水与城市建设协调发展指标体系，提出了实施策略。

十、现代物流设施空间布局实施策略

年内，市规划委完成《现代物流设施空间布局对城市运行效率影响及实施策略》。该课题通过掌握全市物流设施的空间分布与使用效率，综合评价现状物流设施对北京经济社会发展的支撑能力，并预判物流的发展态势及物流需求总量，提出物流设施空间布局的优化策略和建议。

十一、危化品现状布局调研及评估

年内，市规划委完成《北京市危化品现状布局调研及评估》。该课题调研全市危化品现状布局，摸清现状底数，进行“一张图”分析，系统梳理现状危化品企业布局特征和存在问题，提出危化品指标评估体系初步思路，以及合理的规划及管理策略建议。

十二、集体建设用地规划及实施策略研究

年内，市规划委完成《集体建设用地规划及实施策略研究》。该课题梳理全市具有集体权属的土地，重点对宅基地、工矿仓储、公共服务、特交水、空闲地等各“中类”用地，分析其空间布局、使用特征，以及存在问题，调研多个村、镇规划实施案例，总结集体建设用地规划实施的典型路径，提出集体建设用地发展定位和目标。

十三、第二道绿化隔离地区规划

年内，市规划委完成《北京市第二道绿化隔离地区规划》。该规划着重三个方面内容：在战略层面，分析新形势下的二绿隔定位，确定发展目标；在策略层面，落实全市用地减量、发展提质的任务；在政策层面，以问题导向、实施导向，设计面向实施的战略与策略。

十四、村庄规划实施模式研究

年内，市规划委完成的《北京市村庄规划实施模式研究》通过评审。该课题通过中心城、新城地区、镇中心区、乡村地区已实施改造村庄案例的分类调研，梳理出近30年来的四种改造模式，及其特点、实施途径、存在问题和经验教训，并从破除二元体制、盘活存量建设用地、提高土地使用效率和规划设计水平等方面提出意见建议。

十五、中心城规划实施评估及优化调整对策

年内，市规划委完成《中心城规划实施评估及优化调整对策》研究。该课题梳理中心城规划实施情况，以问题为导向，从功能、交通、公共服务设施、空间环境、城市风貌、规划实施六个方面提出了中心城优化策略和行动计划。

十六、中心城边缘集团规划实施评估及优化对策

年内，市规划委完成《中心城边缘集团规划实施评估及优化对策》研究。该课题以2004版《总规》对边缘集团提出的发展目标

与策略为评价基准，对边缘集团整体圈层规划实施情况展开评估，重点在战略定位、存量统筹、底线管控、提质增效、分区政策等方面提出边缘集团的规划优化对策，并从宏观战略视角探讨了中心城未来空间发展模式。

十七、北京市级绿道系统规划

年内，市规划委编制的《北京市级绿道系统规划》通过评审。该规划针对“市级—区县级—社区级”三级绿道构成的北京市绿道体系及各级绿道的相应作用，通过空间资源、空间需求的分析，提出市级绿道“三环、三翼、多廊”的空间格局和选线方案。

十八、新型农村社区试点规划实施评估及调研

年内，市规划委完成的《新型农村社区试点规划实施评估及调研》通过评审。该课题就新型农村社区规划建设，对全市12个新型农村社区试点调研走访，在规划编制、实施方式、产业发展、政策保障等方面提出了建议。

十九、产业经济空间数据规划信息共享平台建设

年内，市规划委编制的《产业经济空间数据规划信息共享平台建设》通过评审。该平台整合了多部门的数据，引入移动通信大数据，建立多部门多类型的信息数据库，实现产业经济与空间数据的对接，并通过重点聚焦北京市工业和高技术产业空间，提出了优化建议。

二十、平谷区“多规统筹”规划研究

年内，市规划委完成的《平谷区“多规统筹”规划研究》通过评审。作为全市区县层面多规统筹研究的先行探索，该课题梳理了各部门之间的统筹“问题”和城乡规划实施中的政策机制“瓶颈”，以区级、乡镇级“空间”规划为主线，对国民经济和社会发展规划、旅游发展规划等“多规”的实施政策、项目计划、投资计划细化分析，提出了契合区县层面实际需求的解决策略。

二十一、轨道交通一体化规划及实施对策研究

年内，市规划委完成《轨道交通一体化规划及实施对策研究》。该课题系统梳理已开展的一体化工作，剖析表象问题、技术问题和体制问题，并全面研究轨道站点周边可用于一体化开发的用地资源，提出规划策略，有效引导土地使用。

二十二、公共服务设施规划实施评估及分析报告

年内，市规划委编制的《公共服务设施规划实施评估及分析报告》通过评审。该课题分析了北京主要民生保障型公共服务设施的规划实施情况及现状突出问题，面向实有人口，关注基本公共服务的均等发展、薄弱区域和基层设施的建设完善和设施规划建设的路径创新，提出下阶段公共服务设施的发展目标、引导指标和优化策略。

二十三、旧城保护规划实施评估及分析报告

年内，市规划委编制的《旧城保护规划实施评估及分析报告》通过评审。该课题重点评估了总体规划实施以来，北京旧城历史文化资源保护、空间发展、人口变化、产业发展、三大设施建设等实施情况，明确旧城

保护与发展底线，凸显核心示范作用；转变“增量”发展模式为质量提升，体现“金名片”价值；协调顶层设计与微观实施，鼓励自下而上有机更新；加强旧城精细化治理和高品质城市空间建设，形成和谐宜居的典范。

二十四、住房建设规划实施评估及分析

年内，市规划委对《北京市住房建设规划（2006—2010年）》、《北京市“十一五”时期保障性住房及两限商品住房用地布局规划》和《北京市“十二五”时期住房保障规划》等实施评估。该课题梳理住房现状供需关系，从结构、规模、布局、质量等主要规划目标实施完成情况，以及面临的压力与挑战等入手，归纳了人口发展超规划预期下住房供需结构性矛盾突出、住房水平差距拉大、住房布局与城市空间结构优化存在差距等问题，分析了深层次影响因素，提出建议。

二十五、地下空间规划管理立法草案

年内，市规划委完成《北京地下空间规划管理立法草案》研究，填补了北京法规政策研究的一项空白。该课题成果直接服务于“两会”，推动了北京地下空间立法工作，促进了各级管理部门对于地下空间综合利用的反思和关注，是规划编制工作从单纯技术型规划向政策型规划的有效转变。

二十六、未来科技城核心区人民防空工程规划

年内，市规划委完成《北京市未来科技城核心区人民防空工程规划》。该规划首次在控规层面搭建了城市规划管理与人防工程建设管理的对接平台，针对人防“配建”标准和审批方式的更新与调整的现实需求，探索出一套人防控制性详细规划的编制方法。

二十七、传统村落保护和发展问题研究

年内，市规划委完成《北京市传统村落保护和发展问题研究》。该课题首次对全市层面传统村落摸底调研，搭建基础数据信息库，通过分析基础数据和典型案例，归纳总结了52个传统村落保护与发展面临的主要问题及原因，针对不同类型的传统村落提出保护和发展建议。

二十八、“香厂新市区”历史文化资源梳理研究

年内，市规划委完成《西城区“香厂新市区”历史文化资源梳理研究》。“香厂新市区”是民国时期，北京城市第一次全面引入西方近代城市建设理念开展的一系列本土化探索，该课题通过整理历史文献和实地调研，提出对于此类非历史文化街区的旧城地段应创新保护模式，从整体格局、空间形态、历史建筑等方面实施分类保护，灵活地更新利用，保持与历史文脉的关联和呼应。

二十九、旧城历史文化街区公众参与机制研究

年内，市规划委完成《旧城历史文化街区公众参与机制研究》。该课题通过回访旧城内多个历史街区规划公众参与项目实施情况，分析其开展背景、组织机制、工作内容、实践效果，总结出适合于旧城历史街区的公众参与分工协作机制和方法技巧，并将成果应用于东四南历史文化街区，初步搭建“自上而下”与“自下而上”相结合的规划公众参与平台。

三十、第五批地下文物埋藏区划定

年内，市规划委、市文物局共同完成了第五批地下文物埋藏区的划定工作，确定了12处地下文物埋藏区，在划定基础上，向社会正式公布全市第一批地下文物重点监测区11处。

三十一、申报第一批中国历史文化街区

年内，市规划委会同东城、西城区政府开展中国历史文化街区认定工作，上报了皇城、南锣鼓巷、雍和宫—国子监地区、东四三条至八条、东交民巷、西四北头条至八条、什刹海、大栅栏等八片历史文化街区，总用地约1547公顷，占旧城内历史文化街区总用地的75%。其中，皇城、大栅栏、东四三条至八条三片地区最终被公布为第一批中国历史文化街区。

三十二、市政工程综合规划指南

年内，市规划委编制的《北京市政工程综合规划指南》通过评审。该课题对排水、供电、燃气等11个基础设施专业相关知识、55项专业规范和标准、3000余项规划案例系统总结和提炼，形成市政综合相关专业基础知识汇编和指南报告两部分内容，明确和规范了市政综合规划的工作流程和标准，并就不同类型项目及情况提出市政工程综合的技术指导条款，实现综合规划精细化，填补了相关专业空白。

三十三、通州运河核心区启动区地下空间综合规划及实施

年内，市规划委编制完成《通州运河核心区启动区地下空间综合规划及实施》。该课题包括《核心区市政工程专项规划》《核心区市政工程规划方案综合》《核心区（北区）市政工程规划方案综合调整与优化》《多条城市道路市政工程设计综合》等工作，同时，实施完成启动区M6线与R1线换乘车站一体化建设、地下环隧及综合管廊、东关隧道等多项工程。

三十四、新机场外部综合交通规划

年内，市规划委编制的《北京新机场外部综合交通规划》通过评审。该规划完成四项专题研究和六项专项规划，借鉴国内、外典型城市大型枢纽机场及机场交通系统经验，提出构建与北京定位相匹配、公共交通为主体、轨道交通为核心的新机场绿色交通发展模式，以及各专项交通设施规划和实施方案。

三十五、综合交通规划实施评估及对策

年内，市规划委编制的《北京综合交通规划实施评估及对策》通过评审。该课题分析城市道路、公路、轨道、公交、对外交通、步行与自行车、停车等交通子系统十年来的实施情况，评估了交通与土地协同发展变化的效果，完善了2004版总规提出的交通系统发展目标、发展方向、发展策略，对各子系统、交通与土地关系等提出规划建议。

三十六、纯电动汽车充电站规划和充电桩等配建研究

年内，市规划委编制的《北京纯电动汽车充电站空间布局规划和充电桩等相关设施配建指标研究》通过评审。该课题梳理全市纯电动汽车发展面临的问题和机遇，分析了国内外相关城市发展纯电动汽车充电设施、北京供电系统支撑能力、充电站用地和充电

设施配建指标、市政交通场站设施用地指标及充电站空间布局等，提出公交、环卫等充电场站的规划建议，以及新建住宅小区、办公场所等配建充电桩指标建议。

三十七、国贸地区交通改善修建性详细规划

年内，市规划委编制的《国贸地区交通改善修建性详细规划》通过评审。该规划针对国贸地区更新改造，给出各类交通系统改善思路和措施，结合城市发展由增量向存量转型，建议逐步建立重点地区交通改善规划机制。

三十八、轨道交通车站周边精细化规划设计案例研究

年内，市规划委编制完成《轨道交通车站周边精细化规划设计案例研究》。该课题剖析轨道交通接驳现状问题，指明根源是规划在整体轨道交通接驳体系中缺乏主导地位，提出轨道交通接驳设施的规划流程、审批流程、规划步骤等，以及整套规划的方法和原则。

三十九、中心城道路网规划

年内，市规划委编制完成《北京市中心城道路网规划》。该规划针对现状道路建设情况全覆盖调查，首次建立起完整的现状道路建设资料库，通过对中心城用地布局和空间结构的分析，优化整合既有规划方案，考虑人口、资源和环境的可持续发展，细分道路功能体系，强化道路系统对综合交通系统的空间承载作用，制定出系统完善的中心城城市道路网规划方案和近期道路建设指标，并对规划道路网各指标和规划路网容量评价分析。

四十、中心城防洪防涝系统规划

年内，市规划委、市水务局共同完成《北京市中心城防洪防涝系统规划》。该规划围绕近年中心城内涝积水点问题，编制防洪河道及蓄滞洪区、雨水源头控制及利用、雨水管道系统、排水河道及蓄涝区等专项规划方案，建立了中心城河道、雨水管道、二维地面漫流水力模型，评估了现状防涝设施能力和内涝风险，绘制出中心城内涝风险图。

四十一、综合市政基础设施评估及对策

年内，市规划委完成《北京市综合市政基础设施评估及对策》。该课题与北京总规修改其他专题有机衔接，分专业对全市的市政基础设施实施评估、梳理问题，修订了规划目标与发展方向，提出规划对策和实施建议，是总体规划的重要技术支撑。

四十二、供水、污水分区现状评估和实施规划

年内，市规划委完成《北京市供水、污水分区现状评估和实施规划》。该规划以水务普查、人口普查和城市规划等有关数据为基础，评估北京供水、污水设施的现状情况，剖析了城乡规划建设中的重大问题，从行政区划、城镇体系、水源保护区等多个角度，按集中与分散相结合的原则进行分区，提出了相应的规划方案。

四十三、水与城市建设协调发展实施策略

年内，市规划委完成《水与城市建设协调发展实施策略》研究。该课题以北京城市建设及水务相关建设的发展过程为基础，从

水资源、水生态环境、防洪防涝安全等方面分析水与城市建设发展的关系及存在问题，通过多专业的融合，构建水与城市协调发展评价模型，量化评估了现状和不同规划情景下的水与城市建设协调发展的程度，并针对评价结果提出促进和保障水与城市建设协调发展的实施策略。

四十四、城市设计战略和建筑风貌管控研究

年内，市规划委会同相关单位对整体城市设计原则、重点地区城市设计总体要求和建筑风貌分区管制实施管理机制开展研究，建立“城市设计战略框架”的核心构想，确定全市“古都味、东方韵、国际范”的风貌定位，通过城市设计的多样价值推进城市发展、管控城市建设。

四十五、规划地块的城市设计指导原则研究

年内，市规划委会同中建院开展《规划地块的城市设计指导原则》研究该。该课题在已有城市设计成果的基础上，通过对建筑体量、退线等城市设计要素的研究，将城市设计成果转化为规划地块的城市设计指导原则，建立一套城市设计要点框架，从公共空间设计与建筑设计两方面对规划地块的设计进行限定。该框架可作为规划地块控规指标的有效补充。

第三节　规划管理与城市景观

一、2014 年规划许可概况

2014 年，共受理各类建设项目 10816 件，核发各类建设项目 10564 件。核发城镇建设规划用地许可总规模 5188.59 公顷（其中，建设用地 3507.33 公顷），规划建设工程许可规模 5714.40 万平方米，市政道路、管线规模 154.67 万延米。核发乡村建设规划许可规模 139.45 万平方米，使用现状集体建设用地总规模 708.00 公顷。

二、完成各类保障性住房选址及规划审查

年内，完成计划开工项目选址规划审查 134 项，约 12.7 万套，占向社会公布计划开工项目的 98%；审定规划设计方案 101 项，约 10 万套，占向社会公布计划开工项目的 77%。35 个项目已经完成建设工程许可证的核发，涉及房源约 3 万套。

三、棚户区改造和环境整治工程

年内，研究推进棚户区改造和环境整治项目共 205 项，多数项目完成规划调整程序和设计方案审查工作。

四、前门大栅栏有机更新工程

年内，组织编制了《北京市西城区大栅栏琉璃厂历史街区保护管理办法》；加强大栅栏琉璃厂历史街区保护和管理，维护街区传统格局和历史风貌；研究前门东区旧城保护

整治项目并开展三个试点院落设计方案工作。

五、政策性住房项目规划设计方案展示

年内，扩大公众参与，组织开展政策房项目规划设计方案展览3期，涉及15个区县的33个项目，总用地规模约219公顷，总建筑面积约493万平方米。方案展览重点体现建筑形象、立面细部处理、外部环境设计、内部户型设计与住宅产业化设计等要求。

六、中国尊项目建设工程

年内，完成北京最高建筑——“中国尊”项目建设工程规划手续。该项目位于朝阳区国贸桥东北角，是CBD核心区重要项目，也将是北京市最高的地标性建筑，用地面积约1.15公顷，总建筑面积约43.7万平方米，建筑高度528米。

七、天坛医院迁建工程

年内，完成天坛医院迁建规划手续。该项目将天坛医院从天坛公园外坛墙内侧，迁建至丰台区花乡，总建筑规模35.2万平方米，成为建国以来全市首个从中心城整体外迁的三甲医院。

八、国家大剧院舞美基地建设工程

年内，完成国家大剧院舞美基地建设工程规划手续。该项目位于通州新城南部台湖镇，为国家大剧院的基础保障设施，规划为世界一流的舞美创作、制作、展示、储存和物流中心。

九、国家机关企业及军队建设工程

年内，完成国家机关、企业等重点项目的规划手续，总建筑面积约60万平方米；为驻京部队单位的战场任务和营房建设核发规划手续，总建筑面积约80万平方米；完成干部住房等多个住宅项目的规划手续，总建筑面积约60万平方米。

十、CBD核心区建设工程

年内，核发CBD核心区8个项目的建设工程规划手续，审批工作完成过半。CBD核心区位于国贸桥东北角，占地约30公顷，规划总建筑规模410万平方米，规划建设18座超高层建筑，建成后将成为首都地标性建筑群。

十一、六里桥综合交通枢纽一体化设计

年内，完成六里桥综合交通枢纽一体化设计概念方案审定。该项目位于丰台区京港澳高速公路南侧、市政务中心用地西侧，一体化设计范围包括轨道交通9号线、10号线换乘站六里桥西站及周边相邻的五个地块，该设计概念方案由国际方案征集确定。

十二、城市小尺度规划

年内，组织开展城市公共环境修补性详细规划研究，并在房山区长阳地区进行小尺度规划试点。试点包括十个节点，以“无缝衔接”等理念为指导，针对街区需改进问题进行实施改造，如增加植被景观、丰富街角活动空间、改善沿街立面等，丰富了城市街道和公共空间的生活、人文气息。

十三、陕京四线天然气工程选线

年内，继陕京一、二、三线输气工程后，确定陕京四线选线方案，预计年输气量约150亿立方米，构建了北京多气源、多方向的燃气供气体系。

十四、六环高压天然气管线工程西北段选线

年内，完成六环路高压天然气工程西北

段选线。该段管线拟建位置位于西六环路北段，北起海淀区周家巷地区，南至京门公路新线，长约14.5千米。

十五、海淀北部区域能源中心建设选址

年内，完成海淀北部区域能源中心（燃气热电联产）建设项目选址。该项目位于翠湖科技园东侧，是集发电、供热、供冷为一体的重要能源综合利用基础设施，核准最大发电能力249.44兆瓦，最大供热能力203兆瓦，可为海淀北部约400万平方米建筑供热。

十六、阿苏卫循环经济园部分项目建设选址

年内，完成昌平阿苏卫生活垃圾焚烧发电厂、综合处理及配套设施的规划选址。该项目采用筛分、堆肥、焚烧、填埋等工艺，实现原生垃圾零填埋，主要处理东城区、西城区和昌平区的生活垃圾，处理能力为3000吨/日，年发电量约3.5亿度。

十七、地铁7号线交通接驳设计

年内，确定7号线交通接驳设计方案。在西客站至焦化厂站共21座车站建设人行集散广场、人行步道、优化路口渠化等交通工程，设置自行车停车场46处，设置公交场站3座，新建或优化公交停靠站27处，设置出租车停靠站及临时停靠点57处，设置P+R停车场1座。

十八、北京城市轨道交通建设规划完善

年内，结合总体规划修改工作，补充优化完善了《北京市城市轨道交通建设规划（2014—2020年）》，经市政府常务会研究通过，上报国家发改委及住建部审查。

十九、第二次全国地名普查启动

年内，北京启动第二次全国地名普查工作，由市规划委、市民政局牵头，办公室设在市规划委，地名普查的标准时点为2014年12月31日。

二十、京沈客运专线工程规划

年内，市规划委完成京沈客运专线工程规划。线路从北京引出，向东北方延伸依次经由河北省的承德市、辽宁省的朝阳市和阜新市，到达辽宁省省会沈阳市，线路全长697.626千米，北京境内线路长度98.6千米。

二十一、京张城际铁路工程规划

年内，市规划委完成京张城际铁路工程规划。线路东起北京市，西迄张家口市，呈东西向沟通两市，全线共设10个车站，全长174千米，北京境内线路长约70千米。

二十二、京唐城际铁路工程规划

年内，市规划委完成京唐城际铁路工程规划。线路从北京东站引出，经由河北廊坊市、天津市，到达唐山市唐山站，全长155.26千米。

二十三、京昆高速公路工程规划

年内，市规划委完成京昆高速公路（六环路—市界）工程规划。该道路北起京良路、向西南穿越房山至市界，与河北段道路接顺，全长约51千米。设计标准为高速公路，设计速度为120千米/小时。

二十四、京密路工程规划

年内，市规划委完成京密路（三环路—

机场南线）道路工程规划。线路南起三元桥，基本沿现状京密路向东北方向走行，终点至机场南线高速公路，路线全长约13千米，设计速度为80千米/小时，工程采用高架桥形式。

二十五、鲁坨路二期工程规划

年内，市规划委完成鲁坨路二期工程规划。线路起点为鲁家山生物质能源厂，终点为羊圈头村，长度为3.62千米，按二级公路标准设计，设计速度为60千米/小时。

二十六、京秦高速公路工程规划

年内，市规划委完成京秦高速公路（东六环路—市界）工程规划。线路西起东六环路，向东终点上跨潮白河至京冀界，道路全长约6.6千米，按高速公路标准设计，设计速度为120千米/小时，桥梁荷载等级为公路—Ⅰ级。

二十七、兴延路工程规划

年内，市规划委完成兴延路道路规划。线路位于京藏高速公路以西，南起西北六环路，北至京藏高速，途经昌平区和延庆县，全长约47.6千米。

二十八、城六区人文雕塑导览出版

年内，《北京人文雕塑导览——城六区篇》图文集出版发行。该图文集共430余页，主要收录了城六区范围内建设的280余件雕塑作品，介绍了每件雕塑的历史文化渊源和人文内涵，同时配有雕塑分布图，具有引导和导向功能。

二十九、7件雕塑国内获奖

年内，全国城市雕塑建设指导委员会公布2013年度全国优秀城市雕塑建设项目评选结果，北京共有7件雕塑获奖。《无名英雄广场》《真诚之水》《岁月如歌》《流水印2013》和“营城建都系列雕塑”项目获得“优秀奖”；“北京地铁八号线南锣鼓巷——北京记忆”“北京地铁十五号线顺义站公共艺术”项目获得“公共设施艺术化项目”范例奖。

三十、地铁公共艺术出版

年内，《北京地铁公共艺术》图文集出版。该图文集介绍了北京从1965年第一条开工建设，到2012年底竣工通车的16条地铁线路、计442千米长的城市轨道交通线网发展历程，以及线路中的公共艺术作品创作、建设情况，收录了百余件艺术作品。

三十一、延庆廉政主题雕塑文化园建成

年内，延庆县建成廉政主题雕塑文化园。该园以“德蕴清风”为主题，建有“品之基石”“志之昂扬”“行之规矩”“道之正直”“德之高洁”等5个子广场，每个广场建成的相应雕塑，分别对应人生幼年、少年、青年、中年、老年5个阶段。

三十二、地铁6号线公共艺术作品国内获奖

年内，地铁6号线一期公共艺术作品获第十二届全国美展银奖提名和第三届全国壁画大展大奖。该线艺术作品围绕“文化北京、绿色北京、现代北京”主题，由中国壁画学会组织创作完成，共22幅壁画，分别建设在沿线14个车站。

三十三、“地铁公共艺术我参与”网上评议

年内，市规划委在网站上开展“地铁公

共艺术我参与”网上评议活动，共展示了2014年年底通车的6号线二期、7号线、14号线等地铁线路的29个车站的33幅公共艺术品设计方案。

第四节　工程设计与标准

一、南池子大街道路大修工程

年内，市政总院完成南池子大街（东华门大街—东长安街）道路大修工程初步设计。该工程南起东长安街，北至东华门大街，长度约777米。

二、北池子大街道路大修工程

年内，市政总院完成北池子大街（景山前街—东华门大街）道路大修工程初步设计。该工程南起东华门大街，北至景山前街，长度约925米。

三、莲花池东路道路大修工程

年内，市政总院完成莲花池东路（天宁寺桥—莲花桥）道路大修工程初步设计。该工程西起三环路莲花桥，东至二环路天宁寺立交，长度约3500米。

四、长安街西延道路工程

年内，市政总院完成长安街西延（三石路—古城大街）道路工程初步设计。该工程西起三石路，终点至古城大街，全长约6.459千米。工程道路等级为城市主干路，设计速度为60千米/小时。

五、上庄路南延道路工程

年内，市政总院完成上庄路南延（闵庄路—黑龙潭路）道路工程（含西山隧道）初步设计。该工程南起闵庄路，北至黑龙潭路，路线全长8.7千米。起点至香泉环岛段规划为城市主干路，香泉环岛至终点段规划为城市快速路，设计速度60千米/小时。隧道采用上、下行分离的独立双洞，左线全长4073米，右线全长4070米。

六、京良路改扩建工程

年内，市政总院完成京良路（芦求路—批发市场中轴路）改扩建工程初步设计。该工程西起五环路西侧的芦求路，东至京开高速公路西侧的批发市场中轴路，道路全长约7.6千米，规划为城市主干路，设计车速60千米/小时，道路横断面采用四幅路形式。

七、延庆新城湖北东路道路工程

年内，市政总院完成延庆新城湖北东路（妫水北街—龙庆路）道路工程施工图设计。该工程道路长2019.98米，规划为城市主干路，设计车速为50千米/小时。

八、延庆新城芳荷路道路工程

年内，市政总院完成延庆新城芳荷路（西顺路—西顺城街）道路工程施工图设计。该工程位于延庆新城西部，西起西顺路，东至西顺城街，全长约2.82千米，规划为城市次干路，标准断面型式为两幅路。

九、昌平七星路道路工程

年内，市政总院完成昌平区七星路（温

榆河右堤路—定泗路）道路工程施工图设计。该工程南起定泗路，北至规划温榆河右堤路，道路全长3039.34米。道路规划为城市主干路，设计车速50千米/小时，标准横断面为三幅路型式。

十、昌平北七家规划十一路道路工程

年内，市政总院完成昌平区北七家规划十一路（北清路东延—七星路）道路工程施工图设计。该工程西起北清路东延，东至七星路，全长约3673.72米，规划为城市次干路，设计车速40千米/小时，标准横断面为一幅路型式。

十一、大兴旧宫镇庑殿村片区路网市政配套工程

年内，市政总院完成大兴区旧宫镇庑殿村片区路网市政配套工程施工图设计。该工程包含3条城市支路，分别为旧宫地区一号路、三号路、十五号路，设计车速30千米/小时。

十二、未来科技城神华规划四路市政工程跨温榆河桥桥梁工程

年内，市政总院完成未来科技城神华规划四路市政工程跨温榆河桥桥梁工程施工图设计。该工程设置跨越温榆河大桥一座，主桥长度217米，两侧引桥共长330米，桥宽30米。桥梁面积16230平方米。

十三、西站南路南延道路工程

年内，市政总院完成西站南路南延（南三环路—丽泽路）道路工程初步设计。该工程南起南三环路，北至丽泽路，全线长2.1千米，规划为城市主干路，设计速度为60千米/小时。

十四、房山篱笆房客运站工程

年内，市政总院完成房山区篱笆房客运站工程施工图设计。篱笆房客运站集地铁、公共汽车、小汽车、出租汽车、自行车等多种交通方式于一体，规划用地面积约为25100平方米，客运站主楼成“T”字形布局，总建筑面积14122平方米。地下一层，地上三层。

十五、北苑北综合交通枢纽工程

年内，市政总院完成北苑北综合交通枢纽工程可行性研究报告。该项目建设内容包含交通枢纽建设工程、枢纽周边配套市政工程设计两部分，交通枢纽建设工程总建筑面积8.96万平方米，枢纽周边配套市政工程设计包括与地铁衔接平台、室外自行车停车场、过境公交站台、地铁站前广场改造。

十六、轨道交通东四环工程

年内，市政总院完成轨道交通东四环项目初步设计。该工程起自四元桥南，终点进入环球影城项目，东四环线沿线经过朝阳、通州行政管辖区。线路全长约33.7千米，全部为高架线，共设高架车站21座。

十七、地铁14号线金台路站工程

年内，市政总院完成地铁14号线金台路站工程施工图设计。金台路站位于朝阳北路与金台路交叉路口下，是同期建设的6号线与14号线换乘车站，14号线金台路站车站为总长236米、14米宽站台岛式车站。

十八、地铁6号线二期工程土建工点设计15合同段

年内，市政总院完成地铁6号线二期工程15标段全部主体建筑、结构施工图设计，

附属工程的施工图设计和竣工验收工作，并实现开通试运营，线路全长约4.1千米。

十九、地铁15号线一期西段工程

年内，市政总院完成地铁15号线一期西段（清华东路站—北沙滩站）工程所有施工图设计及相关变更，年底通过竣工验收。该标段包括两站两区间，线路全长2.9千米。

二十、酒仙桥再生水厂二期及再生水利用工程

年内，市政总院完成酒仙桥再生水厂二期及再生水利用工程施工图设计。该工程出水水质达到《城市污水再生利用景观环境用水水质》（GB/T18921—2002），部分水质满足《地表水环境质量标准》（GB3838—2002）的IV类地表水水质要求，设计处理能力为20万立方米/天的两级生物滤池，并实现反硝化和过滤单元独立进行。

二十一、南水北调郭公庄水厂（一期）工程

年内，市政总院完成南水北调市内配套工程郭公庄水厂（一期）工程的施工图设计（不含超滤膜车间），并实现工程调试和试运行，供水量达到30万立方米/天。

二十二、南水北调黄村水厂工程

年内，市政总院完成南水北调配套的大兴黄村水厂工程初步设计。该工程规模为18万立方米/天，包括输水管线、预处理、提升泵房、净配水厂及配水管线，设计出水水质符合国家现行的《生活饮用水卫生标准》（GB5749—2006），其中出水浊度小于0.5NTU，保证率>95%。

二十三、房山良乡水厂（一期）工程

年内，市政总院完成房山良乡水厂（一期）工程初步设计。该工程规模为15万立方米/天，包括输水管线、净配水厂及配水干线。采用了预处理+强化常规处理+臭氧活性炭深度处理+安全消毒工艺，设计出水水质符合国家现行的《生活饮用水卫生标准》（GB5749—2006）。

二十四、槐房再生水厂工程

年内，市政总院完成槐房再生水厂工程施工图设计。该工程设计规模为60万立方米/天，污水处理采用MBR工艺全地下布置，配套设计有污泥处理、臭气处理、园林景观等设施。

二十五、高安屯再生水厂工程

年内，市政总院完成高安屯再生水厂初步设计。该工程占地面积150950平方米，规划建设规模为20万立方米/天，近期设计规模为10万立方米/天，设计出水水质达到《城镇污水处理厂水污染物排放标准》（DB11/890—2012）中B标准，处理工艺采用“A/A/O+砂滤池”工艺。

二十六、东北热电中心再生水供水工程

年内，市政总院完成东北热电中心再生水供水工程初步设计及第一批七个标段的施工图设计。该工程采用压力供水，设计供水规模6.0万立方米/天，再生水管径为DN1000毫米，设计总长度约15千米。

二十七、小红门污水处理厂泥区改造工程

年内，市政总院完成小红门污水处理厂

泥区改造工程初步设计。该工程污水处理规模为60万立方米/天，污泥处理规模900吨/天，设计出泥满足《城镇污水处理厂污泥处置 土地改良用泥质》（GB/T 24600—2009）的标准要求，污泥处理采用热水解+厌氧消化+板框脱水处理工艺，厌氧消化脱水滤液处理采用先进的厌氧氨氧化处理工艺。

二十八、城市轨道交通土建工程设计安全风险评估规范

年内，市规划委、市质监局联合发布《城市轨道交通土建工程设计安全风险评估规范》（DB11/1067—2014）。该《规范》按照地铁工程设计、安全风险特点及其要素编排，从工程自身和环境影响两类风险来界定相关细则与要求，明确了风险评估的内容构成与工作流程、方法与成果、风险等级标准及分级原则方面内容。

二十九、下凹桥区雨水调蓄排放设计规范

年内，市规划委、市质监局联合发布《下凹桥区雨水调蓄排放设计规范》（DB11/T1068—2014）。该《规范》提出新建下凹桥区雨水调蓄排放系统，能力应达到50年重现期校核标准；改建下凹桥区雨水蓄排系统，能力应通过综合工程措施逐步达到50年重现期校核标准，提高了雨水收集系统调蓄排放能力。

三十、城市道路空间规划设计规范

年内，市规划委、市质监局联合发布《城市道路空间规划设计规范》（DB11/1116—2014）。该《规范》提出优化行人、自行车和公交出行的便捷道路环境，倡导绿色出行；统筹布置各项市政设施，促进道路空间高效利用；强化道路空间生态景观效益，提高城市道路空间防灾减灾能力等措施，力争实现“安全、公正、高效、包容、宜人”五大目标。

三十一、供热计量设计技术规程

年内，市规划委、市质监局联合发布《供热计量设计技术规程》（DB11/1066—2014）。该《规程》在保证供热质量、改革收费制度同时，实现节能降耗。

三十二、民用建筑信息模型设计标准

年内，市规划委、市质监局联合发布《民用建筑信息模型设计标准》（DB11/T1069—2014）。该《标准》提高了全市设计行业的信息化技术水平。

三十三、城市轨道交通工程规划核验测量规程

年内，市规划委、市质监局联合发布《城市轨道交通工程规划核验测量规程》（DB11/T1102—2014），规范了城市轨道交通的监察执法与竣工验收的测绘成果格式。

三十四、城市建设工程地下水控制技术规范

年内，市规划委、市质监局联合发布《城市建设工程地下水控制技术规范》（DB11/1115—2014），该《规范》减少施工降水，保护了地下水环境。

三十五、8标准图集发布

年内，市规划委发布建筑工程图集《轻隔墙》《北京市老旧小区综合改造工程实例汇编》《桥梁防撞护栏》《现浇钢筋混凝土悬臂式挡土墙》《公共区内装修》《内装修——吊顶》《卫生间、浴卫隔断、厨卫排气道系统》《北京市室外无障碍设施设计指导性图集》。

三十六、养老服务设施规划设计技术要点发布

年内，市规划委发布《北京市养老服务设施规划设计技术要点（试行）》。该《要点》引入“住宅适老性”的设计理念，倡导设计师从生理、心理、实际需求出发为老年人做设计。

三十七、征集到专家文稿

年内，市城建档案馆征集到城市建设专家郑天翔的文件、书信、照片和工作日记等珍贵史料，并整理形成《郑天翔与首都规划建设》。

三十八、征集珍贵档案进馆

年内，市城建档案馆征集到1983年《北京市规划市区彩色红外影象地图（北京航空遥感综合调查）》（1:25000比例尺）轴图一幅和1935年北平市政府编著的《旧都文物略》一套，其中红外影像地图填补了该馆摄影测量（含遥感测量）类档案的空白。

三十九、声像档案2编研成果获奖

年内，市城建档案馆编辑的《国家体育场建设纪实》画册、《北京市城乡结合部50个重点村规划建设纪实》专题片，分别荣获北京市档案学会2012—2013年度档案学术成果文献编研类三等奖和鼓励奖。

四十、城建电子档案数据异地备份保管

年内，市城建档案馆与重庆市城建档案馆签署《城建电子档案数据异地备份保管协议书》，明确了异地备份内容、周期、方式、保存条件及运送条件等内容。

四十一、工程档案入库

年内，市城建档案馆完成建筑、市政工程档案登记870项，档案预验收403项；接收纸质品工程档案43002卷、缩微胶片8777卷；整编制作缩微胶片母片648盘，拷贝片979盘，复印文件图纸51918张，归档数码照片档案14974张，50GB；工程档案数字化影像扫描978499画幅，形成影像文件1410GB；接收电子著录数据25639项；提供利用档案22583卷次，提供档案证明1119套。

第五节　勘察·设计·测绘

一、首次地理国情普查总体方案完成

年内，市规划委编制完成全市第一次地理国情普查总体方案、实施方案、内容与指标、质量管理细则和多个技术文件，通过公开招投标，确定6家单位承担内外业生产，2家单位承担质量检验，2家单位联合承担LiDAR数据获取，各由1家单位承担六环外1:2000地形图现势性补测和城六区排水管网普查应用。

二、发展绿色建筑推动绿色生态示范区建设奖励办法发布

年内，市规划委、市财政局、北京市住建委联合发布《北京市发展绿色建筑推动绿色生态示范区建设财政奖励资金管理办法》，规定全市绿色生态示范区的评选办法、评选数量和奖励措施，并评审出未来科技城、雁栖湖生态发展示范区、中关村软件园3个参评功能区为“北京市绿色生态示范区”。

三、勘察设计资质资格受理

年内，共受理行政许可事项约2000件，受理各类注册师注册事项约7000件；受理建设工程招投标项目约1300项（国有投资项目比例约占36%，企业自筹项目比例约为64%），涉及总投资约为6243.9亿元；共有786个项目，共约3700万平方米的新建建筑达到一星级标准；按照住房城乡建设部要求，6月底前完成全部规划甲级资质单位换证工作，12月底前完成各地方规划乙、丙级资质单位换证工作，涉及单位约130余家。测绘单位复审换证310余家。

四、审查建设工程施工图设计文件1600项

年内，完成房屋建筑施工图设计文件审查约1600项，共约6000万平方米；提供北京市各种格式电子地形图数据约15000幅。

五、7项目获省部级科技进步奖

年内，市测绘院完成的“特大城市地理信息数据管理与服务体系建设关键技术及应用”获中国测绘地理信息学会科技进步奖一等奖，“建设项目三维规划审批体系建设及应用推广”“城市综合测绘数据库建设与分发服务应用关键技术”获中国测绘地理信息学会科技进步奖二等奖，“历史文化保护区规划管理平台关键技术研究及应用示范”获中国地理信息产业协会科技进步奖二等奖，“国家地理信息应急监测系统研制与应用”获北京市科学技术奖二等奖，“亚米级立体卫星影像修测1:2000地形图的工艺研究”获中国地理信息产业协会科技进步奖三等奖；由市测绘院等单位联合完成的“国家数字城市地理空间框架建设体系”获中国测绘地理信息学会科技进步奖特等奖。

六、3项工程获省部级优秀工程奖最高奖

年内，市测绘院完成的“北京市第一次水务普查空间数据资源建设”“通州新城1:500基础地形图测绘工程”获中国测绘地理信息学会优秀工程奖金奖；市测绘院等单位联合完成的“中央电视台新台址工程测量”获中国测绘地理信息学会优秀工程奖白金奖。

七、1人获全国五一劳动奖章

年内，市测绘院武润泽获得中华全国总工会授予的全国五一劳动奖章，同时获得共青团中央、人力资源社会保障部联合授予的全国青年岗位能手称号。

八、三类基础测绘工作完成

年内，市测绘院完成三类基础测绘工作。基础控制方面：完成沉降区一、二等水准复测1050千米以及中心城区1000点GPS RTK加密控制网更新工作。基本比例尺地形图测绘、更新方面：完成四环范围8450幅1:500地形图的2次更新、六环内范围更新1:2000地形图3376幅、六环外平原地区1:2000地形图要素更新5096幅、新城全要素更新444

幅、全市域更新1:10000地形图933幅。地理信息数据库建设方面：完成2014年更新的1:500地形图8450幅的数据加工、入库工作；完成2013年更新的1:2000地形图3376幅、1:10000地形图457幅的数据加工、入库工作；“城市综合地下管网信息系统”累计完成4.30万千米地下管线数据的建库管理工作。

九、新城基础测绘完成

年内，市测绘院完成多个新城基础测绘任务：平谷区1:10000比例尺地形图1076平方千米；海淀区1:500比例尺地形图50平方千米；昌平区4个重点区域1:500比例尺地形图45平方千米。

十、测绘资料信息服务

年内，市测绘院向通过审批的20家单位免费提供了北京市政务版电子地形图（六环范围内1:2000和全市域1:10000）；向社会各界用户提供了基本比例尺地形图9219幅，地形图数据3641幅，提供各类测绘资料借阅8720人次。

十一、多项重大专业测绘项目完成

年内，市测绘院完成多项重大专业测绘项目。主要有：昌平区重点区域地下管线普查、朝阳区区属道路大市政基础设施系统普查、大兴区综合管线专业图集制作（新城、乡镇、长输）、西站地区市政管线测绘及分析评估、市国土局用地批后监督和卫星遥感影像处理、军事医学科学院地下管线等普查、北京新能源汽车项目充电站充电桩选址等测绘、四条轨道交通测绘（新机场线、亦庄线、东四环线、玉泉路线）、亦庄开发区12平方公里项目土地平整测绘、首都新机场（榆垡镇、礼贤镇）安置房及市政配套工程测绘、冬奥会滑雪场选址地形图测绘、卷门地区1:500地形图测绘。

十二、7项地理信息系统开发完成

年内，市测绘院完成“北京历史文化地理信息系统”“朝阳区行政区划地域信息管理系统”“北京市管线共享平台”“北京市典型区域调研及数据分析”“产业经济空间数据规划信息共享平台”“海淀区房管局房屋管理综合平台”“昌平区制止和查处违法用地违法建设信息平台”等7个项目的开发建设。

十三、数字城市建设运行

年内，市测绘院的“数字房山地理空间框架建设项目”通过验收，正式上线运行；“数字丰台”项目全面启动，子系统“规划项目评估系统”开发完成；“数字中关村”项目三维建模和系统开发全面完成，已上线试运行。

十四、4区《北京人文地理》编制

年内，市测绘院完成《北京人文地理·大兴卷》发行，《北京人文地理·顺义卷》的样书编制制作，启动《北京人文地理·平谷卷》《北京人文地理·朝阳卷》编制工作。

十五、历史文化资源手册样书编制

年内，市测绘院完成《北京历史文化资源手册》延庆卷、房山卷、怀柔卷、密云卷、昌平卷的样书编制工作。

十六、8种地图编制完成

年内，市测绘院完成多种地图编制：《北京市国防交通地图集》《冀北电网挂图》《华北电网图集》《大兴区长输管线图集》《大兴区新城综合管线图集》《大兴区街镇综合管线图集》《大兴区综合管线图集》《房山区行政区划图集》。

十七、2 项专利获国家授权

年内，市测绘院研发的“光束法空中三角测量文件数据处理方法”“自控式双路直流低压电动温控阀”获国家知识产权局授予发明专利证书。

十八、11 项软件获计算机软件著作权

年内，市测绘院研发的“北京市第一次地理国情普查内业采集软件”“北京市第一次地理国情普查基本统计分析软件”“北京市第一次地理国情普查成果数据质量检查软件”“地下管线内外业一体化移动采集系统”“地下管线三维化自动检查软件”“三维地下管线数据处理与分析软件”“基础地理信息数据资源集成展示系统”“基础地理信息数据资源集成管理系统”“基础地理信息数据产品分发服务系统”“基础地理信息数据产品分发服务门户软件”“旧城历史文化保护区三维规划管理系统”获得国家版权局颁发的计算机软件著作权证书。

十九、数字城市学术委员会成立

年内，北京市数字城市学术委员会成立。该委员会是北京市城市科学研究会和北京市规划学会下属的专业学术委员会，主要开展北京市数字城市和智慧城市发展研究、参与或制定北京市数字城市相关发展规划和标准以及开展新技术的推广应用和专题学术交流活动。

二十、2 部行业标准发布

年内，市测绘院组织编写的行业标准《城市建设工程竣工测量成果规范》《城市建设工程竣工测量成果更新地形图数据技术规程》发布。

二十一、城市地理信息与文化创意研究工作室获荣誉

年内，市测绘院“城市地理信息与文化创意研究工作室”通过市总工会和市科委联合认定，被评为北京市“2013 年度职工创新工作室”。

二十二、四海 GNSS 基准站建设工程获评优秀

年内，市测绘院、市勘设测管办联合承建的北京延庆四海 GNSS 连续运行基准站，被国家测绘地理信息局评定为优秀。

二十三、基坑支护预应力地锚装置获国家专利

年内，市勘察院研制成功的“一种用于基坑支护的预应力地锚装置”获国家知识产权局实用新型专利证书。该装置的作用是加固基坑支护结构，提升支护体系安全系数。

二十四、盾构穿越扰动敏感区控制技术通过鉴定

年内，市勘察院、市轨道交通公司、中铁隧道院等多家单位联合完成的《中心城区盾构长距离连续穿越敏感建构筑物微扰动控制技术》通过北京市住建委鉴定。该项技术首次提出盾构施工穿越古旧建筑群等敏感建构筑物时的沉降数学预测模型、变形影响范围及风险评估方法，以及盾构施工引起周围环境振动、噪音的计算方法和控制标准。

二十五、土样数据自动采集系统获国家著作权

年内，市勘察院研制的《土样含水率、液塑限自动采集系统 v1.0》获国家版权局计

算机软件著作权。

二十六、获评全国工程质量管理优秀企业

年内，市勘察院获评住房和城乡建设部“全国工程质量管理优秀企业”，为全国四千余家勘察专业企业中唯一获奖单位。

二十七、4 项目获国家优质工程奖

年内，市勘察院完成岩土工程勘察设计的中国银行信息中心办公楼，国家行政学院港澳公务员培训中心，望京 SOHO 中心 T1 工程 1 号塔楼、T2 工程 2 号塔楼获评国家工程建设质量奖审定委员会、中国施工企业管理协会颁发的国家优质工程奖。

二十八、专家获评行业科技创新带头人

年内，市勘察院专家周宏磊获评“全国勘察设计行业科技创新带头人”。

二十九、浅层地下水监测网服务通过验收

年内，市勘察院承担的《北京市浅层地下水监测网数据采集、整合与信息服务项目》课题通过市科委验收。该项目建立了北京浅层地下水基础信息数据库，搭建了浅层地下水信息公共服务平台。

三十、沉降及水位变化对地铁影响研究通过验收

年内，市勘察院、市测绘院、市轨道交通公司联合完成的《地面沉降及地下水位变化对地铁工程的影响研究》课题通过市科委验收。该课题实施区域地面沉降监测和地铁结构变形监测，研究区域地铁沿线的地面沉降规律及其对城市地铁工程的影响，并取得创新成果。

三十一、道路病害评估与控制研究通过验收

年内，市勘察院完成的《城市道路地下病害风险评估与控制对策研究及示范应用》课题通过市交通委员验收。该课题建立了地下空洞、疏松和富水异常等病害体的探地雷达图谱和识别方法，以及城市道路地下病害风险评价方法和风险分级标准。

三十二、大兴区域工程与水文地质条件研究完成

年内，市勘察院完成的《大兴区区域及重点建设区工程地质和水文地质条件研究》通过验收。该课题系统搜集区域地质、工程地质、水文地质、地下水监测等基础性资料，绘制完成全区工程地质条件及水文地质条件分区图（1:5 万），提出抗浮设计水位的取值分析方法。

第六节　地名变更

概　　况

2014 年，全市地名命名、调整共计 282 个。按地名类别划分，道路和居住区名称 240 个，桥梁名称 13 个，轨道交通车站名称 29 个。

道路和居住区命名、调整（240个）

西城区命名、调整（5个）

半步桥街、新德街南巷、德外西后街、德胜里南路、裕民西路。

朝阳区命名、调整（21个）

启东路、周家庄北路、兴周街、周家庄中路、周家庄南路、美源小街、景达路、官庄南街、官庄北街、常意路、紫月小街、容和路、创达一路、容创路、容达路、广容路、和敬路、西坝河西路、枣营小街；朝新嘉园东里四区、朝新嘉园西里二区、三区、四区。

海淀区命名、调整（47个）

红山路、安宁庄南路、北坞嘉园西小街、茶棚西小街、茶棚东小街、翠湖东路、东升科技园路、前沙涧路、苏四路、瑞凤路、凤仪路、琪树路、同泽园路、苏三路、后沙涧路、苏一路、苏二路、香山路、杰王府路、煤厂街、买卖街、友谊路（南延）、馨瑞东路、馨悦南街、馨瑞西路、翡丽东路、翡丽西路；双清苑、文龙家园一里、文龙家园二里、文龙家园三里、文龙家园四里、上庄馨怡嘉园、上庄馨悦家园、凤仪佳苑一里、凤仪佳苑五里、凤仪佳苑七里、凤仪佳苑八里、凤仪佳苑六里、凤仪佳苑四里、凤仪佳苑二里、凤仪佳苑三里、温泉水岸家园、双槐树嘉园、上庄翠北嘉园北里、上庄翠湖嘉园东里、上庄翠北嘉园西里。

丰台区命名、调整（23个）

福宜街、右外西路、西铁营东路、中顶庙街、西铁营西路、西铁营中路、郭公庄中街、郭公庄南街、白盆窑路、小屯北街、玉璞路、万兴路、小瓦窑路、鑫盛街、鑫槐街、方于路、久敬苑路、双庙路、石榴庄四街、双庙东路、石榴庄一街、石榴庄三街、石榴庄二街。

石景山区命名、调整（17个）

城兴街、东下庄路、福田寺西街、古祥路、黑石头北街、景阳大街、景阳东街、景阳中路、聚兴路、聚兴南街、苹果园中路、体育场西街、五里坨东街、五里坨南路、五里坨西小街、五里坨中街、秀府路。

昌平区命名、调整（16个）

于辛庄南街、于善街、路松街、于辛庄北街、高教园南二街、介山路、景繁街、景旺街、景荣街、文创路、文智路、文丰路、中安路、中安北路、中盛西路、中盛东路。

大兴区命名、调整（12个）

安定北街、安华西路、德贤东路、南场东街、庑殿西路、隆景大街、隆平大街、隆昌大街北段、隆昌大街南段、隆丰大街、隆华大街、榆文街。

房山区命名、调整（64个）

竹园街、长政北街、太平庄南路、体育场路、乔家胡同、饮马井胡同、罗府街、阳光南大街、白杨东路、辰光东路、昊天南大街、金光路、百花南大街、昊天西路、长兴西街、长兴东街、长兴街、广翔路、启望街、智慧西街、交道东街、启航中路、广茂北路、交道中街、智慧东街、启航西街、迎宾南街、交道西街、黑古台街、交驰路、效劳台街、鲁村街、栗香路、天宝西路、物华西路、关帝阁街、白玉街、红枫街、富庄西路、元武屯路、肖庄路、篱笆园路、兴良西路、兴良东路、公园北路、临水西路、民丰街、常庄路、刺猬河东街、刺猬河西街、星光路、盛林路、香清街、辛瓜地路、慧欣东路、明理东路、物华东路、天宝东路、知兴东路、明理西路、慧欣西路、绣野街、兴阎街、宜青街。

开发区命名、调整（5个）

博兴九路、经海七路、科创三街、凉水

河二街、万源街。

顺义区命名、调整（9 个）

畅顺园、梅香街、天承环路、望泉西里、坞里路、裕曦路、鑫牛南路、鑫牛北路、夏屯街。

通州区命名、调整（5 个）

景盛南一街、恒业北七街、恒业八街、寨辛庄东路、荷香街。

延庆县命名、调整（2 个）

延农北路、八达岭林场路。

怀柔区命名、调整（13 个）

乐园西大街、雁栖湖南路、雁栖湖南路二号隧道、雁栖湖南路一号隧道、雁栖湖北路、雁栖湖西路、雁栖湖东路、红螺西路、红雁路、怀安大街、永平大街、永泰北街、永泰街。

平谷区命名、调整（1 个）

平谷体育中心西路。

桥梁名称（13 个）

廖公庄桥、京新上地桥、唐家岭桥、航天城二桥、皇后店桥、京新南沙河桥、梅所屯桥、西坨桥、京新沙阳路桥、东玉河桥、小牛坊桥、航天城一桥、西二旗桥。

轨道交通车站名称（29 个）

物资学院路站、通州北关站、北运河西站、郝家府站、潞城站、东夏园站、北运河东站、通运门站、湾子站、虎坊桥站、桥湾站、广渠门外站、大郊亭站、化工站、双井站、磁器口站、菜市口站、北京西站、焦化厂站、双合站、垡头站、欢乐谷景区站、南楼梓庄站、百子湾站、九龙山站、广渠门内站、珠市口站、广安门内站、达官营站。

第四章
土地供应与市场

北京市房地产年鉴 2015

第一节　2014年北京市土地管理综述

2014年，北京市国土资源局认真学习贯彻落实党的十八大和十八届三中、四中全会精神，以习近平总书记视察北京时的重要讲话精神为统领，紧紧围绕新时期首都城市战略定位，按照市委、市政府的决策部署，积极稳妥推进各项改革工作，巩固党的群众路线教育实践活动成果，认真接受市委巡视并积极整改，全面配合国家审计署对北京市开展土地出让收支和耕地保护情况专项审计，尽职尽责保护资源、节约集约利用资源、尽心尽力维护群众权益，不断提高资源保障能力和管理服务水平，有力促进了首都经济提质增效、转型升级和持续健康发展。

一、深入贯彻落实习近平总书记视察北京重要讲话精神

严格控制新增建设占用农用地和生态用地，积极盘活存量建设用地。调整耕地和基本农田数量和空间布局，支持发展高效节水农业。积极会同市规划委，结合城市总体规划修编，明确未来北京市建设用地“减量提质”目标。调整产业项目供地审核方式，成立全市工业项目供地审核小组。结合城市功能疏解，对全市工业园区未办理征供地手续的建设项目进行清理。加强顶层设计，推进《京津冀协同发展土地利用规划（2014—2020年）》编制。主动赴天津和河北国土资源厅（局），就津冀承接北京产业转移和功能疏解、加强土地利用合作和信息共享以及建立国土部门联席会议制度进行商讨。深入研究养老设施供地政策，联合市发改、规划、民政等部门，试点在新建住宅用地项目中按照与北京市老龄人口相适应的比例配建养老设施。

二、稳步推进国土资源领域改革任务

启动不动产统一登记前期工作，成立不动产统一登记协调小组，开展现状调研，成立不动产统一登记联席会，拟定不动产统一登记职责和机构整合初步方案。稳步推进集体建设用地使用制度改革。向市政府报送北京市农村集体经营性建设用地入市工作总体思路和集体建设用地利用建议，起草北京市农村集体经营性建设用地出让、租赁、入股试点管理办法，甄选申报北京市具体试点区县。印发《北京市利用农村集体土地建设租赁住房试点实施意见》，加快推进已批试点项目建设实施。积极推进城乡规划一体化，与市规划委对接搭建基础数据共享平台，开展集体建设用地专题研究，协商“两规”同步审核、同步报批相关程序。深化征地制度改革，对重点工程及土地储备项目中采取的实物补偿、留地安置等多元化补偿安置方式进行规范。开展征地拆迁中损害群众利益问题专项整治工作，2013年以来的征地拆迁项目征地补偿费已全部支付到位。加快行政审批制度改革，行政审批事项取消6项，下放23项。对投资项目市级审批事项从“审批流程、审查内容、办理时限”等16个方面进行规范，并向社会公布。

三、积极保障首都科学发展用地供应

全年批准征地面积1591公顷，涉及新增建设用地801公顷，其中农用地转用607公顷（含耕地247公顷）。供应国有建设用地3161公顷，完成计划的61.4%。批复用地预审项目996件，用地总面积13755公顷。办理国有土地登记17747件，其中使用权登记6815件，抵押权登记5782件，抵押金额8881.06亿元。提前完成全年土地出让收入计划，保障土地市场平稳运行。完成基准期日为2014年1月1日的基准地价更新，并由市政府公布实施。按照“瘦身、控增、提速”的总体思路开展土地储备开发工作，全年完成土地储备开发1028公顷，新增项目面积354公顷，实现投资987亿元。全市土地储备机构累计筹措资金602亿元，归还债务998亿元，年末债务余额2168亿元，超额完成市政府确定的控制土地储备存量债务规模的任务目标。全年土地市场成交土地141宗，成交金额1917亿元，政府土地收益965亿元。出让收入上缴国库2594.66亿元，其中政府收益1354.58亿元，超额完成全年出让收入计划。开展“十三五”时期北京市提高土地资源集约利用水平路径课题研究。启动2014年度开发区土地集约利用更新评价，推行工业用地弹性年期出让、先租赁后出让和租赁出让结合等供地方式。开展存量工业用地盘活政策研究，健全完善闲置土地处置工作机制。

四、尽心尽力维护群众合法权益

连续五年提前超额完成保障性安居工程用地供应。全年累计供应住宅用地1195公顷，完成计划的72.4%。其中，商品住宅用地供应517公顷，完成计划的51.7%，含自住型商品房用地供应193公顷，建筑规模约295万平方米，预计可提供自住型商品住房约3.3万套；保障性安居工程用地供应678公顷，完成计划的104%，计划总量、公开配租配售房型供地任务均超额完成。积极推进农村集体建设用地使用权确权登记颁证及土地调查工作。全市现存集体建设用地的13个区县共调查宗地48117宗，其中符合发证条件的宗地9994宗，完成发证的宗地8871宗，发证率88.76%。组织开展全市村庄宅基地地籍调查试点准备工作。公布全市二次调查主要数据成果并进行宣传解读。地质灾害防治成效显著，连续三年安全度汛。对全市4614个地质灾害隐患点的避险路线和避险场地进行安全性调查评价，在北京市国土资源局门户网站实现电子地图便民查询。10个山区县全部实现自主地质灾害气象风险预警、分别成立应急调查小队，地质灾害宣传和应急演练工作不断加强。全年发布市级地质灾害气象风险预警7次，开展应急调查28次，实现安全度汛，无人员伤亡。

五、坚守耕地红线，严厉打击国土资源违法行为

严格落实耕地保护责任，与区县政府签订2014年度耕地保护目标管理责任书，增设高标准基本农田建设任务量。开展2011—2013年度耕地保护责任目标履行情况自查和2011—2015年度耕地保护责任目标期中考核。严格落实耕地占补平衡政策，全年共编制、审核补充耕地方案123件。拟定《北京市土地整治项目管理办法》，组织验收项目34个，新增耕地1.6万亩。组织开展耕地质量等别年度更新评价和耕地后备资源调查评价工作。对违法违规用地保持高压态势。制定政府土地收益拨付与区县遏制违法用地、违法建设联动的奖惩措施。建立土地一级开发、土地

储备资金拨付与土地执法联动机制。积极推进视频监控系统和快速反应机制平台建设。深入开展土地矿产卫片执法检查，2014年北京市卫片违法问责比例为8.4%。全面督导检查“小产权房”清理整治，加强对高尔夫项目的定期巡查。全年共发现土地违法违规行为959件，立案查处400件，结案320件。发现矿产违法违规行为28件，结案28件。开展联合执法行动和“六打六治”打非治违专项行动，严厉打击非法开采矿产资源行为。

第二节　征地管理

一、征地管理工作情况

（一）深入推进征地网上审批监管

为深化行政审批制度改革，北京市规范了征地及农转用审批事项申报材料，调整了集体土地征收结案、建设用地批准书等办理程序，进行了全市征地工作培训，并将网上电子报盘系统同步进行了优化升级。通过对网上申报数据实施严格审核，不仅加强了网上行政监管，提升了征地审批质量，也为用地单位提供了便捷高效的服务。

（二）开展征地补偿费落实情况清理

为切实保障被征地农民的合法权益，按照国家土地督察北京局、市委群众路线教育实践活动办相关工作部署，北京市在近几年进行征地补偿费集中清理的基础上，重点开展了维护被征地农民合法权益专项督察、纠正征地拆迁中损害群众利益专项整治等工作。通过在全市范围内对征地补偿费进行清理核查，相关区县政府就清理出的问题已整改到位，拖欠的征地补偿费用已全部落实。

（三）深入开展征地补偿多元化调研

北京市重点加大对“缩小征地范围，规范征地程序，完善对被征地农民合理、规范、多元化补偿机制”的研究，一方面密切关注国家相关立法动向，认真梳理和总结现行征地程序、机制，为搭建征地制度改革的总体框架思路奠定基础；另一方面积极探索在土地储备项目中采取实物补偿、留地安置等多元化补偿安置方式，多方面采取长效措施维护被征地农民权益，使农民生活水平有提高、长远生计有保障。

二、征地及农用地转用审批情况

2014年，国务院及北京市政府共审批征地及农用地转用总用地面积约1591公顷，其中国务院批准用地面积约594公顷，北京市政府批准用地面积约997公顷。涉及新增建设用地801公顷，其中农用地607公顷，耕地247公顷。

第三节　国有土地使用权出让情况

一、2014 年北京市国有土地使用权出让概况

2014 年北京市共出让土地 358 宗，出让土地总面积约 1522.01 公顷，合同地价款总额约为 1985.60 亿元（见表 4－1）。其中出让新建项目用地 197 宗，出让土地面积约为 1189.59 公顷，占出让总土地面积的 78.16%，合同地价款总额约为人民币 1959.29 亿元，占出让地价款总额的 98.67%；以现状补办出让项目用地 161 宗，出让土地面积约 332.42 公顷，占出让总土地面积的 21.84%，合同地价款总额约为人民币 26.31 亿元，占全市出让地价款总额的 1.33%。

二、2001—2014 年北京市国有土地使用权出让情况

2001—2014 年北京市国土资源局共审批出让国有土地使用权 9157 宗，涉及土地面积约 25517 公顷，规划建筑面积约 45567 万平方米。

三、2014 年北京市土地利用管理出台的相关政策

2014 年，市国土局以棚户区改造专题报请市政府《关于北京市中心城区棚户区改造和环境整治有关用地问题的请示》，市政府批准并发布《关于加快棚户区改造和环境整治工作的实施意见》（京政发〔2014〕18 号）。出台了《北京市国土资源局关于进一步完善土地利用动态巡查制度有关问题的通知》（京国土用〔2015〕1 号），依据文件精神全面建立北京市土地利用动态巡查制度。

表 4－1　按区域划分 2014 年北京市国有土地使用权出让情况

区县	宗数	宗地面积（公顷）	合同地价款（万元）
东城区	35	4.0080	41174.51
西城区	34	6.4001	766701.39
朝阳区	39	95.8212	1586500.16
丰台区	36	109.4206	2591482.98
石景山区	7	31.0759	1346312.14
海淀区	33	68.0452	638835.53
门头沟区	13	106.2665	2945023.01
房山区	30	162.6721	964930.94
通州区	21	201.4271	2353018.53

续表 4 - 1

区县	宗数	宗地面积（公顷）	合同地价款（万元）
顺义区	34	221.5272	1923518.78
昌平区	18	116.1746	1569302.45
大兴区	44	202.8064	2252968.38
怀柔区	6	114.0006	623222.50
平谷区	5	52.6840	243850.24
亦庄开发区	0	0	0
密云县	1	2.3343	233.43
延庆县	2	27.3546	8960.00
合计	358	1522.0184	19856034.97

第四节　划拨城镇建设用地情况

一、2014 年北京市国有土地使用权划拨概况

2014 年北京市共办理划拨城镇建设用地 540.30 公顷。与上一年相比，增加 189.88 公顷。从用地项目来看，公共管理和公共服务类用地面积达 307.55 公顷，占全年划拨用地总面积的 56.92%；公共管理和公共服务宗数最多，共 170 宗，占全年划拨用地宗数的 68.27%（见表 4 - 2）。审批项目涉及除东城区和亦庄开发区以外的所有区县，从用地位置来看，海淀区、昌平区、丰台区供地面积最大，三区占全年划拨供地总面积的 46.52%，海淀区、大兴区、丰台区审批宗数位列全市前三名，分别达 76、28、27 宗（见表 4 - 3）。

二、政策研究

2014 年，按照《国土资源部办公厅关于印发〈养老服务设施用地指导意见〉的通知》（国土资厅发〔2014〕11 号），积极配合我市养老服务设施建设，配合起草、修改完成《关于进一步推进本市养老机构和养老照料中心建设工作的通知》《加快本市养老机构建设实施办法》任务分解、完善养老机构建设项目审批程序。配合市相关委办局出台了《北京市机动车停车管理办法》（北京市人民政府令第 252 号）；配合市交通委出台了《关于规范机械式和简易自走式立体停车设备安装及使用的若干意见》（京交运输发〔2014〕130 号）；配合市发改委出台了《关于印发鼓励社会资本参与机动车停车设施建设意见的通知》（京发改规〔2014〕8 号），对停车场用地提出了分类供地政策。

表4－2　2014年按划拨土地用途分类

项目类型	宗数（宗）	比例（%）	面积（公顷）	比例（%）
经济适用住房用地	35	14.06	118.8634	22.00
廉租住房用地	22	8.84	20.5827	3.81
公共管理和公共服务用地	170	68.27	307.5534	56.92
特殊用地	2	0.80	13.0160	2.41
交通运输用地	20	8.03	80.2868	14.86
总计	249	100	540.30	100

表4－3　2014年按各项目用地位置分类

区县	宗数（宗）	比例（%）	用地面积（公顷）	比例（%）
东城区	0	0	0	0
西城区	7	2.81	6.5223	1.21
朝阳区	14	5.62	45.7366	8.47
丰台区	27	10.84	75.9967	14.07
石景山区	6	2.41	7.7862	1.44
海淀区	76	30.52	90.1363	16.68
门头沟区	26	10.44	29.8680	5.53
房山区	16	6.43	76.4517	14.15
通州区	17	6.83	21.1662	3.92
顺义区	3	1.20	11.3691	2.10
昌平区	17	6.83	85.2282	15.77
大兴区	28	11.24	53.7631	9.95
怀柔区	4	1.61	27.0844	5.01
平谷区	2	0.80	2.6227	0.49
亦庄开发区	0	0	0	0
密云县	5	2.01	6.2499	1.16
延庆县	1	0.40	0.3209	0.06
总计	249	100	540.30	100

表4－4　1992—2014年度划拨城镇建设用地分年度统计

年度	宗数（宗）	比例（%）	面积（公顷）	比例（%）
1992	25	1.22	204.64	1.83
1993	36	1.76	241.02	2.15
1994	39	1.91	404.8	3.61

续表 4－4

年度	宗数（宗）	比例（%）	面积（公顷）	比例（%）
1995	36	1.76	215.33	1.92
1996	24	1.17	55.16	0.49
1997	33	1.61	122.24	1.09
1998	38	1.86	157.76	1.41
1999	33	1.61	187.1	1.67
2000	35	1.71	67.4	0.60
2001	72	3.52	412.95	3.68
2002	65	3.18	311.21	2.78
2003	79	3.86	501.66	4.48
2004	73	3.57	447.67	3.99
2005	123	6.01	611.16	5.45
2006	183	8.94	2086.16	18.61
2007	294	14.36	1400.08	12.49
2008	181	8.84	1409.29	12.57
2009	133	6.50	721.62	6.44
2010	93	4.54	264	2.36
2011	121	5.91	585.88	5.23
2012	189	9.23	449.84	4.01
2013	142	6.94	350.42	3.13
2014	249	10.84	540.30	4.60
总计	2296	100	11747.69	100

表 4－5　1992—2014 年度划拨城镇建设用地分项目统计

项目名称	宗数（宗）	比例（%）	用地面积（公顷）	比例（%）
公共管理和公共服务	1154	50.26	3643.2034	31.01
经济适用住房	291	12.67	1860.2434	15.83
其他住房	390	16.99	2830.1027	24.09
交通运输用地	339	14.76	2582.2068	21.98
特殊用地	121	5.27	829.556	7.06
水域及水利设施用地	1	0.04	2.38	0.02
总　　计	2296	100	11747.6923	100

表4-6 1992—2014年度划拨城镇建设用地分区县统计

区县	宗数（宗）	比例（%）	用地面积（公顷）	比例（%）
东城区	254	11.06	1188.38	10.12
西城区	357	15.55	1256.32	10.75
朝阳区	316	13.76	2196.77	19.09
丰台区	221	9.63	866.5	8.02
石景山区	58	2.53	154.18	1.38
海淀区	382	16.64	1721.77	15.42
门头沟区	70	3.05	139.31	1.44
房山区	74	3.22	261.78	2.88
通州区	83	3.61	190.77	1.80
顺义区	75	3.27	1327	11.39
昌平区	106	4.62	907.56	8.45
大兴区	116	5.05	415.36	3.99
怀柔区	43	1.87	143.79	1.45
平谷区	33	1.44	87.08	0.76
亦庄开发区	7	0.30	59.8	0.51
密云县	66	2.87	181.78	1.60
延庆县	35	1.52	109.25	0.93
总计	2296	100	11747.6923	100

第五节 土地储备和一级开发

一、土地一级开发情况

2014年，市国土局核批土地一级开发授权批复30个（含延期及主体变更），土地总面积1290公顷。全市新增土地储备开发面积354公顷，完成土地储备开发面积1028公顷，实现土地储备开发投资987亿元。

二、政府土地储备情况

2014年新增收购储备项目1个，土地面积约2.83公顷。全年组织办理储备土地证26个，土地面积约82公顷。

三、经营性土地入市交易情况

截至2014年12月31日，全市共有1872宗16465.07万平方米土地入市成交，成交价款为9739.87亿元，其中政府土地收益4591.65亿元（见表4-7）。2014年，市土地交易市场和10个远郊区县、北京经济技术开发区土地交易分市场共成交土地141宗，土地面积约1295.28万平方米，规划建筑面积1663.01万平方米，成交价款1916.90亿元，其中，政府土地收益964.77亿元（见表4－8）。

表4－7　2001—2014年北京市国有建设用地使用权入市交易成交统计

年度	成交宗数	交易类型			土地面积（万平方米）		规划建筑面积（万平方米）	成交价款（亿元）	
		招标	拍卖	挂牌	合计	其中建设用地		合计	其中政府收益
2001	1	1	0	0	13.97	13.97	14.14	3.17	0.59
2002	8	2	1	5	250.48	174.79	331.26	61.35	14.93
2003	48	3	1	44	201.7	158.7	277.87	49.14	19.05
2004	89	4	0	85	537.92	403.53	609.51	115.31	32.85
2005	50	2	0	48	357.39	242.12	451.97	117.51	39.31
2006	87	29	1	57	856.2	594.96	935.05	257.67	92.11
2007	85	41	0	44	897.92	600.63	1233.01	438.1	204.34
2008	184	26	0	158	1573.43	1110.19	1810.43	500.12	170.82
2009	250	20	1	229	1965.16	1385.27	2391.19	966.28	556.76
2010	280	81	0	199	3012.04	2070.15	3350.46	1677.27	948.05
2011	257	52	0	205	2044.54	1447.75	2481.32	1113.29	463.17
2012	169	27	0	142	1340.4	995.17	1722.22	670.61	238.09
2013	223	53	0	170	2118.64	1342.34	2448.74	1853.15	846.81
2014	141	16	0	125	1295.28	937.67	1663.01	1916.90	964.77
合计	1872	357	4	1511	16465.07	11477.24	19720.18	9739.87	4591.65

表4－8　2014年北京市国有建设用地使用权入市交易成交统计

交易地点	成交宗数	土地总面积（万平方米）		规划建筑面积（万平方米）	成交价款（亿元）
		合计	其中建设用地		
市土地交易市场	96	1089.55	782.12	1464.60	1899.18
远郊区县土地交易市场	45	205.73	155.55	198.41	17.72
合计	141	1295.28	937.67	1663.01	1916.90

第六节　基准地价和地价监测

一、基准地价

近年来，我市经济社会快速发展，土地利用格局和地价水平发生很大变化，为加强土地资产管理，完善城市地价管理体系，指导规范土地估价行为，按照市政府工作安排，市国土局组织开展了基准期日为2014年1月1日的北京市出让国有建设用地使用权基准地价更新工作。2014 年 8 月 28 日，市政府印发《北京市人民政府关于更新出让国有建设用地使用权基准地价的通知》（京政发〔2014〕26 号），基准地价更新成果正式实施。

基准地价是区域平均价格，是在全市域范围内，对现状利用条件下不同级别或均质地域的土地，按照商业、办公、居住、工业四种用途，分别评估确定的某一估价期日上法定最高年期土地使用权区域平均价格。

基准地价是政府法定公示地价，在国有建设用地使用权出让价格形成的过程中发挥作用，在企业重组改制、存量土地盘活等方面，以及民生领域公益性项目，基准地价具有更强的指导意义。基准地价的发布有利于提升政府地价管理的精细化程度，有助于公众了解城市地价空间分布规律，引导土地资源的合理配置和节约集约利用。

基准地价充分体现价值主导原则，注重反映土地使用功能的完善引起的地价变化，是对一个时期土地市场价格水平的客观审慎反映。市国土局严格遵循《城镇土地分等定级规程》（GB/T 18507—2001）、《城镇土地估价规程》（GB/T 18508—2001），以“政府主导、专家参与、专业实施、广泛论证”的模式开展基准地价更新工作。本轮基准地价在全市划定居住、商业、办公、工业各十二个级别的基础上，细分出 257 个居住用途区片、260 个商业用途区片、258 个办公用途区片、237 个工业用途区片，在城六区和规划新城首次探索尝试了适应网格化管理的街区地价表现形式，能够适应北京市特大城市多中心、多板块、市场不均衡发展的特点。

基准地价更新成果由图、表、文字说明、修正体系组成。其中图包括土地级别（区片）图、街区地价图；表包括级别基准地价表、区片基准地价表；文字说明描述了土地级别（区片）范围；修正体系包括用途修正、容积率修正、商业路线价加价幅度修正、地下空间和商业楼层修正、因素修正、年期修正、期日修正、开发程度修正和特殊因素修正体系。

二、地价监测

（一）北京市地价监测基本情况

自 2001 年以来，我国逐步建立了城市地价动态监测体系，北京市作为国家首批地价监测城市之一，监测工作已开展了 13 年。2008 年，根据国土资源部《关于进一步加强城市地价动态监测工作的通知》（国土资发〔2008〕51 号）要求，进一步夯实基础性工作，重新划定监测范围和地价区段，布设标准宗地，按照“政府主导、市区联动、协会监督、专业实施”四位一体的组织管理模式开展工作。2014 年，为更准确反映土地市场情况，按照 51 号文的要求，北京市对国家级监测范围、地价区段、标准宗地、地价内涵等进行了调整。

北京市地价动态监测分国家级监测范围及市级监测范围，国家级监测范围为城市建成区及工业集聚区内的居住、商业、工业三种用途，市级监测范围为十一个规划新城内居住、商业、办公三种用途及城市建成区办公用途。截至 2014 年 4 季度，国家级监测范围内标准宗地共 276 宗（居住 97 宗、商业 94 宗、工业 85 宗），市级监测范围内标准宗地共 189 宗（居住 39 宗、商业 31 宗、办公 119 宗）。北京市共 61 家监测单位的 236 名土地估价师参与了地价监测工作。标准宗地信息采集仍然采取同一宗地由两名估价师背对背分别评估的方式进行。地价监测结果客观地反映了北京市土地价格水平及地价变化情况，对于政府部门全面、系统、及时地掌握地价水平及动态变化情况，宏观调控土地市场提供了参考依据。

（二）2014 年北京市地价监测的主要成果

根据《城市地价动态监测技术规范》（TD/T1009—2007）及《关于进一步加强城市地价动态监测工作的通知》（国土资发〔2008〕51 号）要求，2014 年北京市国家级监测范围内地价监测结果见表 4－9、表 4－10。

表 4－9 国家级监测范围各用途增长率（季度）

土地用途	2014 年一季度（%）	2014 年二季度（%）	2014 年三季度（%）	2014 年四季度（%）
居住	3.28	2.59	0.65	0.12
商业	2.34	2.03	1.47	0.41
工业	1.36	1.52	0.72	0.89
平均	2.97	2.40	0.83	0.21

表 4－10 城市地价动态监测指数（年度）

年度	2013 年	2014 年
全市平均水平	299	318
一、住宅用地	409	437
二、工业仓储用地	227	237
三、商业、旅游、娱乐用地	252	268

第五章
房地产开发投资与建设

2014年，北京市房地产市场呈现供给减少、销售下降但降幅逐步收窄、价格上涨继续放缓的运行态势。与此同时，保障房和自住房建设稳步推进，对稳定市场发挥了重要作用。随着9月底调控新政的出台和落实，政策对北京市房地产市场的影响逐步显现。

（注：根据国家统计局提高投资统计起点的相关规定，2010年数据为调整后数据。）

第一节　房地产开发投资

2014年，全市完成房地产开发投资3911.3亿元，比上年增长12.3%，增速为“十二五”以来最高。上半年波动较大，下半年趋于平稳，并保持两位数快速增长。其中，全年土地购置费用为1561.2亿元，占开发投资比重近4成，增长34.6%（见图5－1）。

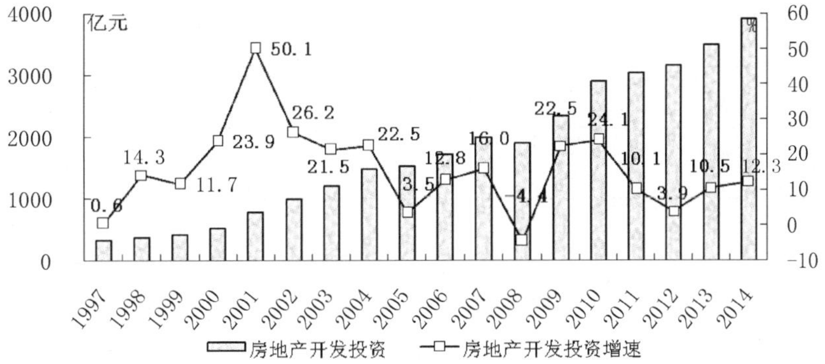

图5－1　1997年以来北京市房地产开发投资增速

房地产开发投资中，住宅完成投资1962亿元，比上年增长13.8%；写字楼完成投资750.2亿元，增长22.6%；商业、非公益用房及其他完成投资1199.1万平方米，增长4.5%。

从地区投资结构看，2014年核心区、拓展区、发展新区和生态涵养区房地产开发投资占全市房地产开发投资的比重分别为6.2%、36.2%、47.4%和10.2%。除了拓展区比上年降低7.9个百分点外，核心区、发展新区和生态涵养区分别提高0.7个、4.2个和3个百分点（见图5－2）。

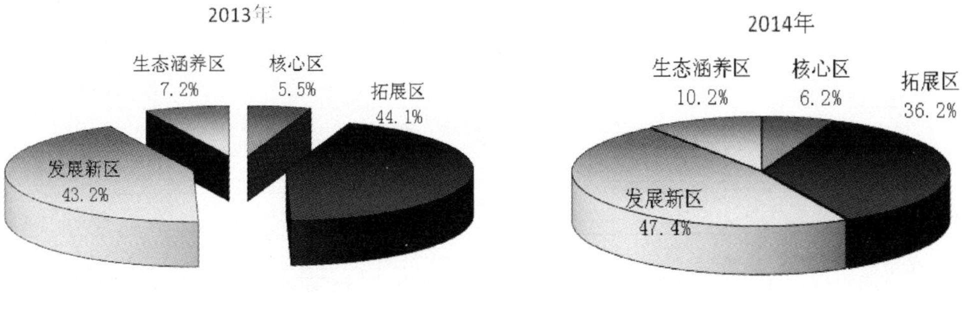

图5－2　四大功能区房地产开发投资占全市比重

2014年，全市房地产开发投资为3911.3亿元，比上年增长12.3%，占全社会固定资产投资比重为51.7%，高于上年2.2个百分点（见表5－1）。

表5－1　2014年房地产开发投资情况统计

单位：亿元，%

	房地产开发投资	全社会固定资产投资	所占比重
2013年	3483.4	7032.2	49.5
2014年	3911.3	7562.3	51.7

2014年，全市保障性住房自年初累计完成投资639亿元，比上年下降12.4%（见表5－2）。

表5－2　2014年保障性住房投资额完成情况统计

单位：亿元，%

	2013年	2014年	增速
自年初累计完成投资	729.7	639.0	－12.4
经济适用房	45.5	36.7	－19.3
限价房	112.3	131.9	17.4
公租（廉租）房	77.9	85.0	9.1
定向安置房	494.0	385.4	－22.0

一、2014年房地产开发投资及投资完成情况（分区县）

从完成房地产开发投资的区域分布看，朝阳区仍是投资的大户，其次是大兴区；比重分别为18.1%和13.1%（见表5－3）。

表5－3　2014年按区县划分房地产开发投资完成情况统计

单位：亿元

	区县	完成投资合计
功能核心区	东城区	90.6
	西城区	153.8
功能拓展区	朝阳区	706.3
	丰台区	377.9
	石景山区	113.9
	海淀区	218.1
发展新区	房山区	269.1
	通州区	446.8
	顺义区	245.5
	昌平区	379.0
	大兴区	512.4

续表 5－3

	区县	完成投资合计
生态涵养保护区	门头沟区	168.3
	怀柔区	67.4
	平谷区	91.6
	密云县	64.7
	延庆县	5.9

二、历年房地产开发投资完成情况（分用途）

2014 年全市房地产开发投资中，用于住宅完成投资 1962 亿元，增长 13.8%；写字楼完成投资 750.2 亿元，增长 22.6%；商业、非公益用房完成投资 1199.1 亿元，增长 4.5%（见图 5－3）。

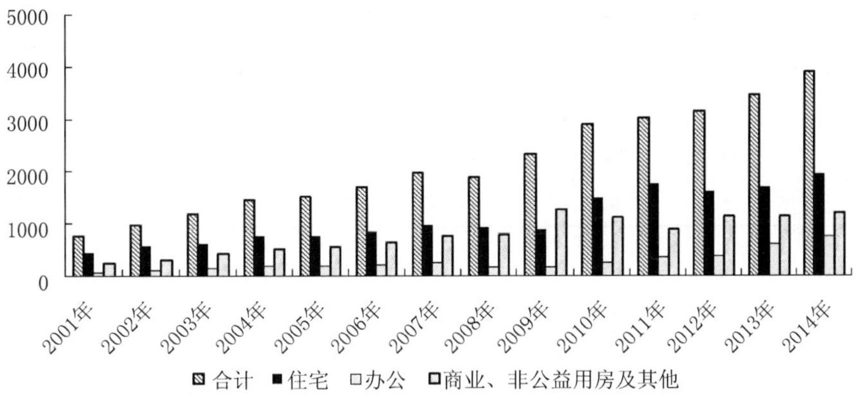

图 5－3　2001—2014 年按用途划分房地产开发投资完成情况

三、房地产开发投资构成及变动情况

在 2014 年全市房地产开发投资中，用于建筑工程投资为 1562.8 亿元，同比增长 6.5%；用于安装工程的投资为 39.1 亿元，同比下降 9.2%；用于设备、工器具购置的投资为 47.3 亿元，同比下降 10.8%；用于其他费用的投资为 2262.1 亿元，同比增长 17.8%（见表 5－4）。

表 5－4　2014 年房地产开发投资构成及变动情况统计

单位：亿元，%

指标	2013 年	2014 年	同比增长
建筑工程	1467.0	1562.8	6.5
安装工程	43.0	39.1	-9.2
设备、工器具购置	53.0	47.3	-10.8
其他费用	1920.4	2262.1	17.8

四、房地产开发资金来源情况

2014 年，全市房地产开发项目本年到位资金小计 6730.4 亿元，比上年下降 7.8%。其中，金融贷款为 2183.7 亿元，增长 18.9%；自筹资金为 1898.1 亿元，下降 11.2%；定金及预付款为 1751.6 亿元，下降 22.4%（见表 5－5）。

表 5－5　2007—2014 年房地产开发资金来源情况统计

单位：亿元

	2007	2008	2009	2010	2011	2012	2013	2014
自年初累计资金来源	5083.6	4398.4	7065.8	7334.4	7238	8399.5	9687.6	9538.7
#上年末结余资金	929.1	1076.6	936	1543.8	1879.9	2287.1	2387.4	2808.3
本年资金来源小计	4154.5	3321.8	6129.8	5790.6	5358.1	6112.4	7300.2	6730.4
#金融贷款	1063.2	889.4	2367.8	1439.1	1168	1498.4	1836.9	2183.7
利用外资	39.9	38.9	29.8	13.9	2.6	4.2	11.6	7.8
#外商直接投资	19	24.9	25	13.4	2.6	4.2	11.6	7.8
自筹资金	867.9	931.8	1026.8	1763	1746.2	1626.1	2138.2	1898.1
#自有资金	552.8	585.8	558.7	939.9	983	483.6	624	434.5
其他资金来源	2183.5	1461.8	2705.4	2574.6	2441.4	2983.7	3313.4	2640.8
#定金及预付款	1518.6	922.6	1663.6	1611	1518.1	2086.8	2257.5	1751.6

第二节　房屋建设情况

一、房屋建设总体情况

截至 2014 年 12 月末，全市商品房施工面积为 13641.5 万平方米，比上年末下降 1.8%。商品房新开工面积为 2502.8 万平方米，比上年下降 30%（见图 5－4）。

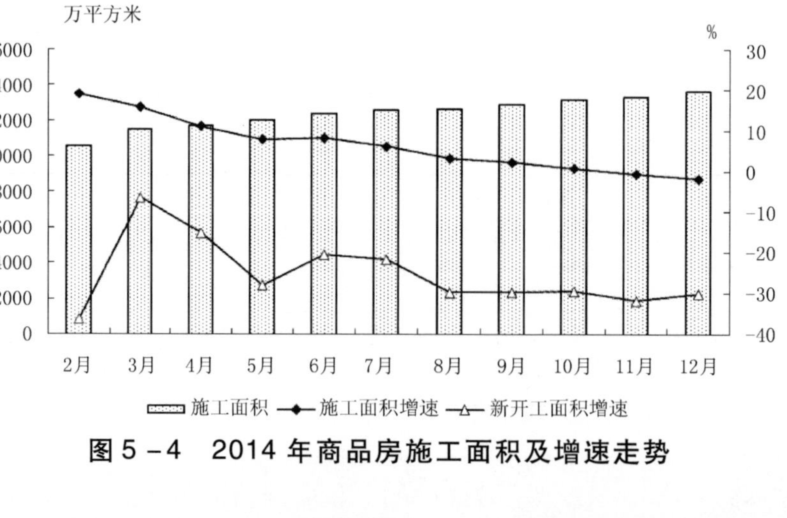

图 5－4　2014 年商品房施工面积及增速走势

截至12月底，住宅施工面积为6999.7万平方米，下降4.5%。其中，住宅新开工面积为1304万平方米，下降24.9%。

2014年，全市完成政策性住房投资639亿元，同比下降12.4%。年末政策性住房施工面积4368万平方米，下降10.1%。全年政策性住房竣工面积1201.6万平方米，增长11.3%（见表5－6）。

表5－6　2014年政策性住房建设情况统计

单位：亿元，万平方米，%

	2013年	2014年	同比增长
完成投资	729.7	639	－12.4
其中：住宅	561.5	515.1	－8.3
房屋施工面积	4857.1	4368	－10.1
其中：住宅	3797.2	3376.5	－11.1
房屋新开工面积	964.9	509.5	－47.2
其中：住宅	787.6	415.5	－47.2
房屋竣工面积	1079.2	1201.6	11.3
其中：住宅	879.4	947	7.7

二、商品房新开工及施工情况概述

截至2014年12月末，全市商品房施工面积为13641.5万平方米，比上年末下降1.8%。商品房新开工面积为2502.8万平方米，下降30%（见表5－7）。

表5－7　2014年商品房施工面积及新开工情况统计

单位：万平方米，%

	2013年	2014年	同比增长
施工面积	13886.9	13641.5	－1.8
新开工面积	3577.5	2502.8	－30

三、2014年商品房新开工、施工情况（分区县）

从区域上看，施工面积朝阳区最多，为2543万平方米，大兴区位于第二，为1926.4万平方米，分别占全市商品房施工面积的18.6%和14.1%（见表5－8）。

表5－8　2014年按区县分商品房施工面积统计

单位：万平方米

区县	施工面积	区县	施工面积
东城区	144.8	通州区	1510.0
西城区	174.6	顺义区	1263.6

续表 5－8

区县	施工面积	区县	施工面积
朝阳区	2543.0	昌平区	1302.7
丰台区	1410.9	大兴区	1926.4
石景山区	351.5	怀柔区	341.0
海淀区	1011.9	平谷区	125.3
门头沟区	906.5	密云县	327.0
房山区	144.8	延庆县	242.5
合计	13641.5		

四、历年商品房新开工、施工情况（分用途）

2014 年，全市全年商品房新开工面积为 2502.8 万平方米，比上年下降 30%。其中，住宅新开工面积为 1304 万平方米，下降 24.9%；写字楼为 444.4 万平方米，下降 33.8%；商业及服务业等经营性用房为 754.4 万平方米，下降 35.5%（见图 5－5）。

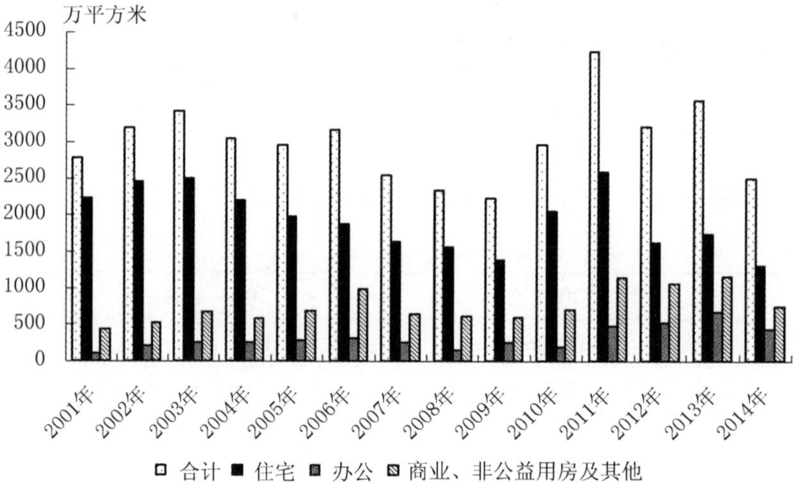

图 5－5　2001—2014 年商品房新开工面积情况

五、商品房竣工情况概述

2014 年，全市全年商品房竣工面积为 3054.1 万平方米，比上年增长 14.5%。其中，住宅竣工面积为 1804.3 万平方米，增长 6.6%（见表 5－9）。

表 5－9　2014 年商品房竣工面积统计

单位：万平方米，%

	2013 年	2014 年	增长（%）
竣工面积	2666.4	3054.1	14.5
其中：住宅	1692	1804.3	6.6

六、2014 年商品房竣工情况（分区县）

从区域上看，全市商品房竣工面积为 3054.1 万平方米，朝阳区最多，大兴区（含经济技术开发区）位于第二，分别占 25.5% 和 17.7%（见图 5－6）。

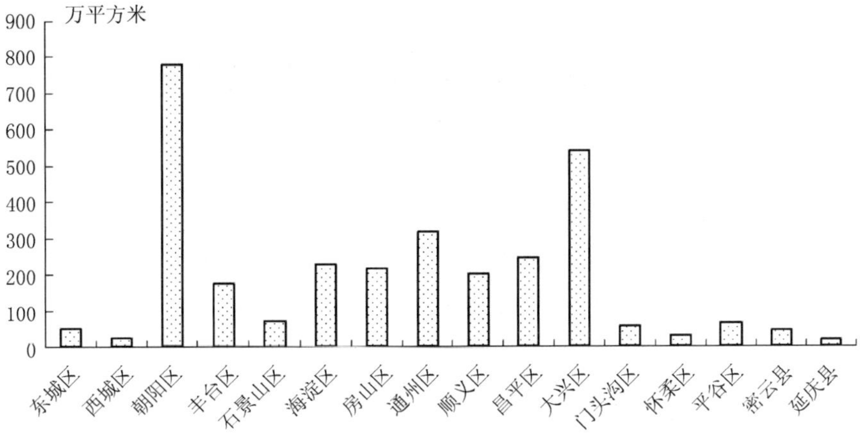

图 5－6　2014 年按区县划分商品房竣工面积统计

七、历年商品房竣工情况（分用途）

2012 年，全市全年商品房竣工面积为 2390.9 万平方米，比上年增长 6.5%。其中，住宅竣工面积为 1522.7 万平方米，增长 15.7%；写字楼为 226.8 万平方米，下降 7.5%；商业及服务业等经营性用房为 240.1 万平方米，增长 3.3%（见表 5－10）。

表 5－10　2001—2014 年按用途划分商品房竣工面积统计

单位：万平方米

年份	合计	住宅	办公楼	商业、非公益用房及其他
2001	1707.4	1393.4	97.9	216.1
2002	2384.4	1926.2	97.5	360.7
2003	2593.7	2080.8	93.6	419.3
2004	3067	2344	153.9	569.2
2005	3770.9	2841.4	287.8	641.7
2006	3193.9	2193.3	304.4	696.2
2007	2891.7	1854	314.8	722.9
2008	2558	1399.3	364.6	794.1

续表 5－10

年份	合计	住宅	办公楼	商业、非公益用房及其他
2009	2678.6	1613.2	316.6	748.7
2010	2386.7	1498.5	198.4	689.8
2011	2245.2	1316.1	245.2	683.9
2012	2390.9	1522.7	226.8	641.4
2013	2666.4	1692	273.1	701.3
2014	3054.1	1804.3	387.5	862.3

第三节　商品房待售情况

截至2014年12月底，全市商品房待售面积为2065.7万平方米，比2013年末增加204.3万平方米，为1998年房地产市场深化改革以来的历史最高位。其中，住宅待售面积为864.8万平方米，比2013年末增加35.5万平方米（见表5－11）。

表5－11　2014年商品房待售情况统计

单位：万平方米，%

	2013年	2014年	同比增长
待售面积	1861.4	2065.7	11.0
其中：住宅	829.3	864.8	4.3

一、2014年商品房待售情况（分区县）

2014年末，全市商品房待售面积从区域分布看，朝阳区待售面积最多，达708.2万平方米，占34.3%；其次是通州区，217万平方米，占11%；第三是大兴区，211.8万平方米，占10.3%（见图5－7）。

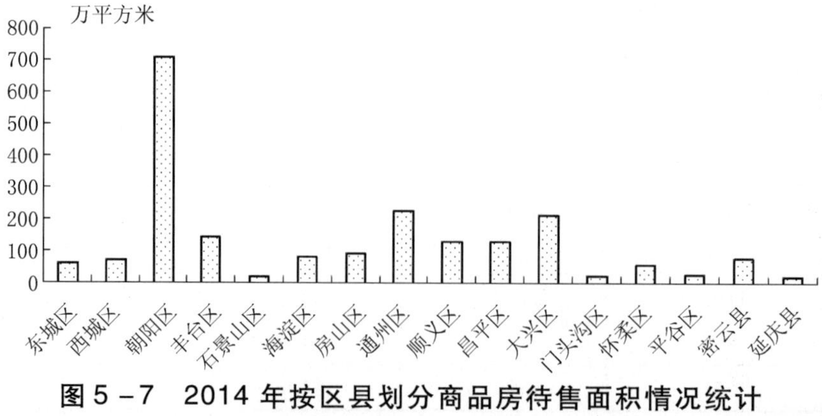

图5－7　2014年按区县划分商品房待售面积情况统计

2014年末，全市商品房待售面积按时间划分，待售1年以内的面积为1121.4万平方米，1年至3年的面积为570.1万平方米；3年以上的面积为374.2万平方米（见表5－12）。

表5－12　2001—2014年按用途分待售一年以上商品房面积

单位：万平方米

一年以上待售面积	合计	住宅	办公	商业、非公益用房及其他
2001	336	281.4	25.5	29.1
2002	406.3	323	45.2	38.1
2003	377.9	310.7	37.5	29.6
2004	298.8	226.7	35.4	36.8
2005	380.1	252.6	37.5	90
2006	411.4	210	46.5	154.9
2007	439	177	40.5	221.6
2008	493.2	187.4	59.4	246.5
2009	583.4	159.8	92.3	331.3
2010	672.3	209.6	109.8	352.9
2011	771.1	252.2	115.4	403.5
2012	953.1	326.9	103.7	522.5
2013	939.1	430.1	96	413
2014	1121.4	458.3	179.9	483.2

二、历年商品房待售情况（分用途）

2014年商品房待售面积为2065.7万平方米，比上年末增加204.3万平方米。从用途上看，住宅待售面积为864.8万平方米，增长4.3%；写字楼（办公楼）待售面积为307.2万平方米，增长70.6%；商业、非公益用房及其他待售面积为893.7万平方米，增长4.9%（见表5－13）。

表5－13　2001—2014年商品房待售情况统计

单位：万平方米

待售	合计	住宅	办公	商业、非公益用房及其他
2001	774.1	634.1	73.5	66.5
2002	919	763.2	73	82.4
2003	1123.4	896.9	94.2	132.3
2004	1044.1	723.9	110.1	210.2
2005	1374.2	799.7	198.9	375.6
2006	1039.7	494.1	175.8	369.8
2007	1136.2	411.8	198.1	526.3
2008	1438.3	522.7	244.6	671
2009	1351.4	426.8	246.5	678.1

续表 5-13

待售	合计	住宅	办公	商业、非公益用房及其他
2010	1482.7	511.9	223.9	746.9
2011	1792.6	699.8	250.2	842.6
2012	1911.8	789.5	198.2	924.1
2013	1861.4	829.3	180.1	852
2014	2065.7	864.8	307.2	893.7

第四节　房屋征收拆迁情况

一、房屋征收拆迁情况综述

2014 年，全市房屋征收拆迁工作总体进展情况良好。国有土地上房屋征收全面展开，房屋征收规模和签约率大幅上升；集体土地上房屋拆迁平稳推进，拆迁滞留规模明显下降。房屋征收补偿决定和强制征收量上升，信访矛盾总体下降。

二、房屋征收拆迁情况统计

2014 年，全市核发国有土地上房屋征收决定 12 个，征收房屋建筑面积 51.1 万平方米，涉及住宅 6759 户，住宅建筑面积 31.4 万平方米。自 2011 年《国有土地上房屋征收与补偿条例》实施截至 2014 年底，全市共启动 56 个房屋征收项目，涉及住宅约 3.6 万户，征收项目整体签约率达到 92%。2014 年，全市核发集体土地上房屋拆迁许可证 15 个，拆迁房屋建筑面积约 141.2 万平方米，涉及住宅 1860 户，住宅建筑面积约 58.1 万平方米。

三、征收拆迁管理工作情况

（一）加强政策指导，着力推进旧城区改建房屋征收项目实施

依据《北京市旧城区改建房屋征收实施意见》等棚户区改造房屋征收政策规定，经征收改建意愿征询、预签约两轮征询民意等程序，预签征收补偿协议比例达到规定的协议生效比例，2014 年 1 月 17 日全市首个中心城区棚户区改造项目——西城区百万庄北里居民住房改善旧城改建项目正式核发房屋征收决定，项目进展顺利。此外，一批棚户区改造等旧城区改建房屋征收项目正积极推进。

（二）加大区县及房屋征收拆迁现场调研，指导推进重点房屋征收拆迁项目

2014 年，市住房城乡建设委加大对重点工程项目房屋征收拆迁工作指导、协调力度，针对项目实施中存在的复杂疑难问题，召开专题研讨会，共同破解，推进重点工程早日落地。会同市住保办等研究解决朝阳区六公主坟地区绿化及安置房用地项目启动中的难题，为 APEC 会议召开做好房屋征收拆迁服务；会同市重大办、市轨道交通公司、相关区县住房城乡建设委、房管局等专题研究协调 6 号线二期、7 号线、8 号线二期南段、8 号线三期、14 号线、燕房线房屋征收拆迁工作中的难题，为地铁建设工程顺利推进提供重要保障。

（三）加快清理全市在征在拆及拆迁逾期安置项目

2014 年 4 月，组织开展全市已发拆迁许可证项目安置情况专项检查，集中梳理全市在征在拆项目及拆迁逾期安置项目情况，指导区县更新在征在拆项目数据，明确清理工作措施等，滞留项目清理工作取得良好成效，朝阳区和平一二三村等一批拆迁滞留项目完成全部搬迁工作。

（四）加强与司法、行政部门沟通研讨，依法推进房屋征收拆迁工作

加强与市高级法院、市法制办等司法、行政部门沟通交流，深入研讨房屋征收拆迁相关法律问题，依法推进房屋征收拆迁工作，切实维护群众利益。贯彻最高人民法院《关于在征收拆迁案件中进一步严格规范司法行为积极推进“裁执分离”的通知》精神，与市高级法院研讨征收强制执行“裁执分离”原则具体实施规程。

（五）进一步深化国有土地上房屋征收补偿信息公开工作

认真落实市政府办公厅《关于进一步加强政府信息公开回应社会关切提升政府公信力的通知》《北京市 2014 年政府信息公开工作要点》要求，指导区县进一步深化国有土地上房屋征收与补偿信息公开工作，依法做好主动公开，实现“阳光征收”，完善依申请公开，及时回应群众关切。同时，落实市住房城乡建设委《关于加强房地产市场监管廉政风险防控工作的实施意见》，以房屋征收与补偿信息公开为重要抓手，加强房屋征收领域廉政风险防控工作。

（六）加强重点时段矛盾排查化解力度，落实重大项目房屋征收拆迁现场群众接待工作制度

加强重点时段房屋征收拆迁矛盾纠纷排查化解，逐一确定稳控化解措施、责任单位、责任人等，经市、区两级共同努力，重点时段未出现一起集体访、个人极端事件等涉稳事件。年内，指导推动区县在新启动及已启动、信访矛盾纠纷较多的重大项目房屋征收拆迁现场建立群众接待工作制度，第一时间为群众答疑解惑、协调解决实际困难，并依法、及时、属地化解矛盾纠纷。截至 2014 年底，全市共在 21 个重点项目房屋征收拆迁现场建立了群众接待工作制度，制度效应初显。

（七）全面清查纠正损害群众利益问题

根据党的第二批教育实践活动关于“四风”突出问题专项整治要求，8—9 月市住房城乡建设委会同市国土局开展了关于不按标准及时足额发放征地拆迁补偿款问题专项整治工作，对 2013 年以来所有核发房屋拆迁许可证项目进行全面清查，重点纠正房屋拆迁过程中补偿款不按标准发放、发放不及时、发放不足额等损害群众利益的问题。

（八）积极推进北京市房屋征收补偿信息系统建设

为进一步规范北京市房屋征收与补偿行为，提高房屋征收与补偿工作信息化水平，推动实现房屋征收补偿全程信息化，依据《住房城乡建设部关于推进国有土地上房屋征收与补偿信息系统建设的指导意见》，结合本市实际情况，市住房城乡建设委于 2014 年 12 月 26 日印发《关于推进国有土地上房屋征收与补偿信息系统建设的实施方案》，明确推进本市国有土地上房屋征收与补偿信息系统建设的工作目标、主要措施及保障机制等，推动实现阳光征收。

第六章
房地产交易市场运行

北京市房地产年鉴 2015

第一节　房地产交易市场综述

2014年，北京市继续认真贯彻落实国家调控政策，认真做好住房保障和自住房各项工作，根据市场形势灵活把握市场监管力度。年内保障房新开工10.1万套、竣工10.7万套；共出让自住房用地53宗，可建设约5.5万套自住房。受宏观经济和市场周期共同作用，我市房地产市场总体处于调整期，成交量价回落，开工、土地供应等先行指标下降，四季度随着政策微调市场出现了回升。

一、新建商品房市场成交情况

（一）新建商品房成交情况

2014年，北京市新建商品房成交面积1514.7万平方米，同比减少23.1%；成交金额3027.4亿元，同比减少21.7%。

其中预售成交面积959.3万平方米，同比减少25.0%；成交金额2178.3亿元，同比减少15.4%。现房成交面积555.4万平方米，同比减少19.8%；成交金额849.1亿元，同比减少34.3%。

（二）新建住房成交情况

2014年，北京市新建住房成交面积990.1万平方米，同比减少21.9%；成交金额2112.7亿元，同比减少17.0%。

其中预售商品住房成交面积601.5万平方米（5.6万套），同比减少22.3%，成交金额1501.1亿元，同比减少9.8%；预售经济适用住房和限价房成交面积167.4万平方米（2.4万套）；现售商品住房成交面积164.4万平方米（1.2万套），同比减少43.9%，成交金额431.1亿元，同比减少42.2%；现售经济适用住房和限价房销售面积56.9万平方米（7268套）。

二、存量房成交情况

2014年，北京市存量房成交面积1080.7万平方米，同比减少33.8%，成交金额2140.3亿元，同比减少21.9%。其中存量住房成交面积877.1万平方米，同比减少81.2%，成交金额1834.2亿元，同比减少23.8%。从成交比重来看，存量住房成交9.9万套，占86.1%；存量办公用房成交0.7万套，占6.1%；存量商业营业用房成交0.3万套，占2.6%；其他类型存量房屋成交0.6万套，占5.2%。

第二节　新建商品房批准预售情况

一、新建商品房批准预售总体情况

2014年，北京市共批准预售许可证349个，面积1414.5万平方米，同比增加42.1%；其中批准住房类房屋8.8万套，面积997.7万平方米，面积比2013年增加64.6%，批准办公用房、商业用房面积分别为249.7万平方米、76.4万平方米，比2013年分别减少2.7%、5.1%。

表6－1　2010—2014年北京市商品房批准预售面积

单位：万平方米

年份	合计	住房	商业	办公	其他
2010	1421.3	992.7	100.6	227.4	100.6
2011	1288.1	821.0	97.5	302.5	67.1
2012	1179.9	832.1	58.8	232.4	56.6
2013	995.2	606.3	80.5	256.5	51.9
2014	1414.5	997.7	76.4	249.7	90.7

从区域分布看，通州、朝阳、大兴、昌平、房山、顺义六区商品房批准预售面积均超过100万平方米，合计达1014万平方米，占全市批准预售总量的71.7%，其余十一个区县批准预售面积为400.5万平方米，所占比重为28.3%。

表6－2　2014年北京市新建商品房各区县批准预售情况

区县	上市套数（套/单元）	上市面积（万平方米）
通州区	22285	196.8
朝阳区	16999	185.2
大兴区	17261	178.0
昌平区	15663	165.5
房山区	17374	156.8
顺义区	10946	131.7
海淀区	6861	82.1
平谷区	6315	64.0
门头沟区	6371	57.4
丰台区	4096	53.2
密云县	4480	48.2
亦庄开发区	3216	40.9
西城区	1681	32.2
怀柔区	1423	11.6
石景山区	624	9.3
延庆县	33	0.8
东城区	100	0.8
合计	135728	1414.5

二、不同用途商品房批准预售情况

（一）住房

2014 年，北京市住房批准预售面积为 1153.2 万平方米，比 2013 年增加了 368 万平方米，增幅为 46.9%。从用途看，商品住房批准预售面积为 997.7 万平方米，同比增加 64.6%；经济适用住房批准预售面积为 18.4 万平方米，同比减少 71.3%，限价房批准预售面积为 137.1 万平方米，同比减少 19.3%。

表 6－3　2010—2014 年北京市住房分类型批准预售面积

单位：万平方米

年份	住房	其　中		
		商品住房	经济适用住房	限价房
2010	1209.0	992.7	40.7	175.6
2011	1087.6	821.0	22.3	244.3
2012	1036.3	832.1	32.4	171.8
2013	785.2	606.3	64.0	114.9
2014	1153.2	997.7	18.4	137.1

从区域分布看，北京市预售商品住房供应集中在昌平、大兴、通州、朝阳、房山五区，2014 年这五区住房批准预售面积为 641.9 万平方米，占全市住房批准预售面积总量的 64.3%（其中，昌平批准预售面积为 139.3 万平方米，居各区县之首）。东、西城住房批准预售面积为 3.1 万平方米，占全市住房供应总量的 0.3%。其余 10 个区县住房批准预售面积为 352.7 万平方米，占全市总量的 35.4%。

表 6－4　2010—2014 年北京市各区县批准预售住房面积

单位：万平方米

区　县	2010 年	2011 年	2012 年	2013 年	2014 年
东城区	15.9	0	4.2	0	0
西城区	16.6	13.6	14.1	6	3.1
朝阳区	193.4	146.8	125.7	65.1	122.7
海淀区	57.3	36.7	46.5	10	58.4
丰台区	27.3	49.8	51.2	26.4	37.7
石景山区	26.3	4.4	1.2	6.6	0
通州区	125.5	66.5	91.5	121.2	129.5
房山区	93.9	99.4	100.5	80.3	111.7
顺义区	113.9	45.3	61.5	56.6	95.5
门头沟区	0	14.1	52	16.2	38.8
大兴区	169.1	123.8	101.6	107.3	138.7
怀柔区	17.9	25	20.2	1.8	2.8
密云县	51.1	56.9	40.3	28.8	45.1

续表 6－4

区　县	2010 年	2011 年	2012 年	2013 年	2014 年
昌平区	64.4	129.7	95.8	43.3	139.3
延庆县	5.5	9.1	14.5	0	0
平谷区	10.2	0	11.3	22.9	59.5
亦庄开发区	4.5	0	0	13.7	14.9
合　计	992.7	821	832.1	606.3	997.7

注：2010 年北京市行政区划调整，撤销北京市东城区、崇文区，设立新的北京市东城区，以原东城区、崇文区的行政区域为东城区的行政区域；撤销北京市西城区、宣武区，设立新的北京市西城区，以原西城区、宣武区的行政区域为西城区的行政区域。

（二）办公用房

2014 年，北京市办公用房批准预售面积 249.7 万平方米，比 2013 年减少了 6.8 万平方米，降幅为 2.7%。办公用房供应以通州、朝阳、顺义、亦庄开发区为主，四个区的办公用房批准预售面积占全市供应总量的 49.6%，其中通州的供应量最大，为 42.1 万平方米，占全市的比重为 16.9%。延庆批准预售面积为 0。

表 6－5　2010—2014 年北京市办公用房分区县批准预售面积

单位：万平方米

区　县	2010 年	2011 年	2012 年	2013 年	2014 年
东城区	16.2	4.2	0	2.1	0.8
西城区	12.2	8.9	2.1	0	20.4
朝阳区	53.6	52.8	28.3	59.7	36
海淀区	15.9	9.2	7.8	4.2	9.1
丰台区	22.1	37.8	9.6	13.1	5
石景山区	17	6.9	1.9	10.0	6.5
通州区	3.8	35.2	18.3	68.1	42.1
房山区	0.4	17.8	0	31.8	20.6
顺义区	11.6	18.6	71.1	16.3	23.4
门头沟区	1.8	0	0.0	2.9	13.4
大兴区	11.6	12.1	67	28.7	15.6
怀柔区	1.2	0.5	14.3	0	8.8
密云县	0	0	0	0	2.3
昌平区	25.7	30.7	7.8	5.6	20
延庆县	0	0	0	0	0
平谷区	0.5	0	0	7.5	3.4
亦庄开发区	33.8	67.8	4.2	6.5	22.3
合　计	227.4	302.5	232.4	256.5	249.7

（三）商业用房

2014 年，北京市商业用房批准预售面积 76.4 万平方米，比 2013 年减少了 4.1 万平方米，降幅为 5.1%。商业用房的供应主要分布在房山、大兴、朝阳、通州、顺义、海淀，供应量占全市供应总量的 79.4%。

表 6－6　2010—2014 年北京市商业营业用房批准预售面积

单位：万平方米

区 县	2010 年	2011 年	2012 年	2013 年	2014 年
东城区	9.2	1.3	0.2	0.1	0.005
西城区	1	1	1.3	0	0.3
朝阳区	37.6	26.6	16.6	11.4	11.9
海淀区	8.2	2.2	2	4.4	5.2
丰台区	5.3	12.4	2.6	2.6	4.4
石景山区	0.9	9.3	3.4	7.7	1.5
通州区	23.1	2.7	8	16.1	9.4
房山区	1.5	0.5	0.8	4.9	15.5
顺义区	1.4	1.8	6.1	13.9	6.4
门头沟区	0	0.5	0	0.03	3
大兴区	1.1	6.4	8.7	15.6	12.3
怀柔区	1	0.9	0.4	0.7	0
密云县	0.4	0.3	0	0	0
昌平区	6.9	8.2	2.4	2.9	3.2
延庆县	0.3	5	0	0	0.8
平谷区	1.9	0	5	0.2	0
亦庄开发区	0.8	18.4	1.3	0	2.5
合 计	100.6	97.5	58.8	80.5	76.4

三、可售期房情况

截至 2014 年年底，北京市期房可售面积 1048.2 万平方米；其中可售住房 4.9 万套，面积 623.9 万平方米；可售商业用房 5639 套或单元，面积 88.7 万平方米；可售办公用房 2.6 万套或单元，面积 238.9 万平方米。

表 6－7　2014 年底北京市可售期房按用途分类情况

用 途	可售套数（套或单元）	可售面积（万平方米）
住房	49057	623.9
商业	5639	88.7
办公	25633	238.9
其他	19694	96.7
合 计	100023	1048.2

第三节　新建商品房成交情况

一、新建商品房成交情况

（一）期房成交情况

2014 年，北京市商品房预售成交 10.1 万套，成交面积 959.3 万平方米，比 2013 年分别减少 21.4% 和 25%。其中住宅成交 8 万套，成交面积 768.8 万平方米，比 2013 年分别减少 11.7% 和 17.5%，办公、商业用房成交面积分别为 130.2 万平方米、34.6 万平方米，比 2013 年分别减少 48.9% 和 32.5%。

表 6－8　2014 年北京市新建商品房各用途房屋期房成交情况

用　途	成交套数（套或单元）	成交面积（万平方米）
住宅	80492	768.8
商业	2854	34.6
办公	12988	130.2
其他	4808	25.7
合计	101142	959.3

从区域分布看，商品期房预售成交主要集中在大兴区、朝阳区、通州区、房山区，成交面积均高于 100 万平方米。四区成交面积为 549.3 万平方米，占全市商品期房成交总量的 57.3%（其中大兴区成交面积 160.1 万平方米）。亦庄开发区、怀柔、石景山、东城、延庆等五区县成交面积均低于 20 万平方米。

表 6－9　2010—2014 年北京市新建商品房分区县预售成交情况

单位：万平方米

区　县	2010 年	2011 年	2012 年	2013 年	2014 年
东城区	50.1	9.1	6.3	3.8	0.6
西城区	38.8	44.0	17.2	11.2	26.7
朝阳区	330.6	254.1	278.4	214.9	138.8
海淀区	117.4	70.1	78.4	32.8	29.0
丰台区	73.4	70.5	79.8	82.4	47.5
石景山区	40.4	30.9	17.1	43.9	9.2
通州区	128.4	86.2	145.6	198.3	129.9
房山区	74.5	100.8	121.5	139.4	120.5

续表6－9

区　县	2010 年	2011 年	2012 年	2013 年	2014 年
顺义区	99.6	77.4	103.0	120.8	89.2
门头沟区	2.5	1.7	43.2	28.0	29.2
大兴区	174.6	147.7	195.4	203.5	160.1
怀柔区	15.7	21.6	19.7	16.9	11.9
密云县	41.4	35.1	45.5	43.8	24.7
昌平区	114.3	111.6	163.3	86.5	98.2
延庆县	2.7	9.5	13.9	2.9	0.4
平谷区	9.6	4.7	3.2	16.4	25.0
亦庄开发区	17.0	25.3	23.7	33.0	18.4
市权属登记中心	0	0	0	0	0
合　计	1330.7	1100.0	1355.1	1278.4	959.3

（二）现房成交情况

2014 年，北京市新建商品房现房转移登记5.8万套，面积555.4万平方米，比2013年分别减少19.1%、19.8%，其中住房2万套、221.2万平方米，比2013年分别减少28.9%、34%，办公用房为46.2万平方米，比2013年减少43.6%，商业用房为86.1万平方米，比2013年减少19.4%。

表6－10　2014年北京市商品房现房转让成交情况

用　途	成交套数（套或单元）	成交面积（万平方米）
住房	19611	221.2
办公	2958	46.2
商业	3231	86.1
其他	32115	201.9
合　计	57915	555.4

二、住房期房成交情况

（一）成交量价情况

2014 年，北京市住房期房成交8万套，成交面积768.8万平方米，经济适用住房成交26.6万平方米，限价房成交140.8万平方米。从区域分布看，住房成交主要集中在大兴、朝阳、通州、房山、昌平，五区住房成交537.3万平方米，占全市住房成交总量的69.9%（其中大兴区成交139万平方米，占全市住房成交总量的18.1%，居于各区县之首）。其余各区县住房成交面积占全市住房成交总量的30.1%，其中东城、西城、石景山、怀柔、延庆等五区县成交面积均低于10万平方米，合计成交占比为2.3%。

表 6－11　2014 年北京市住房分区县期房成交情况

单位：万平方米

区　县	住房	其中		
		商品住房	经济适用住房	两限房
东城区	0.0	0.0	0.0	0.0
西城区	5.2	2.7	0.0	2.5
崇文区	0.0	0.0	0.0	0.0
宣武区	0.0	0.0	0.0	0.0
朝阳区	109.0	101.8	3.6	3.6
海淀区	23.8	23.8	0.0	0.0
丰台区	33.9	24.9	0.0	9.0
石景山区	4.8	4.4	0.3	0.0
通州区	100.1	79.2	0.0	20.9
房山区	95.9	65.1	3.1	27.7
顺义区	72.7	40.3	0.0	32.4
门头沟区	26.4	20.5	0.0	5.9
大兴区	139.0	105.5	8.6	24.9
怀柔区	7.4	2.2	5.2	0.0
密云县	24.0	21.8	0.0	2.2
昌平区	93.3	76.8	5.7	10.9
延庆县	0.0	0.0	0.0	0.0
合计	768.8	601.5	26.6	140.8

（二）购买对象情况

从购买对象分析，2014 年，北京市住房期房购买主要以本地居民购买为主。本地居民购买住房 7.0 万套，面积 651.0 万平方米，成交套数占全市住房成交总套数的 78.7%。外省市个人购买商品住房 0.9 万套，面积 98.0 万平方米，成交套数占全市的 17.8%。境外个人购买住房 59 套，面积 1.6 万平方米，成交套数占全市住房成交总套数的 0.1%。

表 6－12　2014 年北京市住房期房购买对象情况

单位：套，万平方米

购买对象	成交套数	成交面积	住房	
			成交套数	成交面积
本市个人	79631	714.2	70375	651.0
外省市个人	18012	164.2	9115	98.0
华侨、港澳台同胞、外国人购买	88	1.8	59	1.6
境内单位	3411	79.0	943	18.2
境外单位	0	0.0	0	0.0

表 6－13　2010—2014 年北京市住房期房购房对象所占比重情况

年份	本地居民（%）	外省市个人（%）	境外个人（%）
2010	62.42	33.27	0.25
2011	73.08	20.28	0.22
2012	73.53	23.39	0.17
2013	71.12	23.96	0.11
2014	78.73	17.81	0.09

三、办公用房期房成交情况

2014 年，北京市办公用房期房成交面积 130.2 万平方米（1.3 万套或单元），成交金额 383.9 亿元。从区域分布看，办公用房成交主要集中在朝阳、通州、房山、西城、大兴、顺义六个区，共成交 98.6 万平方米，占全市办公用房成交总量的 75.7%。其中朝阳区成交面积居于各区县之首，为 20.9 万平方米，所占比重为 16%。

表 6－14　2014 年北京市分区县办公用房期房成交情况

区　县	办公		
	成交套数（套或单元）	成交面积（万平方米）	成交金额（亿元）
东城区	73	0.6	2.6
西城区	72	14.7	91.3
朝阳区	974	20.9	70.9
海淀区	403	2.4	11.7
丰台区	506	7.9	27.0
石景山区	197	3.4	9.1
通州区	2932	20.6	49.9
房山区	3105	18.6	38.1
顺义区	1539	11.6	21.8
门头沟区	381	2.2	6.3
大兴区	1168	12.1	25.5
怀柔区	482	4.3	5.7
密云县	0	0.0	0.0
昌平区	318	2.5	5.4
延庆县	0	0.0	0.0
平谷区	193	2.4	3.1
亦庄开发区	645	5.9	15.6
合计	12988	130.2	383.9

四、商业营业用房期房成交情况

2014年，北京市商业营业用房期房成交面积34.6万平方米（2854套或单元），成交金额113亿元。从区域分布看，商业营业用房成交主要集中在大兴、通州、房山、朝阳、顺义五区，成交25.6万平方米，占全市商业营业用房成交总量的74.1%。

表6－15　2014年北京市分区县商业营业用房期房成交情况

区　县	商业		
	成交套数（套或单元）	成交面积（万平方米）	成交金额（亿元）
东城区	1	0.0	0.0
西城区	7	0.3	2.2
朝阳区	266	3.8	19.2
海淀区	148	1.2	4.1
丰台区	77	2.4	7.0
石景山区	40	1.0	5.0
通州区	757	6.0	24.4
房山区	319	4.7	14.0
顺义区	461	3.5	7.5
门头沟区	72	0.6	2.9
大兴区	336	7.7	18.8
怀柔区	27	0.2	0.4
密云县	0	0.0	0.0
昌平区	148	1.6	5.5
延庆县	15	0.4	0.4
平谷区	177	1.1	0.9
亦庄开发区	3	0.2	0.7
合计	2854	34.6	113.0

第四节　存量房成交情况

一、存量房交易总体情况

2014年，北京市存量房成交面积1080.7万平方米，同比减少33.8%，成交金额2140.3亿元，同比减少21.9%。

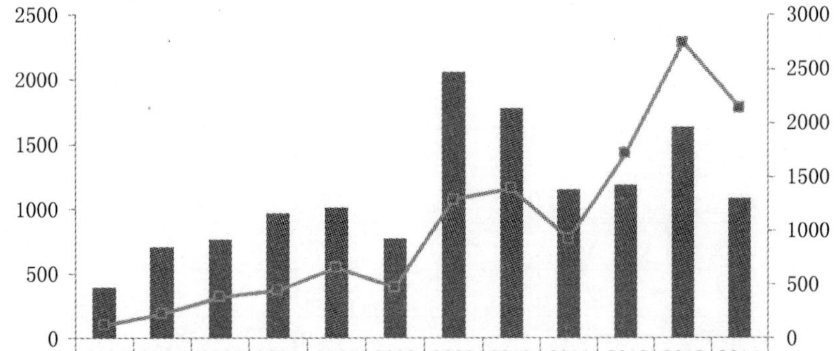

	2003年	2004年	2005年	2006年	2007年	2008年	2009年	2010年	2011年	2012年	2013年	2014年
成交面积(万平方米)	390	708.3	760.5	964.6	1011.9	773.4	2064.9	1776.6	1149.5	1188.7	1631.8	1080.7
成交金额(亿元)	122.2	226.9	385.2	445.8	654.3	469.8	1292.1	1389.5	921.9	1716.3	2741.8	2140.3

图6－1　2003—2014年度北京市存量房交易情况

2014年全市存量房成交11.5万套，其中存量住房成交9.9万套，占86.1%；存量办公用房成交0.7万套，占6.1%；存量商业营业用房成交0.3万套，占2.6%；其他类型存量房成交0.6万套，占5.2%。

2014年全市存量房成交1080.7万平方米，其中存量住房成交877.1万平方米，占81.2%；存量办公用房成交65万平方米，占6%；存量商业营业用房成交53.2万平方米，占4.9%；其他类型房屋成交85.4万平方米，占7.9%。

表6－16　2014年北京市存量房成交总体情况

万平方米；亿元

类　别	成交套数	成交面积	成交金额
存量住房	98807	877.1	1834.2
存量办公	6840	65	121.8
存量商业	3380	53.2	97.8
其　他	6103	85.4	86.5
合　计	115130	1080.7	2140.3

从区域分布上看，朝阳区、海淀区、昌平区与丰台区成交面积居于各区县前列。朝阳区成交面积297.2万平方米，远高于其他区县，其次是海淀区、昌平区、丰台区分别是127万平方米、110.6万平方米、102.8万平方米。

表6－17　2014年北京市各区县存量房成交情况

区　县	成交套数（套或单元）	成交面积（万平方米）
东城区	5785	45.1
西城区	8762	60.3
朝阳区	31676	297.2
海淀区	15023	127

续表 6－17

区　县	成交套数（套或单元）	成交面积（万平方米）
丰台区	11720	102.8
石景山区	4094	31.1
通州区	5763	58.6
房山区	3945	33
顺义区	4824	59.9
门头沟区	1040	8.2
大兴区	6171	66.7
怀柔区	1087	14.8
密云县	1683	28.6
昌平区	10184	110.6
延庆县	1134	11.8
平谷区	833	9
亦庄开发区	1406	16
合　计	115130	1080.7

二、存量商品住房成交情况

2014 年全市存量商品住房成交 98807 套，同比减少 34.3%；成交面积 877.1 万平方米，同比减少 36.2%。

表 6－18　2010—2014 年北京市存量商品住房成交情况

年份	2010	2011	2012	2013	2014
成交套数（套或单元）	149167	97100	124737	150495	98807
成交面积（万平方米）	1394.2	907.9	1090.0	1374.4	877.1

从区域分布上来看，朝阳区成交面积居于各区县之首，成交面积 239.6 万平方米，远高于其他区县，其次是海淀区、昌平区、丰台区，分别是 109.5 万平方米、92.7 万平方米、82.8 万平方米。

表 6－19　2014 年北京市各区县存量商品住房成交情况

区　县	成交套数（套或单元）	成交面积（万平方米）
东城区	5205	34.9
西城区	7906	51.1
朝阳区	25172	239.6
海淀区	12960	109.5
丰台区	10208	82.8
石景山区	3822	29.1

续表 6-19

区　县	成交套数（套或单元）	成交面积（万平方米）
通州区	5399	48.7
房山区	3695	31.6
顺义区	4394	49.3
门头沟区	940	6.8
大兴区	5672	52.4
怀柔区	1003	10.1
密云县	1518	15.3
昌平区	8567	92.7
延庆县	917	8.1
平谷区	787	7.1
亦庄开发区	642	8.0
合　计	98807	877.1

三、已购公房和经济适用房再上市成交情况

2014 年北京市已购公房和经济适用房再上市成交 35848 套，成交面积 254.7 万平方米。成交套数同比减少 29.1%，成交面积同比减少 32.7%。

表 6-20　2010—2014 年北京市已购公房和经济适用住房再上市情况

年份	2010	2011	2012	2013	2014
成交套数（套或单元）	51052	35642	42390	50528	35848
成交面积（万平方米）	431.4	290.1	311.6	378.5	254.7

从区域分布上来看，朝阳区、海淀区、丰台区、昌平区成交面积居于各区县前列。朝阳区成交面积 61.5 万平方米，为最高。其次是海淀区、丰台区、昌平区，分别是 45.7 万平方米、31 万平方米、30.8 万平方米。

表 6-21　2014 年分区县已购公房和经济适用住房再上市成交情况

区　县	成交套数（套或单元）	成交面积（万平方米）
东城区	2324	15.1
西城区	4557	29.3
朝阳区	8996	61.5
海淀区	6704	45.7
丰台区	4378	31
石景山区	1993	13.4
通州区	598	4.1

续表 6－21

区　县	成交套数（套或单元）	成交面积（万平方米）
房山区	1039	7
顺义区	557	3.9
门头沟区	469	3
大兴区	999	7.5
怀柔区	191	1.4
密云县	0	0
昌平区	2916	30.8
延庆县	127	1
平谷区	0	0
亦庄开发区	0	0
合　计	35848	254.7

第五节　住房租赁市场交易情况

2014 年北京住房租赁市场交易量价齐稳，租赁市场总体处于平稳状态，旺季不旺。

一、2014 年北京市住房租赁市场交易情况

根据我爱我家、链家、中大恒基、中原等 13 家指导价格信息采集单位 2014 年租赁成交数据测算，中介机构全年成交 62 万套，日均成交 1699 套左右，同比增加约 21.1%。全市成交 172.2 万套，同比增加约 9.7%。

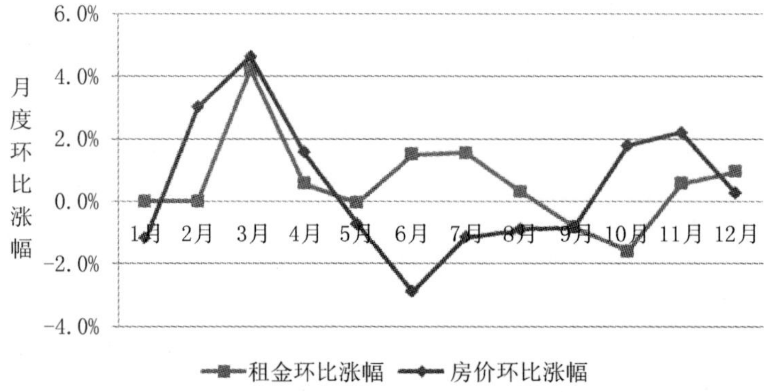

图 6－2　2014 年存量房租赁和买卖价格环比涨幅情况

2014年住房平均租金为61.1元/建筑平方米·月，同比涨幅为4%，比2013年减少5.8个百分点，其中4—11月份同比涨幅基本持平，在春节前和暑期毕业季两个传统的租赁旺季涨幅也不明显，整年度表现得旺季不旺。

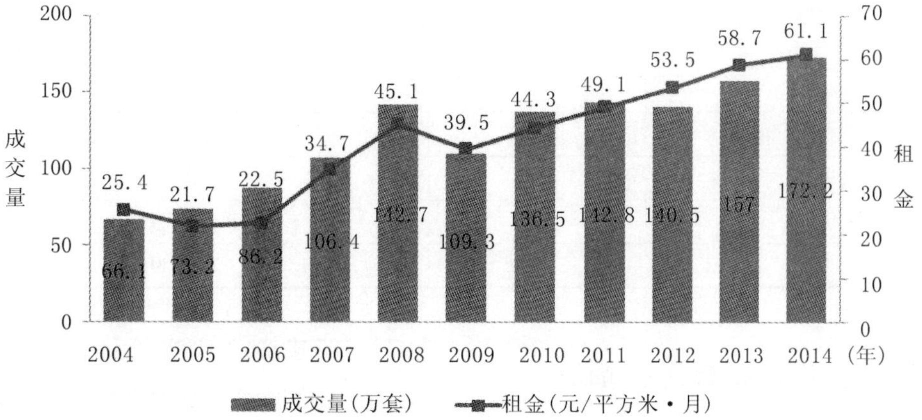

图6-3　2004—2014年住房租赁市场量价情况

二、租售比情况

2014年存量房交易价格平均月度涨幅为0.5%，而住房租赁价格平均涨幅为0.3%。从价格月度变化可以看出2014年存量房交易价格基本稳定，在一、四季度有小幅上涨，二、三季度处于回落阶段；住房租赁价格整年度总体稳定，小幅微涨，旺季涨幅没有往年明显。

第六节　房屋市场价格

一、房地产价格总体情况

2014年，我市继续执行严格的房地产调控政策，投资、投机需求得到有效遏制，市场销售走低，房价整体处于下降通道。“9·30”新政①及相关政策陆续出台，住宅销量与价格呈现温和回升迹象。新建商品住宅价格环比波动回落、二手住宅价格环比小幅回升，同比价格均由升转降（见表6-22）。

① 2014年9月30日，央行、银监会对我国房贷政策作出调整，央行发表了《中国人民银行 中国银行业监督管理委员会关于进一步做好住房金融服务工作的通知》。根据通知，对于贷款购买首套普通自住房的家庭，贷款最低首付款比例为30%，贷款利率下限为贷款基准利率的0.7倍。“认房又认贷”变更为“不认房只认贷”等政策备受关注。业界对该政策称为“9·30”新政。

表 6－22　2014 年 12 月（四季度）房地产价格指数

指　标	同比指数（%）
新建住宅销售价格指数	97.3
新建商品住宅	96.6
90 平方米以下	94.2
90—144 平方米	95.1
144 平方米以上	99.7
二手住宅销售价格指数	95.9
90 平方米以下	95.9
90—144 平方米	95.8
144 平方米以上	96.0

二、住宅销售价格指数运行情况

（一）新建商品住宅价格环比波动回落，同比由升转降

从环比指数看，2014 年上半年，在我市限购及稳定房价等各项政策措施不放松的背景下，新建商品住宅价格延续了上年末的走势，环比价格涨幅波动下行，7 月份下降 1.3%，为 2012 年 6 月份以来首次下降。受保障房、自住房集中入市以及楼市相关政策影响，11 月份、12 月份环比指数降幅持续收窄（见图 6－4）。

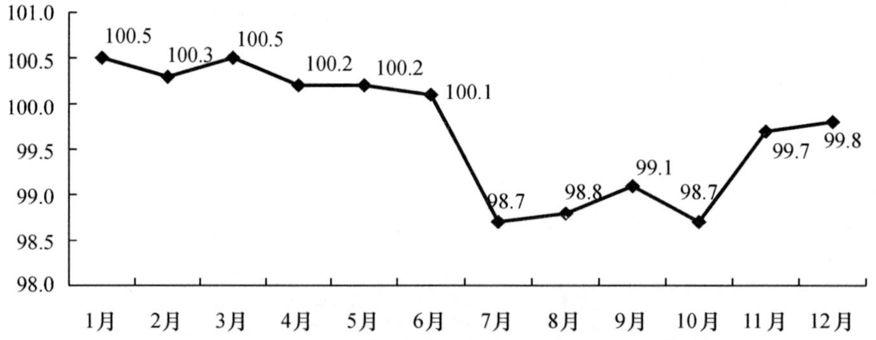

图 6－4　2014 年新建商品住宅价格环比指数

从同比指数看，新建商品住宅销售价格一路下行，至 10 月份，同比价格由 9 月份上涨 0.4% 转为下降 1.7%，为 2012 年 11 月份以来首次下降。12 月份，北京市新建商品住宅价格同比下降 3.4%（见图 6－5）。

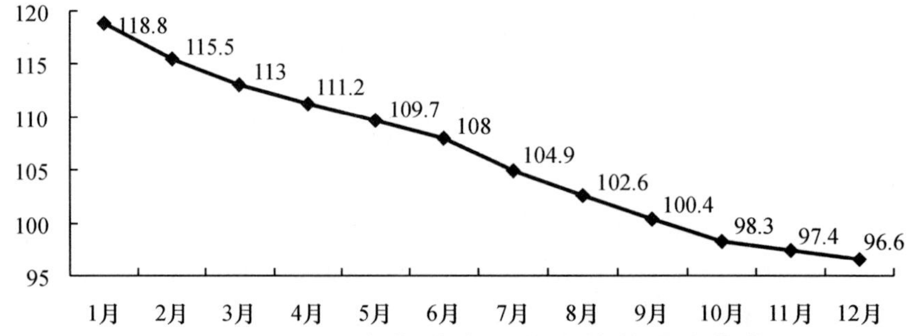

图 6－5　2014 年新建商品住宅价格同比指数

从分套型面积看，在价格同比上涨时，大户型价格同比涨幅最大；在同比价格由升转降后，大户型价格降幅最小。12 月份，144 平方米以上户型价格同比仅下降 0.3%；90 平方米及以下户型和 90—144 平方米户型分别下降 5.8%和 4.9%。

（二）二手住宅销售价格环比先抑后扬，同比由升转降

从环比指数看，2 季度以来，北京市二手住宅销售价格环比指数持续下降，4 季度在“9·30”房贷新政、央行降息、北京市普通住宅标准调整等政策共同作用下，二手住宅环比指数止跌回升且连续 3 个月上涨（见图 6－6）。

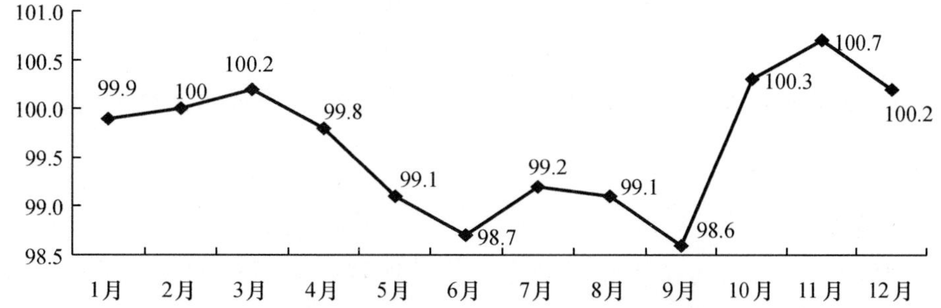

图 6－6　2014 年二手住宅价格环比指数

从同比指数看，二手住宅销售价格涨幅持续回落，9 月份由升转降。1—8 月份二手住宅销售价格同比涨幅回落明显；9 月份，价格同比由 8 月份上涨 0.4% 变为下降 2.4%，为 2012 年 12 月份以来首次下降。12 月份，二手住宅价格同比下降 4.1%（见图 6－7）。

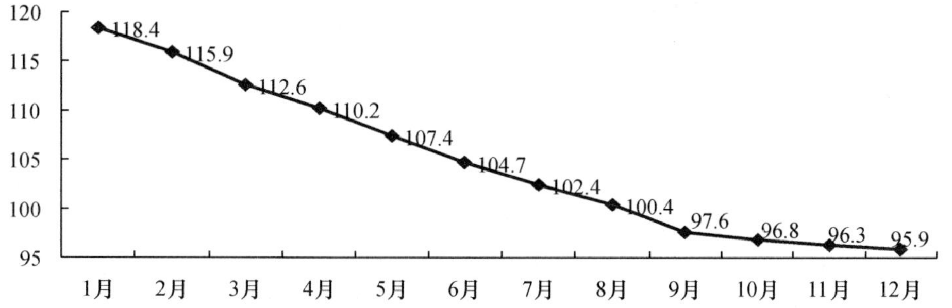

图 6－7　2014 年二手住宅价格同比指数

从分套型面积看，各类户型二手住宅价格同比变动幅度基本一致。12 月份，90 平方米及以下户型价格同比下降 4.1%，90—144 平方米户型价格同比下降 4.2%，144 平方米以上户型价格同比下降 4%。

三、重点城市新建商品住宅价格变化情况

（一）新建商品住宅价格变动情况

从环比指数看，2014 年，北、上、广、深四城市新建商品住宅价格指数均呈先抑后扬趋势。5 月份，上海、深圳价格环比指数先由升转降，6 月份、7 月份，广州、北京环比指数也由升转降。从 9 月份开始，四城市环比指数降幅逐月收窄。12 月份，北京新建商品住宅价格环比指数下降 0.2%，上海下降 0.3%，广州下降 0.2%；深圳止跌回升，价格环比指数上涨 1.2%，在 70 个大中城市中居首位，北京和广州并列第 9 位，上海位居第 23 位（见图 6－8）。

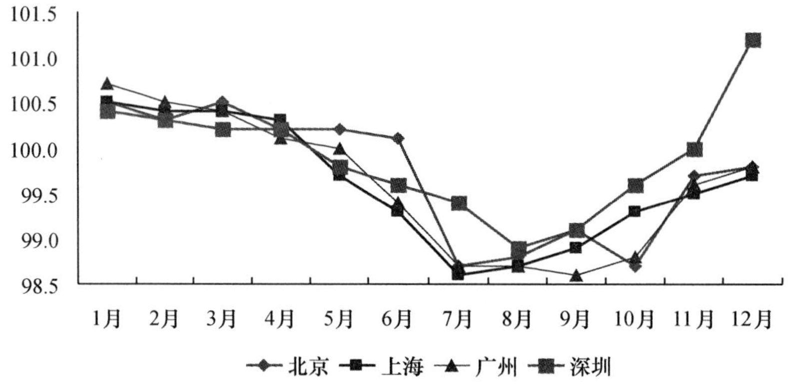

图6-8　2014年重点城市新建商品住宅价格环比指数对比

从同比指数看，2014年，北、上、广、深四城市新建商品住宅价格指数均呈回落趋势。9月份，上海和广州价格同比指数率先由升转降。10月份，北京和深圳价格同比指数也开始下降。12月份，北京新建商品住宅价格下降3.4%，在全国70个大中城市中居第14位。深圳、上海、广州同比分别下降1.3%、4.4%和4.8%，分别居第3位、第31位和第41位。

（二）二手住宅价格变动情况

从环比指数看，2014年，北、上、广、深四城市二手住宅价格指数也呈现先抑后扬趋势。四城市环比价格指数在2季度相继由升转降，并同时于10月份止跌。12月份，北京二手住宅价格环比指数上涨0.2%，在全国70个大中城市中与广州并列第4位。深圳上涨0.7%，居首位，上海上涨0.4%，居第二位（见图6-9）。

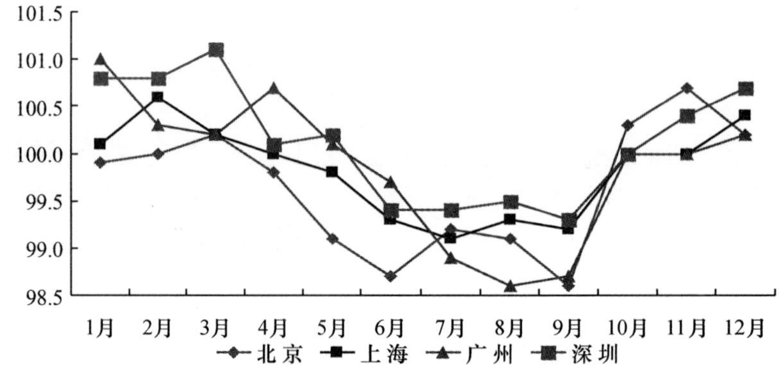

图6-9　2014年重点城市二手住宅价格环比指数对比

从同比指数看，四城市二手住宅销售价格涨幅持续回落，除深圳外均由升转降。9月份，北京、上海二手住宅价格同比率先由升转降，广州11月份由升转降。12月份，北京市二手住宅价格同比下降4.1%，在全国70个大中城市中居第35位。深圳同比上涨1.8%，广州下降1.7%，上海下降1.8%，在全国70个大中城市中分别居第1位、第8位和第9位。

第七章
房地产市场监管

北京市房地产年鉴 2015

第一节 房地产开发市场监管

一、提升工作效能，切实加强对市场主体的监管工作

（一）始终强调资质审批管理工作的基础性、重要性

切实规范资质等级核定工作，提高资质审批的管理和服务水平，除对区县加强日常培训和监督外，还在11—12月，对各区县开发资质审批工作开展检查。通过随机抽取8—10%的纸质审批档案，共检查了151家企业的纸质档案资料及网上信息，综合日常检查和本年集中检查的情况，绝大部分区县审批内容正确、流程规范、档案完整。

检查结果为：一是各区住建委对资质审批工作水平逐年提高。各单位能够严格执行我委行政许可事项程序性规定及有关通知要求，加强企业资质申报材料的审核和项目现场核查。企业资质审批工作比较规范，比2013年整体有所提高，去年发现的较突出问题均已解决。二是全部区县得分都在90分以上，平均分96.23分，最高分98.6分，最低分92.1分，部分区县只有零点几分的差距。三是平谷区、丰台区、房山区名列前三。此三个区县审批工作一直做得比较规范、细致。门头沟区、经济技术开发区、朝阳区等针对2013年集中检查中发现的问题进行了认真整改，企业资质审批工作进步比较明显；丰台区、密云县企业资质档案资料保管比较规范、齐全。

（二）创新企业监管模式

通过对北京市房地产开发关联企业进行系统调研和分析，搭建了企业组团管理平台，对同一股东控股的开发企业进行归类整理，结合已成熟的房地产开发项目动态监管平台，对房地产行业的监管形成了项目—企业—组团的三维管理模式，从项目可以了解企业及所属组团的情况，从组团可了解在北京市开发的所有在途项目的进展情况，监控项目的开发进度是预测市场风险的基本指标，组团规模是判断房地产市场集中度的关键点。如在途项目的企业中，拥有10个以上开发企业的大型组团有首开（23个）、金隅（20个）、城建（18个）、保利（15个）、中关村发展集团（14个）、绿地（13个）、首创（13个）、中铁建（12个）、住总（11个）。通过项目—企业—组团的管理，可实现对开发企业及项目风险的提前识别和预先控制，为进一步稳定我市房地产市场，引导房地产行业健康发展具有重要意义。

（三）加强企业退出管理

8月份启动了资质注销工作，分别根据资质证书有效期届满后未依法申请延续、主动申请注销或工商执照已注销等情况，经市和区、县建委两级沟通核实，注销了214家企业的房地产开发资质。

二、着力推进项目实时监管，积极向加强开发项目质量监管转变

（一）对在途项目实行精细化管理

2014年，围绕加强安全质量监管，北京市住建委将市区企业的“三人小组”工作模

式发展为市区企业（两人）的“四人小组”，企业两人一个是指办理审批手续的人，另一个是负责工程建设的人。不断加强对我市1000余个房地产开发在途项目进行管理，一是每月会同城研中心项目室召开例会，会商项目监管中存在的问题，做到及时发现、及时处理；二是及时掌握三类项目进展情况：已拿地未开工、已开工未入市和竣工面积超过总面积80%的项目。三是加强与区县建委的有效沟通，完善监管平台项目信息，帮助企业解决遇到的困难。

（二）房地产开发项目监测记分工作有序开展

记分工作自2013年下半年开始试行，2014年进入了全面实行阶段。各部门均熟练掌握了房地产开发项目动态监管平台和建设方案管理系统的操作流程，工作积极主动，较好的完成了项目监测工作。区县住建委发送标签信息共计513条，月均43条，标签信息质量较2013年有很大提高；录入建设方案134个，大部分区县能在规定的5个工作日内将建设方案信息录入系统。丰台区、房山区和昌平区住建委位列前三名（具体排名见附表）。其中，丰台区住建委连续两年排名第一，房山区住建委经过不懈的努力从2013年的第9名升至第2名。

（三）完善动态监管平台系统

动态监管平台是工作的主要平台，项目信息及相关监管信息，都是依托动态监管平台获取，该平台成为处内各项工作开展的基础平台。2014年除不断完善平台的易用性外，还不断拓展平台的应用范围，一是增加了施工许可证的企业施工现场负责人信息，可及时掌握工程进展，为掌握项目质量安全情况和施工进度情况提供了平台；二是对于区县提出的个性化需求，也及时予以完善，例如：通州、房山等提出的制定个性化监管信息等。

三、夯实管理基础，注重向依约和依法监管并重转变

（一）智能监控建设方案执行情况

为加强建设方案执行情况的监管，2014年又继续增加了对已录入建设方案信息并关联施工许可证的，可根据项目建设进度自动提示，及时发现不建或缓建的配套设施现象，大大简化了监管工作、降低监管风险，便于统计查询，不断提升监管效率，进一步提高建设方案管理工作效能。截至2014年，纳入系统的512个在途项目建设方案，公共服务设施共计6993项，其中教育设施248项，医疗卫生588项，文化体育1106项，商业服务1074项，社会福利201项，交通1248项，社区管理服务1904项；市政公用基础设施5351项，其中用水设施295项，用电设施1242项，燃气设施262项，供热设施317项，通讯设施657项，交通设施862项，绿化设施526项。

（二）加强与各相关部门联动，完善配套监管体制

北京市住建委积极参与市规委《北京市居住公共服务设施规划设计指标》（市规发〔2006〕384号）的修订工作，多次参与市政府组织的相关部门讨论。预计该文件出台后，将彻底颠覆现行配套设施的管理模式，下一阶段将做好该文件出台后的配套文件起草及衔接措施。

（三）加强教育配套设施管理

2014年初，会同市教委，出台了《关于印发北京市居住区配套教育设施建设协议书的通知》，该通知出台后，进一步明确了教育管理部门、建设管理部门和建设单位三者的责任，强化了政府对配套教育设施的监管责任，避免出现教育设施建设但不移交的问题，

确保业主可按时使用配套的教育设施。

（四）完善养老服务设施监管模式

积极参与市国土局开展的将养老服务设施建设条件纳入招拍挂文件的相关工作，在招拍挂文件中明确以下内容：一是养老服务设施应与住宅同步规划、同步建设，可先于住宅竣工验收；二是明确养老服务设施用地和房屋不得分割转让；整体转让的，需经民政部门同意后方可办理。在待相关地块上市后，将进一步加强后期监管，确保养老服务设施与项目同步开工、同步建设。

四、加强自住房调度，协调推进自住房审批

（一）简化审批流程

前三季度，按照职能分工，北京市住建委加快推进自住房项目建设，协调企业和相关部门加快审批，促使已在网上申购的自住房项目尽快入市，释放锁定刚需。针对集中建设的自住型商品房项目，协调相关部门简化审批流程，主要有：一是会同市发展改革委，按照规划方案复函内容审理投资计划，将规划许可与投资计划改为并联审批，可缩短近 20 天的审批时限；二是参照保障性住房的有关规定，特别是在施工招投标环节，根据企业意愿，通过抗震节能综合改造工程合格承包人名册选取意向中标人，可缩短近 30 天的审批时限。为企业缩短了大量手续审批时间，极大地推动了本市房地产开发领域的促开工、保投资工作，进一步增强了市住房城乡建设委调度项目、调节供应的主动性、时效性和灵活性。

（二）完善信息沟通机制

一是会同区县建委开发主管部门，每两周与企业沟通一次，及时掌握自住房项目审批手续进展情况，并形成企业台账。二是及时将新取得施工许可证的相关情况通报质量处和总站。三是会同房地产中心按月汇总自住房项目进展情况，并以简报的形式通报相关部门。

（三）切实加强自住房建设过程监管

9 月初北京市住建委研究出台《关于进一步加强自住型商品住房建设过程监管工作的通知》。有序推进本市自住型商品住房建设和管理工作，落实参建各方责任，加强质量监管，确保自住房项目建设质量并按期交付使用，针对社会关注的户型设计、工程质量、配套设施建设等热点问题。

第二节　房屋交易市场管理

一、商品房供应和成交情况

在供应方面，全年全市共批准商品房预售许可证 349 个，商品房面积 1570.01 万平方米，其中商品住宅项目 247 个，面积 997.65 万平方米，8.7 万套；商品现房销售确认面积 810.38 万平方米，其中住宅 3.1 万平方米。在成交方面，新建商品房网签 1492.45 万平方米，其中商品住宅 756.16 万平方米、6.8 万套。存量房网签 1091.06 万平方米，其中住宅 884.53 万平方米。

二、自住房建设交易情况

截至2014年12月底，共出让自住房用地53宗，规划建筑面积522万平方米、可建设约5.5万套自住房；启动32个项目的网上申购，剔除重复申购，28.1万户刚需家庭申请了自住房；已上市22个项目，提供2.5万套住房；21个项目进入签约环节，已签约1.7万套。

三、行政措施与市场机制有效结合，促进商品房交易市场平稳发展

一是，冷静应对市场及社会压力，坚持住房限购政策不动摇，继续抑制投机需求。商品房全年共审核完成29.2万笔，通过23.6万笔；自住房累计提交申请123万笔，审核通过118万笔。二是，加强监测分析和价格引导，促进房源供应平稳有序。引导企业在自主定价过程中，综合考虑区位、交通、成本、品质等因素，根据市场实情合理定价。三是，加强预售资金监管，确保交易资金安全。四是，坚持舆论引导机制。加强舆情监控，通过微博、行业协会定期公布市场交易信息，组织业内专家主动发声，解读市场形势和政策导向。五是，继续完善管理机制。研究起草《关于规范境外个人在京购房有关问题的通知》《关于进一步加强商品房现售备案管理有关问题的通知》等文件，规范境外个人在京购房行为，加强现售备案管理，保障购房人合法权益。

四、积极推进自住房建设上市，有效改善住房供应体系

一是，完善配套政策，出台《北京市自住型商品住房销售管理暂行规定》等文件，明确规定自住房销售“六项公开、两项公证”，严把自住房建设质量关。二是，加强统筹协调，会同国土部门，积极协调区县，加快自住房用地供应。三是，严把资格审核关，研发自住房资格审核系统，会同公安、民政、地税、住保、区县登记等部门开展联网审核。四是，加强信息公示和宣传，在我委官网开设专栏，解读政策、介绍申购流程、公示房源信息。五是，用技术和机制确保公正，组织开发自住房摇号软件，会同司法局、公证协会研究制定摇号、选房流程，全面接受社会监督，确保选房全过程公开、透明。六是，强化主动服务指导，从申购安排、软件研发、人员培训、信息公示、新闻发布、现场组织等各方面加强服务，积极主动对接项目，悉心指导。

第三节 房屋权属登记管理

一、全市国有土地上房屋登记情况

2014年内，全市国有土地上共办结房屋登记80.9万件，同比下降5.7%，登记面积2.1亿平方米，同比下降3.1%。其中转移登记38.5万件，占47.7%，登记面积4010万平方米，占18.8%。抵押登记36万件，占44.5%，登记面积1亿平方米，占47.9%。

二、全市集体土地上的房屋登记情况

在总结2013年试点经验的基础上，2014年7月起在全市范围内正式开展集体土地范

围内房屋所有权登记、抵押登记等各项登记，并对各区县进行了工作动员、政策培训，要求各区县房屋登记部门认真组织，落实人员，对符合条件的项目积极稳妥地开展此项工作。截至2014年，海淀区房管局、顺义区住房城乡建设委为4个项目近10万平方米厂房、办公楼等颁发了14个《房屋所有权证》及11个《房屋他项权证》。平谷区、大兴区通过调研基本掌握了本区集体土地上房屋登记发证面临的问题，并与本区土地、规划等相关部门建立了工作联系，待房屋取得土地、规划、建设等手续，符合条件后即可登记发证。

三、完善房屋登记政策

（一）修订登记规范，优化登记程序

印发了《北京市房屋登记工作规范》（京建发〔2014〕10号，以下简称《规范》）以及《关于贯彻实施〈北京市房屋登记工作规范〉有关问题的通知》（京建发〔2014〕218号）。新的登记规范共分10个部分，重新梳理了登记程序、审查标准，整合了业务流程，对原来的登记程序进行了调整和优化，增加了开发企业产权登记信息公示、购房人单方办理产权证、房屋赠与不再公证等新举措。与此同时，还对各区县登记队伍建设、廉政风险防范等方面提出了进一步要求。同时，配套制定了两版业务培训手册，明确了房屋登记具体流程、受理要件、规范了登记用章等，增加了各种申请表单及系统操作流程，便于工作人员操作。此外，就《规范》和《培训手册》的主要内容，以及房屋登记系统更新操作等，对各区县登记部门进行了培训，举办了两期专题培训会，帮助登记工作人员整体把握工作要求和注意事项。

（二）加强政策研究，推动相关工作开展

会同征收拆迁管理处制定了《国有土地上房屋征收涉及房屋登记有关问题的口径》，明确了征收过程中的房屋登记问题。会同工程建设管理处等部门制定了《关于对已完工工程补办有关手续问题专题会会议纪要》，就无证开工的房屋补办有关手续问题，提出了处理意见。会同住保办制定了《关于加强“三定三限三结合”定向安置房产权登记及上市交易管理有关问题的通知》（京建发〔2014〕13号）以及《保障性住房购房人死亡后房屋登记有关操作口径》，明确了三定三限定向安置住房办理房屋登记要件及登记流程，以及保障性住房签约人在房屋登记前去世的登记口径，规范了保障房房屋登记手续。

四、积极参加北京市新型城镇化改革专项小组

为贯彻落实党的十八届三中全会提出的《中共中央关于全面深化改革若干重大问题的决定》，北京市成立了14个改革专项小组。其中新型城镇化改革专项小组承担了新型城镇化、城乡一体化发展的改革工作。我委作为市改革专项小组的成员单位之一，多次参加了专项小组办公室组织的会议，参与研讨了任务分解方案，并作为“积极争取国家试点，稳妥探索推进农民住房财产权抵押、担保、转让试点工作”的牵头单位之一，研究该项任务的实施规划编制工作。

五、大力推进历史遗留项目房屋登记

2014年内，与市规划委召开了4次联席会议。商讨解决了万科蓝山等38个项目的工程规划与房产测绘、房屋登记等问题，明确了已建成非住宅项目分割登记的具体要求。根据《关于历史遗留房地产开发项目房屋登记有关问题的通知》（京建发〔2010〕1号），

本年度公示两批次共15个历史遗留项目，妥善解决了泰利明苑、榆景苑等项目的房屋登记问题。年内，会同法制处、部分区县房管局、委法律顾问等召开房屋登记疑难问题会商会议，协调解决华普大厦等3个项目房产测绘、房屋登记问题。

六、配合相关部门开展工作

9月，转发了住房城乡建设部办公厅《关于依法配合审计机关查询房屋权属登记信息的函》（建办房函〔2014〕430号），明确了配合审计机关查询房屋登记信息的方式、范围、程序等。10月，会同市规划委制发了《关于进一步加强冻结违建房产交易和房产抵押工作衔接的意见》（市规函〔2014〕1327号），进一步加大对居住区违建的打击力度，推进违建信息纳入个人征信系统工作。截至2014年底，共“冻结”违建房屋共计2464套（间），其中已解除“冻结”76套（间）。

七、积极开展“三进两促”活动

在落实我委《关于进一步开展“三进两促”活动的实施方案》中，重视加强新形势下群众工作，改进机关作风，积极开展“三进两促”活动。会同机关党委、工程处、质量处等处室深入密云县住建委、北控光熙国际老年公寓项目开展调研，面对面听取基层组织及企业的意见，了解他们的实际困难，对房屋产权登记等问题提出切实可行的办理意见。

第四节　经纪、评估机构管理

一、完善政策措施，强化房地产中介行业监管

一是出台《关于加强房地产经纪从业人员信息管理有关问题的通知》，建立从业人员基本信息库，推行持卡从业，将机构、人员、经纪服务、房屋交易等信息关联，实现人员身份信息、从业信息及违规行为的可查询、可追溯。并将日常经纪行为与网签密钥领取、人员注册绑定，建立人员行业准入与退出机制。二是加快推进《北京市房地产经纪服务地方标准》的研究制定，规范经纪行为，提升服务质量。三是加强与工商、人力社会保部门沟通协调，简化房地产经纪人注册程序，提高注册效率，根据行业发展需要增加考试次数。会同工商等部门，联合印发加强房地产经纪机构督促检查工作实施方案和加强房地产经纪行业监管的工作意见，切实规范房地产经纪行为。四是加强政策宣传与引导，编印宣传折页和海报，发放到社区、门店和区县登记窗口。在我委官网设立“房屋租赁”专栏，宣传如何房屋租赁知识。设立“曝光台”，定期公布违规中介名单和投诉举报排名，引导消费者择优弃劣。五是推进行业自律与规范。指导北京房地产中介行业协会加强与司法部门沟通，建立司法诉讼向行业社团组织纠纷调解转移的快速解决机制，组织会员开展“诚信月”、经纪服务进社区、“真房源、真价格、真资格”倡议等活动，发挥大机构“领头羊”作用，引导行业诚信经营。

会同估价行业协会开展全市房地产估价报告集中抽查，提高估价执业行为规范化水平。

二、房地产中介情况

截至2014年底，全市备案房地产经纪机构2769家，分支机构3465家，较去年增长11.79%、3.28%；注册的房地产经纪人员共44497人（其中经纪人5184人，经纪人协理39313人），较去年增长24.11%。全市房地产估价机构158家，其中一级资质40家，二级资质45家，三级及暂定资质62家，部队内部从业机构3家，外地在京分支机构8家。房地产估价从业人员近6000人，其中注册有效期内的估价师1355人。

第五节　房屋租赁管理

一、房屋租赁情况

2014年，全市房屋租赁市场量价总体保持稳定。全市住房租赁成交约172万套次，同比增长9.7%，增幅较去年回落2个百分点；平均租金61.0元/平方米·月，同比上涨3.8%，涨幅较去年同期回落6个百分点。

二、立法与执法并重，加强房屋租赁市场服务管理

一是夯实基础，圆满完成《北京市住房租赁条例》立项论证工作。在年初市人大、市政府明确立法任务后，迅速启动立法工作，加强统筹协调，制定工作方案，深化基础调研，多次向市人大汇报工作进展、组织研讨，找准矛盾问题、明确立法思路、提出制度设计。在充分讨论、反复修改完善基础上，于10月初向市法制办正式报送立项论证报告，并配合市法制办于11月份召开立项论证会。二是积极作为，全力参与全市群租房治理。在人手紧张的情况下，抽调2名人员到市违法群租房治理工作联席办，全职投入群租房治理。先后两次下发违法群租房治理工作方案，部署住建系统群租房治理工作。加强对区县的业务指导和督促，针对实际工作中面临的“群租面积标准”执行口径等问题，积极组织研讨，共商对策。会同首都综治办，加强宣传引导，通过网站、海报、横幅、小折页等各种形式方式，使群租治理宣传深入社区、基层，深入人心。三是深入研究，规范发展房屋租赁市场。针对房屋租赁市场深层次矛盾问题，通过研究创新寻求破解难题的途径。组织链家、我爱我家等企业深入开展房屋租赁规模化经营、reits（房地产信托投资基金）等专题研究，解决当前房屋租赁市场业务分散、监管难度大、市场约束机制弱等问题。

第六节 房地产市场秩序专项整治

一、执法检查情况

市区两级共检查房地产项目1859个（次），责令整改和实施处罚72个，罚款157万元，约谈30家，行政限制网上签约43家；共检查经纪机构（含分支）7942家（次），责令改正413家，行政处罚90家，罚金126.5万元，约谈机构60家，行政限制网上签约101家。

二、信访调解情况

处理信访、咨询2847件，其中：信访797件，互动平台1765件，政风行风223件，信息公开62件，接待群访16批500余人。进行行政调解16次，当事人数300余人（其中3人以上的8次），涉及金额1000万余元。

三、以强有力的执法保障为后盾，确保政策法规要求落到实处

一是，及时回应领导关注重点、媒体报道焦点、群众关心热点问题，强化联合执法，重拳打击违法出租行为。加强对朝阳、大兴、石景山、延庆4区县违法出租专项治理的督导。5月份，按照违法群租房治理工作方案要求，会同区县开展群租专项检查，严厉查处17家违规机构。10月份针对媒体曝光、投诉集中的15家经纪机构，委内联合开展专项检查。二是，加强协同，形成合力，有效解决群租房腾退难题。1月份，联合委内及区县解决天齐置地经纪公司经营的78套群租房腾退整改问题，完成恒泽伟业经纪公司出租代理的梅市口12号院2号楼1104室、丰伟置地经纪公司代理的天通苑五区28号楼2门501室群租隔断的拆除。三是，加大商品房销售现场执法。2月份，对阅园、泰禾坊巷、北京院子、绿地中心等项目现场公示情况跟踪检查。4月份，针对媒体报道的“首开万科公园里项目捆绑销售”问题，联合属地进行专项执法，严厉制止捆绑加价行为，暂停项目网签。9月份，对投诉量大的20个项目开展综合执法，内容涵盖销售代理、限购政策、施工手续、发包分包等。四是，动态跟踪检查预售资金入账情况，4月下旬，对涉嫌违反预售资金监管的13个项目开展专项检查，责令改正违规行为，情节严重的暂停网签。五是，联合检查春秋季房展会，4、9月份，两次联合工商、规划对春、秋季参展的项目进行了专项检查。

第八章
住房保障

北京市房地产年鉴 2015

第一节 住房保障制度建设综述

2014年，北京市认真贯彻落实中央关于住房保障工作的统一部署和要求，推进住房保障立法，加强政策和机制创新，继续推进“以租为主”的保障方式，进一步规范建设、审核、分配和后期管理，大力推行保障房产业化和标准化，全面推进棚户区改造工作，各项工作取得显著成效，为完成“十二五”住房保障任务奠定坚实基础。

一、加强顶层设计，推进住房保障立法

加快住房保障立法进程，建立健全符合首都实际的基本住房保障制度。2014年，市人大常委会将《北京市城镇基本住房保障条例》纳入立法计划，9月，市人大常委会对《条例》草案进行了第二次审议。《条例》草案明确了保障对象、方式、标准，建立健全建设、审核、分配和后期管理制度，强化了各级政府、部门职责以及相关主体的法律责任。《条例》草案对住房保障制度进行了多项改革创新，首次提出“租赁、合作、补贴”三种保障模式。为配合立法进展，选取丰台区高立庄，石景山区南宫、五里坨，通州区土桥等4个项目开展合作型保障房试点，并督促试点区和建设单位加快项目建设进度。同时，探索合作型保障房家庭负担定价机制和财政负担补助方式，研究分配管理实施方案、协议及后期管理模式，梳理总结试点工作中发现的问题，提出有针对性的解决建议。

二、加强政策创新，完善制度体系

一是创新房源分配管理并轨运行模式。2014年3月，印发《关于进一步加强廉租住房与公共租赁住房并轨分配及运营管理有关问题的通知》（京建发〔2014〕6号），在廉租房与公租房并轨建设、审核和资金统筹使用基础上，2014年4月1日起又实现了房源分配与管理并轨运行，做到“三个统一，一个不变”，即房源分配统一、租金标准统一、退出管理统一、承租家庭租金不变，保障方式更加简洁、清晰。

二是规范“三定三限三结合”定向安置房产权登记及再上市管理。2014年11月，发布《关于加强“三定三限三结合”定向安置房产权登记及再上市管理的通知》（京建发〔2014〕13号），规范了“三定三限三结合”安置房数据备案管理和房屋产权登记流程，明确此类安置房产权性质为定向安置住房，安置家庭自取得房屋产权证或契税完税凭证之日起，5年内不得上市交易；5年后可按市场价格上市交易，不补交土地收益。

三是创新开展利用集体土地建设租赁房试点工作。2014年10月，会同市国土局出台《关于利用集体土地建设租赁房试点实施意见》，对北京市利用集体土地建设租赁住房实施范围、方式和具体流程进行了全面规定，对于下一步北京市扩大集体土地建设租赁房试点具有重要的指导意义。

三、加强品质管理，建设精品工程

一是建立保障性住房设计方案审查制度，加强住房品质管理。2014 年 10 月，印发《关于开展保障性住房设计方案审查的通知》（京建发〔2014〕405 号），要求今后凡纳入北京市住房保障发展规划和年度保障性住房建设计划的各类保障性住房和自住型商品房，将按照规定程序开展设计方案的审查工作，未通过审查的项目不得开工建设。截至 2014 年底，累计集中联合审查项目 18 个，涉及各类保障性住房和自住型商品房 2 万余套。

二是狠抓保障房工程质量，全面落实保障房工程质量终身责任制。大力实施网格式监督管理，对全市建设工程质量开展全覆盖监督执法检查。推行保障房工程建筑材料诚信评价和认证管理制度，实行保障房工程实体质量第三方检验，坚决杜绝保障房“带病交用”。

四、完善分配政策，提高分配效率

2014 年 7 月，印发《关于开展东城区和西城区经济适用住房及限价商品住房资格复核及统一摇号工作的通知》（京建发〔2014〕258 号），进一步创新分配方式，采取统一公告摇号、分批选房入住的“大摇号”方式，一次性确定全体家庭分配顺序，在有房源供应时，按照顺序依次对接。2014 年 12 月，出台《北京市住房和城乡建设委员会关于进一步加强公共租赁住房分配管理的通知》（京建发〔2014〕21 号），推行市级公租房房源统筹分配模式，保障家庭可根据租金承受能力、上班距离远近等因素，灵活选择房源。加强保障房源全市统筹和打通使用，多方式加大公开摇号房源供应。同时，大力推进住房保障工作全程阳光工程，确保各项工作廉洁高效完成。

五、规范后期管理，提升服务水平

一是规范保障房动态监管和公租房运营管理。2014 年 5 月，印发《关于进一步加强已获得住房保障家庭动态监督管理工作的通知》（京建发〔2014〕177 号），进一步完善本市保障性住房动态监督管理工作机制，落实使用监督管理工作责任，保证财政资金安全有效使用，维护社会资源分配公平，坚决查处骗租骗购、违规使用及占有保障性住房行为。出台《关于开展公共租赁住房项目运营管理规范化检查的通知》（京住使字〔2014〕59 号），切实规范项目运营管理行为，向保障家庭提供良好的租住服务，营造和谐的社区居住环境。依规对再购房的已入住保障家庭作出取消保障资格、退出保障性住房等处理决定，对存在出租、出借或改变用途等违规使用行为的保障房入住家庭，责令限期整改，拒不整改的作出退出住房决定。同时，通过社会新闻媒体加大曝光力度，维护社会公平正义。2014 年，市住房保障管理部门组织区县住保部门主动对全市已配租公租房（含廉租房）、配售经济适用住房家庭再取得住房情况进行核查，发现 1135 户家庭又取得其他住房，不再符合相应保障房申请条件，其中 243 户被依规取消保障资格，其余家庭相关区县住房保障管理部门正在处理当中。区县住房保障管理部门和公租房产权单位通过日常巡查，发现 67 户保障家庭存在出租、出借或改变用途等违规行为，区县住房保障管理部门依规进行了查处。

二是推出公租房调换政策，提供人性化服务。2014 年 12 月，出台《关于北京市公共租赁住房调换及调整试点工作的通知》（京建发〔2014〕453 号），明确承租家庭确因工作调整、人口变化的，准予调换现住公租房，在方便承租家庭工作生活的同时，进一步提高了房源使用效率。按照“三位一体”管理模式，推进物业管理市场化、使用监督专业化、社会管理属地化，促进保障家庭与居住社区的良性互动。多措并举，推动保障家庭享受项目属地均等化的医疗、教育等公共服务，努力建设和谐宜居保障房小区。

六、大力推进保障房产业化和标准化实施

进一步转变住房发展方式、加强保障性住房质量管理、提升保障性住房品质，2014年8月，出台《关于在本市保障性住房中实施绿色建筑行动的若干指导意见》（京建发〔2014〕315号），作为指导我市保障性住房实施绿色建筑行动的纲领性文件，将转变住房发展方式、加强保障性住房质量管理、提升保障性住房品质作为核心内容，有效提高住房的安全性、健康性和舒适性，对在全社会推行绿色建筑具有示范效应。遵循经济、适用、环保、安全、节约资源、可持续发展的原则分类指导，对各类保障性住房实施不同的产业化标准；强制与激励相结合，积极扶持培育全产业链骨干企业，鼓励企业实施产业升级、转型；加大创新力度，提出在保障房建设中，结合实际应用适合的工业化结构体系，首次提出“装配式装修”的内装工业化要求，大力推广绿色节能环保技术以及工业化部品、部件。从2014年10月1日起，本市包括公租房在内的新建保障房将实现“实施绿色建筑行动和产业化建设”全覆盖。年内，“北京市公共租赁住房建设管理标准化体系”项目荣获2014年国家第十一届精瑞科学技术奖（产业创新实践奖）。截至2014年年底，全市纳入实施产业化计划项目规模已超过1000万平方米，130个项目纳入实施绿色建筑行动、产业化计划。

加快编制各类规范性文件，进一步完善保障性住房建设标准化体系，在总结近年来工程建设经验基础上，组织开展公共租赁住房使用情况评估，结合评估中暴露的问题，有针对性地开展《公共租赁住房导则》的修订工作，同时加入性能评价标准部分，加强公租房全寿命周期管理。不断充实优良部品库内容，逐步构建完善了以外围护结构部品、内装部品、厨卫部品、设备部品、管网管线部品、小区配套部品、智能化部品7大类为基础的部品体系，审核通过入库产品达数百种。2014年，新增南京红宝丽新材料有限公司等6家企业的共计16项部品部件和技术体系入库。依托部品库中的优质资源，提炼出太阳能系统解决方案、整体厨卫解决方案、集成吊顶系统、地面采暖系统、标准化公租房钢结构体系等一批实用性强、集成度高、绿色节能环保的技术标准和工法。

七、加强信息化建设，夯实住房保障工作基础

加快全市住房保障信息系统升级改造，努力打造集公共服务、决策分析、监测分析和行政管理办公为一体的多功能信息平台。实现住房保障建设、审核、分配、后期监管等全过程信息化管理，通过信息平台的监测分析，实时掌握保障家庭及房屋的动态变化情况，切实提高住房保障精细化管理水平。年内，该系统实现上线试运行，功能极大提高。

继续加大政府信息公开力度，把保障性安居工程建设计划、项目开工和竣工情况，保障性住房的分配和退出等信息作为重点主动公开政府信息，打造“住房保障工作全程阳光工程”。

第二节　公共租赁住房（含廉租房）建设供应情况

2014年，全市新开工建设公共租赁住房　　项目15个，约1.2万套。
项目24个，可提供约2万套房源。实现竣工

表8－1　2014年公租房（含廉租房）项目开工落实情况

序号	项目名称	项目位置	套数（套）
1	昌平区沙河镇C－X06、C－X07、C－X10地块二类居住、公建混合住宅、托幼用地项目	昌平区	749
2	未来科技城南区CP07－0600－0047、0048、0060、0061地块F2公建混合住宅用地	昌平区	320
3	孙河乡西甸村HIJ地块居住及配套项目	朝阳区	454
4	西大望路24号保障房（配建商品房及公建）项目	朝阳区	526
5	豆各庄乡土地储备项目B地块、C地块	朝阳区	1020
6	旧宫镇绿隔地区建设旧村改造二期A1地块	大兴区	99
7	孙村组团B－07地块公租房项目	大兴区	193
8	拱辰街道梅花庄村08－05－02、08－06－02等地块二类居住用地、商业金融用地	房山区	968
9	理工大学站10号地	房山区	1076
10	丰台区西局公共租赁住房项目	丰台区	528
11	中央批发市场剩余用地公租房项目	丰台区	903
12	花乡樊家村危改9号地项目	丰台区	203
13	永丰基地（新）C4C5	海淀区	3790
14	清河盒子房厂	海淀区	327
15	（蓟门桥配建）东升乡居住商业项目	海淀区	90
16	市场筹集	海淀区	2414
17	密云县清水湾小区二期（公租房）项目	密云县	607
18	通州新城南部0803－015A地块F1住宅混合公建项目	通州区	512
19	通州区西集镇中心区住宅、商业项目	通州区	100
20	北京市通州区永顺镇0204－A地块R2二类居住用地和0204－B地块R53托幼用地（配建公共租赁住房、限价商品住房、安置用房和自住型商品住房）	通州区	450
21	北小营配建公租房项目	顺义区	285
22	平谷区马坊镇B05－01、B05－02居住及社会停车场库用地项目	平谷区	347
23	奥体文化商务园区OS－08地块配套建设人才公租房项目	全市统筹	652
24	大兴结转	全市统筹	3697

表8－2　2014年公租房（含廉租房）项目竣工落实情况

序号	项目名称	项目位置	套数（套）
1	广渠路15号地	朝阳区	322
2	房山区长阳镇（广阳城住宅小区）居住项目	房山区	188
3	房山区城关街道（圣水嘉名）居住、公建混合项目	房山区	600
4	房山区阎村镇公租房项目	房山区	880
5	理工大学站3号地及5号地项目	房山区	541
6	清河小营D	海淀区	1396
7	辛店B－08	海淀区	1666
8	苹果园H地块廉租房	石景山区	354
9	小屯馨城	丰台区	855
10	门头沟区铅丝厂公共租赁住房项目	门头沟区	1416
11	地理信息产业园公租房项目	顺义区	1280
12	张镇居住项目	顺义区	76
13	兆丰工业区配套公租房项目	顺义区	656
14	工具厂经济适用房项目	通州区	479
15	路东区E14地块	亦庄	1508

第三节　经济适用住房建设供应情况

2014年，全市新开工建设经济适用住房　　工项目6个，约0.6万套。
项目8个，可提供约0.5万套房源。实现竣

表8－3　2014年经济适用房项目开工落实情况

序号	项目名称	项目位置	套数（套）
1	华纺星海家园二期	朝阳区	500
2	驹东经适房	朝阳区	2504
3	长辛店老镇西区经济适用房（长馨园）及商业用地土地一级开发	丰台区	974
4	MC08－014/015	门头沟区	106
5	北京市门头沟区永定镇MC00－0020－0031、0049地块F1住宅混合公建用地（配建经济适用房）	门头沟区	222
6	青春路6号院老旧小区改造项目（经适房）	怀柔区	120
7	平谷区天成开元经济适用房二期项目	平谷区	513
8	沈家营西王化营地块	延庆县	114

表 8－4　2014 年经济适用房项目竣工落实情况

序号	项目名称	项目位置	套数（套）
1	华纺星海家园	朝阳区	1060
2	房山区城关楮榆树小区经济适用房项目	房山区	259
3	大瓦窑	丰台区	2038
4	云北小区经济适用房二期	密云县	434
5	石景山第二水泥管厂经适房	石景山区	843
6	工具厂经济适用房项目	通州区	1913

第四节　限价商品房建设供应情况

2014 年，全市新开工建设限价商品房项目 27 个，可提供约 2.4 万套房源。实现竣工项目 14 个，约 1.7 万套。

表 8－5　2014 年限价商品房项目开工落实情况

序号	项目名称	项目位置	套数（套）
1	北京湾项目	昌平区	3106
2	金隅集团南口采石场项目	昌平区	861
3	平西府组团一级开发项目（北区）	昌平区	496
4	朝阳区东坝南区 1105－665、666 号地居住及配套（配建限价商品房）	朝阳区	112
5	东郊农场保障性住房 ABCD 地块	朝阳区	4188
6	大兴区孙村组团居住区 B－17 地块限价房项目	大兴区	610
7	北京市大兴区亦庄新城Ⅱ－1 街区 B02R1 等地块（配建限价商品住房）项目	大兴区	1369
8	北京市大兴区亦庄新城Ⅱ－1 街区 B01R1－1 等地块（配建限价商品住房）项目	大兴区	1238
9	大兴区孙村组团居住区 B－19、B－20 地块 R2 二类居住用地、F3 其他类多功能用地项目	大兴区	304
10	石景山第二水泥管厂配建保障房、自住型商品房项目	石景山区	432
11	理工大学 2 号地	房山区	1220
12	房山区长阳镇 18－02－03 等地块	房山区	1433
13	房山区房山新城良乡组团 06 街区 06－23－01 等地块（原华龙市场）项目	房山区	335
14	北京市房山区拱辰街道及长阳镇（良乡高教园 4 号地）09－05－10 地块 F1 住宅混合公建用地（配建“限价商品住房”）	房山区	420

续表 8－5

序号	项目名称	项目位置	套数（套）
15	北京市丰台区卢沟桥乡西局村旧村改造项目	丰台区	923
16	杨家园住宅小区（配建限价商品房）项目	怀柔区	60
17	门头沟区门头沟新城 MC16－073 等地块住宅混合公建、商业金融、托幼及医疗卫生用地（配建限价商品住房）项目	门头沟区	100
18	板桥地块二期配建限价房项目	顺义区	488
19	板桥地块四期配建限价房项目	顺义区	378
20	板桥地块三期配建限价房项目	顺义区	368
21	福环二期东侧地块配建限价房项目	顺义区	585
22	板桥地块一期配建限价房项目	顺义区	676
23	林河工业区配建限价房项目（顺义新城第 7 街区 0701－013 地块）	顺义区	150
24	后沙峪第 22 街区 22－6001 地块东侧集中建设限价房项目	顺义区	1008
25	通州区永顺镇居住、托幼及小学项目（配建限价商品住房和自住型商品住房）项目	通州区	2000
26	北京市通州区永顺镇 0204－A 地块 R2 二类居住用地和 0204－B 地块 R53 托幼用地（配建公共租赁住房、限价商品住房、安置用房和自住型商品住房）	通州区	555
27	沈家营西王化营地块	延庆县	358

表 8－6　2014 年限价商品房项目竣工落实情况

序号	项目名称	项目位置	套数（套）
1	城建道桥项目	朝阳区	3562
2	星牌建材厂	朝阳区	2483
3	路劲世界城	昌平区	396
4	中关村科技园区昌平园东区三期 0303－03－2	昌平区	1339
5	新城 9 号地二期项目	顺义区	2479
6	梅沟营地块限价房项目	顺义区	1604
7	长阳高佃二村	房山区	484
8	长辛店新区二期 9－4、10－1 地块	丰台区	1008
9	大红门新村一期	丰台区	599
10	小屯馨城	丰台区	840
11	门头沟区永定镇居住项目	门头沟区	594
12	燕山水泥厂限价商品住房项目	石景山区	1005
13	首师大附属中学西侧居住用地项目	密云县	303
14	通州区通州新城二类居住及托幼用地地块（配建“限价商品住房”用地项目）	通州区	168

第五节　棚户区改造等定向安置房建设供应情况

2014年，全市新开工建设棚户区改造等定向安置房项目32个，可提供约5.2万套房源。实现竣工项目29个，约7.2万套。

表8－7　2014年棚户区改造等定向安置房项目开工落实情况

序号	项目名称	项目位置	套数（套）
1	马池口村村民安置房项目	昌平区	3444
2	平西府组团一级开发项目（北区）	昌平区	1070
3	政府街商住楼项目3#回迁楼	昌平区	72
4	翠成馨园	朝阳区	1243
5	翠城D南区	朝阳区	1766
6	分钟寺桥西北侧地区回迁安置房	朝阳区	1274
7	平房乡新村建设（三期）	朝阳区	771
8	十八里店乡周庄（三期）农民安置房	朝阳区	1845
9	王四营乡官庄农民新村	朝阳区	2664
10	小红门乡农门新村A、B、C剩余	朝阳区	2316
11	大兴区黄村镇四街、五街、六街村定向安置房项目	大兴区	1542
12	大兴区西广德定向安置房项目	大兴区	1250
13	大兴新城海户新村定向安置房项目	大兴区	1924
14	大兴新城核心区定向安置房项目	大兴区	4202
15	房山区阎村镇02－0026地块R2二类居住用地项目	房山区	296
16	房山区北部山区人口迁移良乡棚户区改造定向安置房项目	房山区	768
17	北京开关厂定向安置房项目	丰台区	1015
18	彩虹家园	丰台区	288
19	长辛店棚户区辛庄D地块安置房项目	丰台区	2407
20	长辛店镇东河沿村回迁房	丰台区	3930
21	花乡造甲村回迁安置房及居住服务设施项目	丰台区	1128
22	辛店镇棚户区A地块安置房项目	丰台区	506
23	张仪村三期回迁房	丰台区	784
24	北大肖家河	海淀区	2549
25	党校周边整治项目	海淀区	1556

续表 8－7

序号	项目名称	项目位置	套数（套）
26	清河危改	海淀区	243
27	树村安置房项目	海淀区	1280
28	苏家坨 D 地块	海淀区	2913
29	青春路 6 号院老旧小区改造项目（安置房）	怀柔区	320
30	北京市通州区永顺镇 0204－A 地块 R2 二类居住用地和 0204－B 地块 R53 托幼用地（配建公共租赁住房、限价商品住房、安置用房和自住型商品住房）	通州区	2156
31	门头沟区永定镇冯村、何各庄地区土地一级开发（A 地块）定向安置房项目	门头沟区	582
32	门头沟采空棚户区改造项目	门头沟区	3500

表 8－8　2014 年棚户区改造等定向安置房项目竣工落实情况

序号	项目名称	项目位置	套数（套）
1	高碑店北花园	朝阳区	2942
2	十八里店乡周庄（三期）农民安置房	朝阳区	4671
3	昌平区昌平镇居住项目	昌平区	297
4	东二旗村回迁安置房项目	昌平区	800
5	回龙观村改造定向安置	昌平区	1848
6	大兴区瀛海镇西区定向安置房项目	大兴区	7763
7	亦庄 12 平方公里安置房 X79	大兴区	2082
8	亦庄 12 平方公里安置房 X81	大兴区	2412
9	北京石化新材料科技产业基地定向安置房项目	房山区	2630
10	良乡高教园区西部回迁项目	房山区	440
11	葆台回迁房	丰台区	818
12	大瓦窑农民回迁房二期	丰台区	336
13	六圈新村回迁房	丰台区	401
14	南苑棚户区改造 D1 地块	丰台区	2105
15	清河危改	海淀区	229
16	清河小营 C1	海淀区	2051
17	苏家坨 D 地块	海淀区	4061
18	太舟坞续建	海淀区	4005
19	辛店 A 续建	海淀区	1592
20	北京雁栖湖生态发展示范区定向安置房（柏泉庄园）项目	怀柔区	1862
21	怀柔区新贤街定向安置房项目（西区）	怀柔区	606

续表 8－8

序号	项目名称	项目位置	套数（套）
22	老古城综合改造定向安置房项目 E 地块	石景山区	336
23	五里坨组团项目 01 号地块	石景山区	2062
24	天竺村安置房	顺义区	2926
25	燕王庄村安置房	顺义区	1221
26	宋庄文化创意产业集聚区六合村	通州区	1650
27	通州区潞城镇东杨庄村 TZ0505－52 地块（荔景园安置房）	通州区	1113
28	西城棚户区改造	西城区	15210
29	京煤集团工矿棚户区改造项目	国有工矿	3144

第六节　旧城房屋保护性修缮和棚户区改造工作

按照市委、市政府要求，加大力度推进中心城区棚户区改造工作，2013 年以来以棚户区改造步伐为突破口，与保护风貌、改善民生和促进发展相结合，紧密围绕“钱从哪里来、人往哪里去、旧房如何改、项目如何批、工作如何抓”五大核心问题，大力推进体制机制和政策创新，破解难题，棚户区改造工作全面有效推进。

一、坚持一把手主责，建立各部门齐抓共管的指挥体系

市长任全市棚改领导小组组长，分管副市长为总指挥，办公室设在市重大办，14 个相关部门参加，形成了重大问题由领导小组和指挥部决策、具体问题由办公室统筹协调的工作机制。相关区县党政一把手亲自抓、负总责，积极落实“一区一策、一街一策、一地一策”和“一个牵头部门、一个实施主体、一个安置政策、一批文保专家、一批安置房源”的工作要求。

二、加大改革力度，通过政策创新破解难题

在改革创新上下功夫，针对问题制定政策，以政策推动项目实施。针对项目立项、规划审批、土地供应、房屋征收、金融支持、定向安置房跨区建设补偿、搭建市级统贷平台等方面，先后出台 15 个政策文件，基本搭建起棚户区改造的政策体系。实行直管公房产权划转，实施主体通过“以房带地”办理土地协议方式出让，如西城大栅栏杨梅竹项目采取了此办法，既增加了资本金，又增强了融资能力；针对历史文化街区平房院落修缮类项目实施主体税收压力大的问题，北京市住建委与市财政局、市地税局进行了多轮沟通研究，联合下发了《关于调整个人销售已购住房普通住房标准的通知》（京地税营〔2014〕96 号），今后历史文化街区平房院落修缮类项目中腾退私房均可参照普通住房标准享受税费优惠。

三、坚持分类指导，加大文保区房屋保护工作力度

北京是历史文化名城，文保区是城市历史文化的重要载体，也是城市功能区的重要组成部分。但目前文保区内私搭乱建严重，人口密集，不仅严重影响了古都风貌，而且也限制了中心城区功能的优化提升。从2014年以来，北京市住建委结合实际，因地制宜，按照不同区域采取不同的改造模式，对位于历史文化街区范围内的棚户区项目，体现首都城市特点，严格按照“保护”方式实施，采取改造修缮、院落平移、有外迁意愿适度疏解的办法，进一步加快推进什刹海、白塔寺、钟鼓楼、前门、杨梅竹斜街等地区人口疏解，加大文保区房屋保护修缮力度，全年共计搬迁腾退居民672户，修缮房屋3811户。

四、充分尊重居民改造意愿，就地就近建设安置房

棚户区改造实施中坚持政府主导，充分尊重居民改造意愿。采用两次征求居民意见的方式，每个改造片区居民同意率达到一定比例，改造工作才能启动，签订补偿协议的居民再达到一定比例，协议才能正式生效。在规划允许的地区，尽可能就地安置，满足居民回迁意愿。对于因文保、规划要求不具备就地安置条件的项目，实行异地安置。对选择异地安置的居民，原享有的就学、养老、医疗等待遇不变。核心城区安置房由全市统筹安排。

五、加大统筹，全力推进棚改定向安置房工作

按照市政府统一部署，北京市住建委大力组织国有企业利用自有用地建设中心城区棚改定向安置房，经市政府同意，就相关安置房建设程序、后期房源分配、定价原则等内容制定了多项政策，目前共筛选了两批16个项目，总规模约500万平方米。

继续协调推进东西城自行建设的项目。2010年以来市政府划拨东西城建设的定向安置房共18个项目，目前已经开工17个，房源6.9万套，竣工7个项目，房源2.1万套。

六、建立市级专项投融资平台，多渠道落实棚改资金

一是将市保障房建设投资中心确定为市级统贷平台，打造“预授信+核准”的“北京模式”，落实预授信额度约500亿元，利率下调至4.995%。截至2014年年底，已通过统贷平台授信473亿元，实现发放46亿元，资金已全部投入棚改前期工作。

二是鼓励支持有实力、融资能力强的国有企业参与棚户区改造，有些直接作为棚户区改造项目实施主体，有些承担了定向安置房建设任务。

三是积极吸引民间资本参与，如大栅栏杨梅竹项目新引入了一批文化创意产业，通过业态调整逐步带动周边产业升级。对前门地区选取13个先期已经腾空的院落进行试点，尝试通过多种方式引入终端用户。经市政府批准，拟采取邀请招标、规划土地捆绑式招标终端用户等方式进行试点。

七、积极推进远郊区县和国有工矿棚户区改造

加强对区县的指导服务，深入到门头沟、密云、怀柔、延庆、顺义、大兴、昌平等远郊区和国有工矿棚改项目，切实解决区县和企业项目问题。6月份，我市规模最大的工矿棚改项目京煤棚改项目顺利实现竣工入住，

4000户工矿职工陆续搬入新居。

截至2014年年底，全市完成搬迁改造2.3万户，完成投资约282.8亿元，其中中心城区累计签订改造协议或完成搬迁居民1.5万户，为2013年完成量的近4倍。

第七节　住房保障资格审核与配租配售

一、申请审核情况

2014年全市保障性住房申请2.8万户，市级备案通过2.2万户，其中含三房轮候家庭申请并市级备案0.7万户。相比2013年保障性住房申请审核情况，申请量同比下降47%，审核备案量同比下降53%。

截至2014年底，全市各类保障性住房资格备案35.8万户，其中廉租住房2.6万户，经济适用住房8.9万户，限价商品住房20.2万户，公共租赁住房4.1万户（不含“三房”轮候家庭3.6万户）。

二、配租配售情况

2014年共公开配租配售各类保障性住房4.2万套，其中经济适用住房0.9万套、限价商品住房1.9万套、公共租赁住房（含廉租住房）1.4万套。

2014年全年廉租房租赁补贴新增1612户，公租房租赁补贴新增2508户。年内为享受补贴家庭发放廉租房租赁补贴11179.28万元，公租房租赁补贴6137.54万元。

第九章
住房制度改革和金融

北京市房地产年鉴 2015

第一节 住房制度改革综述

一、存量公房改革

（一）公有住房出售

截至2014年年底，全市累计售房面积14111.78万平方米，占可售公房总量的93.74%。2014年本市共出售公有住房170.15万平方米，2.17万套。其中，中央单位310家，面积63.86万平方米，涉及住房0.76万套；市属单位482家，面积76.43万平方米，涉及住房1.08万套；区属单位198家，面积18.02万平方米，涉及住房0.26万套（其余为军产售房和部级售房备案，涉密不宜公开）。针对因单位原因导致产权不清问题，继续采取具结方式为职工办理房屋所有权证，进一步理顺产权关系；印发了《关于妥善解决非公有制企业房改售房有关遗留问题的通知》，明确规定我市非公有制企业房改售房的手续；支持中央单位及部分北京市单位职工腾退公有住房工作，对腾退公房方案核准工作，采取了电话联系及当面确认的方式，与住房产权人进行逐一确认，切实保证职工利益。

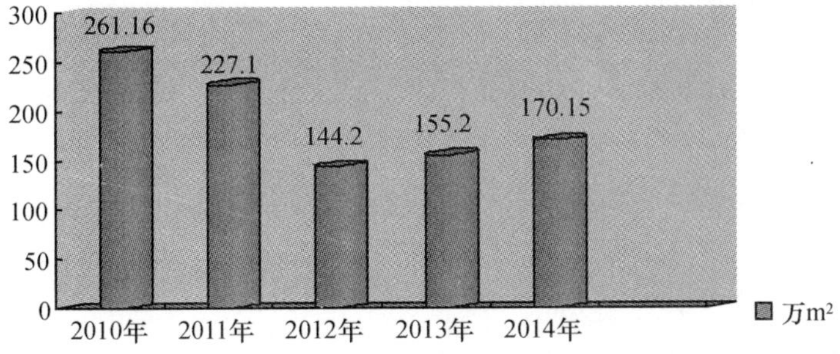

图9－1 2010—2014年北京市房改售房情况

（二）公有住房调整

2014年各区县房改部门总计核准269家单位调整公有住房方案，涉及住房1763套，面积13.05万平方米。主要为中央单位分配职工住宅后，按房改成本价、经济适用住房价格为职工调整住房，共计240家，涉及住房1546套，面积11.33万平方米，占调房总量的88%；市属单位20家，涉及住房178套，面积1.43万平方米，占当年调房总量的10.1%；区属单位9家，涉及住房39套，面积0.29万平方米，占当年调房总量的1.9%。

二、住房分配货币化

市级及城六区住房补贴发放工作稳步推进。2014年全市机关事业单位为23.12万人发放住房补贴，涉及资金36.24亿元。其中市级发放10.99万人，涉及资金10.55亿元；城六区发放12.13万人，涉及资金25.69亿元。完成了住房补贴数据统计软件开发工作，实现对市级3000多个发放单位住房补贴发放数据的全面汇总、分类查询。完成了22家转制科研院所申报的2823名职工住房补贴发放工作。远郊区县中通州区预计2015年上半年审核工作基本全部完成，2015年底前住房补贴资金发放到位。大兴区各单位数据填报、公示工作已完成，正在进行区级复核，预计2015年首先完成离退休职工住房补贴发放工作。昌平区住房补贴实施方案已经由区常委会通过，正在做前期准备工作。

表9－1　2014年住房补贴发放情况统计

	发放人数（万人）	发放金额（亿元）
市　级	10.99	10.55
东城区	1.59	1.41
西城区	2.1	1.84
朝阳区	3	4.64
海淀区	2.81	14.23
丰台区	1.83	1.91
石景山区	0.8	1.66
合　计	23.12	36.24

三、集资合作建房监管

按照国家和我市的有关政策，做好集资合作建房遗留项目善后收尾工作，继续严格复核集资建房遗留项目，全年审核通过了7个遗留项目的集资建房方案。指导社团、科教、民乐、益丰苑四家住宅合作社进行了换届选举，同时指导社团合作社进行了章程修改工作。为13家住宅合作社办理了年检审查备案工作。委托会计师事务所对市属13家住宅合作社进行专项审计，并对照审计报告监督各合作社进行整改。

四、其他住房资金管理

按照政策规定，公有住房售后维修资金在市住房资金管理中心专户存储、专项使用。截至2014年年底，累计归集公有住房售房款527.62亿元，支取444.78亿元，余额82.84亿元；累计归集公有住宅专项维修资金73.55亿元，支取13.10亿元，余额60.45亿元；本年度归集公有住房售房款21.57亿元，支取11.66亿元，年内净增额9.9亿元；本年度归集公有住宅专项维修资金2.23亿元，支取1.22亿元，年内净增额1.01亿元。

截至2014年年底，本市累计共有1047家企业支取售房款63933.87万元。2014年本市共有76家企业支取售房款6578.62万元。其中，32家市属企业支取售房款1602.72万元，44家区属企业支取售房款4975.9万元。上述资金主要用于：电梯更新维修95部，楼面及屋顶防水维修13.36万平方米，为337名职工缴存提租补贴，为301人缴存公积金以及楼房外立面粉刷，老旧小区节能改造，房屋翻建改造等事项。

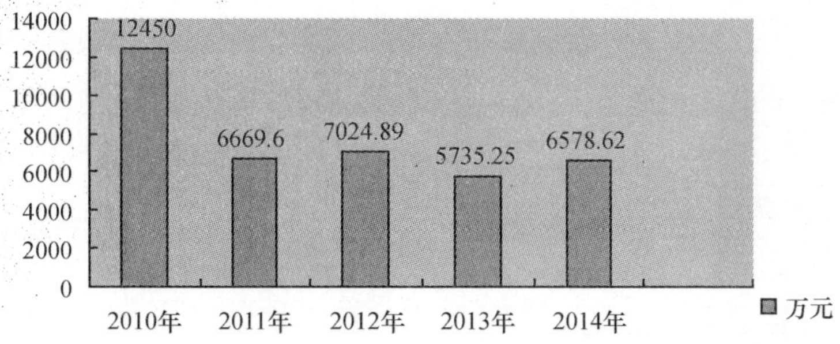

图9－2　2010—2014年北京市单位售房款支取情况

2014年各区县房管部门共审核批准147家企业支取售后公房住房专项维修资金5928.49万元。主要用于屋面防水维修4.33万平方米，楼内地面维修5.53万平方米，58部电梯更换，211部电梯维修，剩余资金用于节能改造、外墙粉刷、供水管道维修、消防及供电设施改造事项。

第二节　住房公积金与政策性住房金融

一、2014年度住房公积金归集情况

（一）住房公积金缴存人数范围

截至2014年12月底，北京地区建立住房公积金单位11.87万个，职工785.80万人。当年住房公积金缴存职工新增68.86万人。

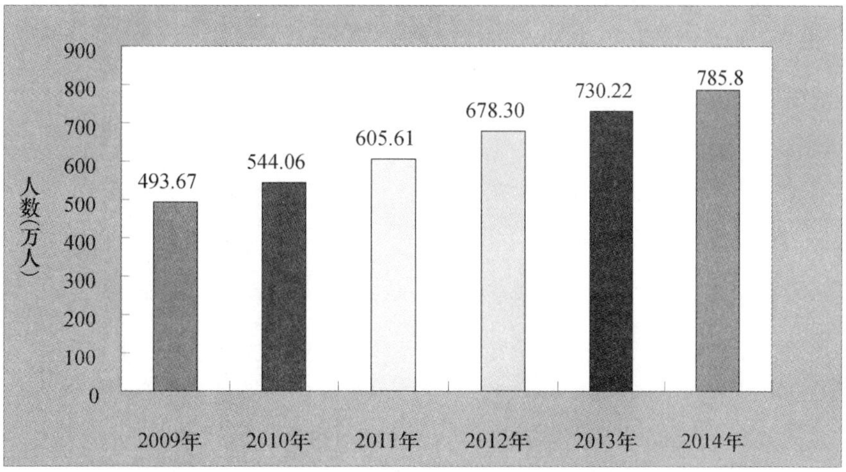

图9－3　2009—2014年北京住房公积金建立人数

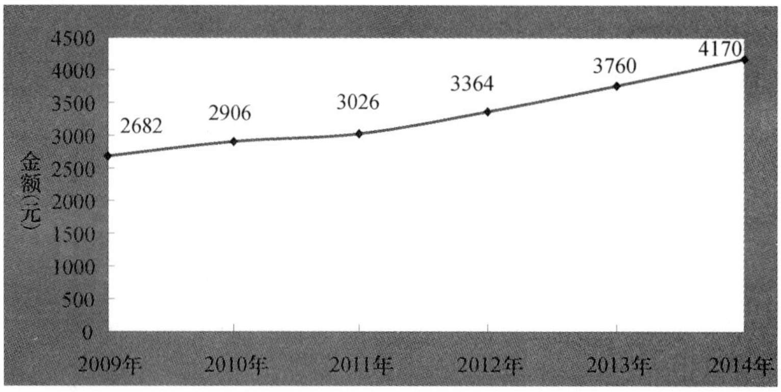

图 9－4　2009—2014 年北京住房公积金缴存额上限

（二）住房公积金归集、提取情况

截至 2014 年 12 月底，当年归集住房公积金 1140.33 亿元，提取 768.38 亿元，净增 371.96 亿元。累计归集住房公积金 6605.12 亿元，提取 4082.14 亿元，余额 2522.98 亿元。

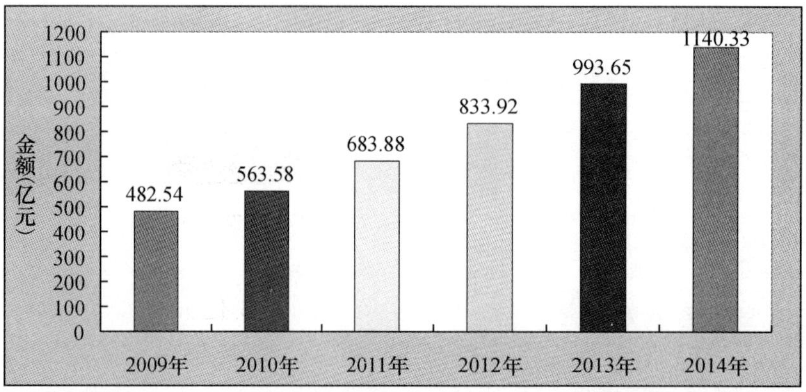

图 9－5　2009—2014 年北京住房公积金归集情况统计

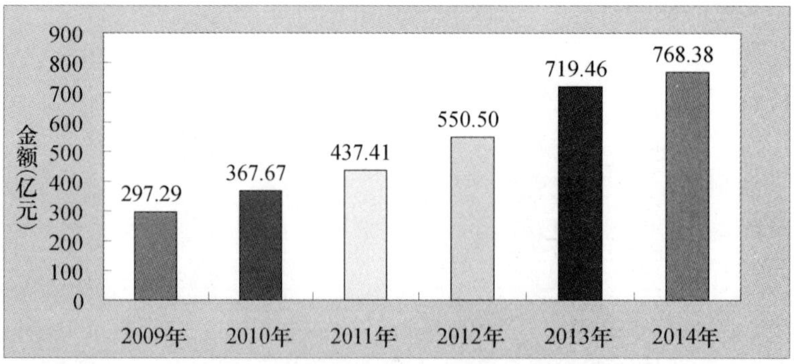

图 9－6　2009—2014 年北京住房公积金提取情况统计

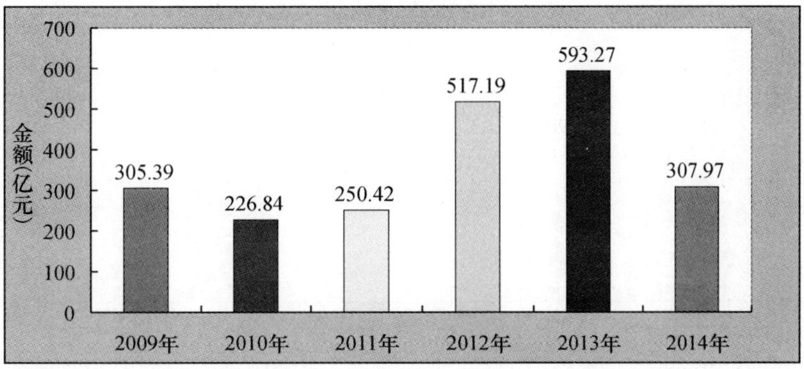

图 9－7　2009—2014 年北京住房公积金贷款发放金额统计

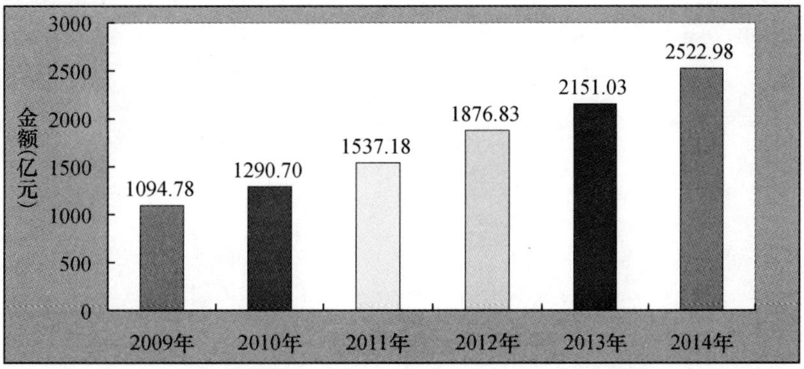

图 9－8　2009—2014 年北京住房公积金余额统计

二、2014 年度政策性住房金融

（一）住房公积金贷款情况

截至 2014 年 12 月底，当年发放住房公积金贷款 49314 笔，金额 307.97 亿元，回收金额 148.68 亿元，净增 159.29 亿元。累计发放住房公积金贷款 754144 笔，金额 3069.27 亿元，回收金额 1197.46 亿元，余额 1871.81 亿元。累计发放政策性贴息 13079 笔，贴息额度 45.77 亿元。

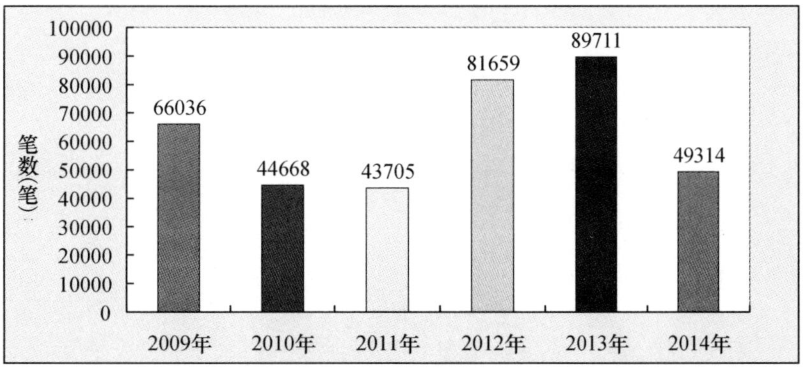

图 9－9　2009—2014 年北京住房公积金贷款发放笔数统计

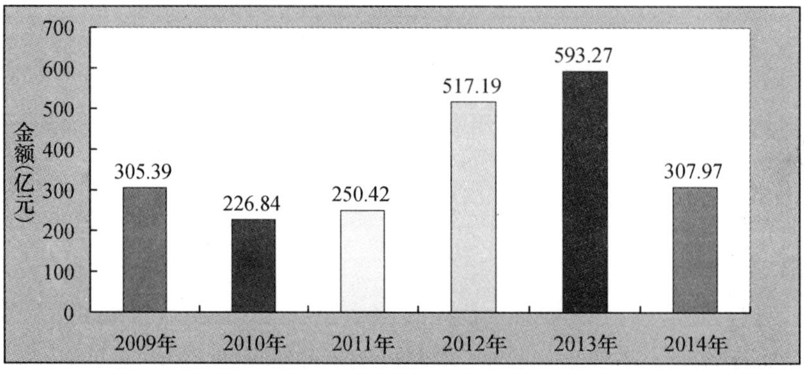

图 9 - 10　2009—2014 年北京住房公积金贷款发放金额统计

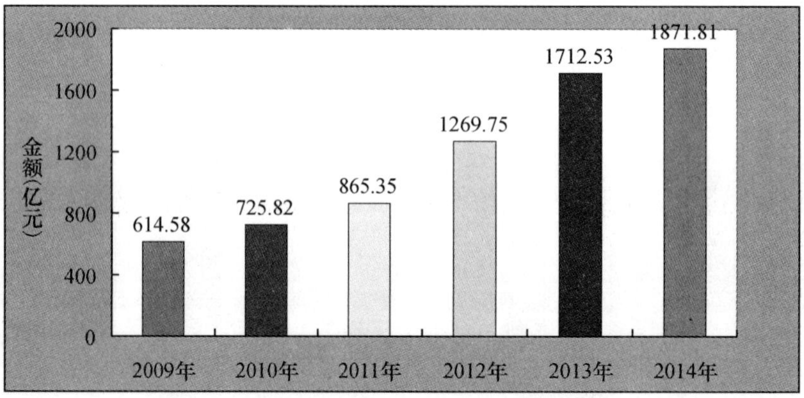

图 9 - 11　2009—2014 年北京住房公积金贷款发放余额统计

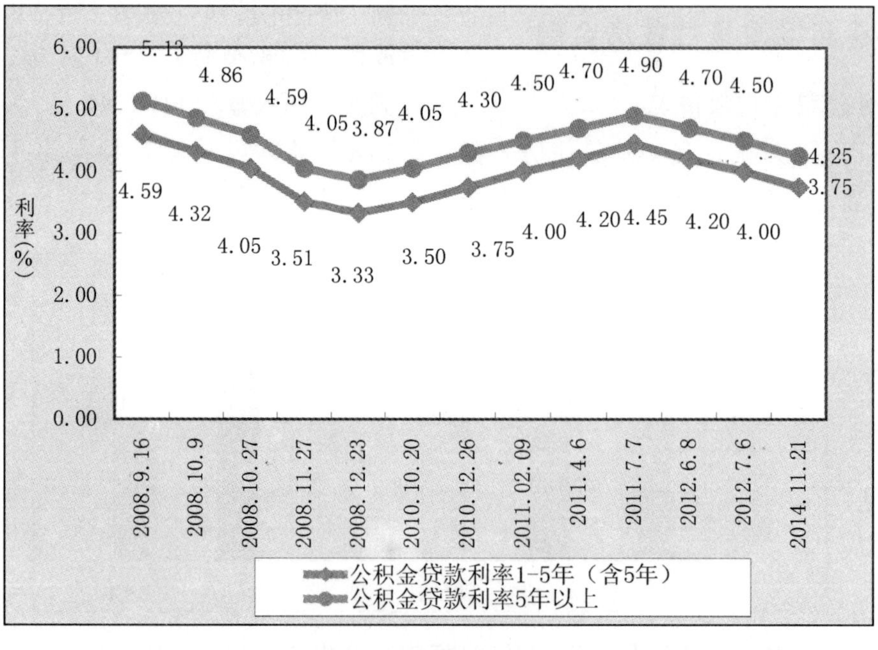

图 9 - 12　2008—2014 年北京住房公积金贷款利率调整

（二）2014 年住房公积金贷款发放笔数的结构分析

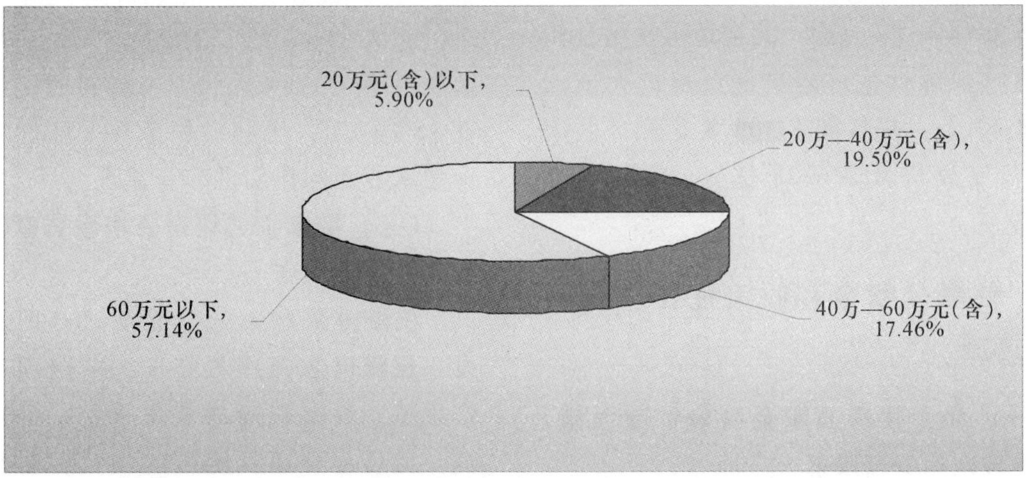

图 9－13　2014 年新发放住房公积金贷款按贷款额度分类

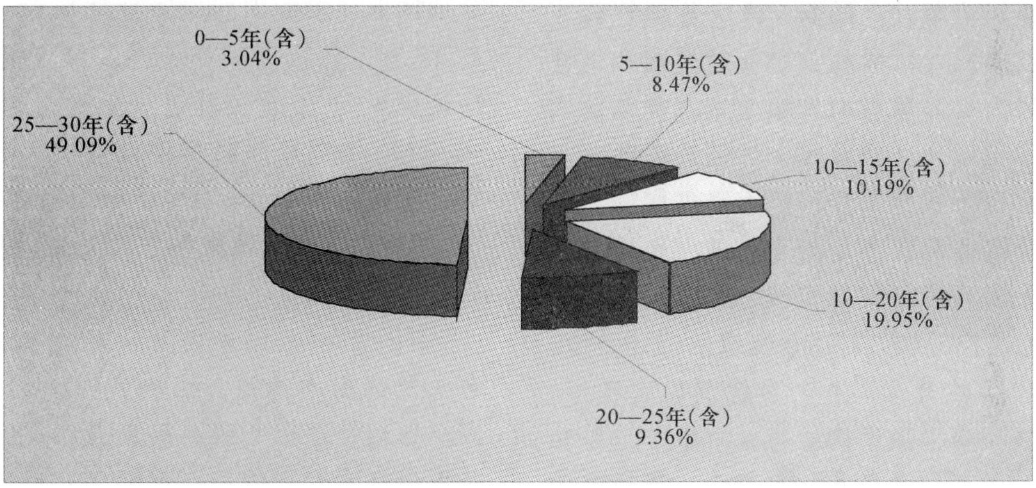

图 9－14　2014 年新发放住房公积金贷款按贷款年限分类

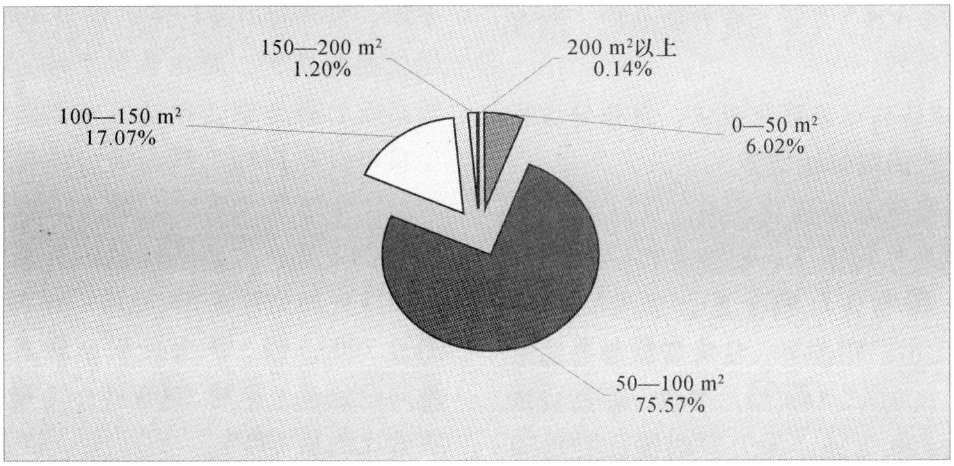

图 9－15　2014 年新发放住房公积金贷款按房屋建筑面积分类

（三）住房公积金贷款支持保障性住房建设情况

截至2014年12月底，北京地区住房公积金贷款支持保障性住房建设试点及扩大试点项目总计41个，贷款额度308.8亿元。共向35个项目发放贷款276.28亿元，实际用款167.37亿元。

三、住房公积金和政策性住房金融的管理措施

（一）加大住房公积金归集扩面力度，提升归集规范化管理水平

坚持把归集扩面作为管理中心的基础工作，全面规范缴存、提取、执法各项管理工作。重点加强对新增私营企业的摸查和催建工作，努力提高覆盖面和缴交率。贯彻落实国家新型城镇化工作要求，加强进城务工人员建立住房公积金工作，努力推进住房公积金人群全覆盖和服务均等化。进一步规范异地购房提取和租房提取审核，加强对违规中介公司的监控，加大对违规提取的惩处力度。坚持依法行政理念，进一步规范执法程序，简化执法环节，强化执法力度。全市当年私营企业新增开户人员68.86万人，新受理职工投诉案件870件，结案806件，为职工追缴住房公积金1292万元，有力地维护了缴存职工的合法权益。

（二）完善贷款差别化政策，充分发挥住房公积金贷款的政策性优势

细化完善贷款差别化政策，支持职工自住型、改善型住房需求，促进首都住房市场健康发展。落实住房城乡建设部等三部委《关于发展住房公积金个人住房贷款业务的通知》（建金〔2014〕148号）要求，最高贷款额度提高至120万元，加大对购买首套房职工的支持力度；推进异地贷款，实行异地合并计算缴存时间；取消新建商品房评估，降低借款人负担。2014年住房公积金贷款结构进一步优化，90平方米以下中小户型贷款笔数超过70%，购买首套住房的职工比例保持在85%以上，住房公积金在保障居民基本住房需求方面的作用进一步显现。

（三）继续推进利用公积金贷款支持保障房建设试点工作

积极协调有关单位推动试点项目开工建设，保障借款人用款需求；制定项目贷款操作规范，提高管理规范化水平；强化贷后管理，针对部分还款困难的项目，研究制定项目贷款展期方案。截至2014年12月底，北京地区累计发放支持保障性住房建设项目贷款35笔、金额276.28亿元，支持保障性住房建设8.25万套、总建筑面积约854.38万平方米，为我市保障房建设提供了强有力的资金支持。

（四）创新管理服务方式方法，促进管理工作提质增效

坚持把创新作为提升管理效率、改进服务质量的根本途径，加快各方面创新步伐。围绕推动管理中心服务转型升级，结合住房公积金制度发展的最新形势和首都实际，积极稳妥推进利用商业银行柜台延伸服务试点工作，充分利用银行网点资源和服务等优势，优化业务流程，简化业务手续，探索建立优质高效的服务创新模式。完成呼叫中心外包项目申报和招标工作，进一步提升热线服务效率。全年受理热线电话人工咨询54万次，为约240万人次提供自助语音服务，答复网上在线咨询留言4.38万条。联名卡累计发放超过700万张。住房公积金联名卡查询、疑难问题处理工单约3000件，在规定时间内解决的比例达100%。

第三节　商业性房地产金融

2014年，北京市认真贯彻落实国家各项房地产市场调控政策，认真做好住房保障和自住型商品住房各项工作。受宏观经济和市场周期共同作用，全年北京市房地产市场总体处于调整期，成交量价回落，四季度随着政策微调市场出现了回升。房地产贷款同比增速有所回落，个人住房贷款保持较快增长，其中超九成个人住房贷款执行首套房贷款政策。

一、房地产开发投资保持较快增长

2014年，北京市完成房地产开发投资3911.3亿元，同比增长12.3%，增速较2013年提高1.8个百分点。其中，完成住宅投资1962亿元，同比增长13.8%。房地产开发投资占全社会固定资产投资比重的51.7%，较2013年提高2.2个百分点，连续7个月保持在50%以上。房地产开发投资增速高于全社会固定资产投资4.7个百分点，对经济增长的拉动作用较强。

二、房地产贷款同比增速有所回落

2014年末，辖内金融机构本外币房地产贷款余额9860.7亿元，比年初增加451.5亿元，同比多增171.9亿元；同比增长6.2%，比2013年同期提高3.1个百分点。从结构来看，购房贷款比年初增加557亿元，房地产开发贷款比年初下降105.4亿元。房地产贷款同比增速在7月达到近一年以来的最高值后，整体呈回落态势。

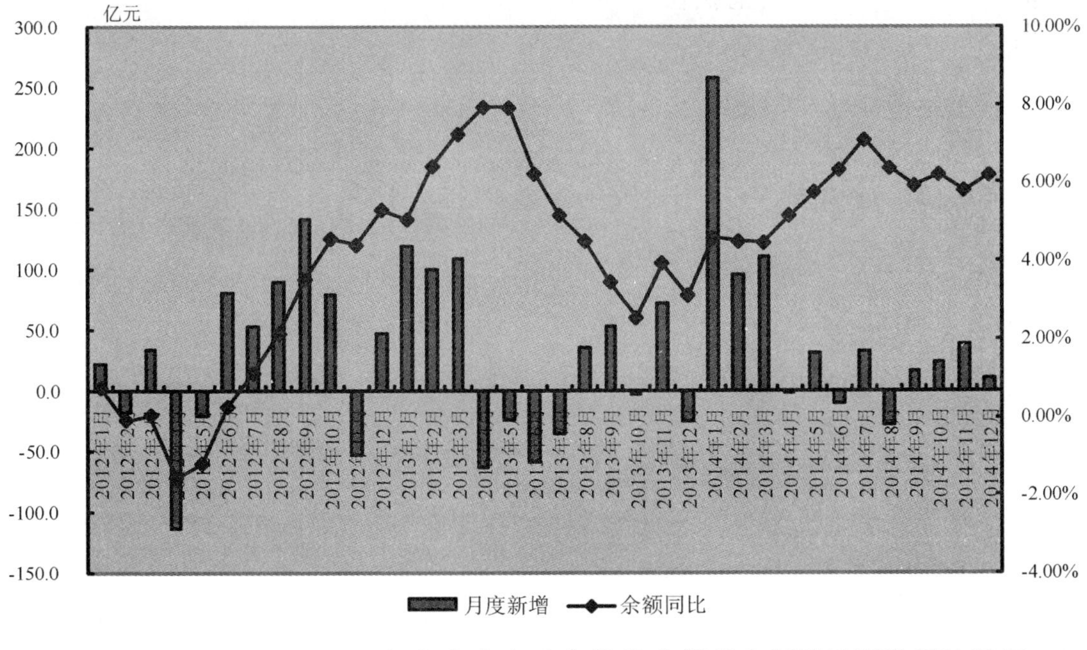

图9-16　2012—2014年北京市房地产贷款余额月度新增及同比增速情况

三、个人购房贷款继续稳步增长

2014 年末，个人购房贷款余额 5052 亿元，比年初增加 557.6 亿元，同比多增 55.3 亿元；同比增长 12.2%，比 2013 年下降 0.3 个百分点。其中，个人住房贷款余额 4520.8 亿元，比年初增加 465 亿元，同比多增 36.8 亿元；同比增长 11.3%，比 2013 年下降 0.5 个百分点。个人商业用房贷款余额 531.2 亿元，比年初增加 92.6 亿元，同比多增 18.5 亿元；同比增长 21%，比 2013 年提高 0.7 个百分点。

四、二手房贷款增速回落

2014 年末，辖内金融机构二手住房贷款余额 1707.6 亿元，比年初增加 207.1 亿元，同比少增 81.5 亿元；同比增长 13.3%，比 2013 年下降 10.3 个百分点。个人新建住房贷款余额 2813.2 亿元，比年初增加 258 亿元，同比多增 118.4 亿元；同比增长 10.1%，比 2013 年提高 4.3 个百分点。受 9 月 30 日房贷新政影响，10 月下旬以来新建商品住房和二手房成交量明显回升，12 月个人住房贷款新增额创三年新高。

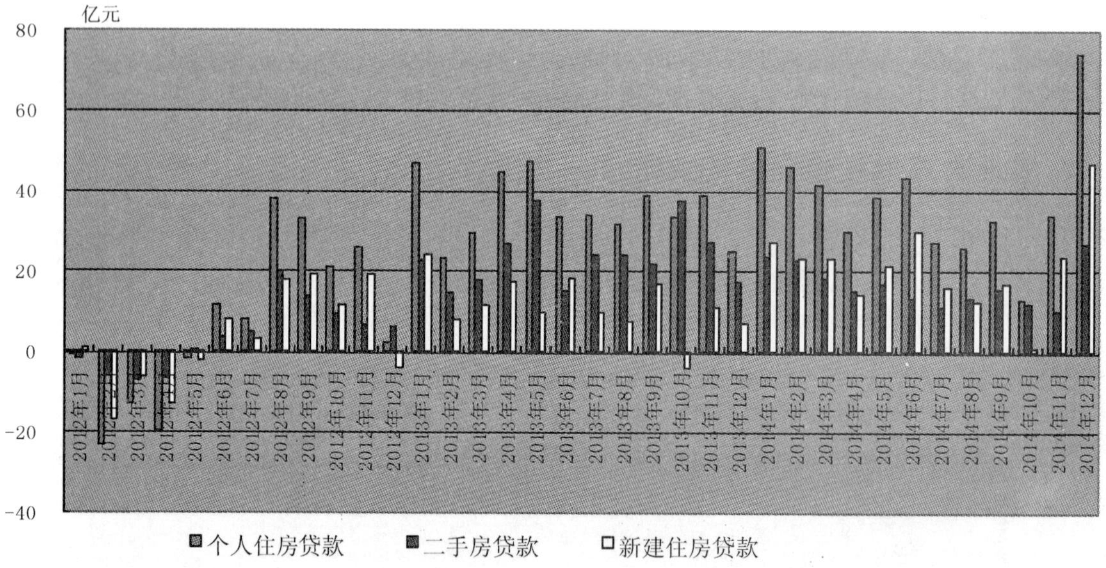

图 9-17　2012—2014 年北京市个人住房贷款月度新增情况

五、房地产开发贷款同比增速降幅收窄

2014 年末，辖内金融机构房地产开发贷款余额 4374 亿元，比年初减少 105.4 亿元，同比少减 143 亿元；同比下降 1.4%，降幅比 2013 年收窄 3.9 个百分点。其中，政府土地储备机构贷款余额 1174.9 亿元，比年初减少 421.8 亿元，同比下降 26.2%；住房开发贷款余额 1515.2 亿元，比年初增加 78.5 亿元，同比增长 5.2%；商业用房开发贷款余额 862 亿元，比年初增加 94.6 亿元，同比增长 13.2%。2014 年政府土地储备机构贷款仍以还款为主，其中 12 月月度减少额创近三年新高，受此影响地产开发贷款余额不断下降。

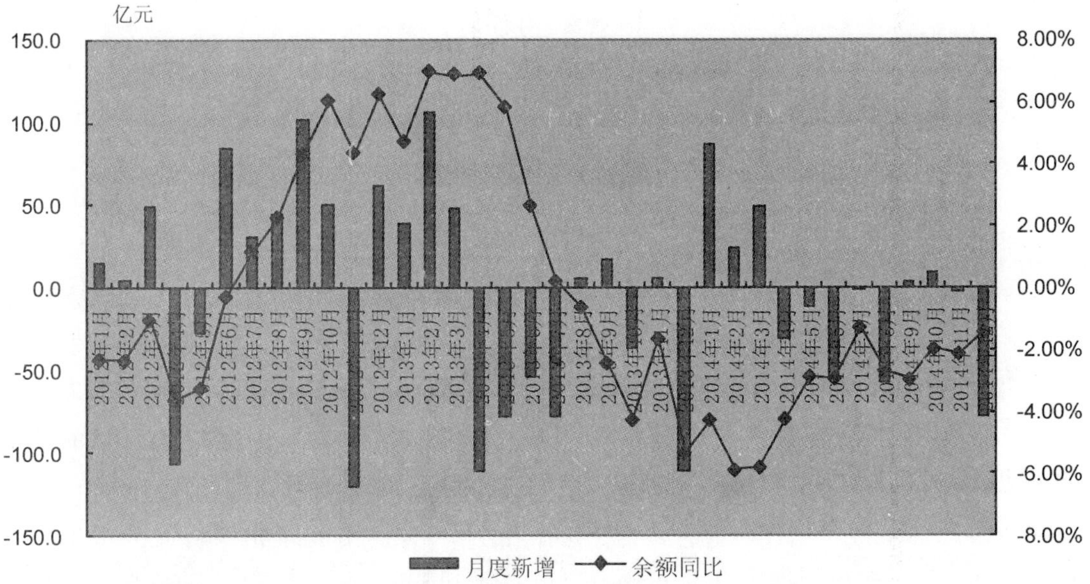

图 9－18　2012—2014 年北京市房地产开发贷款余额月度新增及同比增速情况

六、土地储备机构融资规模明显减少

北京市土地储备机构融资方式主要包括银行贷款、保险资金、信托资金等，涉及金融机构包括银行、保险资产管理公司、信托公司等。2012—2014 年，全市土地储备机构融资额分别为 1118 亿元、994 亿元、362 亿元，年内归还银行贷款额分别为 962 亿元、813 亿元、697 亿元。2014 年 10 月末，全市土地储备机构存量债务余额 2355 亿元。近三年，土地储备机构积极拓宽融资渠道，在保证土地储备项目融资需求的同时降低融资成本，加强规范管理，建立融资审核调度机制，提高了资金使用效率。

七、95% 以上个人住房贷款执行首套房贷款政策

2014 年 9 月 30 日，中国人民银行和银监会联合发布《关于进一步做好住房金融服务工作的通知》，在新政实施后，辖内银行对居民家庭合理住房贷款需求的支持有所增强。根据央行营业管理部差别化住房信贷政策执行情况监测数据，11 月份执行首套个人住房贷款政策的个人住房贷款笔数占比已达到 95%，12 月份该占比进一步攀升至 97%。贷款利率方面，四季度各月执行首套住房贷款政策的个人住房贷款平均利率分别为基准利率的 0.99 倍、0.99 倍、0.97 倍，较新政出台前有所下降。

第四节　房地产金融政策调整

一、近年来房地产金融政策调整

2003年以前，房地产金融政策的主要目的在于支持住房体制改革，促进房地产金融产品的推出与发展。2003年6月，针对局部房地产市场过热，中国人民银行出台《关于进一步加强房地产信贷业务管理的通知》（银发〔2003〕121号），加强房地产开发贷款管理、引导规范贷款投向，严格控制土地储备贷款的发放，加强个人住房贷款管理。

2004—2007年中国人民银行先后9次上调存贷款基准利率，并取消个人住房贷款利率优惠。加息周期有效抑制了非理性住房消费需求，居民购房更侧重于自住和改善住房条件。

2007年《关于加强商业性房地产信贷管理的通知》（银发〔2007〕359号）及其《补充通知》（银发〔2007〕452号）明确了二套房的执行标准，规定二套（含）以房贷款首付款比例不得低于40%，贷款利率不得低于基准利率的1.1倍，有效约束了二套房贷杠杆比例，对降低信贷风险、打击房地产投机、保障自住性需求、平抑房价过快上涨发挥了积极作用。此外，银发〔2007〕359号文还进一步严格规范了房地产贷款管理、风险监测及防范工作，要求贷款使用与开发项目配套专款专用，有效避免滚动开发模式下企业挪用贷款资金用途行为，防范金融风险。

金融危机以来，随着适度宽松货币政策的实施，自2008年9月起，中国人民银行先后5次下调存贷款基准利率，先后4次下调存款准备金率，并印发了《中国人民银行关于扩大商业性个人住房贷款利率下浮等有关问题的通知》（银发〔2008〕302号）等文件，将商业性个人住房贷款利率的下限扩大为贷款基准利率的0.7倍，最低首付比例调整为20%，要求商业银行充分考虑各种因素按照风险原则合理确定利率水平。房贷利率下限降低使得金融机构房贷利率浮动权限进一步扩大，金融机构具有了更大的自主决策空间。同时也更好地支持了居民购买普通住房，有力促进了内需扩大和民生改善。

2010年2月，中国人民银行、中国银行业监督管理委员会联合出台《关于贯彻落实〈国务院办公厅关于促进房地产市场平稳健康发展的通知〉的通知》（银发〔2010〕58号），加强对房地产贷款业务的窗口指导，加大差别化信贷政策执行力度，严格抑制投资投机性购房需求。同年9月，又出台了《中国人民银行 中国银行业监督管理委员会关于完善差别化住房信贷政策有关问题的通知》（银发〔2010〕275号），明确提出“暂停发放居民家庭购买第三套及以上住房的贷款”；对贷款购买商品住房的，“首付款比例调整至30%及以上”“对贷款购买第二套住房的家庭，严格执行首付款比例比不低于50%、贷款利率不低于基准利率1.1倍的规定”。

2011年1月，根据《国务院办公厅关于进一步做好房地产市场调控工作有关问题的通知》（国办发〔2011〕1号）要求，贷款购买第二套住房的家庭，首付款比例不低于60%，贷款利率不低于基准利率的1.1倍。《中国人民银行关于做好差别化住房信贷政策实施工作的通知》（银发〔2011〕66号）明确了各地实施差别化住房信贷政策的基本条件、程序和管理要求。

为发挥好金融对公共租赁住房等保障性安居工程建设的支持作用，央行会同银监会联合印发《关于认真做好公共租赁住房等保障性安居工程金融服务工作的通知》（银发〔2011〕193号），进一步完善公共租赁住房等保障性安居工程建设的信贷支持政策体系，明确贷款期限最长不超过15年。

2012年9月，住房城乡建设部、财政部、中国人民银行联合印发《关于做好扩大利用住房公积金贷款支持保障性住房建设试点范围工作的通知》（建金〔2012〕130号），确定石家庄等64个城市为新增试点城市，北京等18个城市为新增贷款额度城市，290个建设项目为新增利用住房公积金贷款支持保障性住房建设试点项目。

2012年11月，国土资源部、央行与银监会出台了《关于加强土地储备与融资管理的通知》（国土资发〔2012〕162号），明确土地储备机构将实行“名录制”管理，各银行机构只能对经过资质认定的名录范围内的土地储备机构发放土地储备贷款；土地储备贷款的期限最长可延至5年。

2012年3月，北京市金融工作局、中国人民银行营业管理部、北京市住房和城乡建设委员会等五部门联合出台了《关于印发北京市金融支持保障性住房建设意见的通知》（京金融〔2012〕107号），完善保障性住房相关融资管理制度，吸引各类金融机构及社会资金参与北京市保障性住房建设工作。

2013年2月，根据《国务院办公厅关于继续做好房地产市场调控工作的通知》（国办发〔2013〕17号）要求，继续严格实施差别化住房信贷政策。银行业金融机构要进一步落实好首套房贷款的首付款比例和贷款利率政策，严格执行第二套（及以上）住房信贷政策。

2013年4月，为贯彻落实各项房地产调控政策要求，按照北京市新建商品住房价格控制目标和政策要求，央行营业管理部出台了《中国人民银行营业管理部关于调整北京市差别化住房信贷政策的通知》（银管发〔2013〕116号），对贷款购买第二套住房的家庭，首付款比例不低于70%；同时明确，对在北京市住房和城乡建设委员会房屋登记信息系统中显示无房、在中国人民银行个人信用信息基础数据库中有一笔住房贷款记录、第二次申请贷款购买住房的家庭，仍执行首付款比例不低于60%的政策。北京是2013年国内率先对差别化住房信贷政策进行调整的城市。

二、2014年房地产信贷政策调整情况

为进一步改进对保障性安居工程建设的金融服务，继续支持居民家庭合理的住房消费，促进房地产市场持续健康发展，2014年9月30日，央行和银监会联合发布《关于进一步做好住房金融服务工作的通知》（银发〔2014〕287号），规定对拥有一套住房并已结清相应购房贷款的家庭，为改善居住条件再次申请贷款购买普通商品住房的，银行业金融机构可执行首套房贷款政策。继续支持房地产开发企业的合理融资需求。

第五节　2014年相关房地产金融政策文件

特急

中　国　人　民　银　行
中国银行业监督管理委员会　文件

银发〔2014〕287号

中国人民银行　中国银行业监督管理委员会
关于进一步做好住房金融服务工作的通知

为进一步改进对保障性安居工程建设的金融服务，继续支持居民家庭合理的住房消费，促进房地产市场持续健康发展，现就有关事项通知如下：

一、加大对保障性安居工程建设的金融支持

鼓励银行业金融机构按照风险可控、财务可持续的原则，积极支持符合信贷条件的棚户区改造和保障房建设项目。对公共租赁住房和棚户区改造的贷款期限可延长至不超过25年。进一步发挥开发性金融对棚户区改造支持作用；对地方政府统筹规划棚户区改造安置房、公共租赁住房和普通商品房建设的安排，纳入开发性金融支持范围，提高资金使用效率。

二、积极支持居民家庭合理的住房贷款需求

对于贷款购买首套普通自住房的家庭，贷款最低首付款比例为30%，贷款利率下限为贷款基准利率的0.7倍，具体由银行业金融机构根据风险情况自主确定。对拥有1套住房并已结清相应购房贷款的家庭，为改善居住条件再次申请贷款购买普通商品住房，银行业金融机构执行首套房贷款政策。在已取消或未实施“限购”措施的城市，对拥有2套及以上住房并已结清相应购房贷款的家庭，又申请贷款购买住房，银行业金融机构应根据借款人偿付能力、信用状况等因素审慎把握并具体确定首付款比例和贷款利率水平。银行业金融机构可根据当地城镇化发展规划，向符合政策条件的非本地居民发放住房贷款。

银行业金融机构要缩短放贷审批周期，合理确定贷款利率，优先满足居民家庭贷款购买首套普通自住房和改善型普通自住房的信贷需求。

三、增强金融机构个人住房贷款投放能力

鼓励银行业金融机构通过发行住房抵押贷款支持证券（MBS）、发行期限较长的专项金融债券等多种措施筹集资金，专门用于增加首套普通自住房和改善型普通自住房贷款投放。

四、继续支持房地产开发企业的合理融资需求

银行业金融机构在防范风险的前提下，合理配置信贷资源，支持资质良好、诚信经营的房地产企业开发建设普通商品住房，积极支持有市场前景的在建、续建项目的合理融资需求。扩大市场化融资渠道，支持符合条件的房地产企业在银行间债券市场发行债务融资工具。积极稳妥开展房地产投资信托基金（REITs）试点。

人民银行、银监会各级派出机构要针对辖区内不同城市情况和当地政府对房地产市场的调控要求，支持当地银行业金融机构把握好各类住房信贷政策的尺度，促进当地房地产市场持续健康发展。

请人民银行上海总部，各分行、营业管理部、省会（首府）城市中心支行，各省（自治区、直辖市）银监局将本通知联合转发至辖区内城市商业银行、农村商业银行、农村合作银行、城乡信用社、外资银行及村镇银行。

信息公开选项：主动公开

主　　送：中国人民银行上海总部，各分行、营业管理部，各省会（首府）城市中心支行、副省级城市中心支行；各省（自治区、直辖市）银监局；国家开发银行、各政策性银行、国有商业银行、股份制商业银行，中国邮政储蓄银行。

内部发送：办公厅，市场司，条法司，货政司。

中国人民银行办公厅　　2014年9月30日印发

第十章
物业服务和管理

北京市房地产年鉴 2015

第一节　北京市物业管理基本情况

一、物业服务企业数量及分布

截至2014年12月底，全市共有物业服务企业2855家。其中，一级企业132家；二级企业366家；三级企业2229家，三级暂定企业69家；外埠在京企业59家。

从区县分布上，海淀区注册的物业服务企业最多，有530家，其他依次为朝阳区476家、西城区329家、东城238家和丰台区234家（见图10－1）。

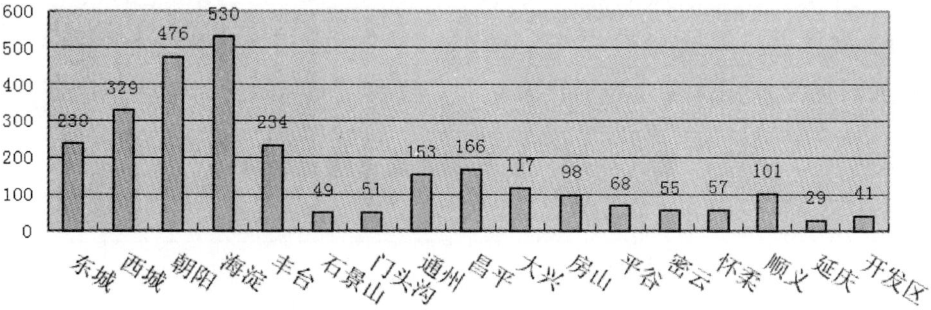

图10－1　各区县物业服务企业数量（单位：家）

二、物业项目数量及分布

截至2014年12月底，全市共有物业管理项目6582个，建筑面积58583万平方米。其中，居住类项目3867个，43410万平方米；商业类项目308个，1174万平方米；商住类项目141个，1277万平方米；工业类项目215个，2583万平方米；写字楼项目701个，2911万平方米；行政办公项目644个，1827万平方米；综合类项目706个，5401万平方米（见图10－2）。

物业管理项目主要集中在朝阳、海淀、西城和丰台区。与2013年相比，2014年物业管理项目总量增加了316个（见表10－1）。

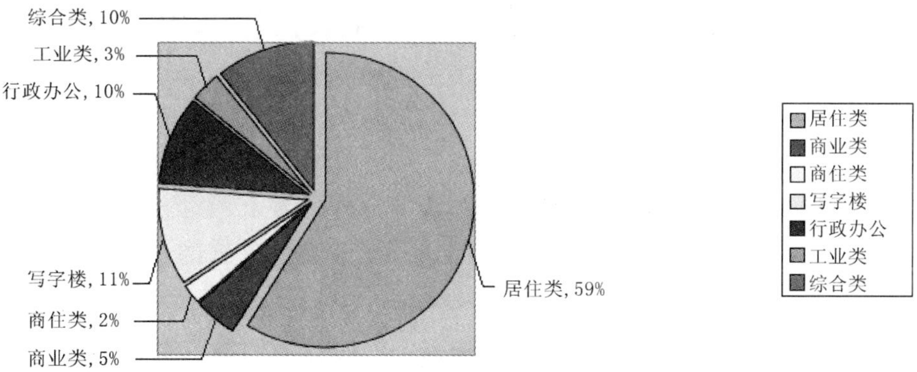

图10－2　各类物业服务项目比例

表 10－1 综合区县物业服务项目数量及建筑面积

	项目数量		建筑面积	
	个	%	万 M^2	%
合计	6582	100	58583	100
首都功能区（东、西城）	1093	16.6	6095	10.4
城市功能拓展区（朝、海、丰、石）	3688	56.0	32895	56.2
城市发展新区（通、昌、顺、大、房、开发区）	1442	21.9	17163	29.3
生态涵养发展区（门、怀、平、密、延）	359	5.5	2430	4.1

三、业主大会成立情况

截至2014年年底，全市共成立业主大会1134个，占物业管理项目数量的17.2%。其中，住宅物业项目成立业主大会1095个，占住宅项目总量的27.3%，非住宅物业项目成立业主大会39个，占非住宅物业项目总量的1.5%。业主大会成立的数量比去年同期增加27个。业主大会成立缓慢问题和区县分布比例不均衡问题仍比较突出（见表10－2）。

表 10－2 业主大会成立情况统计

	业委会数量（个）	物业管理项目数量（个）	%
合计	1134	6582	17.2
住宅项目	1095	4008	27.3
非住宅项目	39	2574	1.5

四、企业出京经营情况

为企业开具诚信证明时，在核查物业服务合同备案、上一年度费用公示和企业信用信息等情况的基础上，增加了核查住宅项目建立应急维修台账情况。2014年，共为51家物业服务企业开具诚信证明95个，涉及承接京外项目81个。

第二节 物业管理法律法规政策

一、起草物业服务收费文件，建立合理调价机制

2014年与市发改委多次沟通，双方就定价目录及定价权问题形成了基本共识。主要内容为上调经济适用房物业收费标准，建立市场调节价的合理调价机制。物业企业和业主根据人工、材料、能源等价格变化情况及时合理调整收费标准。

二、启动修订《北京市物业管理示范项目考评标准及评分细则》(京建发〔2010〕507号)

明确示范项目考评定位，弱化硬件，强化服务考评，使考评标准回归本源。2014年度全国和北京市物业管理示范项目考评与往年相比有五点不同：1. 增加了其他非住宅项目；2. 降低了参评项目的建筑面积和入住率；3. 规定物业服务企业对申报项目须实施物业管理一年以上；4. 增加了电梯及消防系统现场考评测试内容；5. 对电梯、消防和有限空间作业实施了一票否决制。评分标准修改后，对考评专家和参评企业开展了相应的培训。

三、修改《北京市物业服务企业信用信息管理办法》(京建发〔2010〕658号)

进一步强化信用管理手段，完善信用采集和信息运用，发挥信用信息在市场活动中的作用。在征求相关部门意见的基础上，初步梳理了658号文件实施三年以来的问题：1. 对658号文件修改的思路和方向，需要予以评估并确定文件名称；2. 明确项目负责人岗位职责及履责要求；3. 着重在信用信息的采集发布以及使用的章节进行修改；4. 建立项目负责人信息档案，记录职（执）业的从业经历，并逐步覆盖注册物业管理师、房屋安全员、设备安全员和部门以上管理人员的职（执）业信息；5. 完善市、区县建委、房管局的违规追查机制；6. 协助北京物协建立企业和人员的信用排名制度；7. 建立信用信息与我委相关监管系统和工商、税务、财政等行政部门联合监管的机制；8. 同步落实配套制度的实施工作，如动态监管系统的功能设计与使用的完善事项。

第三节　物业服务监管

一、组织专项检查，强化企业监管

一是贯彻落实《关于做好元旦、春节期间物业服务和烟花爆竹安全管理工作的通知》(京建发〔2013〕586号)。会同区县在春节前检查了21个项目，发现6个项目存在消防隐患、电梯故障、地下室出租等问题；二是组织做好收支公示检查，对70个未按期填报收支报告的项目所涉及的59家物业企业进行曝光；三是对市级挂账违法群租房治理的50个重点社区涉及的77个物业项目进行了检查，发现3个项目未按规定报告违法群租问题，13个项目存在违法建设未报告，15个项目存在防汛物资品种不齐或数量不足的情况。督促物业服务企业履行责任。上述企业均已提交了整改报告，下一步还将对这些项目的整改情况进行复查。

二、抓好防汛工作，确保物业管理区域平安度汛

2014年5月19日印发了《关于做好汛期物业管理服务工作的通知》(京建发〔2014〕169号)。5月20日，通过物业管理动态监管系统短信平台通知物业企业法人、项目负责人

登录北京市住建委官网查询相关内容；会同市物业管理行业协会和物业服务评估监理协会组织编印《北京市实施物业管理区域防汛指导手册》，累计向区县、街乡以及物业服务企业发放23000册，并在北京市住建委官网上提供电子版全文下载；组织全市物业企业安全度汛培训工作，内容包括物业区域防汛、物业区域安全生产、专项维修资金应急支取等；对“7·21”受灾严重的房山区碧桂园、加州水郡、瑞雪春堂等小区进行了专项检查。

三、建立部门间协查联动机制

一是建立协查机制。将我委检查中发现的消防、电梯等问题移转消防局、质监局处理，进一步提升检查效力，分担安全生产风险；二是会同消防、质监、安监等部门对重点项目进行联合检查，由各部门对存在的问题分别执法；三是向市政府采购中心通报物业企业的违法违规行为，纳入其招标评分系统，提升执法和信用信息的效力。

四、开展安全生产培训

2014年上半年，物业服务指导中心委托北京物业管理行业协会，组织了4次安全生产专题培训，对1300余名物业项目负责人进行了消防、电梯、有限空间以及“安全生产一岗双责”等内容的培训，强化了安全生产的责任意识，得到了行业的普遍认可。

第四节　物业服务评估监理

一、培育物业服务评估监理机构

截至2014年年底，全市有备案物业服务评估监理机构49家。物业管理行业专家417人，2014年完成评估业务271个，其中物业服务费用评估项目222个；物业服务质量评估项目10个；物业项目承接查验评估项目39个。物业服务费用评估面积为2738万平方米，其中住宅2122万平方米，平均物业费为3.66元。

二、加强培训指导，规范物业服务评估监理企业行为

2014年4月组织了两期物业管理行业专家新建项目承接查验工作培训，重点对专家职业操守、相关法律法规及新建项目承接查验评估进行讲解；5月对“北京市前期物业管理项目综合管理平台”、评估机构板块使用、评估机构日常业务注意事项及风险点进行培训。进一步完善了物业服务评估监理机构业务管理的网络系统，从技术上控制和减少开发建设单位申报项目和评估机构填写报告摘要出现的差错率。

第五节　商品住宅专项维修资金管理

截至2014年年底，全市累计归集住宅专项维修资金391.96亿元、304.2万套，其中本年度归集资金28.37亿元、21.8万套（见表10－3）。累计2541个小区使用住宅专项维修资金14.63亿元，由于早期开发的住宅陆续进入维修期，本年度使用资金6.85亿元、比上年增加3亿元，同比增长78%。累计有255个小区将专项维修资金划转至业主委员会开户银行，涉及资金23.87亿元、18.3万套，本年度划转资金1.38亿元、同比减少6.7%。

表10－3　2000—2014年住宅专项维修资金归集金额统计

单位：亿元

年份	2000	2001	2002	2003	2004	2005	2006	2007	2008	2009	2010	2011	2012	2013	2014	合计
金额	2.29	3.7	7.77	11.87	17.72	43.18	33.92	34.26	30.66	37.08	48.6	32.26	29.09	33.08	28.37	391.96

注：本市自2000年2月13日开始对1999年1月1日以后售出的新建商品住宅（含经济适用住房）归集专项维修资金。归集金额均以2000年至2014年实际归集到"北京市住宅专项维修资金专用银行账户"的金额统计。

第六节　市级示范物业服务项目评选

经物业服务企业申报、专家评审等环节，全市共有87个项目获星级项目称号，其中五星级项目12个，包括住宅项目2个，大厦项目10个（见表10－4），四星级项目75个，其中住宅44个，大厦30个，其他（学校）1个。

表10－4　北京市物业管理示范项目（五星级）

一、五星级住宅小区		
1	北京中海紫御公馆	北京中海物业管理有限公司
2	国奥村	长城物业集团股份有限公司
二、五星级大厦		
1	中国石油大厦	中油阳光物业管理有限公司
2	外经贸大厦	北京银达物业管理有限公司
3	金亚光大厦办公楼	北京华服物业管理有限责任公司

续表 10－4

4	国家开发银行开行大厦	北京中际北视物业管理有限公司
5	宝钢大厦	第一太平戴维斯物业顾问（北京）有限公司
6	中国科学技术馆	北京科住物业管理有限公司
7	北方地产大厦	北京北方阳光物业管理有限公司
8	中国兵器装备研究院科研办公楼	中海实业公司
9	百度大厦	北京安信行物业管理有限公司
10	中国科学院对地观测与数字地球科学中心	北京科住物业管理有限公司

第七节　推动物业管理区域自用充电设施建设

2014 年 7 月，北京市住建委、市发改委、市科委、市民防局等联合发布《关于推进物业管理区域新能源小客车自用充电设施安装的通知》（京建发〔2014〕238 号），要求物业服务单位应积极支持和配合新能源小客车自用充电设施的安装，且不允许借机向车主收取任何费用。在安装过程中，物业需要配合完成四类事项：1. 物业要指定专人配合新能源小客车生产企业和属地供电公司勘察安装现场；2. 物业要提供相关图纸或指认停车区域内电源位置及暗埋管线的走向；3. 物业要配合安装单位进行充电桩的现场施工建设安装；4. 物业要配合办理用电变更手续。对于不配合安装自用充电设施的物业服务企业，或在安装过程中，发现有对购车人和安装单位收取额外费用的情况，由各区县住房城乡建设委、房屋管理局责令物业服务企业改正，并可依照《北京市物业服务企业信用信息管理办法》规定，对物业服务企业和项目负责人分别记扣 1 分。情节严重的企业，还将予以公开曝光处理。

通知出台后，为保证充电设施安装顺利进行，物业服务指导中心组织对 17 个区县物业科（小区办）进行了专题培训、部署。对物业企业组织了 13 场专题培训。此外，还配套建设了电动汽车充电设施配建的示范，东城、西城、朝阳、海淀、丰台、石景山六个城区分别在住宅区、商场、写字楼等建设了快充、慢充示范点，起到很好的示范效果。

第十一章
房地产权属登记

北京市房地产年鉴 2015

第一节 土地权属登记

一、2014年城镇国有土地使用权登记情况

2014年，全市城镇国有土地使用权初始登记发证1228宗，发证面积2675万平方米；变更登记发证5587宗，发证面积3199.08万平方米；注销登记71宗，注销宗地面积226.55万平方米（见表11－1）。

表11－1 2014年北京市城镇国有土地使用权登记发证统计

项目	合计	
	宗数（宗）	面积（万平方米）
甲	1	2
累计	6815	5874.08
东城区	471	41.22
西城区	390	40.57
朝阳区	2641	596.46
丰台区	515	544.46
石景山区	150	74.28
海淀区	824	456.21
门头沟区	87	167.64
房山区	211	580.89
通州区	289	583.53
顺义区	409	658.31
昌平区	194	555.94
大兴区	243	667.88
怀柔区	74	212.96
平谷区	114	211.22
密云县	107	179.36
延庆县	49	95.28
北京经济技术开发区	47	207.87

二、2014 年城镇国有土地使用权抵押权登记情况

2014 年，全市抵押土地 5782 宗（含小业主抵押 2904 宗），抵押土地面积为 6619.196 万平方米，土地抵押贷款额为 88810552.25 万元。主要抵押土地类别集中在住宅用地、商服用地和政府储备用地上。年内全市共注销抵押土地 5150 宗，注销抵押面积为 5499.84 万平方米，注销抵押贷款为 45881342.01 万元（见表 11－2）。

表 11－2　2014 年北京市城镇国有土地使用权抵押权登记发证统计

项目	合计		
	宗数（宗）	抵押面积（万平方米）	贷款金额（万元）
甲	1	2	3
累计	5782	6619.196	88810552.25
东城区	338	65.57	8310151.16
西城区	203	32.718	4037235.42
朝阳区	2145	1135.954	29193743.92
丰台区	451	241.613	5773497.77
石景山区	98	184.427	1599001.25
海淀区	703	323.604	10393628.44
门头沟区	43	193.582	1583453.53
房山区	101	244.754	1948617.96
通州区	338	1082.548	7608872.38
顺义区	287	776.776	4169980.84
昌平区	199	504.97	4767614.24
大兴区	224	485.49	3513721.01
怀柔区	113	205.723	1118409.86
平谷区	111	396.878	1628260.79
密云县	190	201.254	539419
延庆县	50	131.044	138388.05
北京经济技术开发区	188	412.291	2486556.63

三、历年城镇国有土地使用权登记情况

截至 2014 年年底，全市共累计办理国有土地使用权登记 217321 宗，累计登记土地面积 236968.314 万平方米。其中 2014 年办理国有土地使用权登记 6815 宗，土地面积 5874.08 万平方米（见表 11－3）。

表 11－3　1993—2014 年北京市国有土地使用权登记发证情况

年份	件数	面积（万平方米）	累计发证件数	累计发证面积（万平方米）
1993	583	827.57	653	838.39
1994	796	1363.22	1449	2201.61
1995	944	1629.21	2393	3830.82
1996	1537	2632.16	3930	6402.98
1997	2215	4559.95	6145	10962.93
1998	3802	14157.76	9947	25120.69
1999	7862	11250.36	17809	36371.05
2000	5108	8131.83	22917	44502.88
2001	7350	13494.63	30267	57997.51
2002	8180	9448.07	38447	67445.58
2003	11396	19868.16	49843	87313.74
2004	17201	10794.05	67044	98107.79
2005	17292	8924.16	84336	107031.95
2006	27854	53982.67	112190	161014.62
2007	19789	10543.95	131979	171558.57
2008	15873	12363.68	147852	183922.25
2009	19373	13750.8	167225	197673.05
2010	14722	9145.85	181947	206818.9
2011	12170	10248.88	194117	217067.78
2012	7782	7795.52	201899	224863.3
2013	8607	6230.961	210506	231094.261
2014	6815	5874.08	217321	236968.314

四、历年城镇国有土地使用权抵押权登记情况

2014 年办理抵押权登记 5782 宗，比上年减少 8.87%，抵押面积 6619.196 万平方米，比上年减少 14.29%，抵押金额 88810552.25 万元，比上年增加 21.57%（见表 11－4）。

表 11－4　1999—2014 年北京市国有土地使用权抵押权登记情况

年份	宗数	面积（万平方米）	抵押额（万元）
1999	889	948.19	1636780.54
2000	794	783.83	1569197.64
2001	1457	2913.11	3144433.55
2002	2141	2686.97	4953896.22
2003	3874	4344.28	17027192.52
2004	13178	5635.03	10234732.98

续表 11－4

年份	宗数	面积（万平方米）	抵押额（万元）
2005	6901	6335.94	13359914.3
2006	8174	51781.22	17728988.51
2007	9726	6635.89	30046700.24
2008	7626	6004.84	21565014.53
2009	6994	12159.79	48972131.41
2010	9232	7056.63	45691814.53
2011	6058	7405.64	53637971.64
2012	5476	6918.63	50352108.12
2013	6345	7723.071	73054780.36
2014	5782	6619.196	88810552.25

第二节　房屋登记

一、全市国有土地上各类房屋登记总体情况

2014 年全市共办结房屋登记 80.9 万件，同比下降 5.7%，登记面积 2.1 亿平方米，同比下降 3.1%。其中转移登记 38.5 万件，占 47.7%，登记面积 4010 万平方米，占 18.8%。抵押登记 36 万件，占 44.5%，登记面积 1 亿平方米，占 47.9%。

表 11－5　2014 年度各类房屋登记件数及面积情况

登记种类		登记件数（件）	建筑面积（万平方米）	件数占比（%）	面积占比（%）
所有权登记	初始登记	3401	3750.12	0.42	17.57
	转移登记	385494	4010.16	47.68	18.79
	变更登记	21317	1081.95	2.64	5.07
	注销登记	770	35.88	0.10	0.17
抵押权登记		359695	10228.65	44.48	47.92
预告登记		1930	28.75	0.24	0.13
更正登记		3999	118.50	0.49	0.56
异议登记		864	9.64	0.11	0.05
补证换证登记		10475	347.21	1.30	1.63
限制登记		20639	1732.44	2.55	8.12
合计		808584	21343.30	100.00	100.00

二、国有土地上房屋所有权登记概况

2014年，全市共办理房屋所有权登记410982件，登记面积8878.11万平方米。2014年各区县住房城乡建设委（房管局）办理房屋所有权登记数量统计情况见表11－6。

表11－6 2014年度各区县房屋所有权登记情况统计

区县	件数（件）	建筑面积（万平方米）
东城区	13371	256.31
西城区	20941	285.97
朝阳区	110187	1874.18
海淀区	44880	797.34
丰台区	37900	651.19
石景山区	11433	186.83
门头沟区	3627	101.99
房山区	25466	462.35
通州区	25185	762.37
顺义区	16682	512.19
大兴区	46357	1201.00
昌平区	30820	769.61
平谷区	1645	101.55
怀柔区	5424	159.54
密云县	8392	270.44
延庆县	3178	75.99
北京经济技术开发区	5494	409.26
合计	410982	8878.11

（一）房屋所有权初始登记情况

2014年，全市共办理房屋所有权初始登记3401件，登记面积3750.12万平方米。2014年各区县住房城乡建设委（房管局）办理房屋所有权初始登记数量统计情况见表11－7。

表11－7 2014年度各区县房屋所有权初始登记情况统计

区县	件数（件）	建筑面积（万平方米）
东城区	26	47.34
西城区	25	70.44
朝阳区	847	557.01
海淀区	97	198.70
丰台区	261	225.09
石景山区	56	77.80
门头沟区	38	56.08

续表 11－7

区县	件数（件）	建筑面积（万平方米）
房山区	269	215.93
通州区	511	400.78
顺义区	94	284.70
大兴区	428	716.67
昌平区	416	327.06
平谷区	84	66.52
怀柔区	111	63.34
密云县	56	116.57
延庆县	28	20.46
北京经济技术开发区	54	305.63
合计	3401	3750.12

（二）房屋所有权转移登记情况

2014年，全市共办理房屋所有权转移登记385494件，登记面积4010.16万平方米。2014年各区县住房城乡建设委（房管局）办理房屋所有权转移登记数量统计情况见表11－8。

表11－8 2014年度各区县房屋所有权转移登记情况统计

区县	件数（件）	建筑面积（万平方米）
东城区	12383	136.64
西城区	19822	183.99
朝阳区	100350	940.61
海淀区	41611	441.51
丰台区	36108	347.92
石景山区	10698	94.65
门头沟区	3429	29.73
房山区	24501	227.91
通州区	23525	280.45
顺义区	16306	202.63
大兴区	45028	433.32
昌平区	29203	376.94
平谷区	1402	17.67
怀柔区	5166	84.57
密云县	7979	106.96
延庆县	2765	34.91
北京经济技术开发区	5218	69.74
合计	385494	4010.16

（三）房屋所有权变更登记情况

2014年，全市共办理房屋所有权变更登记21317件，登记面积1081.95万平方米。2014年各区县住房城乡建设委（房管局）办理房屋所有权变更登记数量统计情况见表11-9。

表11-9 2014年度各区县房屋所有权变更登记情况统计

区县	件数（件）	建筑面积（万平方米）
东城区	939	71.85
西城区	1077	31.42
朝阳区	8898	368.98
海淀区	3074	148.63
丰台区	1474	77.61
石景山区	656	14.21
门头沟区	137	14.43
房山区	446	15.41
通州区	1128	78.35
顺义区	270	24.68
大兴区	825	45.33
昌平区	1158	64.32
平谷区	154	16.79
怀柔区	130	10.87
密云县	350	46.66
延庆县	384	20.61
北京经济技术开发区	217	31.80
合计	21317	1081.95

三、国有土地上房屋抵押权登记情况

2014年，全市共办理房屋抵押权登记359695件，登记面积10228.65万平方米。2014年各区县住房城乡建设委（房管局）办理房屋抵押权登记数量统计情况见表11-10。

表11-10 2014年度各区县房屋抵押权登记情况统计

区县	件数（件）	建筑面积（万平方米）
东城区	12385	596.29
西城区	15523	514.74
朝阳区	95115	2571.32
海淀区	40948	1240.54
丰台区	37929	714.48
石景山区	10715	168.17
门头沟区	2585	60.11

续表 11－10

区县	件数（件）	建筑面积（万平方米）
房山区	18238	376.34
通州区	25055	778.12
顺义区	16645	549.25
大兴区	26827	632.33
昌平区	32287	738.81
平谷区	3106	176.62
怀柔区	5126	183.19
密云县	8187	211.26
延庆县	4474	103.72
北京经济技术开发区	4550	613.36
合计	359695	10228.65

四、国有土地上房屋预告登记情况

2014 年，全市共办理房屋预告登记 1930 件，登记面积 28.75 万平方米。2014 年各区县住房城乡建设委（房管局）办理房屋预告登记数量统计情况见表 11－11。

表 11－11 2014 年度各区县房屋预告登记情况统计

区县	件数（件）	建筑面积（万平方米）
东城区	12	0.10
西城区	9	1.40
朝阳区	465	6.19
海淀区	18	3.10
丰台区	0	0.00
石景山区	54	0.57
门头沟区	73	1.02
房山区	351	3.78
通州区	239	2.18
顺义区	73	2.69
大兴区	370	3.39
昌平区	232	3.94
平谷区	0	0.00
怀柔区	1	0.03
密云县	12	0.13
延庆县	0	0.00
北京经济技术开发区	21	0.21
合计	1930	28.75

五、国有土地上房屋更正登记情况

2014年，全市共办理房屋更正登记3999件，登记面积118.50万平方米。2014年各区县住房城乡建设委（房管局）办理房屋更正登记数量统计情况见表11-12。

表11-12　2014年度各区县房屋更正登记情况统计

区县	件数（件）	建筑面积（万平方米）
东城区	145	2.09
西城区	305	8.27
朝阳区	810	27.10
海淀区	520	11.84
丰台区	648	8.90
石景山区	79	0.73
门头沟区	35	0.26
房山区	200	5.02
通州区	119	16.67
顺义区	23	2.73
大兴区	307	10.21
昌平区	715	18.13
平谷区	10	0.15
怀柔区	30	1.63
密云县	34	3.78
延庆县	9	0.82
北京经济技术开发区	10	0.17
合计	3999	118.50

六、国有土地上房屋异议登记情况

2014年，全市共办理房屋异议登记864件，登记面积9.64万平方米。2014年各区县住房城乡建设委（房管局）办理房屋异议登记数量统计情况见表11-13。

表11-13　2014年度各区县房屋异议登记情况统计

区县	件数（件）	建筑面积（万平方米）
东城区	50	0.44
西城区	43	0.43
朝阳区	189	1.73
海淀区	121	1.08
丰台区	85	0.77
石景山区	31	0.27
门头沟区	13	0.11

续表 11－13

区县	件数（件）	建筑面积（万平方米）
房山区	16	0.17
通州区	53	0.53
顺义区	32	0.35
大兴区	84	2.05
昌平区	101	1.21
平谷区	10	0.08
怀柔区	7	0.06
密云县	4	0.04
延庆县	6	0.05
北京经济技术开发区	19	0.28
合计	864	9.64

第十二章
房屋安全管理

北京市房地产年鉴 2015

第一节　城镇房屋和设备安全检查

依据《关于开展2015年度城镇房屋安全检查工作的通知》（京建发〔2014〕413号）及《北京市房屋建筑使用安全管理办法》（北京市政府229号令）、《北京市城镇房屋建筑使用安全综合治理办法》（京政发〔2010〕17号）、《城市危险房屋管理规定》（建设部129号令），为掌握本市城镇房屋安全状况，及时发现和解除危险隐患，合理制订城镇房屋修缮和改造计划，保障房屋住用安全，市住房城乡建设委于2014年10月30日召开了2015年度城镇房屋安全检查工作会。各区县住建委、房管局及各管房单位按市住房城乡建设委统一部署，组织实施城镇房屋安全检查。

一、房屋安全检查总量及其完损状况分析

从2014年11月至2015年2月，实查城镇房屋53024万平方米，为应查（不包括军产、外事用房及厂矿工业用房等）58975万平方米的89.91%，各区县查房数量详见图12－1（图中所标数值为应查房数）。

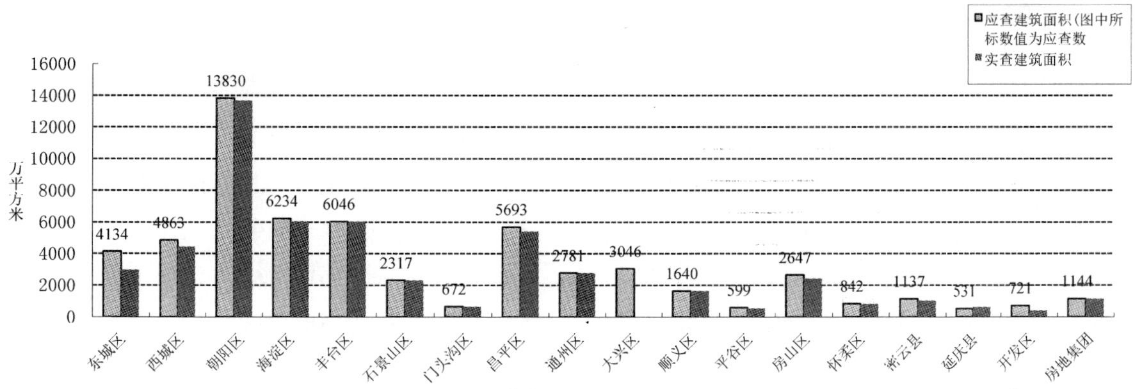

图12－1　2015年度城镇房屋安全检查中各区县应查和实查建筑面积

在实查城镇房屋53024万平方米中，查出疑似危险房屋（未鉴定，以下同）7.07万平方米，占实查房的0.01%；严重破损房屋317万平方米，占实查房屋的0.6%；一般破损房屋1729万平方米，占实查房屋的3.26%。按房屋类型划分：疑似危险平房4.97万平方米，占疑似危险房屋总量7.07万平方米的70.30%；严重破损平房（含中式旧楼）194万平方米，占严重破损房屋总量317万平方米的61.20%；一般破损平房（含中式旧楼）336万平方米，占一般破损房屋总量1729万平方米的19.43%。疑似危险楼房2.1万平方米，占疑似危险房屋总量7.07万平方米的29.70%；严重破损楼房123万平方米，占严重破损房屋总量317万平方米的38.80%；一般破损楼房1393万平方米，占一般破损房屋总量1729万平方米的80.57%。按房屋区域划分：东城区和西城区查出疑似危险房屋0.5万平方米，占疑似危险房屋总量7.07万平方米的7.07%；东西城严重破损房屋156万平方米，占严重

破损房屋总量317万平方米的49.21%；东西城一般破损房屋553万平方米，占一般破损房屋总量1729万平方米的31.98%（详见表12－1）。

表12－1　2015年城镇房屋完损状况分析

		应查房屋建筑面积（万平方米）	实查房屋建筑面积												危旧房小计（三四五类）		危破房小计（四五类）	
			合计		完好房屋		基本完好房		一般破损房		严重破损房		疑似危险房					
			万平方米	占应查%	万平方米	占实查%	万平方米	占实查%	万平方米	占实查%	万平方米	占实查%	万平方米	占实查%	万平方米	占实查%	万平方米	占实查%
合计		58975	53024	89.91	41753	78.74	9218	17.38	1729	3.26	317	0.60	7.07	0.013	2053	3.87	324	0.61
按房屋类型分	楼房	56310	51022	90.61	41021	80.40	8483	16.63	1393	2.73	123	0.24	2.10	0.004	1518	2.98	125	0.25
	平房（含中式旧楼）	2665	2002	75.10	732	36.58	735	36.71	336	16.78	194	9.70	4.97	0.230	535	26.71	199	9.93
按区域分	东城西城	8997	7395	82.20	4753	64.27	1933	26.14	553	7.48	156	2.11	0.50	0.007	709	9.59	157	2.12
	朝海丰石	28426	28114	98.90	22935	81.58	4719	16.79	368	1.31	86	0.31	5.68	0.019	460	1.64	92	0.33
	其他区县	20408	16371	80.22	13839	84.53	1953	11.93	547	3.34	31	0.19	0.89	0.005	579	3.54	32	0.20
	房地集团	1144	1144	100	226	19.75	613	53.61	261	22.85	43	3.79			305	26.65	43	3.79

二、直管房屋安全检查分析

直管房屋安全检查从2014年11月15日开始至2015年2月10日结束，历时87天。共组织了303个查房小组，1159人参加查房，动员工日3.6万个，人均实际投入查房31天。实查直管房1893.24万平方米，占应查房屋2001.99万平方米的94.57%。其中：实查平房331.12万平方米（包括中式旧楼9.06万平方米），占实查直管房总量1893.24万平方米的17.49%；实查楼房1562.12万平方米，占实查直管房总量的82.51%。

（一）直管房屋完损状况（见图12－2）

1. 直管房屋完好率（完好房和基本完好房）所占的比例由上年的72.63%上升为73.31%，上升0.68个百分点，其中：平房完好率（包括中式旧楼，以下同）由上年的45.53%上升为46.79%，上升1.26个百分点；楼房完好率由上年的78.39%上升为78.93%，上升0.54个百分点。

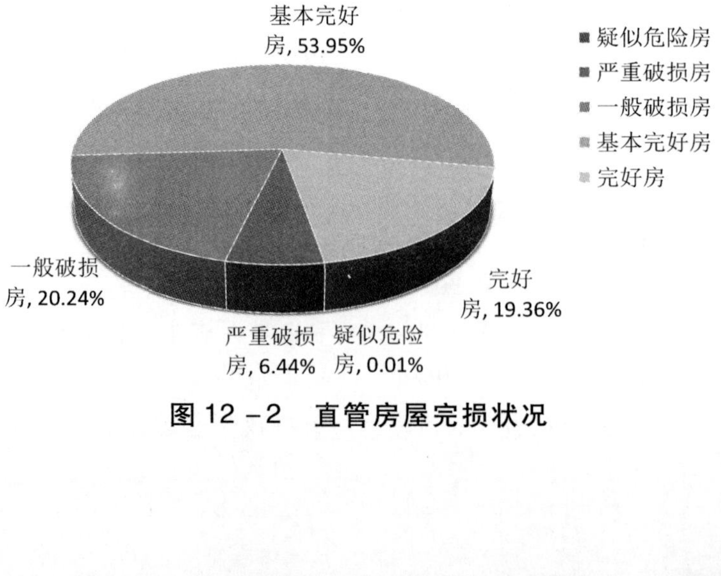

图12－2　直管房屋完损状况

2. 直管一般破损房所占的比例由上年的20.14%上升为20.24%，上升0.1个百分点。其中：一般破损平房由上年的29.95%下降为29.76%，下降0.19个百分点；一般破损楼房由上年的18.05%上升为18.22%，上升0.17个百分点。

3. 直管严重破损和疑似危险房屋所占比例由上年的7.23%下降为6.45%，下降0.78个百分点。其中：平房由上年的24.52%下降为23.44%，下降1.08个百分点；楼房由上年的3.55%下降为2.85%，下降0.7个百分点。

（二）直管房屋应修缮情况

实查直管平房22.56万间（包括中式旧楼0.71万间），实查直管楼房4632幢24.31万套、1562.12万平方米（见表12－2）。

表12－2　直管房屋中查出的应修缮项目

平房：间

楼房：万平方米

	平房应修缮						楼房应修缮				
	翻挑大修	木结构加固	墙体整修	屋面维修	改善项目	解除院落积水（米）	综合维修	屋面大修	上下水更新	整楼外墙板缝漏雨或外立面粉饰	屋面维修
数量	39473	727	5247	86224	2890	264	26.30	40.78	93.95	16.35	7.79
占总量%	17.50	0.32	2.33	38.22	1.28	—	1.68	2.61	6.01	1.05	0.50

三、物业和单位自管房屋安全检查分析

（一）实查物业和单位自管房50798万平方米，占应查面积56592万平方米的89.76%。其中：完好和基本完好房占97.33%，比上年下降0.13个百分点；一般破损房占2.44%，比上年上升0.19个百分点；严重破损及疑似危险房占0.23%，比上年下降0.06个百分点（见图12－3）。

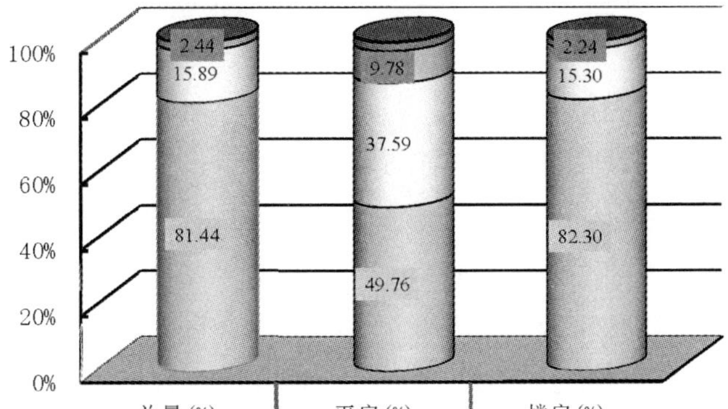

	总量(%)	平房(%)	楼房(%)
疑似危险房	0.01	0.31	0.004
严重破损房	0.22	2.55	0.16
一般破损房	2.44	9.78	2.24
基本完好房	15.89	37.59	15.30
完好房	81.44	49.76	82.30

图12－3　物业和单位自管房屋完损状态

（二）查出物业和单位自管平房应修10228间，占实查平房42.21万间的2.42%。主要修缮项目：1. 应挑翻大修1966间；2. 木结构应加固682间；3. 平房屋面应补漏6437间；4. 应墙体整修471间；5. 房屋严重阴暗、潮湿、掉土，急需做顶棚、地面、改装修672间。

（三）查出物业和单位自管楼房应修3600.05万平方米，占实查楼房建筑面积50798万平方米的7.09%。主要修缮项目：1. 楼房应综合维修204.85万平方米；2. 整幢楼外墙板缝漏雨应修76.89万平方米；3. 外立面应粉饰120.02万平方米；4. 楼房屋面应大修及维修2709.52万平方米；5. 上下水应更新307.91万平方米；6. 楼内墙公共部分应粉刷180.86万平方米。

四、城镇私有平房安全检查分析

实查城镇私有平房22.06万间，占应查25.50万间的86.51%，其中87.14%为自住私有平房（见图12－4）。

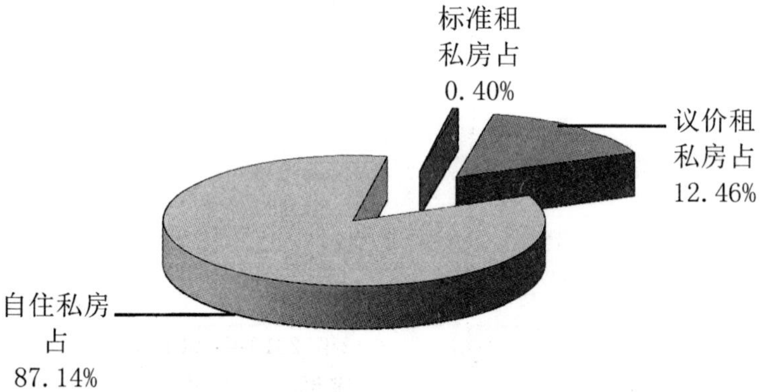

图12－4 城镇私有平房按产别分类

（一）标准租出租私房：实查标准租私房1.36万平方米，占应查1.38万平方米的98.55%，其中：完好和基本完好房占6.26%，一般破损房占56.01%，严重破损房占36.99%，疑似危房占0.74%。查出应修标准租私房110间，占实查876间的12.56%。主要修缮项目：1. 应翻挑大修59间，占实查间数的6.74%；2. 木结构应抢修加固19间，占实查间数的2.17%；3. 应墙体整修14间，占实查间数的1.6%；4. 严重漏雨18间，占实查间数的2.05%。

（二）自住私房及议价租私房（未规定评定房屋完损等级）：共实查21.97万间，占应查25.41万间的86.46%。查出应修自住私房及议价租私房19566间，占实查21.97万间的8.91%。主要修缮项目：1. 应翻挑大修15772间，占实查间数的7.18%；2. 木结构应抢修加固270间，占实查间数的0.12%；3. 应墙体整修1207间，占实查间数的0.55%；4. 严重漏雨2317间，占实查间数的1.05%。

五、房屋设备检查总量分析

（一）2015年检查电梯58383部，电梯检查率为93.69%，比上年下降5.15个百分点。其中检查直管房屋电梯561部，检查率为89.9%；检查物业管理电梯44190部，检查率为92.9%；检查自管房电梯13632部，检查率为96.52%。

（二）2015年检查高层二次供水水泵30286台，检查率为95.14%，比上年下降3.33个百分点。其中直管房屋高层二次供水水泵416台，检查率为84.55%；物业管理高层二次供水水泵19954台，检查率为95.27%；自管房高层二次供水水泵9916台，检查率为95.38%。

（三）2015年检查避雷装置122524个系统，检查率为93.35%，比上年下降5.64个百分点。其中直管房屋2072个系统，检查率为87.35%；物业管理检查避雷装置91395个系统，检查率为92.31%；自管房单位检查避雷装置29057个系统，检查率为97.3%（见图12-5）。

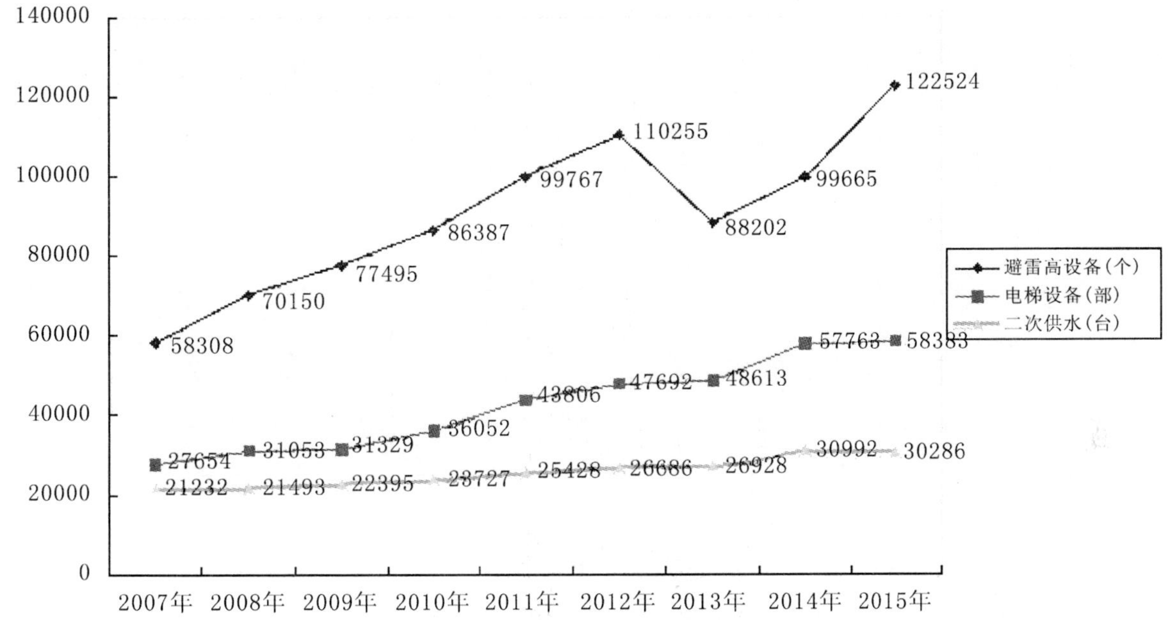

图12-5　2007—2015年房屋设备检查数量分析

六、房屋设备完好状况分析（详见表12-3）

表12-3　2015年城镇房屋设备完好状况

		应查	实查							
			合计		完好		一般		较差	
			数量	占应查%	数量	占实查%	数量	占实查%	数量	占实查%
甲		1	2	3=2/1	4	5=4/2	6	7=6/2	8	9=8/2
合计	电梯设备（部）	62317	58383	93.69	52566	90.04	4660	7.98	1157	1.98
	二次供水（台）	31832	30286	95.14	27337	90.26	2611	8.62	338	1.12
	避雷设备（个）	131246	122524	93.35	116727	95.27	5247	4.28	550	0.45
直管	电梯设备（部）	624	561	89.90	449	80.04	61	10.87	51	9.09
	二次供水（台）	492	416	84.55	302	72.60	58	13.94	56	13.46
	避雷设备（个）	2372	2072	87.35	1850	89.29	171	8.25	51	2.46
自管和物业	电梯设备（部）	61693	57822	93.73	52117	90.13	4599	7.95	1106	1.91
	二次供水（台）	31340	29870	95.31	27035	90.51	2553	8.55	282	0.94
	避雷设备（个）	128874	120452	93.46	114877	95.37	5076	4.21	499	0.41

（一）电梯设备完好状况：检查电梯58383部，其中完好电梯52566部，完好率90.04%，比上年下降0.16个百分点；电梯状况一般的4660部，占7.98%，比上年上升0.33个百分点；电梯状况较差的1157部，占1.98%，比上年下降0.17个百分点。

1. 直管电梯设备完好率80.04%，比上年79.15%上升0.89个百分点（见图12－6）。

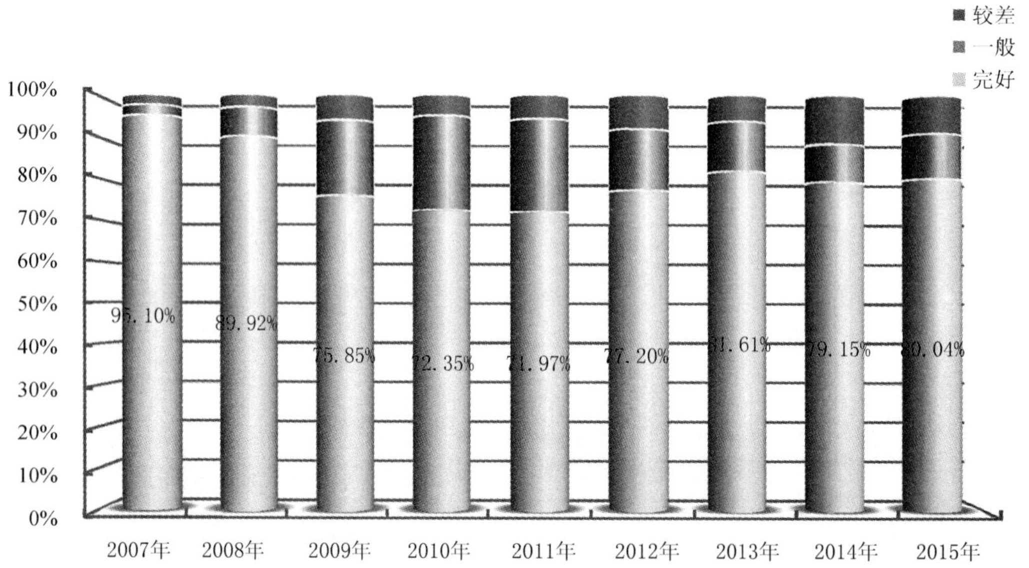

图12－6　2007—2015年直管电梯完好状况分析

2. 今年自管房和物业管理电梯设备完好率分别为87.46%和90.96%，均与上年基本持平。

（二）二次供水设备完好状况：检查二次供水设备30286台，其中供水设备完好的27337台，完好率为90.26%，比上年下降0.66个百分点；供水设备状况一般的2611台，占8.62%，比上年上升0.64个百分点；供水设备状况较差的338台，占1.12%，比上年上升0.01个百分点。

（三）避雷设备完好状况：检查避雷设备122524个系统，其中避雷完好的116727个系统，完好率为95.27%，比上年上升0.53个百分点；避雷设备状况一般的5247个系统，占4.28%，比上年下降0.38个百分点；避雷设备状况较差的550个系统，占0.45%，比上年下降0.15个百分点。

第二节　城镇房屋防汛

一、扎实做好城镇房屋防汛工作

按照市防汛指挥部的总体要求，坚持“以人为本、安全第一”的指导思想，认真筹划部署，科学组织实施，跟踪检查督促，使2014年的房屋防汛工作得到了有效落实。

（一）加强组织领导认真做好汛前的准备工作

1. 认真组织检查及时发现和解除城镇房屋安全隐患，减轻汛期工作压力。

按照《城市危险房屋管理规定》（建设部129号令），北京市住建委从2013年11月至2014年3月，利用4个月的时间，组织城镇房屋安全检查。共检查房屋5.38亿平方米，占应查5.67亿平方米的94.86%，比上年增加2900万平方米。依据建设部《房屋完损等级评定标准》，检查中发现：一般破损1654.74万平方米，占3.08%，比上年增加160.67万平方米；严重破损房367.71万平方米，占0.68%，比上年增加30.73万平方米；疑似危险房0.94万平方米，比上年增加0.03万平方米。其中：旧城区严重破损和危房181.36万平方米，比上年减少11.34万平方米。针对检查出的0.94万平方米的危险房，北京市住建委于上汛前分别向存在危险房屋的西城、石景山、通州区人民政府发函，要求组织落实房屋安全责任，采取措施，保障汛期房屋安全。

2. 加强组织机构建设，形成上下联动机制，确保汛期指挥顺畅，促进工作有效落实。

按照市防汛指挥部的工作部署和要求，4月初北京市住建委成立了防汛指挥部。杨斌主任为总指挥，各区县建委（房管局）主任（局长）为指挥部成员。各区县建委（房管局）及管房单位也成立了相应防汛指挥机构。5月中旬，市防汛指挥部按市政府组成部门职能、组建7个防汛分指挥部，明确了分指挥部工作职责。北京市住建委作为第四分指牵头单位与区县形成合力开展了建筑施工、城镇房屋和人防工程等方面的防汛工作。

3. 认真把调研的情况形成解决问题落实责任的抓手，确保防汛目标的实现。

一是4月上旬北京市住建委制定印发了《2014年北京市城镇房屋防汛工作要点》（京建发〔2014〕132号）下发区县及管房单位，明确了2014年城镇房屋防汛工作责任、重点、制度和相关要求。

二是4月中旬北京市住建委组织召开了防汛应急工作研讨会。委直属抢险队领导参加会议。会议通报了2014年以来的防汛准备和落实工作情况，就如何做好下一步防汛应急工作进行了研究和部署。

三是5月上旬北京市住建委转发《住房和城乡建设部关于组织开展全国老楼危楼安全排查工作的通知》（京建发〔2014〕140号），6月中旬，北京市住建委分组到区县督察指导。此次共排查5.09亿平方米的楼房，其中发现疑似存在安全隐患的房屋624栋、145.06万平方米，包括简易住宅楼121栋、9.81万平方米。经房屋安全鉴定确认为危险房屋366栋、99.19万平方米。截至2014年年底已解危112栋、27.75万平方米。正在解危中19栋、5.36万平方米。未解危235栋、66.08万平方米。8月4日，北京市住建委专题向建设部、市政府、市防汛办报告，建议列入专项资金解决，缓解汛期房屋安全管理压力。

四是5月12日国家防震减灾日，北京市住建委组织委直属的建工集团、城建集团、地铁集团3支抢险队进行防汛抢险演习。北京新闻媒体进行了宣传报道。

五是5月22日在北京龙泉宾馆召开全市2014年城镇房屋防汛动员会，各区县建委、房管局、房屋管理单位参加了会议。

4. 强化职责意识主动对涉及房屋防汛工作情况进行跟踪督促，保证工作落实。

2014年以来，市人大代表建议、政协委员提案及居民投诉涉及房屋安全的问题少于上年。北京市住建委对涉及房屋安全的问题十分重视，及时组织有关单位认真复核，提出解决意见并督促落实。

一是4月4日浙江省奉化市发生住宅楼坍塌事故后，部分市民向市非紧急救助服务中心反映房屋安全问题。其中有地铁施工造成地面下沉、房墙开裂的；有私搭乱建影响他人房屋正常使用的；有违规拆改结构的。市长电话要情40期、54期和昨日市情74期，以及《北京晚报》《京华时报》等也报道过涉及房屋安全防汛的问题，北京市住建委主管部门及时督促相关区县采取措施解决问题。

二是4月21日北京市住建委杨斌主任应邀参加北京人民广播电台城市服务管理广播《市民对话一把手》节目。市民反映了62条涉及房屋防汛安全问题，都逐一得到了落实。

三是上汛前后，建设部、国家安监总局，市领导王安顺、李士祥、陈刚、林克庆等同志先后到区县检查房屋防汛准备和落实工作。北京市住建委杨斌主任带队对重点区县进行检查调研，主管领导冯可梁副主任和主管部门领导多次对区县房屋防汛工作进行检查调研，提出工作要求。

四是5月27日下午，北京市住建委及丰台区房管局在南苑西宏苑小区组织召开2014年房屋防汛演习观摩会。城六区北京市住建委（房管局）房屋防汛科长和市属抢险队主管领导、丰台区房管局房屋防汛主管领导、丰台区房屋经营管理中心、各分中心近100多人参加观摩会。丰台区房屋经营管理中心和丰房建筑公司等7支抢险队分别进行房屋木结构加固、漏雨房屋苫盖等科目演练。北京市住建委主管领导到会并讲话。

5. 分级落实了抢险队伍，组织人员、物资保障到位。

汛前，全市组建房屋防汛抢险队194支、3478人。比上年多建抢险队60支，人员多近500人。物资储备：木材251立方米，砂石料899立方米，运输车159辆，与2013年持平。发电机99台，比2013年多59台。水泵603台，比2013年多233台。基本能满足就近准备、统一使用的要求。区县建委、房管局以房管所、分公司为单位落实了居民避险转移地点。

（二）认真抓好上汛后的各项工作落实

1. 不断完善房屋防汛修缮制度。

按照《城市危险房屋管理规定》（建设部129号令）和《北京市房屋建筑使用安全管理办法》（市政府229号令），北京市住建委在冬季城镇房屋安全检查的基础上，组织汛前、汛中对重点地区、重点房屋的安全复查，及时发现和排除房屋危险隐患。

由于房屋产权多元化等原因，汛期居民反映房屋漏雨，呼吁协助解决的较多。为了解决此类问题，北京市住建委针对楼房业主思想统一难的情况，研究出台了《关于简化程序方便应急情况下使用住宅专项维修资金有关问题的通知》（京建发〔2013〕20号），为及时解决楼房漏雨开辟了绿色通道。

2. 认真抓好房屋安全度汛的宣传工作。

针对部分房屋业主在汛期房屋漏雨不知道如何解决的问题，在接受媒体采访报道中都有重点的进行宣传报道。汛前在新闻媒体公布各区县房屋防汛值班电话。各区县也充分利用媒体、社区宣传栏、社区报等“图解防汛知识”。同时，开展“防汛咨询进社区”等多种形式与活动，发放宣传资料3万余份，及时向辖区内居民进行有效宣传，积极营造房屋安全度汛的良好氛围。

3. 认真检查应急值守切实履行防汛责任。

2014年上汛后几次发生全市范围的大雨或区域暴雨。市防汛办发布暴雨黄色预警1次，暴雨蓝色预警8次，雷电黄色预警22次，大风蓝色预警2次。北京市住建委从上汛开始到9月1日，向市防汛办上报雨情9

起，电话抽查值班情况6次。各区县参加值班、抢险备勤人员27974人次，雨中巡查重点平房58129间、楼房19260栋。经巡查发现和居民报修积水院落99处、雨水进屋39间、雨水进地下室14处；平房漏雨1813间、楼房漏雨1027栋；雨季业主报修2876个。雨中抢修苫盖或加固997间、疏通排水65处30间，其他房屋在雨后屋面干燥后都进行了修缮。

4. 做好非汛期房屋安全工作。

我市从9月15日8时转入非汛期。在非汛期遇有降雨天气时，仍执行《北京市防汛应急预案》和《北京市住房和城乡建设委防汛应急预案》《北京市住房和城乡建设委房屋安全应急预案》，根据雨情和本辖区、本单位实际情况及时启动建设工程和房屋安全应急预案，做好巡查检查、抢险抢修及安全信息报送等工作。

9月23日，本市降中到大雨，且降雨时间长，部分区域降雨时间超过12小时。北京市住建委按照市防汛办的通知要求，及时通知区县及管房单位，加强值班备勤，本次降雨没发生房屋安全事故。

第三节 积极推进老旧小区房屋抗震加固工作

一、2014年总体进展情况

根据各区县上报情况，截至2014年12月底，全市老旧小区综合整治实现完工1608万平方米（含国务院机关事务管理局2014年完工12.72万平方米），占市政府年度计划任务量（1000万平方米）的160.8%，完成市政府年度计划任务量。

2014年度老旧小区综合整治形象进度累计完成投资约95亿元。

表12-4 2014年北京市老旧小区综合整治进展情况

	总完工面积（万平方米）	抗震节能综合改造完工面积（万平方米）	节能改造完工面积（万平方米）	简易楼改造		公共区域综合整治	
				完工面积（万平方米）	完工栋数（栋）	完工面积（万平方米）	完工数量（个）
合计	1608.36	91.24	1282.77	3.45	16	230.90	182
北京市小计	1595.64	90.04	1277.81	3.45	16	224.34	181
东城区	28.61	18.26	10.35				
西城区	133.31		125.92	0.81	4	6.58	19
朝阳区	303.83	39.84	243.79			20.20	21
海淀区	254.91	0.12	196.19	0.87	6	57.73	33
丰台区	239.35	6.86	190.40			42.10	31
石景山区	120.89	5.99	99.28	1.71	4	13.90	3
门头沟区	4.96		4.96				
房山区	14.39		10.10			4.29	3
通州区	55.36	9.73	30.80			14.82	2

续表 12－4

	总完工面积（万平方米）	抗震节能综合改造完工面积（万平方米）	节能改造完工面积（万平方米）	简易楼改造		公共区域综合整治	
				完工面积（万平方米）	完工栋数（栋）	完工面积（万平方米）	完工数量（个）
顺义区	82.23		70.59			11.64	6
大兴区	13.17		8.46			4.71	2
昌平区	94.87	6.13	82.60	0.05	2	6.08	8
平谷区	71.17		66.00			5.17	8
怀柔区	36.65	1.05	29.80			5.80	17
密云县	72.42	1.36	43.48			27.58	20
延庆县	69.50	0.69	65.08			3.74	8
中央国家机关小计	12.72	1.20	4.96			6.56	1
国管局	12.72	1.20	4.96			6.56	1

二、完成情况分析

从完工总量看，全市老旧小区综合整治完工总量超年度任务量60.8%，成绩显著。西城、朝阳、海淀、丰台和石景山5个区完工面积超过100万平方米；顺义、昌平、平谷、密云和延庆5个区县完工面积达65万平方米以上。

从完工项目看，主要完工项目仍旧集中在节能综合改造，其占完工总量比例达79.76%。

表12－5　完工项目占完工量比例

抗震	节能	简易楼	公共区域
5.67%	79.76%	0.21%	14.36%

从完工比例上看，有14个区县完成或超额完成年度任务，远郊区县完工比例整体较高，大兴区完工比例达221%。海淀区、密云县完工比例超150%。

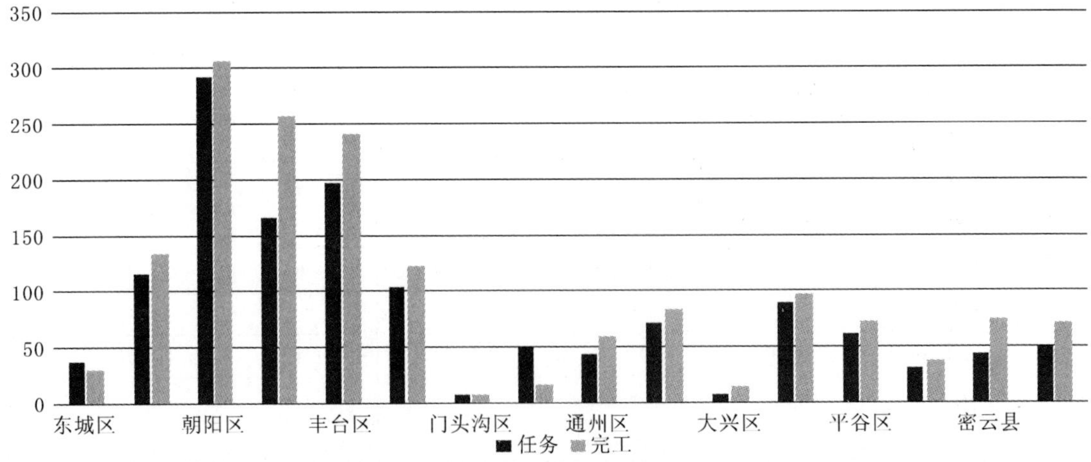

图12－7　2014年老旧小区综合整治任务完成情况对比

三、做好前三门住宅群改造的调研工作

北京市住建委组织设计单位，完成《关于提请实施前三门地区 70 年代高层住宅群改造的请示》，上报市政府，并按照市领导的要求提供了相关说明材料，为市政府决策提供参考。

四、研究解决极少数居民不配合抗震加固的问题

从北京市住建委调研情况看，极少数居民的不配合是推进抗震加固工作的重要难题，为此，积极开展了相关工作。

一是起草了《关于解决城镇住宅楼房少数使用人不配合抗震加固有关问题的指导意见》，召集城六区老旧小区综合整治有关部门进行了专题研究。

二是组织市一中院、二中院和市政府法制办就解决居民不配合的问题协商，市政府法制办提出，按照现行法规，配合抗震加固是使用人的法定义务，建议修改危房标准，采取强制措施推进；同时也可以采用民事诉讼的方式解决。

三是组织专家和房屋结构安全鉴定规程的主要编写人研究修编规程。组织将房屋安全鉴定和抗震鉴定结合起来，重新确定危房标准。

四是会同宣传中心研究进一步推进抗震节能综合改造宣传工作。根据市领导视察抗震节能综合改造项目时的指示精神，研究改进宣传工作，适当对阻碍推进改造的使用人予以曝光。

五、积极推进简易住宅楼改造

针对简易住宅楼改造推进难的问题，向市政府报送了《关于提请加快推进简易住宅楼改造的请示》，提出：一是对有改造价值、通过抗震加固解决的，享受老旧小区综合整治政策，改造资金由市区两级财政按照 1:1 比例分担。二是对纳入棚改的项目，原址重建的，不论是否增层，市财政给予每建筑平方米 3000 元的专项资金补助；异地安置的，在完成改造后，由市财政依据房屋价值评估结果给予区财政评估价 50% 的专项资金补助。三是对其余简易住宅楼在原址重建的，重建费用和重建期间居民周转费用由市区两级财政按照 1:1 的比例分担；采用腾退方式改造的，居民腾退费用、安置房建设费用和安置房建设期间居民周转费用由市区两级财政按照 1:1 的比例分担，简易住宅楼拆除后，其占用土地由国土部门收储。

第四节　房屋安全管理工作

一、全市普通地下室安全使用管理工作

2014 年，是普通地下室三年综合整治工作收尾阶段，也是关键时期，为巩固三年综合整治成果，实现市委、市政府《关于开展地下空间综合整治工作的实施方案》（京办〔2011〕10 号）规定的工作目标。市相关部门和区县政府严格按照市委、市政府下发的地下空间综合整治工作实施方案的要求，依

据政府令，采取“清、管、规、用”相结合的办法，积极稳妥地开展了普通地下室综合整治工作。

截至2014年年底，全市共有普通地下室23771处、面积4463万平方米，日常巡查普通地下室15826处、专项检查1999处、街乡巡查39798处、现场整改3194处、限期整改2589处、警告271处、处罚97处、罚款85.3万元、责令停业187处、关闭141处、联合执法67处、清空559处、清出1万余人。

（一）以关键时、点为抓手，狠抓普通地下室安全使用管理

针对春季属外来务工人员返京高峰期，普通地下室外来人员居住密集的特点，结合两会前期出现的火灾等安全事故，制发了《关于开展2014年春季普通地室使用安全检查的通知》（京建发〔2014〕29号）。

结合既定的三年综合整治计划，制发了《关于开展普通地下室综合整治专项检查的通知》（京建发〔2014〕59号）。3月10—20日，北京市住建委副主任带队，北京市住建委、市民防局、市安监局、市公安局、市消防局、市工商局、市卫生局等单位相关负责同志组成的联合检查组，对全市16个区县、经济技术开发区2011年5月以来普通地下室综合整治情况进行了为期9天的专项检查。

为做好国庆65周年安全保障，9月初，北京市住建委组织对存在群租普通地下室的8个区县进行了实地督导。

（二）修编管理规范，引导普通地下室合理科学使用

5月份，为进一步规范管理，维护各方合法权益，使所有权人、管理人明晰地下空间不同使用用途应具备的条件，北京市住建委会同民防局、安监局在征求相关委办局意见的基础上起草修订了《北京市人民防空工程和普通地下室安全使用管理规范》（京建发〔2014〕236号），并于今年6月27日发布实施。

（三）积极探索地下室群租的治理模式

为加快推进地下室群租治理，北京市住建委多次与市综治办沟通，在此基础上向市政府报送了《关于提请将散租住人普通地下室纳入群租房治理范围的请示》。9月份，北京市住建委与市综治办联合下发了《关于在违法群租房集中治理阶段做好违法群租普通地下室治理工作的通知》（京建发〔2014〕351号），将部分地下室群租纳入市综治办的平台进行治理。

（四）积极研究普通地下室安全使用管理方面存在的问题

北京市住建委多次召集规划、公安、消防、卫生、安监、工商等部门以及相关区县，组织召开普通地下室管理工作问题协调会，对备案率低、散租住人清理难等问题进行研究，矛盾主要集中在散租住人需求旺盛、清理散租需要经费、规范使用缺少出口、区县力量不足、需要推进立法等方面。就这些问题和建议，北京市住建委主管领导在专题会上进行了汇报。

二、全市商品住宅专项维修资金使用审核工作

2014年各区县住建委、房管局审核部门严格按照本市相关规定开展审核工作，保证了资金合理使用。

（一）2014年全市商品住宅专项维修资金使用情况

自2009年以来，本市商品住宅专项维修资金使用量以年均增长85%的速度快速增长。进入2014年，这种快速增长的趋势依然在持续。截至2014年12月31日，全市累计使用商品住宅专项维修资金14.9亿元。2014年当

年使用6.96亿元，同比增长78%。2014年全市商品住宅专项维修资金应急支取1.16亿元，占当年资金使用量的17%。

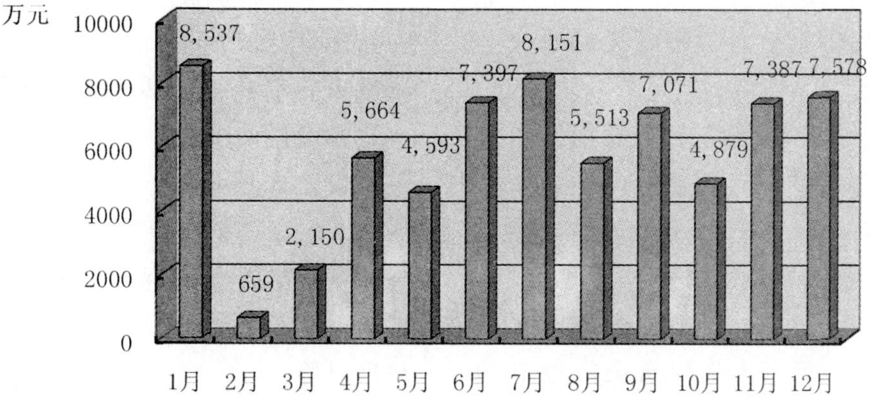

图12－8　2014年1—12月商品住宅专项维修资金使用情况

截至2014年，在使用维修资金进行的维修工程中屋面防水和电梯维修所占比例较大，从近三年统计数据来看，这两项维修工程资金使用量分别占当年资金使用总量的73%、77%和67%。其他维修工程按资金使用量从多到少排列分别为消防系统维修更新、供水系统维修更新、外墙维修、门禁系统维修更新、给排水管线维修等。

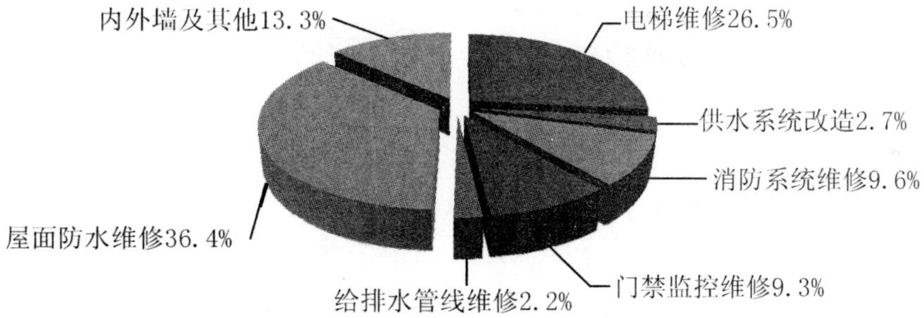

图12－9　2014年商品住宅房屋各维修项目使用专项维修资金所占百分比

自2013年11月28日《关于简化程序方便应急情况下使用住宅专项维修资金有关问题的通知》（京建发〔2013〕20号）文件印发后，截至2014年12月底，本市已审核应急支取143个小区，379个维修项目，使用资金约1.16亿元。应急维修中屋面防水维修使用6051万元，占应急资金使用量的52%；电梯维修使用3443万元，占应急资金使用量的30%；消防维修使用1165万元，占应急资金使用量的10%；其他为排水管道维修使用633万元、供水系统维修使用309万元以及外墙维修使用33万元。

（二）指导区县做好商品住宅专项维修资金使用审核工作

加强与区县审核管理部门沟通，加强与市住房资金管理中心和相关部门的配合，及时解决工作中出现的问题。

对区县审核部门的政策指导是北京市住建委在专项维修资金使用审核管理工作中的重要内容。我们定期组织各区县使用审核部门进行业务培训和经验交流，听取一线审核部门和物业企业的意见和建议，完善相关工作流程和标准。参加区县组织的对物业企业的培训工作，为物业企业讲解专项维修资金使用相关政策。

协调解决住宅专项维修资金数据历史遗留问题。资金数据错误问题在专项维修资金使用中反映比较突出。按照一般程序应由物业服务企业在申请使用专项维修资金前向市住房资金管理中心提出申请进行数据整理。在2012年“7·21”后，为加快房山区商品住宅专项维修资金数据整理进程，对受损住宅房屋及其设备设施实施紧急维修，北京市住建委协调市资金中心由房山区建委组织辖区内物业公司进行房山区住宅专项维修资金数据整理工作。截至2014年年底，房山区已分7批次进行了数据整理，共整理数据23672条，其中需修改16540条，涉及38个商品住宅小区。

三、超限高层建筑工程抗震设防审核

2014年，依据《国务院对确需保留的行政审批项目设定行政许可的决定》（国务院令第412号）、《超限高层建筑工程抗震设防管理规定》（建设部令第111号）、《建设部关于纳入国务院决定的十五项行政许可的条件的规定》（建设部令第135号）及《超限高层建筑工程抗震设防专项审查技术要点》（建质〔2010〕109号）等文件的要求，对超出国家现行规范、规程所规定的适用高度和适用结构类型的高层建筑工程，以及有关规范、规程规定应进行抗震专项审查的高层建筑工程，在初步设计阶段委托全国超限高层建筑工程抗震设防审查专家委员会，组织有关专家组成抗震设防审查组，开展超限高层建筑工程抗震设防专项审查，并将审查意见作为施工图审查阶段的依据。2014年共审查了19个项目，其中包括阳光保险金融中心、CBD核心区Z-12地块泰康大厦、CBD核心区Z13地块项目等。

四、组织房屋建筑安全管理员考试

为贯彻《北京市房屋建筑使用安全管理办法》（北京市人民政府令第229号）和《房屋建筑使用安全检查技术规程》（DB11/T 1004—2013），提升房屋建筑使用安全管理水平，提高基层房屋建筑使用安全管理工作人员的专业素质。在前期制订考试大纲、组织行业专家编制试题等工作的基础上，7月6日北京市住建委在首钢工学院组织房屋建筑安全管理员第一次考试。通过网上报名共5089人报考，经现场审核符合考试资格的4304人，其中报考房屋建筑设备设施管理员2233人，报考房屋结构安全员2071人。经考试合格共2150人，其中房屋建筑设备设施管理员1177人，通过率52.7%，通过房屋结构安全员973人，通过率46.9%。

第十三章
房地产行业信息

北京市房地产年鉴 2015

第一节　房地产开发企业

一、房地产开发企业基本情况

截至2014年年底，全市资质证书有效期内的房地产开发企业共计2474家（见图13－1），其中一级企业91家，占比3.67%，二级159家，占比6.43%，三级133家，占比5.38%，四级1427家，占比57.68%，暂定企业664家，占比26.84%；2474家企业中含内资2344家、外资130家（见图13－2）。

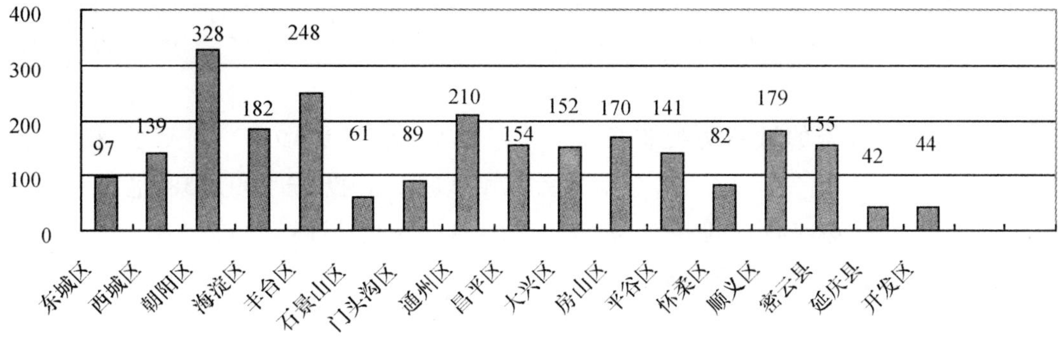

图13－1　各区县房地产开发企业注册数量分布（单位：家）

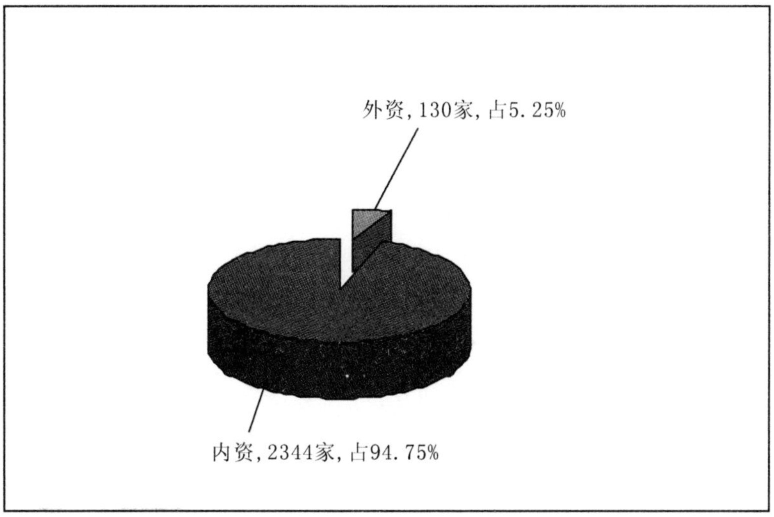

图13－2　全市房地产企业性质分类情况

二、行政许可及服务类事项办理情况

（一）房地产开发企业资质等级核定情况

2014年审查房地产开发企业资质等级核定1898项、同比增加34%，其中四级712项，同比增加94%，三级55项，同比增长8%，二级59项，同比增加23%，一级54项，同比增加125%，暂定资质延续254项，同比减少28%，资质变更404项，同比增长12%，新备案资质330项，同比增加69%（见表13－1）。

表13－1　房地产开发企业资质等级核定情况

单位：项

类别	总计		四级核定		三级核定		二级核定		一级核定		暂定延续		资质变更		新备案	
	受理	审查	受理	审查	受理	审查	受理	审查	受理	审查	受理	审查	受理	审查	受理	审查
内资	4899	4879	1318	1309	151	151	147	147	66	66	1081	1074	1246	1243	890	889
外资	191	190	52	52	8	8	7	7	0	0	36	35	60	60	28	28
合计	5090	5069	1370	1361	159	159	154	154	66	66	1117	1109	1306	1303	918	917

（二）不使用政府投资的城建类投资项目核准情况

2014年内，审查不使用政府投资的城建类投资项目核准122项、同比增加18.45%，总建筑面积1019.67万平方米，同比增加24.2%，总投资2091.38亿元，同比增加10.8%（见表13－2）。

表13－2　不使用政府投资的城建类投资项目核准情况

类别	总计	新立项	重新核准	立项延期	其他（变更、调整）
项目（件）	140	101	20	9	10
面积（万平方米）	638.96	322.66	217.92	60.88	37.51
投资（亿元）	2492.40	1804.04	426.38	106.91	155.07

（三）年度投资计划办理情况

审查2014年度投资计划调整单168项，同比增加66.3%，总建筑面积1885.53平方米，同比增加26.2%，总投资486.20亿元，同比增加57.8%（见表13－3）。

表13－3　投资计划调整单审查情况

类别	总计	其中	
		新建	续建
项目（件）	154	151	3
面积（万平方米）	1743.30	1721.11	22.19
投资（亿元）	640.74	624.16	16.58

（四）建设方案公示情况

公示涉及14个区县114个项目的建设方案，同比增加3.6%，总建筑面积2398.64万平方米，同比增加11.7%（见表13-4）。

表13-4 项目建设方案备案情况

单位：万平方米

序号	所属区县	项目总数	总建筑面积	序号	所属区县	项目总数	总建筑面积
1	西城区	1	40.09	8	顺义区	11	162.58
1	朝阳区	15	418.84	9	大兴区	13	224.32
2	海淀区	9	156.36	10	门头沟区	4	106.3
3	丰台区	7	148.92	11	密云县	5	79.41
4	石景山区	2	21.79	12	平谷区	8	123.3
5	昌平区	12	338.47	13	延庆	1	3.72
6	房山区	12	235.91	14	开发区	3	67.42
7	通州区	11	271.2	15	汇总	114	2398.64

第二节 房产测绘行业

一、房产测绘管理情况

（一）加强房产测绘管理

上半年召开了我市房屋面积测算工作业务培训会，从技术标准、程序性规定及软件操作等方面进行了讲解，进一步规范了我市房屋面积测算工作。在推进行政审批制度改革过程中，结合我市房产测绘市场现状和工作特点，协调市编办将“房产测绘成果备案”列入全市行政审批事项目录，调整名称为“房产测绘成果审核”，并对名称变更后表单格式、审核内容、结果形式变化的情况进行了及时调整，保障了审核工作的平稳运行。2014年12月，制发了《关于进一步加强房产测绘管理工作的通知》（京建发〔2014〕22号），一是对房产测绘合同的具体内容提出了要求；二是对房产测绘成果备案的调整情况进行了说明；三是就加强企业信用管理和监督执法两个方面提出了工作要求。

（二）规范测绘档案管理

2014年度开展了我市房产测绘档案管理课题研究。针对长期以来，尤其是我市房产测绘市场放开以后，房产测绘档案管理的基本模式、基本内容以及基本技术口径缺乏上位法支持和明确的研究规定，对房产测绘档案的留存与保护缺乏有效管理的情况，开展了课题研究。课题得到评审专家的一致好评，下一步将积极推进成果转化。

（三）房产测绘单位及人员情况

截至2014年年底，全市共有92家单位（公司）及657名作业人员在我委办公平台申请办理并领取了测绘企业密钥及人员密钥。已领取企业密钥的测绘单位（公司）中，甲级资质14家，乙级资质18家，丙级资质28

家，丁级资质32家。已领取的人员密钥中硕士学历10人，本科学历329人，大专学历213人，其他学历105人。（已领取企业密钥的测绘单位名录详见附件一）

二、房产测绘成果审核工作统计

2014年年内，全市审核通过用于权属登记的实测备案业务共计1238笔，建筑面积4062.2万平方米，与2013年相比，备案面积增加303.1万平方米，同比增长8.1%；审核通过用于预售许可的预测备案业务共计366笔，建筑面积2271.6万平方米，与2013年相比，备案面积增加289.2万平方米，同比增长14.6%。

表13-5 2014年度各区县实测成果备案情况

序号	区县	业务件数（笔）	备案面积（m^2）	面积所占百分比
1	东城区	20	460，366	1.13
2	西城区	25	1，090，072	2.68
3	朝阳区	192	6，009，853	14.79
4	海淀区	86	2，920，446	7.19
5	丰台区	73	2，536，009	6.24
6	石景山区	51	1，171，038	2.88
7	通州区	116	3，619，831	8.91
8	大兴区	200	9，068，899	22.33
9	昌平区	106	2，856，150	7.03
10	顺义区	123	3，735，543	9.20
11	怀柔区	25	235，465	0.58
12	密云县	33	617，351	1.52
13	延庆县	11	35，266	0.09
14	门头沟区	7	69，668	0.17
15	房山区	93	2，553，000	6.28
16	平谷区	26	889，410	2.19
17	开发区	51	2，753，387	6.78
合计		1238	40，621，754	100

表13-6 2014年度各区县预测成果备案情况

序号	区县	业务件数（笔）	备案面积（m^2）	面积所占百分比
1	东城区	1	89，588	0.39
2	西城区	3	500，708	2.20
3	朝阳区	42	2，702，070	11.90
4	海淀区	24	966，723	4.26
5	丰台区	15	955，909	4.21
6	石景山区	5	413，571	1.82

续表 13－6

序号	区县	业务件数（笔）	备案面积（m^2）	面积所占百分比
7	通州区	66	3，474，817	15.30
8	大兴区	34	2，908，941	12.81
9	昌平区	32	2，558，533	11.26
10	顺义区	32	1，803，256	7.94
11	怀柔区	5	126，149	0.56
12	密云县	15	557，934	2.46
13	延庆县	1	32，802	0.14
14	门头沟区	13	749，180	3.30
15	房山区	52	2，743，657	12.08
16	平谷区	17	1，021，368	4.50
17	开发区	9	1，110，674	4.89
合计		366	22，715，879	100

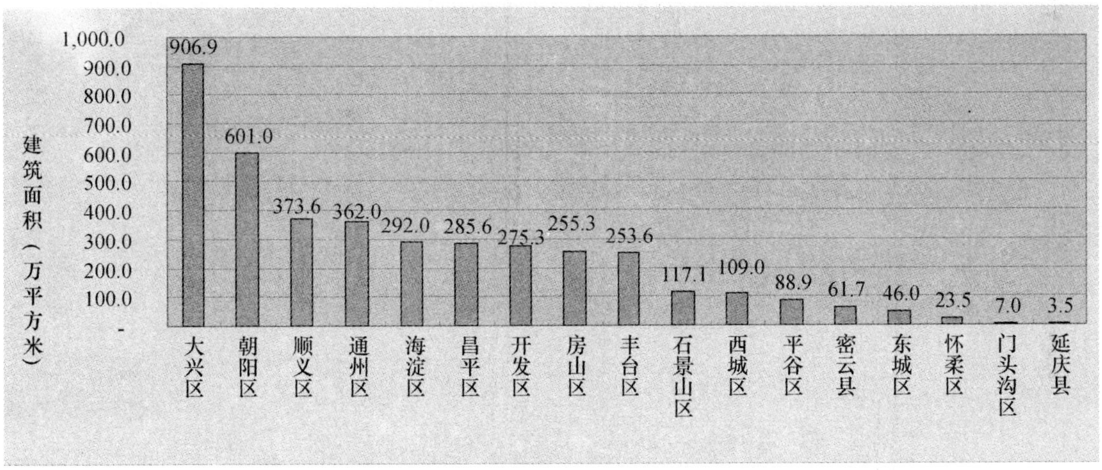

图 13－3 2014 年度各区县实测成果备案面积

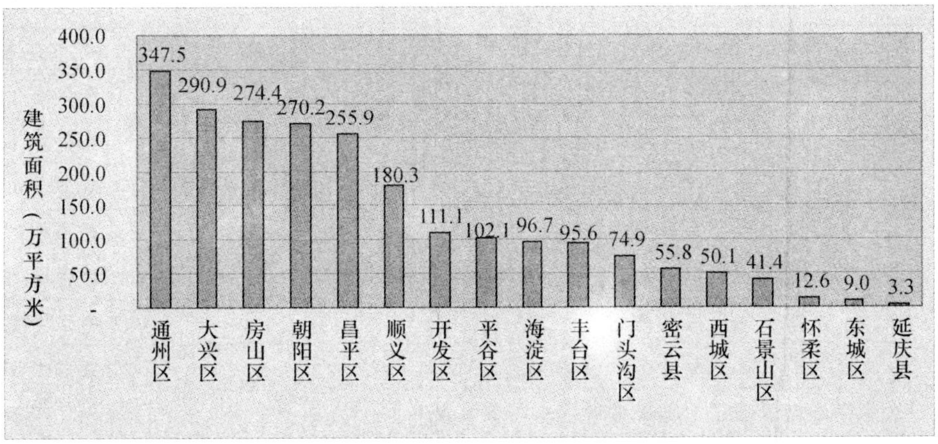

图 13－4 2014 年度各区县预测成果备案面积

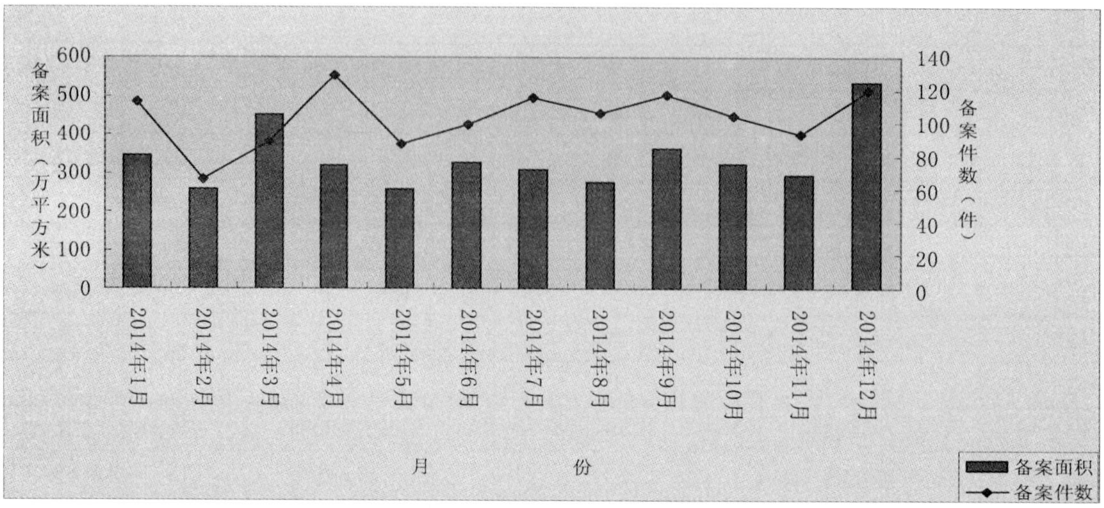

图 13－5　2014 年 1—12 月份实测备案面积及业务件数

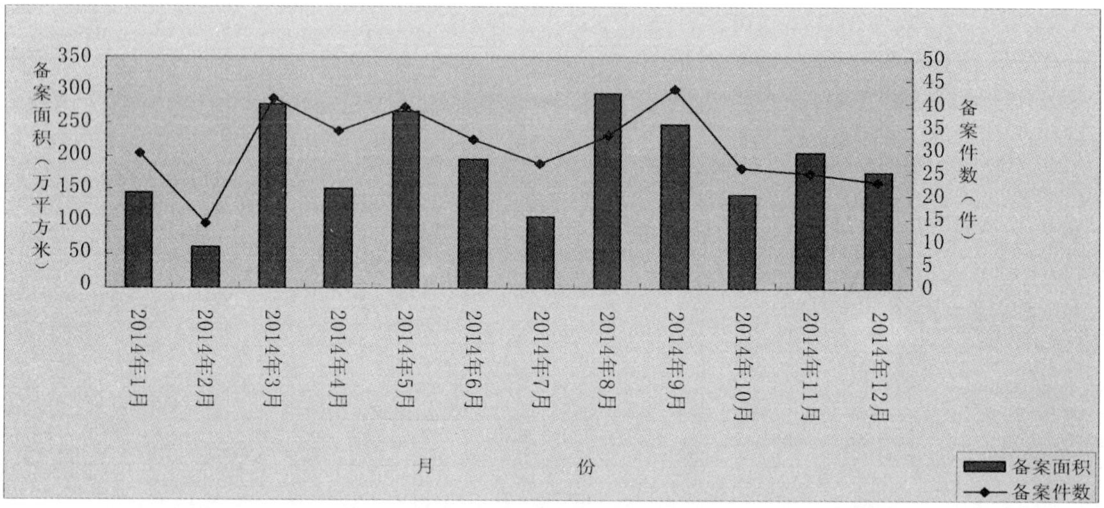

图 13－6　2014 年 1—12 月份预测备案面积及业务件数

附件一　2014 年度房产测绘备案单位名录

序号	测绘企业名称	资质等级	资质证书编号
1	北京市房地产勘察测绘所	甲	甲测资字 11002001
2	北京市东城区房屋管理局测绘一所	丁	丁测资字 11019004
3	北京市西城区房地产测绘一所	丙	丙测资字 11002001
4	北京市东城区房屋管理局测绘二所	丙	丙测资字 11004001
5	北京市宣武区房地产测绘所	丁	丁测资字 11003001
6	北京市朝阳区房屋测绘事务所	丁	丁测资字 11005001
7	北京市丰台区房屋经营管理中心测绘队	丙	丙测资字 11006001
8	北京市海淀区房屋土地经营管理中心测绘队	丙	丙测资字 11007001
9	北京市石景山区房地产测绘队	丙	丙测资字 11008001

续表附件一

序号	测绘企业名称	资质等级	资质证书编号
10	北京市顺义区住房和城乡建设委员会测绘所	丙	丙测资字 11014001
11	北京市通州区住房和城乡建设委员会测绘所	乙	乙测资字 11012001
12	北京市大兴区房地产测绘所	丙	丙测资字 11011001
13	北京天地鸿图测绘有限公司	丙	丙测资字 11010001
14	北京市门头沟区房地产测绘所	丁	丁测资字 11009001
15	北京京怀信房产测绘有限公司	丙	丙测资字 11017001
16	延庆县房地产勘察测绘所	丁	丁测资字 11018012
17	北京京密鸿图测绘有限公司	乙	乙测资字 11016001
18	北京市平谷区房地产测绘队	丁	丁测资字 11015001
19	北京华夏经纬测绘技术有限公司	丙	丙测资字 11005002
20	建设综合勘察研究设计院有限公司	甲	甲测资字 11002032
21	中兵勘察设计研究院	甲	甲测资字 11001014
22	北京时正兴测绘工程技术有限公司	甲	甲测资字 11001033
23	北京鼎春德正测绘中心	乙	乙测资字 11005008
24	北京中兴兆业房屋面积测绘有限公司	丙	丙测资字 11007012
25	北京新兴华安测绘有限公司	甲	甲测资字 11001042
26	北京昌房房地产测绘技术服务有限责任公司	丙	丙测资字 11013001
27	北京京恒实测绘技术有限公司	丙	丙测资字 11011002
28	北京首益佳房地产经纪有限公司	丙	丙测资字 11019005
29	北京市房屋面积计量站	丁	丁测资字 11005004
30	北京赛博时代测绘有限公司	丙	丙测资字 11010003
31	北京赛杰新时代房屋测绘有限公司	丁	丁测资字 11005005
32	北京华星勘查新技术公司	甲	甲测资字 11001027
33	北京航天勘察设计研究院有限公司	甲	甲测资字 11002047
34	中航勘察设计研究院有限公司	甲	甲测资字 11001024
35	北京苍穹数码测绘有限公司	甲	甲测资字 11001008
36	北京市地质工程勘察院	甲	甲测资字 11001022
37	北京源恒天地测绘有限公司	丁	丁测资字 11006003
38	北京中瑞嘉业测绘有限公司	乙	乙测资字 11005007
39	北京泰达克房地产测绘咨询有限公司	丁	丁测资字 11013004
40	北京中鼎衡测绘事务所	丁	丁测资字 11007008
41	北京龙泰经纬测绘有限公司	乙	乙测资字 11005011
42	北京海天方圆测绘有限公司	丁	丁测资字 11007020
43	北京慧智蓝图测绘有限公司	丙	丙测资字 11017004
44	北京金房兴业测绘有限公司	乙	乙测资字 11007017

续表附件一

序号	测绘企业名称	资质等级	资质证书编号
45	北京首佳联诚房地产测量有限公司	丙	丙测资字 11019002
46	北京威远图易数字科技有限公司	乙	乙测资字 11007011
47	北京国勘房地产测绘有限公司	丁	丁测资字 11007025
48	北京城建勘测设计研究院有限责任公司	甲	甲测资字 11001019
49	北京京昌工程测绘技术有限公司	乙	乙测资字 11013002
50	北京阳光华翰测绘有限公司	丁	丁测资字 11004002
51	北京大地宏图勘测有限公司	乙	乙测资字 11000009
52	北京市测绘设计研究院	甲	甲测资字 11001010
53	北京中天路通工程勘测有限公司	乙	乙测资字 11013005
54	北京望唐数码测绘有限公司	丙	丙测资字 11017003
55	北京帝测科技股份有限公司	甲	甲测资字 1100140
56	北京中海紫途测绘事务所	丁	丁测资字 11006006
57	北京天天友联测绘有限公司	丁	丁测资字 11015003
58	北京京海纵横测绘有限公司	丁	丁测资字 11005016
59	北京大地万川测绘有限公司	丙	丙测资字 11007030
60	北京荣驰测绘技术有限公司	丁	丁测资字 11007031
61	北京鑫海厦测绘有限公司	丙	丙测资字 11007007
62	北京永佳达测绘有限公司	丁	丁测资字 11007042
63	北京浩宇天地测绘科技发展有限公司	丙	丙测资字 11007028
64	北京丰华方圆测绘工程技术有限责任公司	丁	丁测资字 11005014
65	北京欣通佳信测量有限公司	丁	丁测资字 11012003
66	北京智环成测绘有限公司	丙	丙测资字 11011008
67	杜鸣沐城测绘（北京）有限公司	丙	丙测资字 11005017
68	北京富地勘察测绘有限公司	乙	乙测资字 11012004
69	中泽嘉汇（北京）测绘中心	丙	丙测资字 11006004
70	北京京建恒信房地产测量技术有限公司	丁	丁测资字 11007044
71	北京市檀州房地产测绘中心	丁	丁测资字 11016003
72	北京世规测量技术咨询有限公司	丁	丁测资字 11007047
73	北京创天烨测绘有限公司	丁	丁测资字 11011013
74	北京百星达测绘工程有限公司	丁	丁测资字 11010005
75	北京新兴宏图测绘有限公司	丁	丁测资字 11005026
76	北京粤富华测绘测量有限责任公司	丙	丙测资字 11005015
77	北京经纬久度测绘有限公司	丙	丙测资字 11005034
78	北京地矿工程建设有限责任公司	乙	乙测资字 11007013
79	北京国政恒信测绘技术服务有限公司	丁	丁测资字 11001002

续表附件一

序号	测绘企业名称	资质等级	资质证书编号
80	北京道济测绘有限公司	甲	甲测资字 11002111
81	北京力佳图测绘有限公司	乙	乙测资字 11007021
82	北京同创达勘测有限公司	乙	乙测资字 11020003
83	北京米拉测绘有限公司	丁	丁测资字 11009005
84	北京泾渭冠宇测绘有限公司	丙	丙测资字 11009004
85	北京三友宇天测绘有限公司	乙	乙测资字 11009003
86	北京市勘察设计研究院有限公司	乙	乙测资字 11005045
87	北京市怀柔测绘所	丙	丙测资字 11017002
88	北京君仁慧智测绘有限公司	丁	丁测资字 11007065
89	北京市房山区测绘所	乙	乙测资质 11010002
90	北京伟泽测绘有限公司	丁	丁测资字 11002094
91	北京新兴环宇测绘有限公司	丁	丁测资字 11008005
92	北京国测信息科技有限责任公司	乙	乙测资字 11005088

第三节　房地产经纪行业

一、北京市房地产经纪行业发展状况

随着我国住房制度改革的不断推进以及国民经济的持续快速发展，我国房地产业也迅速发展起来，房地产经纪行业伴随着房地产市场的发展而不断壮大。房地产经纪行业的专业服务不仅降低了交易成本，提高了交易效率，还对繁荣房地产市场，促进房地产行业健康发展起着重要的作用。另外，房地产经纪行业掌握着市场的真实交易情况，具有一手数据资料，能够在一定程度上洞察房地产市场的发展方向，为房屋主管部门提供更为切实有效可行的管理建议。

我市房地产经纪行业发展的主要特征表现为：房地产经纪机构数量持续增加，房地产经纪人员队伍逐步壮大，房地产经纪服务水平不断提升，房地产经纪服务配套设施日益完善，房地产经纪服务更加规范，房地产经纪行业的作用显著增强。

二、北京市房地产经纪机构

（一）房地产经纪机构备案情况

自 1996 年开始实施资质证书制度以来，截止到 2014 年 12 月 31 日，符合我市房地产经纪机构备案条件，并经区县房屋行政管理部门备案的房地产经纪机构共有 2769 家，其中 2014 年新备案的房地产经纪机构共有 495 家。

（二）北京市房地产经纪机构注册资金状况

在我市房屋行政管理部门备案的2769 家房地产经纪机构中，注册资金 100 万元以上的有 1229 家，50 万至 100 万元的有 928 家，30 万至50万元的有192家，10万至30万元的有367家，10万元以下的有53家。

（三）北京市房地产经纪机构下设分支机构

自1996年开始实施资质证书制度以来，截止到2014年12月31日，符合我市房地产经纪机构分支机构备案条件，并经区县房屋行政管理部门备案的房地产经纪机构分支机构共有3465家，其中2014年新备案的房地产经纪机构分支机构共有618家。

（四）房地产经纪机构在各区县的分布情况

在我市房屋行政管理部门备案的2769家房地产经纪机构中，在东城区备案的共有166家，在西城区备案的共有151家，在朝阳区备案的共有891家，在海淀区备案的共有332家，在丰台区备案的共有226家，在石景山区备案的共有70家，在通州区备案的共有158家，在房山区备案的共有106家，在顺义区备案的共有88家，在门头沟区备案的共有47家，在大兴区备案的共有104家，在怀柔区备案的共有77家，在密云县备案的共有77家，在昌平区备案的共有186家，在延庆县备案的共有9家，在平谷区备案的共有49家，在经济技术开发区备案的共有32家。

（五）房地产经纪机构业务类型

在我市房屋行政管理部门备案的2769家房地产经纪机构中，从事商品房销售代理的共有2178家，从事存量房转让经纪业务的共有2328家，从事房屋租赁经纪的共有2190家，从事其他经纪服务的共有2237家。

（六）房地产经纪从业人员状况

2014年，在北京市取得《中华人民共和国房地产经纪人协理从业资格证书》的人员共42240人，取得《北京市房地产经纪资格考试合格证》的人员共48249人，在我市考取《中华人民共和国房地产经纪人执业资格》的5708人。从业人员中，经注册取得《北京市房地产经纪人员注册证书》的人员共44497人，其中房地产经纪人5184人，房地产经纪人协理17679人，《北京市房地产经纪资格考试合格证》持证人21634人。

第四节　房地产评估行业

一、房地产估价机构情况

截至2014年，北京市具备房地产价格评估资质的机构共157家（含外地在京分支机构7家），其中一级机构47家，二级机构45家，三级及三级（暂定）机构62家，仅在军队系统内执业的机构3家，2014年新批准成立的估价机构1家。

表13－7　2014年北京市新成立房地产评估机构

序号	机构名称	资质证书编号	办公地址	联系电话	联系人
1	北京大通兴业房地产评估有限公司	京建房估资准字（2014）第0205号	幸福一村55号1号楼一层8209号	56280066	孙力

2014年，建设部批准了北京市1家房地产评估机构升级为一级资质，2014年，北京市批准外省市分支机构在本市备案共2家。

表13-8　2014年建设部批准的一级房地产估价机构

公司名称	资质证书编号	办公地址	联系电话	联系人
北京申洋房地产土地评估有限公司	建房估证字［2014］006号	北京市顺义区怡馨家园29号楼211	69441598	田朝旭

表13-9　2014年北京市批准在京备案的外省市分支机构

公司名称	办公地址	联系电话	联系人
天目苏建房地产评估有限公司北京分公司	北京市朝阳区霞光里8号2号楼一层1110	64790904	王林梅
深圳市鹏信资产评估土地房地产估价有限公司北京分公司	北京市中关村南大街24号开源物业A07室	62165369	姜安源

2014年北京市具备建设部一级资质的房地产估价机构（含外地一级机构在京分支机构）共计47家。

表13-10　北京市一级房地产估价机构

序号	机构名称	办公地址	联系电话	联系人
1	北京东华天业房地产评估有限公司	宣武区右安门内大街65号弘棉商务大厦408室	51230378	王恒
2	北京华信房地产评估有限公司	北京市朝阳区建国门外永安里中街25号3幢二层	65830385	李芳
3	北京仁达房地产评估有限公司	西城区车公庄大街9号院五栋大楼B座1-401室	88395886	田京京
4	北京市金利安房地产咨询评估有限责任公司	海淀区蓝靛厂南路25号嘉友国际大厦801室	88400887	刘璐
5	北京中大行房地产评估有限公司	北京市海淀区阜成路北三街6号轻苑大厦905号	68986215	王颖
6	北京市中恒业房地产评估有限责任公司	西城区东煤厂胡同24号	66571360	陆伟俊
7	北京宝孚房地产评估事务所有限公司	朝阳区东土城路4号金泰五环宾馆二层	64208402/3	杨来斌
8	北京龙泰房地产评估有限责任公司	海淀区首体南路22号国兴大厦19层	88356600	徐冉

续表 13－10

序号	机构名称	办公地址	联系电话	联系人
9	北京银房兆华房地产土地评估有限责任公司	宣武门外大街6号庄胜广场北办公楼1113－1116号	63109633	张兆文
10	北京首佳房地产评估有限公司	海淀区紫竹院路116号嘉豪国际中心B座七层	58930818	延安
11	北京银地联合房地产土地评估有限公司	北京市海淀区西三环北路50号豪柏大厦6－1909	69441598	门雅楠
12	北京北方房地产咨询评估有限责任公司	西城区金融大街27号投资广场A601室	66210088	白龙吉
13	北京百成首信房地产评估有限公司	朝阳区团结湖路甲3号	65821797	方满红
14	北京圣元房地产评估咨询有限公司	海淀区彩和坊路10号1＋1大厦1218室	62680160	李绍玲
15	北京国地房地产土地评估有限公司	海淀区中关村南大街17号韦伯时代中心3号楼1401室	51667273	张桂云
16	杜鸣联合房地产评估（北京）有限公司	北京市西城区西直门外大街135号北京展览馆宾馆8楼	65186610	杜鸣
17	北京康正宏基房地产评估有限公司	朝阳区裕民路12号中国国际科技会展中心B座1003	62372100	欧阳燕红
18	北京中资房地产土地评估有限公司	海淀区首体南路22号国兴大厦17层A2	88357168	张珂
19	北京建亚恒泰房地产评估有限公司	朝阳区向军南里甲5号雨霖大厦9层	65944086	杨军
20	北京国泰大正天平行土地房地产评估顾问有限公司	朝阳八里庄西里100号住邦2000，1号楼A座705	85868816	李剑
21	北京京城捷信房地产评估有限公司	朝阳区芍药居甲2号内1楼南楼4层	84635538	谢淑美
22	北京海创房地产土地评估有限公司	北京市海淀区王公坟4号	62487316	马晋功
23	北京高地经典房地产评估有限责任公司	西城区太平桥大街98号院5号楼1门101	58597081	吴秀梅
24	北京银通安泰房地产评估有限公司	朝阳区朝阳北路199号摩码大厦1811室	85970326	万夫勇
25	北京中地华夏房地产评估有限公司	西城区闹市口大街1号长安兴融中心2号楼5A	58528303	康辉
26	北京华天通房地产评估有限公司	海淀区甘家口21号楼7层	88385315	张治超

续表 13－10

序号	机构名称	办公地址	联系电话	联系人
27	北京京港房地产估价有限公司	海淀区西三环北路100号金玉大厦1101室	68727081	沈洋
28	北京中企华房地产估价有限公司	朝阳区朝外大街22号泛利大厦916室	65883588	魏新
29	北京京都房地产评估有限公司	朝外大街22号1415室	85665863	李中江
30	北京市国盛房地产评估有限责任公司	东城区东直门外大街48号东方银座D座23C	84477677	王煊
31	北京潞通房地产土地评估有限公司	通州区漷县镇漷兴一街610号	80817145	于顺伟
32	北京华源房地产土地评估有限公司	朝阳区北四环东路108号千鹤家园1号楼602室	84831344	侯振河
33	北京宏成房地产价格评估有限公司	北京市大兴区礼贤镇工业区16号	69288666－6102	孙利
34	中财宝信（北京）房地产土地评估有限公司	北京市朝阳区新源南路6号1号楼3408室	84868118	于娟
35	北京中建华房地产土地评估有限责任公司	海淀区广源匣路5号广源大厦3层302.303	51608233	刘强
36	北京大地盛业房地产土地评估有限公司	北京市朝阳区和平里西街3号1幢平房101室	84285588	李荣
37	北京盛华翔伦房地产评估有限责任公司	北京市朝阳区安立路60号润枫德尚苑B座1303室	64820980	陈丽名
38	北京国信达房地产土地评估有限公司	东城区北三环东路36号环球贸易中心A座1903室	58256689	翟波
39	北京宝业恒土地和房地产评估有限公司	朝阳区白家庄路3号18楼A座第4层第2号	64051428	王学发
40	北京申洋房地产评估有限公司	顺义区建新南区甲32号楼	13031088068	刘媚
41	深圳世联土地房地产评估有限公司北京分公司	朝阳区建国门外大街甲6号中环世贸C座7层	85678186	孙雪佳
42	深圳戴德梁行土地房地产评估有限公司北京分公司	东城区建国门内大街7号光华长安大厦2座152室	65101388	陈学军
43	深圳市天健国众联资产评估土地房地产估价有限公司北京分公司	北京市朝阳区建国路29号兴隆家园24号楼803室	85752002	李雲媞

续表 13－10

序号	机构名称	办公地址	联系电话	联系人
44	深圳市国策房地产土地估价有限公司北京分公司	北京市朝阳区东三环中路9号富尔大厦2708室	85911588	廖凡幼
45	内蒙古金正房地产价格评估有限责任公司北京分公司	北京市东城区崇文门外大街5号5－1幢4层508室	67086811	祁晶
46	天目苏建房地产评估有限公司北京分公司	北京市朝阳区霞光里8号2号楼一层1110室	64790904	王林梅
47	深圳市鹏信资产评估土地房地产估价有限公司北京分公司	北京市中关村南大街24号开源物业A07室	62165369	姜安源

另外，2014年，北京市批准的三级暂定资质6家。北京估价机构三级暂定资质升三级的2家（见表13－12）。2014年，北京市估价机构三级资质升二级的4家（见表13－13）。

表13－11　2014年批准的三级暂定房地产估价机构

序号	机构名称	资质证书编号	办公地址	联系电话	联系人
1	北京大通兴业房地产评估有限公司	京建房估资准字（2014）第0205号	幸福一村55号1号楼1层8209号	56280066	孙力

表13－12　2014年北京市批准的三级房地产估价机构

序号	机构名称	资质证书编号	办公地址	联系电话	联系人
1	北京国诚房地产土地评估有限公司	京建房估资准字（2013）第0198号	丰台区石榴园北里42号楼2单元406室	67045657	王万秋
2	北京越扬房地产评估有限责任公司	京建房估资准字（2013）第0199号	丰台区张仪村路9号天都旺角8610室	87897303	赵元

表13－13　2014年北京市批准的二级房地产估价机构

序号	机构名称	资质证书编号	办公地址	联系电话	联系人
1	北京统信房地产土地评估有限责任公司	京建房估资准字（2003）第0111号	海淀区北三环西路43号青云当代大厦12B04	62131158	皮立君
2	北京博达伟业房地产价格评估有限公司	京建房估资准字（2003）第0097号	大兴区魏善庄镇龙海路3号108室	69209969	亓协寅
3	北京汇盛信达房地产土地评估有限公司	京建房估资准字（2009）第0176号	东城区和平里九区甲4号A703室	83539128	苗立国
4	北京宝伦联合房地产土地评估有限公司	京建房估资准字（2008）第0166号	海淀区知春路6号锦秋国际大厦10层A07	82800161	王运红

二、注册房地产估价师情况

2014年，经建设部批准予以初始注册的有84名房地产估价师，予以变更注册的146名房地产估价师，予以延续注册的723名房地产估价师。截至2014年，北京市房地产估价师考试合格共有3226人，注册合计的2875人，其中专职注册房地产估价师1183人。自1993年以来历年考试通过及注册的人数见下表。

表13－14　北京市房地产估价师历年考试通过及注册人数

年度	1993	1994	1995	1996	1998	1999	2001	2002	2003	2004	2005	2006	2007	2008	2009	2010	2011	2012	2013	2014
考取数	16	54	275	326	334	242	206	159	294	89	169	139	77	46	84	122	123	130	127	104
注册数	16	54	275	321	301	250	180	197	156	245	130	139	136	69	50	58	96	105	97	84

第五节　房屋安全鉴定行业

一、房屋安全鉴定机构情况

截至2014年年底，全市共有27个房屋安全鉴定机构按照《北京市房屋建筑安全评估与鉴定管理办法》（京建发〔2011〕207号）完成了备案，其中业务范围不限的鉴定机构9个，业务范围中小型的鉴定机构2个，业务范围小型的鉴定机构16个（见表13－15）。

业务范围不限的鉴定机构可以受理各种房屋建筑的安全评估与鉴定业务。

业务范围中小型的鉴定机构可以受理的业务有：1. 一般公共建筑工程，①单体建筑面积20000平方米及以下，不含钢结构；②建筑高度50米及以下。2. 住宅宿舍，20层及以下一般标准的居住建筑工程，不含钢结构。3. 地下工程，①总建筑面积10000平方米及以下地下空间；②防护等级五级及以下附建式人防工程。4. 其他类，①使用住宅专项维修资金鉴定；②变动房屋建筑主体和承重结构认定。

业务范围小型的鉴定机构可以受理的业务有：1. 使用住宅专项维修资金鉴定。2. 变动房屋建筑主体和承重结构认定。3. 平房（文物古建筑房屋除外）。4. 跨度小于12米的单层空旷砖房。5. 六层及以下砖混、砖木结构楼房。

表 13－15 北京市房屋安全鉴定机构

序号	备案编号	机构名称	法定代表人（机构负责人）	机构地址	业务电话	业务范围
1	京鉴字 01006	北京市房屋安全鉴定总站（北京市建设工程质量检测中心第五检测所）	杨　威	朝阳区华威北里 18 号	67795971	不限
2	京鉴字 01007	北京市朝阳区房屋安全鉴定站	张　杰	北京市朝阳区三里屯南 56 号	64186164	不限
3	京鉴字 01008	北京市海淀区房屋安全鉴定站	靳　宁	海淀区东王庄小区 16 号甲楼	62525745	不限
4	京鉴字 01012	北京市建设工程质量第三检测所有限责任公司	王晓江	西城区百万庄大街 3 号	68334806	不限
5	京鉴字 01018	北京市建设工程质量第六检测所有限公司	邓　玲	丰台区南苑新华路 1 号	67995531	不限
6	京鉴字 01021	北京市建设工程质量第二检测所	何西令	西城区南礼士路 62 号	68048508	不限
7	京鉴字 01022	国家建筑工程质量监督检验中心	王　霓	北京市北三环东路 30 号	64517830	不限
8	京鉴字 01023	北京市建设工程质量第一检测所有限责任公司	刘　柯	北京市海淀区复兴路 34 号	88223802	不限
9	京鉴字 01027	国家工业建构筑物质量安全监督检验中心	李晓东	北京市海淀区西土城路 33 号	82227134	不限
10	京鉴字 02001	北京首华建设经营有限公司房屋安全鉴定室	赵庆友	朝阳区芍药居 2 号院	84643383－8011	中小型
11	京鉴字 02014	北京房地集团有限公司房屋安全鉴定室	张海林	北京市朝阳区芍药居甲 2 号院 1 号楼北楼 1 层	84631858	中小型
12	京鉴字 03025	北京市丰台区房屋安全鉴定站	梁文斌	丰台区大井东里甲 2 号	63841972	小型
13	京鉴字 03002	房山区房屋安全鉴定站	王学军	房山区苏庄东街 2 号	69376993	小型
14	京鉴字 03003	北京市门头沟区房屋安全鉴定站	池宝全	门头沟区新桥大街 48 号	61801945	小型
15	京鉴字 03004	北京市西城区房屋安全鉴定一站	孙国强	北京市西城区羊皮市胡同乙 1 号	66026813	小型

续表 13－15

序号	备案编号	机构名称	法定代表人（机构负责人）	机构地址	业务电话	业务范围
16	京鉴字 03005	北京市顺义区房屋安全鉴定站	吴建民	顺义区光明北街 7 号	69441570	小型
17	京鉴字 03009	北京市昌平区房屋安全鉴定站	庞继业	昌平区南环东路 36 号	69704074	小型
18	京鉴字 03010	北京天岳恒房屋经营管理有限公司房屋安全鉴定室	陈　磊	北京市丰台区右安门外西三条甲 2 号	63295296	小型
19	京鉴字 03011	北京市怀柔区房屋安全鉴定站	赵书深	怀柔区青春路 48 号	69641817	小型
20	京鉴字 03015	石景山区房屋安全鉴定站	王文君	石景山区古城东街 103 号	68867438	小型
21	京鉴字 03016	密云县房屋安全鉴定站	李振金	密云县水源东路 339 号	69027404	小型
22	京鉴字 03017	北京市平谷区房屋安全鉴定站	张学军	平谷区平安街老武装部西院	89991590	小型
23	京鉴字 03019	北京市东城区房屋安全鉴定管理所	安宏杰	东城区长青园 1 号楼 210 室	64023166	小型
24	京鉴字 03020	通州区房屋安全鉴定站	杨建发	通州区玉桥南里 24 号楼	81587316	小型
25	京鉴字 03024	北京市大兴区房屋安全鉴定站	苏晓冬	北京市大兴工业开发区科苑路 17 号	69242522	小型
26	京鉴字 03026	延庆县房屋安全鉴定站	李顺新	北京市延庆县东外大街 89 号城建大厦 11 楼 1111 室	69176128	小型
27	京鉴字 03037	北京市西城区房屋安全鉴定二站	芦玉华	西城区万明路 18 号院 1 号楼 103 室	83551191	小型

注：1. 原东城区、崇文区房屋安全鉴定站因北京行政区重新规划，合并为东城区房屋安全鉴定站。
2. 原宣武区房屋安全鉴定站因北京市行政区重新规划，改名为西城区房屋安全鉴定二站。

二、2014 年房屋安全鉴定和评估业务完成情况

2014 年，27 个鉴定机构均开展了房屋安全鉴定工作，全年共完成各项房屋安全鉴定和评估 3853.35 万平方米，其中丰台区、海淀区、朝阳区、昌平区和市房屋安全鉴定总站完成的业务工作量较大（见表 13－16）。

表 13－16　2014 年度全市房屋建筑评估、鉴定汇总

序号	机构名称	数据来源	建筑面积（m^2）						
			抗震鉴定（平房）	抗震鉴定（楼房）	专项维修鉴定	专项维修鉴定	抗震鉴定（楼房）	专项维修鉴定	备注
1	房屋安全鉴定总站	系统备案	1382184		4390.4		34770.4	1343022.87	
		线下备案	3211		211			3000	1. 此处专项维修鉴定数据为屋面防水鉴定面积； 2. 另有专项维修鉴定涉及 1 个小区公共部位的景观、照明系统、围墙、绿地、道路、停车场、门禁及机动车出入场系统、安防系统
2	东城区房屋安全鉴定管理所	系统备案	4435.08	4435.08					
3	西城区房屋安全鉴定一站	系统备案	0						
4	西城区房屋安全鉴定二站	系统备案	0						
5	朝阳区房屋安全鉴定站	系统备案	4269965	26193.7	242087.1	1209	82106.7	3918368	
		线下备案	80443.67	0	2529	0	0	77914.67	另有道路、给排水专项维修鉴定共涉及 10 个小区
6	海淀区房屋安全鉴定站	系统备案	4542155	79657.48	138263.7	16288.94	244339.4	4063605.21	
		线下备案	68790	0	37657	6374	24759	0	另有专项维修鉴定涉及 1 个小区配电、1 个小区室外污水管道、4 个小区路面、7 个小区围墙、1 个小区 2 个楼二次供水

续表 13 - 16

序号	机构名称	数据来源	建筑面积（m^2）						备注
			抗震鉴定（平房）	抗震鉴定（楼房）	专项维修鉴定	专项维修鉴定	抗震鉴定（楼房）	专项维修鉴定	
7	丰台区房屋安全鉴定站	系统备案	4477786	104820. 2	897815. 1			3475150. 24	
		线下备案	537344. 9	173. 04	7257. 89	0	0	529914	1. 此处专项维修鉴定数据中涉及屋面防水项目为鉴定面积； 2. 另有专项维修鉴定涉及 4 个小区管线、1 个小区公共道路、1 个小区围墙、1 个小区铁艺护栏和停车系统管理
8	石景山区房屋安全鉴定站	系统备案	537398. 7	97489. 82				439908. 87	
9	门头沟区房屋安全鉴定站	系统备案	2621. 28	2621. 28					
10	昌平区房屋安全鉴定站	系统备案	1999865	37812. 14				1962052. 99	
		线下备案	59480. 59					59480. 59	
11	通州区房屋安全鉴定站	系统备案	233050. 3	2970. 24				230080. 09	
12	大兴区房屋安全鉴定站	系统备案	2433. 76	2433. 76					
13	房山区房屋安全鉴定站	系统备案	182248. 8	4191. 43	26191. 51			151865. 89	
14	平谷区房屋安全鉴定站	系统备案	132481. 1		5909. 4			126571. 7	

续表 13－16

序号	机构名称	数据来源	建筑面积（m^2）						
			抗震鉴定（平房）	抗震鉴定（楼房）	专项维修鉴定	专项维修鉴定	抗震鉴定（楼房）	专项维修鉴定	备注
15	顺义区房屋安全鉴定站	系统备案	1207	1207					
16	怀柔区房屋安全鉴定站	系统备案	17449. 99	17449. 99					
17	密云县房屋安全鉴定站	系统备案	209457. 8	5849. 27				203608. 49	
		线下备案	11601. 22					11601. 22	
18	延庆县房屋安全鉴定站	系统备案	105162. 5	4891. 19	100271. 3				
19	首华建设经营有限公司房屋安全鉴定室	系统备案	72838. 72	13. 6	33294. 87	751	20657. 94	18121. 31	
		线下备案	61. 87		61. 87				
20	天岳恒房屋安全鉴定室	系统备案	0						
21	房地集团房屋安全鉴定室	系统备案	72139. 01					72139. 01	
		线下备案	1422. 56					1422. 56	
22	建设工程质量第一检测所	系统备案	0						
23	建设工程质量第二检测所	系统备案	139724. 4	147. 9				139576. 5	
24	建设工程质量第三检测所	系统备案	21396. 46	705. 42	7216. 9		13474. 14		
		线下备案	2594. 5				2594. 5		
25	建设工程质量第六检测所	系统备案	86592. 08					86592. 08	

续表 13－16

序号	机构名称	数据来源	建筑面积（m²）						
			抗震鉴定（平房）	抗震鉴定（楼房）	专项维修鉴定	专项维修鉴定	抗震鉴定（楼房）	专项维修鉴定	备注
26	国家建筑工程质量监督检验中心	系统备案	7302		3651		3651		
27	国家工业建构筑物质量安全监督检验中心	系统备案	1890. 3				1890. 3		
28	系统备案合计		18501783	392889. 5	1459091	18248. 94	400889. 9	16230663. 25	
	线下备案合计		764950. 3	173. 04	47716. 76	6374	27353. 5	683333. 04	
	合计		19266733	393062. 5	1506808	24622. 94	428243. 4	16913996. 29	

注：系统备案数据采自北京市城镇房屋建筑使用安全管理系统。

第六节　物业服务企业

一、物业服务企业情况

截至2014年12月底，全市共有物业服务企业2855家。其中，一级企业132家；二级企业366家；三级企业2229家，三级暂定企业69家；外埠在京企业59家。

从区县分布上，海淀区注册的物业服务企业最多，有530家，其他依次为朝阳区476家、西城区329家、东城区238家和丰台区234家（见图13－7）。

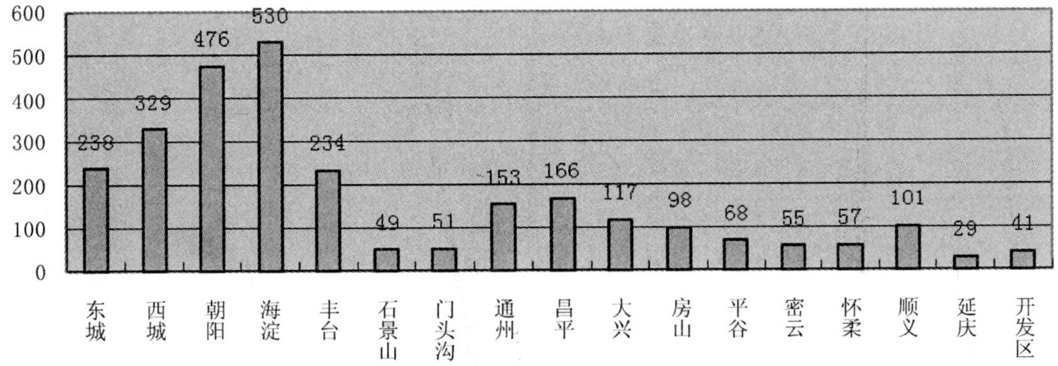

图13－7　各区县物业服务企业数量（单位：家）

二、北京市一级资质物业服务企业名录

表 13－17　北京市一级资质物业服务企业名录

序号	物业服务企业名称	注册地区县
1	北京首佳物业管理有限公司	东城区
2	泛海物业管理有限公司	朝阳区
3	北京住总北宇物业服务公司	朝阳区
4	北京房修一物业管理有限公司	西城区
5	北京冠城酒店物业管理有限公司	海淀区
6	北京金辉锦江物业服务有限公司	朝阳区
7	北京信和物业管理有限责任公司	朝阳区
8	北京东光物业管理有限公司	海淀区
9	北京中咨时代资产管理有限公司	海淀区
10	北京建工物业服务有限公司	朝阳区
11	北京新龙天宇物业管理有限公司	昌平区
12	北京裕展物业管理有限公司	朝阳区
13	北京航天万源物业管理有限公司	丰台区
14	北京方庄物业管理有限责任公司	丰台区
15	北京中水物业管理有限公司	西城区
16	北京顺天通物业管理有限公司	昌平区
17	北京中际北视物业管理有限公司	海淀区
18	北京中电建物业管理有限公司	海淀区
19	北京亿方物业管理有限责任公司	海淀区
20	北京育新物业管理公司	海淀区
21	北京方佳物业管理有限公司	昌平区
22	北京中工资产经营管理有限公司	西城区
23	北京国广物业管理有限公司	石景山区
24	北京鲁能物业服务有限责任公司	西城区
25	中化金茂物业管理（北京）有限公司	西城区
26	北京仲量联行物业管理服务有限公司	朝阳区
27	北京利天物业管理有限公司	顺义区
28	北京达尔文国际酒店物业管理有限公司	海淀区
29	北京天鸿尊逸物业管理有限公司	平谷区
30	北京天竺空港物业管理有限公司	顺义区
31	北京宝景物业管理有限公司	东城区

续表 13－17

序号	物业服务企业名称	注册地区县
32	北京中海物业管理有限公司	丰台区
33	北京博大经开置业有限公司	北京经济技术开发区
34	北京市鼎泽物业管理有限责任公司	昌平区
35	北京城建置业有限公司	海淀区
36	北京恒富物业服务有限公司	朝阳区
37	北京网信物业管理有限公司	西城区
38	北京盛利达物业管理有限公司	西城区
39	北京经中太联物业管理有限公司	西城区
40	北京博宇嘉物业管理有限公司	门头沟区
41	北京北控物业管理有限责任公司	朝阳区
42	北京招商局物业管理有限公司	朝阳区
43	北京中铁第一太平物业服务有限公司	丰台区
44	北京国基伟业物业管理有限公司	西城区
45	北京城承物业管理有限责任公司	海淀区
46	北京科住物业管理有限公司	海淀区
47	北京燕科物业管理有限责任公司	海淀区
48	第一太平融科物业管理（北京）有限公司	海淀区
49	北京天鸿宝地物业管理经营有限公司	海淀区
50	北京碧水物业管理有限责任公司	昌平区
51	北京华特物业管理发展有限公司	大兴区
52	北京道丰总部基地物业管理有限公司	丰台区
53	北京燕山星城物业管理公司	房山区
54	北京华体世纪物业管理有限公司	东城区
55	北京金网络物业管理有限公司	怀柔区
56	北京戴德梁行物业管理有限公司	朝阳区
57	北京市均豪物业管理股份有限公司	平谷区
58	中化国际物业酒店管理有限公司	西城区
59	北京诚智慧中物业管理有限公司	海淀区
60	北京亿展资产管理有限公司	海淀区
61	北京丰汇物业管理有限责任公司	东城区
62	北京首华物业管理有限公司	东城区
63	北京房地集团有限公司	朝阳区
64	北京市望京实业总公司	朝阳区
65	勤好（北京）物业管理有限公司	海淀区

续表 13-17

序号	物业服务企业名称	注册地区县
66	北京龙城兴业物业管理有限公司	朝阳区
67	北京利信伟业物业管理有限公司	顺义区
68	北京金融街第一太平戴维斯物业管理有限公司	西城区
69	北京中兴物业管理有限公司	西城区
70	明洁物业管理有限公司	西城区
71	新中物业管理（中国）有限公司	西城区
72	中海实业公司	东城区
73	赛特国际物业管理有限公司	朝阳区
74	北京北辰信诚物业管理有限责任公司	朝阳区
75	北京金罗马物业管理有限公司	朝阳区
76	北京高腾物业管理有限公司	朝阳区
77	北京中湾智地物业管理有限公司	海淀区
78	第一太平戴维斯物业顾问（北京）有限公司	朝阳区
79	北京东方容和物业管理有限责任公司	东城区
80	北京金融街物业管理有限责任公司	西城区
81	北京金海燕物业管理有限公司	朝阳区
82	北京和泓物业服务有限公司	大兴区
83	北京凯莱物业管理有限公司	东城区
84	北京盛世物业服务有限公司	朝阳区
85	北京金泰物业管理有限公司	怀柔区
86	北京新世界物业管理有限公司	东城区
87	北京中航大北物业管理有限公司	朝阳区
88	北京世纪城物业管理有限公司	海淀区
89	中油阳光物业管理有限公司	东城区
90	北京尚合佳物业管理有限公司	西城区
91	北京万科物业服务有限公司	顺义区
92	北京远洋基业物业管理有限公司	怀柔区
93	北京闻达敏斯物业管理服务有限公司	房山区
94	北京信科联物业管理有限公司	海淀区
95	北京神舟天辰物业服务有限公司	海淀区
96	北京市圣瑞物业服务有限公司	西城区
97	北京大唐物业管理有限公司	海淀区
98	北京万通鼎安国际物业服务有限公司	怀柔区
99	北京瑞思特物业管理有限公司	丰台区

续表 13－17

序号	物业服务企业名称	注册地区县
100	北京玉渊潭物业管理集团有限公司	海淀区
101	北京首欣物业管理有限责任公司	石景山区
102	北京中实杰肯道夫物业管理有限公司	西城区
103	北京航腾物业管理有限责任公司	东城区
104	北京兴邦物业管理有限责任公司	朝阳区
105	北京中建物业管理有限公司	丰台区
106	北京奥和物业管理有限公司	门头沟区
107	北京银达物业管理有限责任公司	东城区
108	北京亿城物业管理有限公司	海淀区
109	北京国兴三吉利物业管理有限责任公司	海淀区
110	北京燕侨物业管理有限公司	朝阳区
111	中海宏洋物业管理有限公司	海淀区
112	北京悦豪物业管理有限公司	通州区
113	北京金地格林物业管理有限公司	北京经济技术开发区
114	北京锦融物业管理有限公司	东城区
115	中交地产北京物业有限公司	海淀区
116	北京达文物业管理有限公司	朝阳区
117	北京昊远隆基物业管理有限公司	房山区
118	北京安信行物业管理有限公司	门头沟区
119	北京华腾世纪物业管理有限公司	顺义区
120	中远酒店物业管理有限公司	朝阳区
121	北京市嘉宝物业管理有限公司	东城区
122	北京天岳恒房屋经营管理有限公司	西城区
123	国贸物业酒店管理有限公司	朝阳区
124	中铁建（北京）物业管理有限公司	海淀区
125	北京世邦魏理仕物业管理服务有限公司	朝阳区
126	北京金隅物业管理有限责任公司	西城区
127	北京金隅大成物业管理有限公司	丰台区
128	华润置地（北京）物业管理有限责任公司	西城区
129	北京燕京都物业管理有限公司	朝阳区
130	北京城建物业管理有限责任公司	海淀区
131	北京城建福安楼寓物业管理有限公司	西城区
132	中建物业管理公司	海淀区

第七节　征收拆迁服务行业

一、拆迁单位管理情况

2014 年，依据《北京市房屋拆迁单位管理办法》（京国土房管拆〔2003〕308 号）规定，全市开展 2013 年度房屋拆迁单位资质年审工作，经房屋拆迁单位网上申报、区县初审、市住房城乡建设委复审程序，确认 2013 年度全市共有 203 家房屋拆迁单位资质年审合格（其中包括自行拆迁单位 22 个，一级受托拆迁单位 54 个，二级受托拆迁单位 43 个，三级受托拆迁单位 84 个），同时撤销 7 家房屋拆迁单位拆迁资质。以下为年审合格的拆迁单位基本情况。

表 13－18　自行拆迁单位名录

序号	拆迁公司名称	资质等级
1	北京昌泰兴业地产中心	自行
2	北京城市开发集团有限责任公司	自行
3	北京海开房地产集团有限责任公司	自行
4	北京宏城房地产开发有限公司	自行
5	北京华阳房地产发展公司	自行
6	北京京西新远房地产经营开发公司	自行
7	北京昆泰房地产开发集团	自行
8	北京市朝阳区房地产经营开发公司	自行
9	北京市华远置业有限公司	自行
10	北京市聚鑫城房地产开发有限责任公司	自行
11	北京市密云县房地产开发总公司	自行
12	北京市天桥投资开发公司	自行
13	北京檀营房地产开发有限公司	自行
14	北京檀州房地产开发有限公司	自行
15	北京天运房地产综合开发经营有限责任公司	自行
16	北京武夷房地产开发有限公司	自行
17	北京中融物产有限责任公司	自行
18	北京中信房地产有限公司	自行
19	华润置地（北京）股份有限公司	自行
20	西城旧城保护和居民住房改善工程指挥部办公室	自行
21	中国石化集团北京燕山石油化工有限公司	自行
22	中央国家机关三里河联建办公室	自行

表 13－19　受托拆迁单位名录

序号	拆迁公司名称	资质等级
1	北京安居拆迁服务有限公司	一级
2	北京博瑞星房屋拆迁服务有限责任公司	一级
3	北京城建弘大拆迁工程有限责任公司	一级
4	北京城建弘志拆迁工程有限责任公司	一级
5	北京大龙房屋拆迁有限公司	一级
6	北京鼎盛拆迁工程有限责任公司	一级
7	北京东方康泰拆迁有限公司	一级
8	北京东方联建建设拆迁服务有限公司	一级
9	北京房地集团有限公司	一级
10	北京环地房屋拆迁有限责任公司	一级
11	北京汇盛房屋拆迁有限责任公司	一级
12	北京建鸣园拆迁服务有限公司	一级
13	北京建业成房屋拆迁有限公司	一级
14	北京金达拆迁有限公司	一级
15	北京锦辉盛泽房屋拆迁有限公司	一级
16	北京开达拆迁服务有限责任公司	一级
17	北京千禧兴业房屋拆迁有限公司	一级
18	北京迁居梦房屋拆迁有限责任公司	一级
19	北京荣盛达房屋拆迁有限责任公司	一级
20	北京胜鑫达房屋拆迁有限公司	一级
21	北京世纪朝开拆迁服务有限公司	一级
22	北京世纪广平拆迁有限公司	一级
23	北京世纪天星房屋拆迁有限责任公司	一级
24	北京市常聚房屋拆迁有限责任公司	一级
25	北京市崇文区房屋拆迁事务所	一级
26	北京市春地征地拆迁有限责任公司	一级
27	北京市东城区拆迁服务所	一级
28	北京市华辰松房屋拆迁有限责任公司	一级
29	北京市华远力诚房屋拆迁有限责任公司	一级
30	北京市建喜联征地拆迁有限公司	一级
31	北京市石景山区拆迁服务所	一级
32	北京市西城区建设拆迁所	一级
33	北京顺城拆迁服务有限公司	一级
34	北京顺平拆迁有限责任公司	一级
35	北京松松房屋拆迁服务有限责任公司	一级

续表 13 - 19

序号	拆迁公司名称	资质等级
36	北京腾龙拆迁服务有限公司	一级
37	北京腾宇拆迁工程有限责任公司	一级
38	北京天恒国信拆迁工程有限责任公司	一级
39	北京天鸿宝威土地开发有限责任公司	一级
40	北京天健伟业拆迁服务有限公司	一级
41	北京威督拆迁服务有限责任公司	一级
42	北京先锋拆迁有限公司	一级
43	北京新开元拆迁服务有限责任公司	一级
44	北京鑫海远拆迁有限公司	一级
45	北京鑫建源诚房屋拆迁有限公司	一级
46	北京兴隆和融房屋拆迁有限公司	一级
47	北京宣房拆迁有限责任公司	一级
48	北京宣开拆迁有限责任公司	一级
49	北京燕祥顺业房屋拆迁工程有限责任公司	一级
50	北京永鑫拆迁有限公司	一级
51	北京政源拆迁有限公司	一级
52	北京中海盛景拆迁有限责任公司	一级
53	北京住建新恒征地拆迁有限责任公司	一级
54	北京紫龙拆迁有限公司	一级
55	北京爱户众乐拆迁有限公司	二级
56	北京昌房正信拆迁服务有限公司	二级
57	北京诚合佳兴房屋拆迁服务有限责任公司	二级
58	北京东方圣奇房地产经纪服务有限公司	二级
59	北京东方兴诚拆迁有限公司	二级
60	北京东展房屋拆迁有限公司	二级
61	北京福信房屋拆迁有限责任公司	二级
62	北京拱极拆迁有限公司	二级
63	北京海地基业房屋拆迁有限公司	二级
64	北京宏发拆迁工程有限公司	二级
65	北京嘉迅拆迁服务有限责任公司	二级
66	北京锦江昊房屋拆迁服务有限责任公司	二级
67	北京京昌建设拆迁服务有限责任公司	二级
68	北京京科园拆迁服务有限责任公司	二级
69	北京科兴拆迁服务有限责任公司	二级
70	北京联兴拆迁工程有限公司	二级

续表 13 - 19

序号	拆迁公司名称	资质等级
71	北京龙锋拆迁有限公司	二级
72	北京鹏华房屋拆迁服务所	二级
73	北京鹏华捷房屋拆迁咨询有限公司	二级
74	北京千安泓房地产拆迁有限责任公司	二级
75	北京乾宇拆迁有限责任公司	二级
76	北京乔迁房地产信息咨询有限责任公司	二级
77	北京三程通房屋拆迁有限公司	二级
78	北京盛桥拆迁有限责任公司	二级
79	北京市成龙房地产咨询服务公司	二级
80	北京市丰开拆迁服务中心	二级
81	北京市六合拆迁有限公司	二级
82	北京市通州区城市房屋拆迁服务所	二级
83	北京市鑫淼房屋拆迁有限责任公司	二级
84	北京顺天诚房地产信息咨询服务中心	二级
85	北京天地之合拆迁有限公司	二级
86	北京祥志房屋拆迁有限公司	二级
87	北京新筑拆迁有限公司	二级
88	北京鑫鸿运拆迁服务有限公司	二级
89	北京兴恒源拆迁服务有限公司	二级
90	北京兴南物业管理拆迁有限公司	二级
91	北京兴平房屋拆迁服务中心	二级
92	北京宜轩房屋拆迁有限责任公司	二级
93	北京易佳安邦拆迁有限公司	二级
94	北京玉精诚拆迁劳务服务中心	二级
95	北京远大万贤房屋拆迁服务有限公司	二级
96	北京月达拆迁服务有限责任公司	二级
97	北京智宝拆迁拆除有限公司	二级
98	北京安华迁喜房屋拆迁有限责任公司	三级
99	北京保利民房屋拆迁有限公司	三级
100	北京北方天宇房屋拆迁服务有限公司	三级
101	北京北泰拆迁有限公司	三级
102	北京昌通建设拆迁服务有限责任公司	三级
103	北京诚安成房屋拆迁服务有限责任公司	三级
104	北京城建君恒拆迁有限责任公司	三级
105	北京创业人拆迁有限公司	三级

续表 13 - 19

序号	拆迁公司名称	资质等级
106	北京鼎成拆迁有限责任公司	三级
107	北京房修一建筑工程有限公司	三级
108	北京公达天林拆迁服务有限责任公司	三级
109	北京广厦园拆迁服务有限公司	三级
110	北京国通房屋拆迁有限公司	三级
111	北京海通基业拆迁有限公司	三级
112	北京好元通拆迁服务有限公司	三级
113	北京浩鸣拆迁有限公司	三级
114	北京弘元安拆迁服务有限公司	三级
115	北京宏业诚信拆迁有限公司	三级
116	北京厚德行房屋拆迁有限公司	三级
117	北京华成来房地产经纪有限公司	三级
118	北京华佳兴业房屋拆迁服务有限责任公司	三级
119	北京华胜达拆迁服务有限责任公司	三级
120	北京华夏亮点物业管理有限公司	三级
121	北京汇璟嘉实拆迁有限公司	三级
122	北京惠鸿盛隆房屋拆迁有限公司	三级
123	北京慧海仁和拆迁服务有限公司	三级
124	北京计新房屋拆迁服务有限责任公司	三级
125	北京嘉华伟业房屋拆迁服务有限公司	三级
126	北京建业有成房屋拆迁有限责任公司	三级
127	北京捷畅拆迁服务有限公司	三级
128	北京京密拆迁服务中心	三级
129	北京京西时尚房屋拆迁有限公司	三级
130	北京景欣拆迁服务有限公司	三级
131	北京君诚房屋拆迁有限公司	三级
132	北京开创房屋拆迁有限公司	三级
133	北京联创嘉业房屋拆迁有限公司	三级
134	北京隆宏泽拆迁服务中心	三级
135	北京茂林森房屋拆迁咨询有限责任公司	三级
136	北京明海拆迁服务咨询有限公司	三级
137	北京明锐宏拆迁服务有限公司	三级
138	北京平正拆迁服务有限责任公司	三级
139	北京荣大拆迁工程有限责任公司	三级
140	北京润安房屋拆迁有限公司	三级

续表 13－19

序号	拆迁公司名称	资质等级
141	北京盛东居拆迁服务中心	三级
142	北京盛世兴房屋拆迁服务有限公司	三级
143	北京世纪春成房屋拆迁有限公司	三级
144	北京世纪汇帮拆迁有限公司	三级
145	北京市长丰源房屋拆除有限责任公司	三级
146	北京市崇欣房屋拆迁有限公司	三级
147	北京市鸿禹超拆迁有限公司	三级
148	北京市华鼎四合院房屋经营信息网络中心	三级
149	北京市津河拆迁服务有限责任公司	三级
150	北京市康宜拆迁服务有限责任公司	三级
151	北京市煤气工程有限公司	三级
152	北京市盛德纪房屋拆迁有限公司	三级
153	北京市亦平房屋拆迁有限责任公司	三级
154	北京市银创伟宏房屋拆迁有限公司	三级
155	北京市永安建房屋拆迁服务有限责任公司	三级
156	北京市元龙拆迁有限责任公司	三级
157	北京首佳信房屋拆迁有限公司	三级
158	北京顺建拆迁服务中心	三级
159	北京硕方兴业房地产信息咨询有限公司	三级
160	北京天承建达房屋拆迁有限公司	三级
161	北京天福恒置业有限公司	三级
162	北京通城房屋拆迁有限公司	三级
163	北京同力源房屋拆迁有限责任公司	三级
164	北京拓荒牛拆迁有限责任公司	三级
165	北京万柳仁和房屋拆迁有限责任公司	三级
166	北京为您拆迁服务有限公司	三级
167	北京文开房屋拆迁服务有限责任公司	三级
168	北京欣徒拆迁工程有限公司	三级
169	北京鑫悦房屋拆迁服务有限公司	三级
170	北京兴达信房屋拆迁有限公司	三级
171	北京兴久诚房屋拆迁有限责任公司	三级
172	北京兴融拆迁服务有限责任公司	三级
173	北京禹嘉拆迁服务有限责任公司	三级
174	北京玉英房屋拆迁服务有限责任公司	三级
175	北京兆丰旭清拆迁有限责任公司	三级

续表 13 - 19

序号	拆迁公司名称	资质等级
176	北京正本房地产信息咨询有限责任公司	三级
177	北京正中置业有限责任公司	三级
178	北京中诚信房屋拆迁有限公司	三级
179	北京中江鸿运房屋拆迁有限公司	三级
180	北京中居房屋拆迁有限公司	三级
181	北京中蓬房屋拆迁有限公司	三级

二、房屋征收所涉评估机构管理情况

为加强征收评估机构动态管理，2014 年 2 月 26 日市住房城乡建设委会同北京房地产估价师和土地估价师协会开展全市房屋征收评估机构名录成员单位自查工作。通过自查，进一步增强征收评估机构依法评估意识，提高评估服务质量。

截至 2014 年年底，全市共有 105 家房地产价格评估机构具备北京市房屋征收房地产价格评估资格。

附　录

北京市房地产年鉴 2015

附录一 业界观点

温和增长 迎“新常态”

中原集团研究中心

2014年接近尾声，市场在经过将近三个季度的萎靡之后，于近期在一系列行政干预及信贷紧缩的政策陆续退出之际，又逐渐有了起色。行政干预让位于市场作用，这将是大势所趋。中国的房地产市场一直是“政策市”，其跌宕起伏的周期与宏观政策的调控密切相关，而2014年的波动更是将之前被政策掩盖下的市场因素凸显了出来。

展望2015年，2014年中央经济工作会议并未提及房地产业，这反而说明房地产业在国民经济中的地位暂时未被撼动，房地产业无论是对于经济托底还是民生保障，都将继续承担重要作用。在宏观经济承载下行压力之时，伴随着经济步入“新常态”，中国房地产市场也有望回归理性，进入平稳增长期。

然而，我们也必须理性地正视中国房地产市场正在面临着的增长瓶颈，供求关系、信贷环境以及市政规划等基本市场化因素，将成为影响未来市场走势的主导因素，平稳增长、区域分化，将成为未来发展的新常态。2015年中国房地产市场值得关注的有以下5个方面。

（一）新开工缓慢复苏，棚改房平衡宏观波动

2014年的波动是对透支式爆发的2013年的再次回调。受全国住宅市场销售放缓、信贷收紧、库存高企的影响，2014年2月份以来，全国房屋新开工面积出现持续负增长，且2—5月份的跌幅均超过2008年以来的高位。开发商的投资行为趋于谨慎，购地数量也大幅削减。这样的状况将造成2015年的整体新建住宅供应较2014年有所下降，降幅预计在一成左右。

随着新开工指标的大幅回落，房地产开发陷入景气低谷，各地政府对限购政策的松绑开始愈演愈烈，这为历时四年多的行政干预楼市的政策逐步让位于市场，创造了绝好的时机。2014年三季度开始，对首次置业、改善性需求的房贷及公积金贷款政策也日趋宽松，这对销售市场无疑带来了正面的刺激。但是，未来政策导向仍将以维持市场平稳为主，房产税等替代措施必然会出台以防止投资需求推高房地产泡沫，期待后市重现2009年的反弹并不现实。因此，2015年对于各大房企的首要任务依然是消化库存，新开工的复苏最早也要等待至明年的下半年之后。

然而，新型城镇化政策，尤其是棚户区改造，将成为本届政府平衡商品房建设放缓的主要手段。在李克强总理提出的“三个一亿人”的新型城镇化中，“改造约1亿人居住的城镇棚户区和城中村”是其中最具可行性的，同时也将对未来房地产市场，尤其是重点城市产生显著影响。根据对近年来全国棚改房实际开工数据与棚改用地的数据分析，可以看到，在2008年国家全面启动棚改以来，全国棚改房的新开工面积占住宅新开工面积的比重基本稳定在15%—20%之间，而2014年是棚改房开工规模最大的一年，预计这一比例将达到32%的历史高位。

从全国层面来看，新房市场发展对棚改的依赖程度明显提升。鉴于房地产投资建设对整体经济的带动，近年大规模的棚改计划，将能平衡商品住宅市场投资放缓对经济的负面影响。因此，整体而言，2015年全国的新开工建设增速将逐渐恢复正增长，但增幅有限。

（二）人口增长驱动，特大城市需求坚实稳定

截至到2013年，我国有建制市共计657个，但是房地产市场具有一定规模发展的城市仅约占10%。受统计资料完备性的限制，约有40个城市可以进行深入研究。根据2013年的数据，这40个主要城市[①]新房销售面积占全国的37%，销售金额占比为53%。在中原地产监测的10家标杆房企中，来自这40个城市的销售金额占比为63%。可以说，这些重点城市构成了通常所说的房地产行业的主要基础。这40个重点城市整体已进入稳定发展状态，人均新房面积已经达到，且部分二线城市甚至超过了稳定水平。因此，这些城市未来的增长空间，只能来自人口增长所带来的需求提升。除个别城市可能出现重大政策、规划调整带来的变化外，重点城市作为整体，很难重现以往的高增长局面。

在这40个城市中，2008—2013的5年间，人口增长速度超过2位数的仅有10个城市，平均增幅为13%。而其余30个城市人口增幅仅为5%。人口向大城市集中的趋势明显，使得大型城市未来需求仍有人口增长支持。我国第六次人口普查结果也印证了这一趋势。据统计，全国流动人口的总量约为2.45亿，超过总人口的1/6，人口流动的趋势整体上是从经济发展中的省市，流向经济发达城市，特别是特大城市人口聚集态势还在加强，如北京、上海吸纳跨省流动人口的趋势进一步增强。

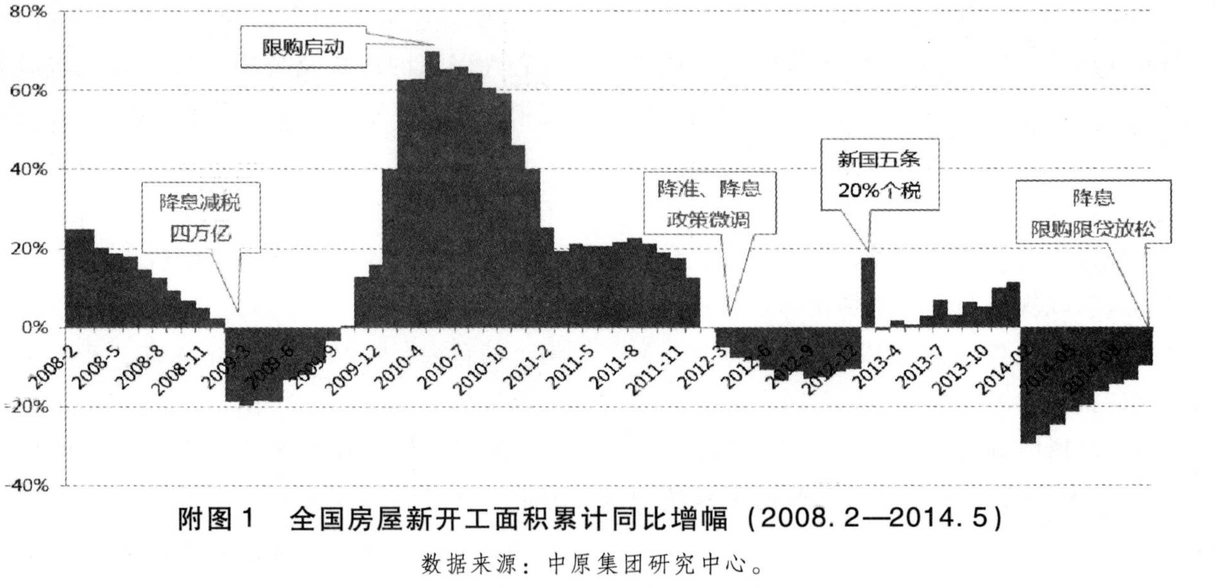

附图1　全国房屋新开工面积累计同比增幅（2008.2—2014.5）

数据来源：中原集团研究中心。

① 全行政区口径，含下辖区县。

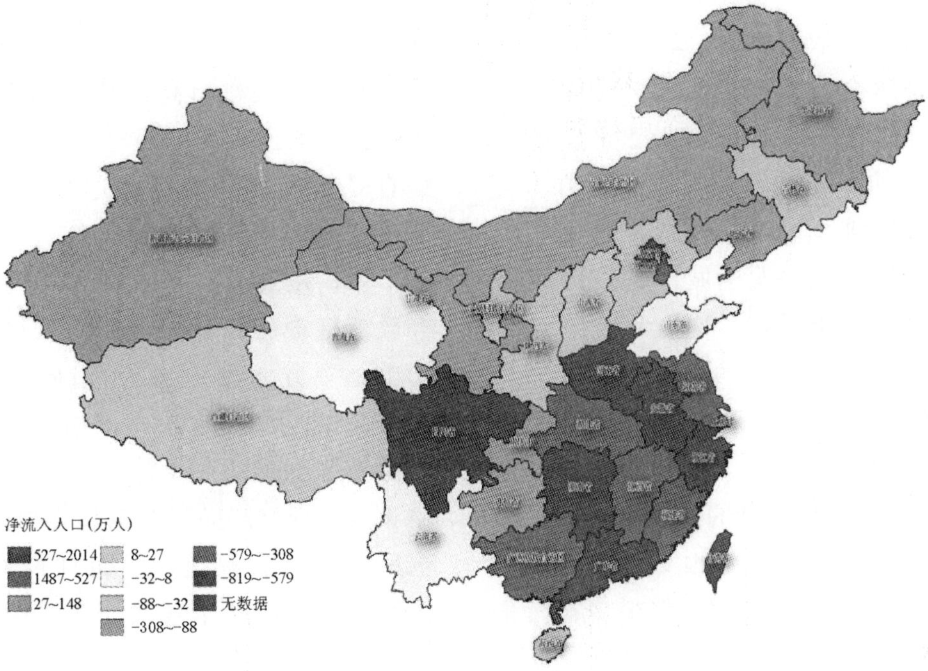

附图2　全国人口流动状态

数据来源：基于第六次人口普查数据，中原集团研究中心制作。

因此，人口净流出省市的未来房地产需求有限，而经济发达城市的需求稳定，依然发展前景看好。特大城市及区域性的核心城市，具备这样的潜力，多数二三线城市将进入楼市发展的瓶颈期。大型房企已经意识到这一趋势，2014 年各大房企的布局也因之开始出现明显调整，重新向一线城市聚集。根据中原集团研究中心监测的 10 家标杆房企，2014 年上半年在一线城市购地可建面积占比约为 11%，为 2009 年以来同期的第二高位。

预计 2015 年受益于信贷环境改善，改善需求释放，首置需求居高不下的形势，在这些一线城市及区域核心城市中，新房库存压力减少迅速，二手房市场将重新恢复活跃。而大多数的二线及三四线城市中，去库存仍将是 2015 年的主要任务。整体市场的复苏有望在 2015 年的第二季度开始，而一线城市在 2014 年的价格调整微弱，2015 年价格的上涨动力或将加速。

（三）需求增长放缓　财富效应减弱投资分流

市场有效需求由需求量和购买力共同决定。人均新房销售面积和人口增幅决定了未来需求的“量”，而从购买力来看，我们不得不正视楼市的需求增长也开始放缓的趋势。考虑到贫富分化，我们以各城市的民间总财富代替人均指标考察楼市的需求支撑。从城乡居民的总可支配收入和储蓄余额两项指标来看，由于房价上涨过快，民间财富数量相对于楼市总成交额的比例也在总体降低。

另外，从高收入人群的支付能力来看，一部分样本城市也出现需求回落的迹象。高收入人群收入数据来自税务局年收入 12 万以上个税申报，相比于统计局公布的人均可支配收入，个税申报数据更能反映高收入人群的实际收入情况。但由于数据披露的不完整，我们仅能观察其趋势性变化。从仅有的全国和部分城市披露的数据来看，2006—2009 年全国住宅总销售金额和高收入人群税后净收入的比值还维持在 4—7 倍的较低水平。而到了 2012—2013 年，一些二线省市如唐山、西安、河北省都达到了 11 倍以上。不过也有广州、苏州、天津等经济发达城市这一比值仍较低，市场潜在需求稳定。这也从一个方面反映出需求支撑差异导致的城市表现分化。

除此以外，我们还应该考虑房改房再上市对居民收入的影响。从 1998 年房改后，绝大多数城市本地家庭以很低的价格购买了原有房产。这部分房产随着楼市的发展而同步升值。因此，虽然房价上涨很快，但很多家庭在改善置业时将原有住房出售，在借助按揭贷款之后，其实际新增支出仍可承受。但随着时间的流逝，尚未改善置业的家庭数量减少，这部分隐性财富对购买力的影响也在减弱。

除了上述自住需求的购买力减弱之外，我们还要正视投资需求的日渐分流。投资需求一直是过去楼市高增长的动力之一。由于可选投资渠道匮乏，房地产在过去十多年中，一直是居民的最佳投资选择。不仅门槛低、回报稳定、还能借助银行杠杆放大收益。但近年来，短期投机需求随着交易税费的增加和政策打击已经显著减少。长期投资也受到影响，一方面国内房价过高、交易限制多，部分高端需求开始转向价格更低、产权稳定的海外置业；另一方面，对普通投资者而言，由于银行理财产品、互联网金融投资的兴起，低风险收益大幅提高，而且投资门槛更低。沉寂已久的股票市场也于近期开始回升，加快了资金的转向。相比之下，大多数城市住房供大于求，价格过高，未来增值不确定，已经不再是最佳投资选择，因此房地产投资需求也出现显著回落。

附表 1　城乡居民可支配总收入与商品住宅销售总额比值（2008—2013 年）

城市	2008	2009	2010	2011	2012	2013
襄阳	—	—	—	26.27	5.91	6.42
石家庄	6.84	5.57	4.68	2.73	3.26	3.87
温州	8.00	2.82	5.32	7.66	5.07	3.54
无锡	3.53	1.70	1.90	3.57	2.85	3.29
东莞	3.99	3.67	4.57	4.09	3.91	3.20
济南	4.31	3.91	2.66	2.52	2.81	3.02
福州	3.07	1.41	2.95	3.28	2.74	2.98
洛阳	5.54	4.20	3.62	2.99	3.72	2.78
泸州	4.98	3.64	2.66	3.54	3.64	2.72
苏州	3.82	1.76	3.11	2.77	1.67	2.71
泉州	5.69	5.08	4.53	3.84	4.16	2.65
宁波	3.56	1.68	2.06	3.51	2.90	2.55
唐山	5.80	4.33	3.92	2.63	2.49	2.42
重庆	3.10	1.72	2.24	3.06	2.38	2.36
深圳	2.78	1.65	2.55	2.28	2.73	2.28

续附表1

城市	2008	2009	2010	2011	2012	2013
天津	3.53	1.46	1.86	2.52	2.68	2.27
北京	2.28	1.12	1.62	2.48	1.92	2.16
佛山	2.70	1.84	1.64	1.80	2.23	2.00
上海	1.86	0.93	1.91	2.60	2.57	1.95
常州	—	1.32	4.52	2.67	2.06	1.84
南宁	1.82	1.19	1.34	1.58	1.72	1.63
中山	2.47	1.47	1.33	1.36	1.64	1.43
广州	1.65	1.38	1.62	2.00	1.79	1.39
昆明	1.39	—	—	—	—	1.36
西安	1.82	1.39	1.18	0.99	1.35	1.33
大连	1.23	0.89	1.00	1.35	1.42	1.32
杭州	1.67	0.78	1.18	1.92	1.33	1.29
长沙	2.45	1.49	0.95	1.07	1.25	1.27
南京	2.43	1.03	1.73	2.48	1.74	1.26
惠州	3.49	2.03	1.85	1.46	1.54	1.25
合肥	0.93	0.68	0.90	1.09	1.19	1.23
武汉	1.74	1.50	1.41	1.29	1.26	1.21
贵阳	1.45	—	—	—	—	1.15
南昌	2.31	1.73	1.73	1.81	1.44	1.15
成都	1.01	0.68	0.77	0.85	0.90	1.00
海口	1.23	1.06	0.78	1.16	1.10	0.86
厦门	1.79	0.76	1.66	1.51	0.98	0.84
长春	—	—	1.61	—	—	—
安庆	—	—	—	—	—	—
扬州	—	—	—	—	—	—

注：城乡居民可支配总收入=城镇人均可支配总收入×城镇人口×(1-城镇居民家庭恩格尔系数)+农村居民人均纯收入×乡村人口×(1-农村居民家庭恩格尔系数)。

数据来源：各地统计局，房地产管理局，中原集团研究中心。

附表2　城乡居民储蓄余额与商品住宅销售总额比值（2008—2013年）

城市	2008	2009	2010	2011	2012	2013
襄阳	—	—	—	58.80	14.62	16.73
长春	8.88	7.09	5.21	4.38	4.12	14.79
石家庄	25.40	20.99	17.18	9.58	10.98	13.15

续附表 2

城市	2008	2009	2010	2011	2012	2013
无锡	12.08	6.08	6.57	11.35	8.85	10.01
北京	10.70	5.70	7.64	11.18	8.62	9.21
唐山	20.72	15.64	14.76	9.74	9.08	8.61
济南	11.59	9.87	7.51	6.77	7.77	8.48
佛山	13.51	8.94	7.51	7.66	9.29	8.04
福州	9.88	4.90	9.84	10.13	7.92	8.01
深圳	9.25	5.54	8.56	7.81	9.38	7.85
温州	17.23	6.82	10.96	17.51	11.36	7.55
天津	11.36	5.04	6.29	8.45	8.97	7.48
上海	7.07	3.75	6.78	9.55	9.77	7.43
重庆	8.23	4.78	6.42	8.89	7.19	7.25
苏州	12.53	5.64	9.07	7.55	4.50	7.23
东莞	9.87	8.69	10.14	8.98	8.90	7.08
宁波	9.69	4.91	5.65	9.48	8.00	7.06
洛阳	13.81	10.92	9.07	7.02	8.92	6.92
昆明	8.36	—	—	—	—	6.69
广州	8.66	7.06	7.69	9.26	8.35	6.45
泸州	11.18	7.58	4.73	7.99	8.49	6.43
贵阳	6.87	—	—	—	—	5.58
常州	—	4.62	15.15	8.23	6.26	5.56
南宁	5.39	3.65	4.62	5.17	5.76	5.51
西安	9.20	10.07	5.51	4.27	5.58	5.49
海口	7.07	6.30	4.79	7.12	6.71	5.39
大连	5.72	4.48	4.54	5.66	5.78	5.27
泉州	11.61	10.77	9.56	7.75	7.99	4.79
中山	8.69	5.18	4.43	4.60	5.42	4.77
成都	5.03	3.42	3.80	4.08	4.36	4.75
武汉	7.59	5.56	5.93	5.27	4.93	4.69
杭州	6.25	3.07	4.39	7.28	4.98	4.66
南昌	8.71	7.01	6.69	6.91	5.30	4.21
南京	8.10	3.66	5.83	7.79	5.45	3.86
长沙	6.09	3.92	3.09	3.33	3.87	3.68
合肥	2.87	2.13	2.60	2.85	3.21	3.40
惠州	—	—	3.61	2.83	3.03	2.49

续附表 2

城市	2008	2009	2010	2011	2012	2013
厦门	6.92	3.23	5.10	4.34	2.70	2.25
安庆	—	—	—	—	—	—
扬州	—	—	—	—	—	—

数据来源：各地统计局，房地产管理局，中原集团研究中心。

综上所述，自住需求增长放缓，支撑减弱，而房地产投资需求则被分流，整体房地产需求回落的趋势已不可避免。政策环境的逐渐宽松对市场复苏无疑将是利好，尤其对于首次置业及改善性需求的入市。然而，需求的有限增长将使二线以下城市的回暖幅度弱于有着强劲需求支撑的一线及核心城市。同时，供过于求的压力将会持续 2015 年，唯有价格的深度调整方能刺激成交量回升的加速。

对于房企和其他行业从业者来说，必须主动适应增长放缓，自住需求主导的房地产行业形势。在市场总量增长放缓的情况下，未来企业规模增长将主要来自提升市场占有率，而利润增长则必须依靠提升项目利润率和开拓其他新业务收益。业务模式从传统的一次性销售，转向以购房者的需求为核心，整合社会资源向客户提供可持续的服务，从而获得稳定的现金流。养老地产、产业地产等都是这一概念的体现。

（四）城市分化凸显，小型城市需求持续涌现

2014 年的房地产市场虽然与上一年表现迥异，但有一点是相同的，就是城市间分化依然持续。2014 年国内房地产市场的城市分化，可以分为两个不同的层面。

第一层面，在 40 个重点城市中，一二线发达城市与三四线发展中城市的分化，主要体现在需求的稳定性和存量的压力。一线城市对外来人口的持续吸引和较高的收入水平，决定了一线城市楼市需求稳定，在市场回升期表现明显优于三四线发展中城市。而从存量水平来看，虽然一线城市平均存量消化周期在 12 个月左右，但存量绝对值与之前的历史高位接近。一旦市场销量回升，存量消化周期即能快速下降。但部分三四线城市不仅存量消化周期高达 20 个月以上，且存量绝对值也大大高于此前的历史高位，供大于求情况严重。

城市分化的第二个层面，在于 40 个重点城市与全国其他城市间的差异。从 2013 年到 2014 年，全国 40 个重点城市的新房销售始终逊于全国其他地区。比如，2013 年全国新建住宅销售面积增长 18%，而 40 个重点城市增幅仅为 12%；2014 年前 10 个月，全国新房销售面积同比下跌 9.5%，而 40 个重点城市跌幅达 13.5%。这也说明了这 40 个重点城市市场已经面临了增长的瓶颈。

那么，支撑全国新房销售面积增长的主要动力来自何处？在全国范围来看，县级市和排名后 100 位的小型地级市，正在成为近年来全国住宅销售量增长的主力。近年来，由于城镇化及农民工离城返乡化的双重作用，刺激其住房需求持续稳定增长。大量欠发达地区外出务工人群，在无法负担大城市房价的情况下，选择返乡在临近的小城市置业。这些小城市的房价通常在 3000—4000 元人民币，远低于大城市动辄上万的房价。返乡置业不仅房价可以承受，也可以为家人子女提供更好的医疗和教育环境。

附表 3　各类城市新建住宅销售面积占比（2013 年）

城市分类	新建住宅销售面积（万平方米）	占全国比重（%）
32 个重点城市（仅主城区，不含下辖郊县）	20310.61	18
32 个重点城市（全行政区，包含郊县）	34764.67	30
235 个地级以上城市（全行政区，含郊县）	96139.75	83
全国	115722.69	100

注：2014 年地级市数据统计局尚未公布，因此本表统一用 2013 年数据做对比。

在 40 个重点城市中，有 32 个城市可区分主城区与郊县，数据分别来自交易中心和统计局。

在 270 个地级市中，仅 235 个城市有住宅销售统计数据。

数据来源：中原集团研究中心。

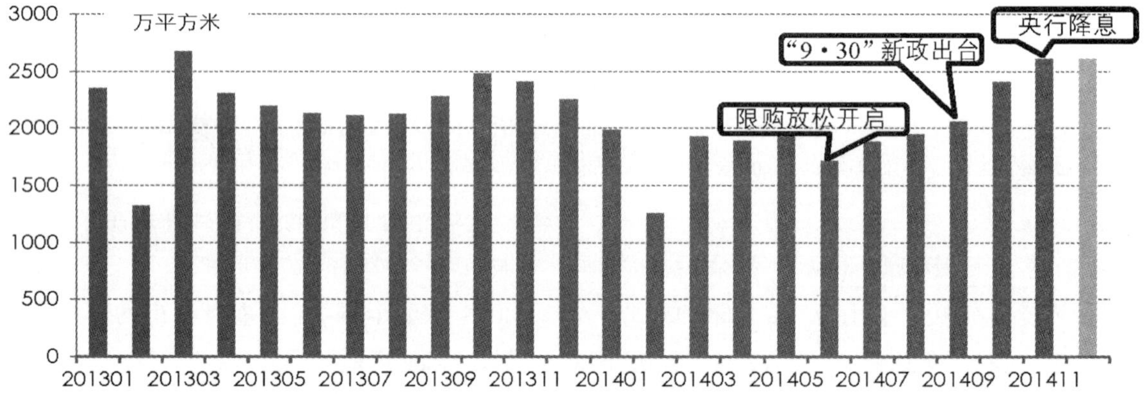

附图 3　40 个重点城市新建住宅月度销售面积（2013.01—2014.12E）

注：2014 年 12 月数据为预测数据。

数据来源：中原集团研究中心。

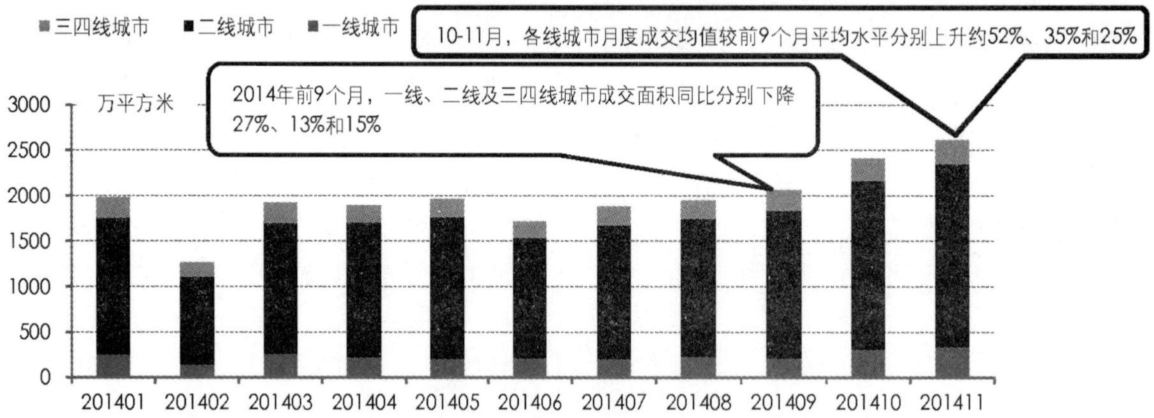

附图 4　各线城市新建住宅月度销售面积（2014.01—2014.11）

数据来源：中原集团研究中心。

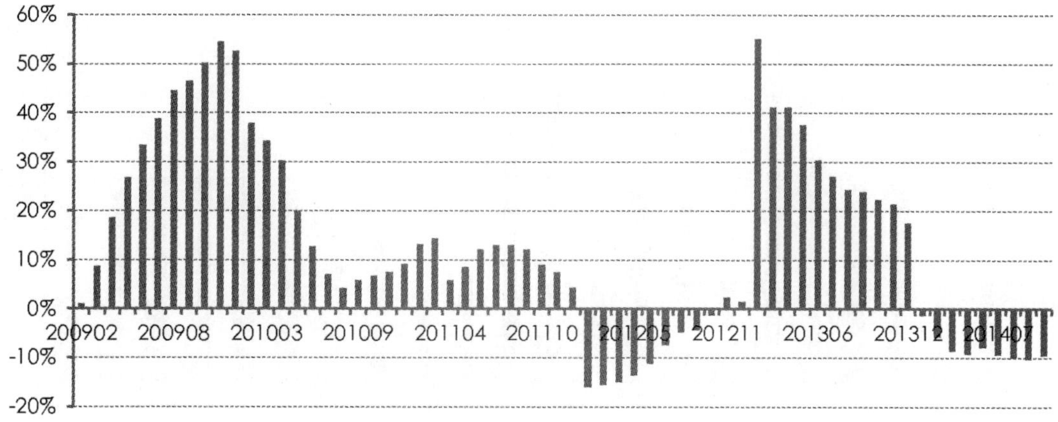

附图 5　全国住宅销售面积累计同比变动（2009. 01—2014. 10）

数据来源：国家统计局，中原集团研究中心。

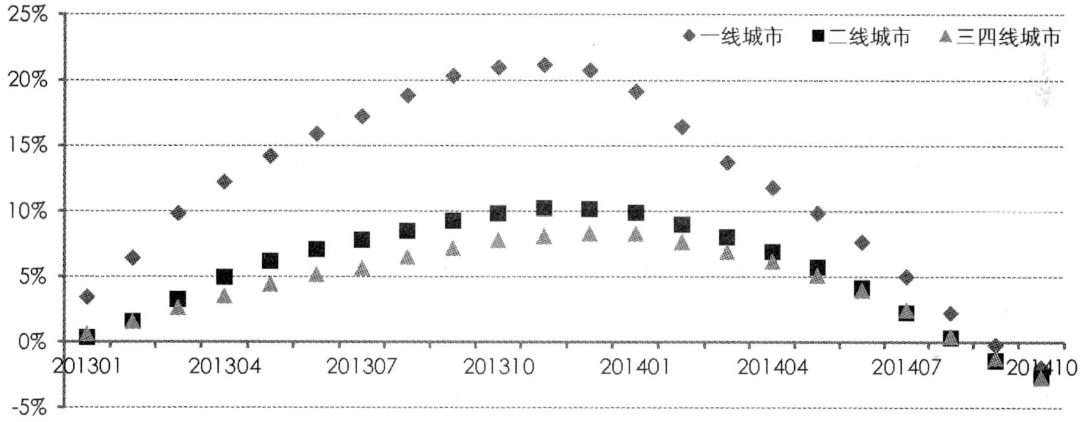

附图 6　70 个城市新建商品住宅价格指数同比变动情况（2013. 01—2014. 10）

数据来源：国家统计局，中原集团研究中心。

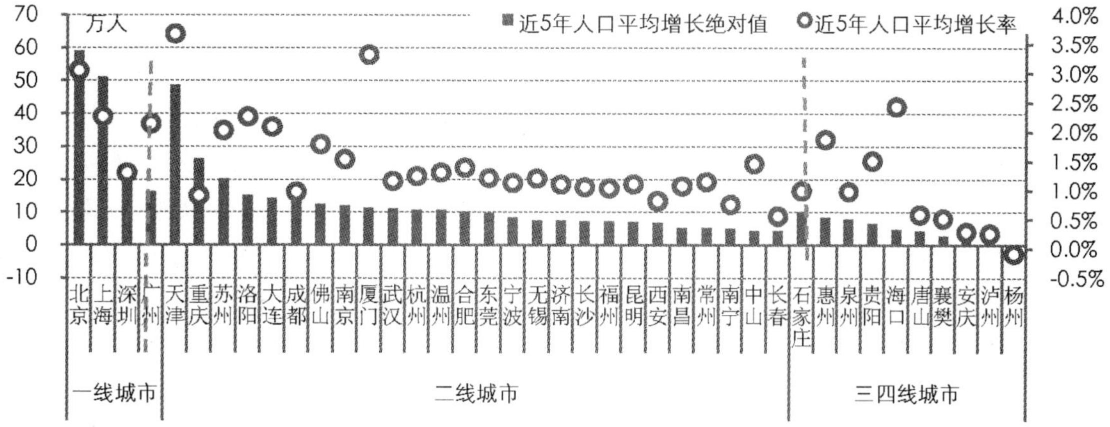

附图 7　40 个城市近 5 年人口平均增长绝对值及增长率（2008—2013 年）

数据来源：国家统计局，中原集团研究中心。

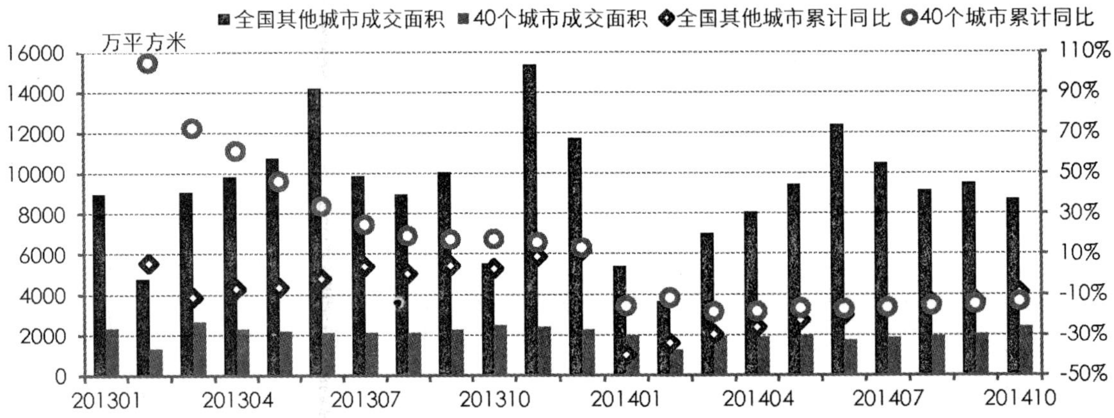

附图8　40个城市与全国其他城市新建住宅销售面积情况及同比变动情况（2013.01—2014.10）

注：全国其他城市数据为全国扣除中原集团研究中心监测40个城市的数据。

数据来源：国家统计局，中原集团研究中心。

因此，在近年来重点城市销售进入平稳期后，正是这种需求支撑了全国市场的整体增长和稳定表现。中央政治局会议明确提出，要积极稳妥推进城镇化，增强城镇综合承载能力，提高土地节约集约利用水平，有序推进农业转移人口市民化。“城镇化红利”将为未来这类小型城市的发展带来新的动因。然而，也必须清醒看到，目前这些城市只是数量的集合支撑了全国市场，若就单一城市来看，因其市场规模有限，尤其市场监管尚未成熟，投资风险不容忽视。

（五）海外投资置业，另辟蹊径蔚然成风

近年来，房企“出海”成为新潮流。国内房地产市场震荡调整、海外市场巨大的需求潜力以及海外房产较高的投资价值是中国房企“出海”的主要原因，而庞大的资金规模和良好的华人基础为中国房企铺平“出海”的道路。已有包括万科、保利等标杆房企在内的10余家大型房企，在全球20多个国家和地区进行地产项目投资开发。然而，变化莫测的国际局势以及政策风险却注定中国房企的“出海”之路不会一帆风顺。

香港，则以其得天独厚开放的资本市场、严格透明的市场监管，成为了房企寻求新的融资及开发机会的最热及最近的目标。据不完全统计，到2014年已有万科、保利置业、中国海外发展、越秀地产、雅居乐、复星国际、合景泰富、佳兆业、世茂房地产等9家内地房企先后进军香港市场。从2013年开始，内地发展商盛行在香港买壳上市，利用壳公司的上市地位，在资本市场筹集资金并扩充业务。

与此同时，出于财富配置及移民等多重目的，个人投资者逐步从国内市场分流，投资海外物业蔚然成风。以香港为例，与早年港人大举投资内地物业形成鲜明对比的是，近年来国内的个人投资者在港投资物业数量呈上升之势。据中原统计，内地买家在港购买物业的占比高峰时曾接近二成，尤其在豪宅物业买卖中，内地买家的比重高峰时达到三成。

香港的楼市走势，既受本地市场因素影响，也深受外围经济环境变化的制约。根据最新统计，预计香港未来三年新建住宅供应量将达到历史较高水平，充足的市场供应也将带动

2015 年楼市成交的回升。而内地企业及投资者似乎并未打算停住进驻香港的步伐。沪港通的启动，不仅开启了两地资本市场的流动，也将为 2015 年的香港楼市注入新的活力。

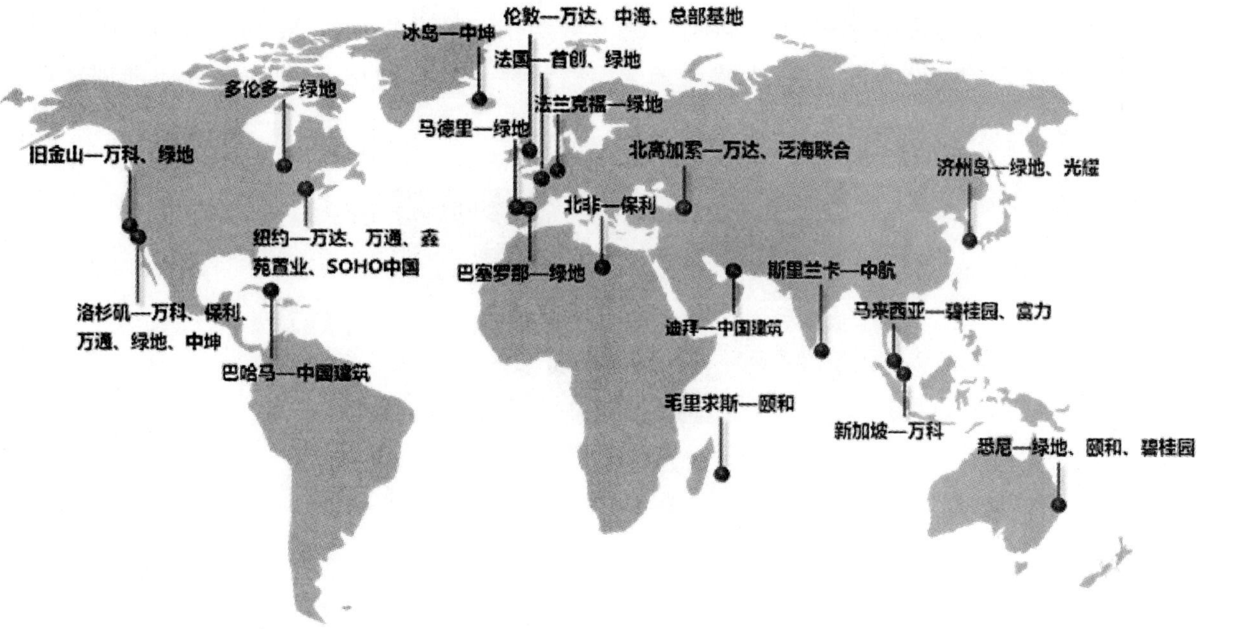

附图 9　中国房企海外购地项目分布（不完全统计）

数据来源：中原集团研究中心。

政策托市信贷利好　城镇化促长期发展

2014 年全国房地产行业各项指标均高位回落，同时各地市场分化差异显著，趋势性变化逐步显现。住房商品化经过十几年的高速发展之后，已告别初期的整体供不应求状态，部分地区商品住宅库存出现明显攀升。针对市场的发展演变，2014 年中央政府的房地产调控思路也适时作出调整。从过往的以“控房价、抑需求”为政策导向，转变成当前“促改善、稳消费”的楼市调控目标。各地市场的分化及差异，也迫使一刀切的调控操作模式告终，地方政府被赋予了更多的自主空间。在市场调整的契机下，依然高度依赖土地财政的地方政府纷纷出台刺激政策托市，限购、限贷等肩负特定历史诉求的行政干预手段也逐步地适时退出。

尽管万众瞩目的中央经济工作会议并未提及房地产业，这反而说明房地产业在国民经济中的地位暂时未被撼动，房地产业无论是对于经济托底还是民生保障，都将继续承担重要作用。因此，在宏观经济承载下行压力之时，楼市整体政策及信贷环境在 2015 年仍将持续改善。而在新型城镇化规划的引导下，未来城镇住房需求将继续扩大。

（一）限购措施适时退出，各地积极出招托市

1. 中央减少行政干预，限购措施适时退出

根据 2014 年初“两会”中央提出的“分类调控”指导思想，地方政府被赋予了更多

的调控自主权。而市场在经历了2013年的成交量井喷之后，2014年全国房地产行业各项指标均高位回落。在中央调控思路转变的背景下，受市场成交低迷影响，2014年各地方政府开展了大规模的救市行动。从地域范围来看，在全国31个省市自治区中，除了重庆市及西藏自治区之外，其他地区均从不同程度地对调控政策作出了调整放松，并出台了各类刺激性措施。这些刺激性措施主要涵盖限购措施集中取消、住房公积金政策调整、财政补贴刺激购房及普通住房标准调整等诸多方面。

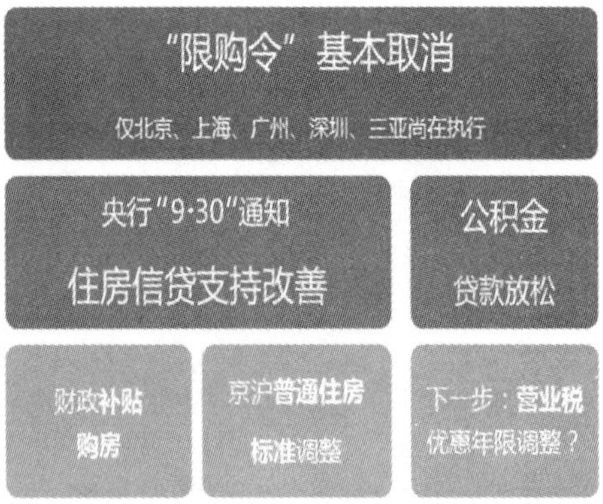

附图10　2014年全国房地产政策调整主要内容

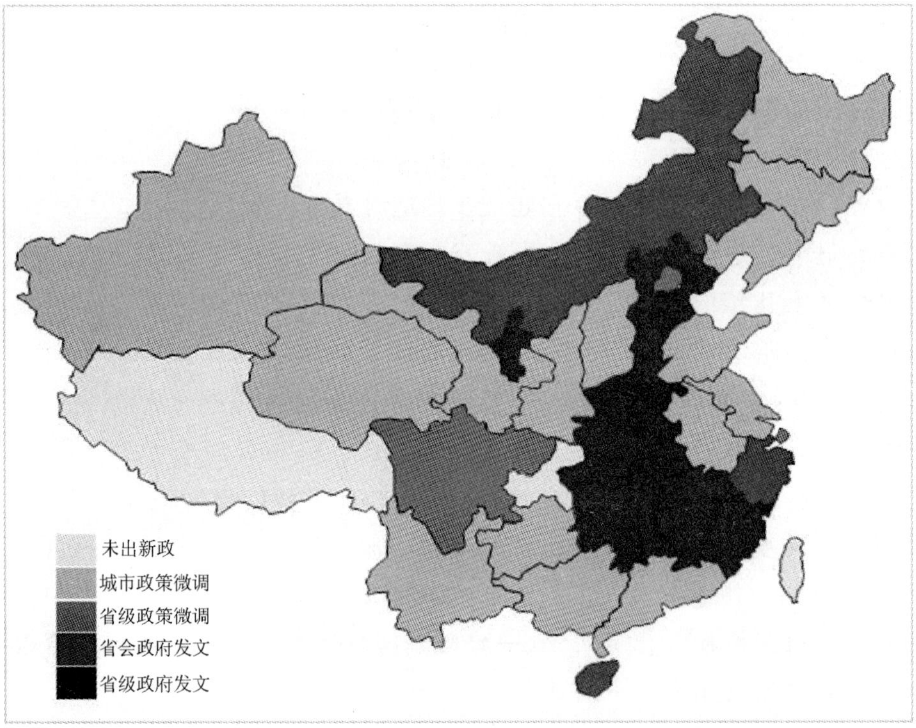

图例说明：
"未出新政"指2014年未对房地产市场出台相关刺激性政策。
"城市政策微调"指省内部分城市对房地产市场出台相关刺激性政策，如当地公积金政策调整放松、购房补贴等。
"省级政策微调"指省级政府就某些方面对房地产市场出台相关刺激性政策，例如四川拟对金融机构发放符合条件的住房贷款给予财政补助。
"省会政府发文"指省会城市出台综合性托市文件，例如浙江省杭州市发布《关于进一步促进房地产市场稳定健康发展的通知》。
"省级政府发文"指省级政府出台综合性托市文件，例如福建省发布《关于促进房地产市场平稳健康发展的若干意见》。

附图11　2014年各省房地产刺激性政策出台情况

资料来源：中原集团研究中心。

在各类政策调整中，涉及范围最广的无疑是限购措施的退出。始于2010年的住房限购措施持续4年多后，终于在2014年被基本取消。限购措施执行的范围包括各直辖市、计划单列市、省会城市和房价过高、上涨过快的城市，基本覆盖了全国房地产市场的所有主要城市，因而对整个市场影响显著。根据中原监测，全国约有47个城市曾执行了住房限购措施，而至2014年年末，除了一线城市北上广深以及三亚等5城市之外，全国其余城市均已基本取消限购。住房限购措施作为带有明显行政干预色彩的调控手段，在过去三年中对抑制房价过快上涨的确起到了重要作用。然而，随着宏观经济及房地产市场环境的变化，中央的调控思路也适时转变，限购取消是大势所趋。

2. 土地财政依赖仍在，各地积极出招托市

面对楼市成交持续低迷的局面，从2014年下半年起，各级政府纷纷出招托市。省级政府有福建、江西、湖北、湖南、河北、河南及宁夏等省，针对房地产行业发布综合性文件，从土地供应、住房信贷、公积金、税收优惠补贴、购房落户及市场监管等多个环节着手，促进房地产市场发展，刺激购房需求入市；杭州、海口及呼和浩特等省会城市也发布类似综合性文件；更多地区则是从局部入手作出政策调整，其中公积金贷款放松以及财政补贴购房成为最主要的两大地方刺激楼市的手段；而北京、上海作为全国最重要的两大一线核心城市，均在第四季度对普通住房标准作出较大幅度调整。普宅标准与住房信贷、公积金、税收优惠等多个涉及购房成本的环节直接相关，因此对市场的利好作用显著。

各地方政府积极托市的背后，是地方财政收入增速出现持续下滑。从土地出让收入的绝对值来看，2014年前三季度，地方本级政府性基金收入中土地出让收入为31290亿元，高于之前两年的同期累计值。但从土地出让收入增速来看，自2013年第三季度开始持续回落。当前，土地出让收入依然是地方财政来源的最重要的组成部分（2014年前三季度占比达到55%），因此刺激销售从而推动卖地，以缓解财政收入增速持续下滑，成为各地方政府托市的主要动因。

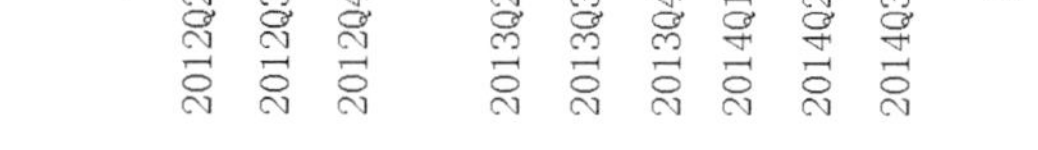

附图12　地方土地出让收入

(2012 Q2—2014 Q3)

数据来源：财政部，中原集团研究中心。

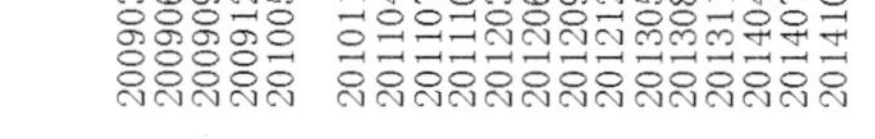

附图13　地方财政收入

(2009.03—2014.11)

数据来源：财政部，中原集团研究中心。

（二）信贷环境持续改善，楼市迎来降息利好

1. 住房信贷支持改善，公积金促异地购房

2014年房地产行业下行且对经济增长带来明显拖累，对此中央从住房信贷、公积金等核心环节出发，调整放松相关政策，以期

刺激市场成交复苏。5月12日，央行召开座谈会，要求商业银行合理确定首套房贷款利率水平，并及时审批和发放符合条件的个人住房贷款，但收效甚微。第二、第三季度的个人住房贷款实际利率分别为6.93%及6.96%，延续了2012年第四季度以来的持续攀升走势。对此，9月30日央行与银监会联合发布《关于进一步做好住房金融服务工作的通知》，将政策重点从以往的鼓励首次购房需求扩大到支持改善购房需求，这符合市场从解决住房严重短缺向居住条件改善提高的梯度式转变。同时，对拥有多套住房家庭及非本地居民的住房贷款禁令也一并取消，由商业银行具体确定。至此，"限贷令"与"限购令"同样作为行政管控手段，均在2014年退出市场。

中央除了积极改善住房商业贷款政策之外，公积金贷款作为支持普通购房需求的一大重要资金来源，同样在2014年作出优化调整。10月9日住建部、财政部与央行联合发布《关于发展住房公积金个人住房贷款业务的通知》，要求各地推进异地贷款业务、适当提高首套贷款额度，贷款发放率较高的城市可采取组合贷款。新政明确对异地使用公积金条件放宽，正是考虑到当前职工跨地区流动日益增强，主要涉及对象包括城市迁移人群以及返乡置业人群，此举有望在一定程度上促进中小城市的市场成交。

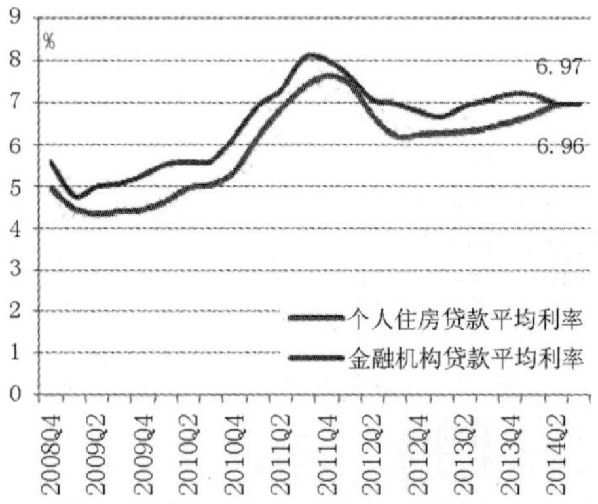

附图14　个人住房贷款利率走势
(2008Q4—2014Q3)

数据来源：中国人民银行，中原集团研究中心。

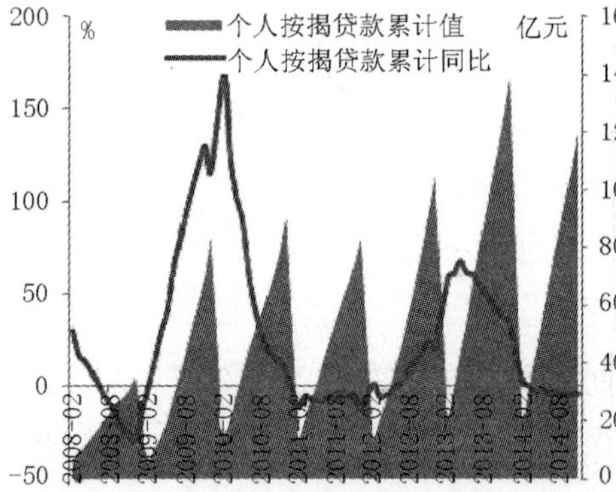

附图15　个人按揭贷款金额走势
(2008.02—2014.11)

数据来源：国家统计局，中原集团研究中心。

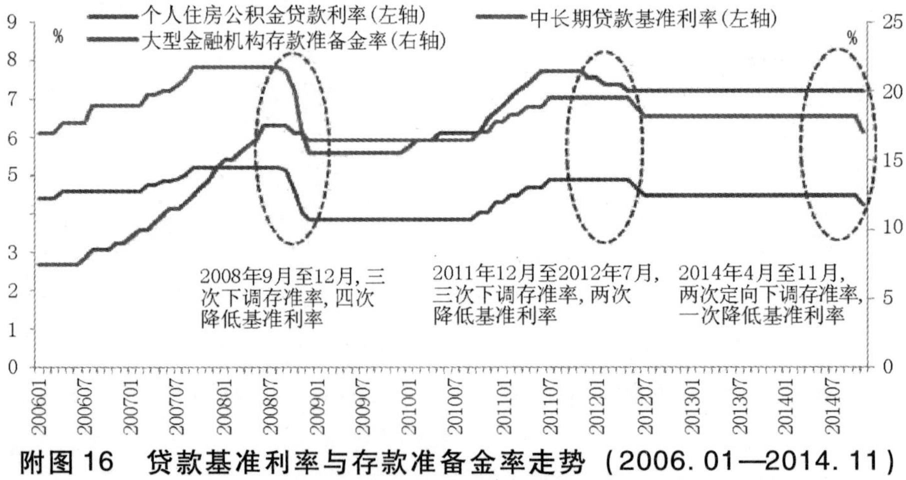

附图16　贷款基准利率与存款准备金率走势（2006.01—2014.11）

数据来源：中国人民银行，中原集团研究中心。

2. 降息减少资金成本，楼市预期出现好转

在整体融资成本走高的情况下，时隔两年，央行于2014年11月21日再度宣布降息。虽然降息并非专门针对房地产业，但随之带来的信贷环境变化对房地产市场的影响举足轻重，因为房贷的松紧与住房销售的荣衰休戚相关。房贷利率下限自2008年10月起调整为基准利率的0.7倍，实际利率折扣维持了一年多的较低水平后逐步走高。在上一轮（2012年6月、7月）降息后，实际利率折扣回落到0.85倍左右。2014年初起至第三季度，市场实际利率达到基准利率的1.06倍的高位水平。在11月的降息通道启动后，房贷实际利率有望从阶段性高位逐步回落。

从历史数据走势可以看到，房贷利率高低与市场成交量呈现较为明显的负相关关系。回顾过往两次集中降息降准的周期，均对房地产市场成交带来了明显的拉升作用。在上一轮降息开启后，市场从2012年3月起逐步回暖，且成交高位延续至整个2013年。从本轮市场表现来看，虽然2014年起市场明显回落，但随着央行“9·30”新政的出台，10月40个重点城市新建住宅成交量已恢复至去年高位水平。而此次降息将进一步增强短期市场的信心确立，对房地产市场带来明显利好作用。但不容忽视的是，市场回调后劲依然取决于多方因素综合作用，不应过分奢望信贷放松以及降息利好的刺激效果。

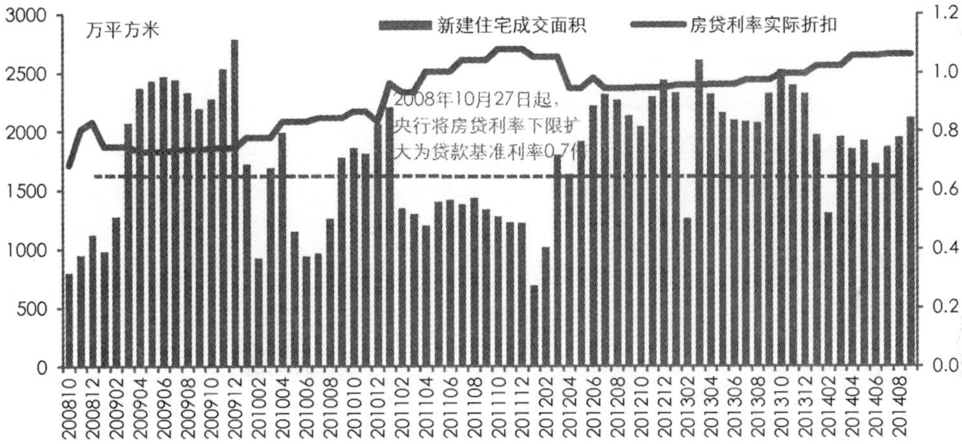

附图17　新建住宅成交量与房贷利率折扣的走势对比（2008.10—2014.09）

数据来源：中国人民银行，中原集团研究中心。

（三）市场告别高速增长，城镇化利长期发展

1. 城镇化推进以人为本，落户政策实施差别化

2014年初召开的“两会”政府工作报告提出推进以人为核心的新型城镇化，着重解决“三个1亿人”问题，包括促进约1亿农业转移人口落户城镇，改造约1亿人居住的城镇棚户区和城中村，引导约1亿人在中西部地区就近城镇化。到2014年，我国常住人口城镇化率为53.7%，户籍人口城镇化率为36%左右，根据《国家新型城镇化规划（2014—2020年）》提出的发展目标，到2020年常住人口城镇化率达到60%左右，户籍人口城镇化率达到45%左右。

为逐步使符合条件的农业转移人口落户城镇，户籍制度改革成为关键所在。对此，国务院在2014年发布了《关于进一步推进户籍制度改革的意见》，进一步实施差别化落户政策，同时加强建立居住证制度。对于城区

常住人口在500万以上的城市，人口规模将严格控制，并完善积分落户制度。虽然特大及超大城市落户政策日益严格，但其流动人口聚集态势加强，尤其京沪两市吸纳流入人口的趋势进一步增强。而居住证制度的建立作为创新人口管理的一项重要措施，对于流动人口流入较多的特大及超大城市意义尤为重要。

事实上，在我国过去的城镇化发展过程中，城镇空间分布和规模结构不尽合理，大量农业转移人口市民化进程滞后，“城市病”问题日益突出。这主要是由于我国地区之间发展程度不同，经济产业以及社会资源分布不平衡性所致。随着劳动密集型产业向内地转移力度加大，城镇化发展有望逐步进入结构调整为主、中小城市加速发展和人口回流的阶段，但各个地区之间的差异分化状态仍将持续较长时间。

附表4　户籍制度改革中差别化落户政策

城市规模划分	城区常住人口	城市数量	落户政策
超大城市	1000万以上	6	严格控制
特大城市	500—1000万	10	
大城市	300—500万	21	合理确定落户条件
	100—300万	103	合理放开
中等城市	50—100万	138	有序放开
小城市	50万以下	380	全面放开

注：“城市规模划分”按照国务院2014年11月20日发布的《关于调整城市规模划分标准的通知》为标准；“城市数量”按照2010年第六次全国人口普查数据为标准；“落户政策”依据《国家新型城镇化规划（2014—2020年）》内容。

资料来源：中原集团研究中心。

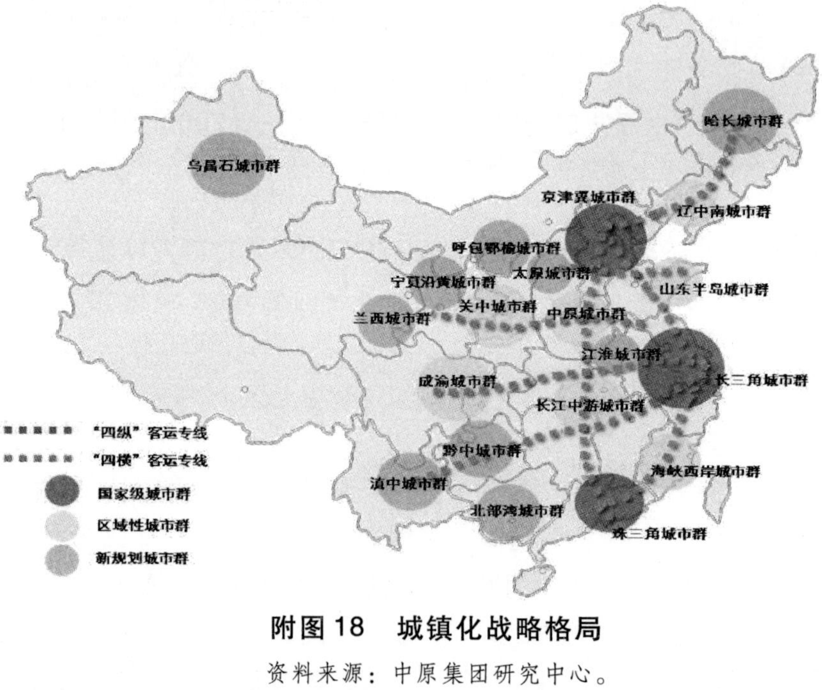

附图18　城镇化战略格局

资料来源：中原集团研究中心。

2. 市场告别高速增长，城镇化利长期发展

展望2015年，房地产政策将延续去行政、重市场的调控思路，并有望在营业税征收、一线城市限购等环节进一步放开。同时，继续通过保障房建设以及住房救助补贴的方式来解决困难家庭的住房需求。当前经济增长放缓压力不减，房地产业也将继续为经济平稳增长作出重要贡献。尽管温和的政策环境对楼市而言积极利好，但历次市场起伏并非仅由政策主导，而是受到前期调整幅度、供求格局变化、整体经济水平以及人口结构演变等多方面因素影响，因此后市走势需从各个维度综合预判。其中，市场整体存量的大幅增长，尤其是一线城市以外地区库存的持续攀升，将成为影响市场变化和地区分化的重要因素。

长期来看，我国房地产市场将逐步告别过去住房商品化初期的高速发展阶段，且随着购房适龄人口峰值的即将回落以及劳动力人口总量已经回落，市场发展出现趋势性变化不可回避。而与此同时，在新型城镇化规划的引导下，未来城镇住房需求依然较大。正是由于我国房地产市场绝对值总量巨大，且地区发展阶段不一致，住房需求情况极不均衡，因此未来市场的整体规模以及增长空间可期。而在各个城市之间，伴随城镇化布局和形态的优化，只有通过产业发展吸引人口聚集，才能实质利好当地房地产市场长期发展。

附图19　全国商品住宅待售与销售面积（2005—2013）

注：“待售面积”指已竣工商品住宅中尚未出售或出租的面积。

数据来源：国家统计局，中原集团研究中心。

附图20　商品住宅存量面积（2011.01—2014.08）

注：一线包括4个城市，二线包括12个代表城市。

数据来源：中原集团研究中心。

附表5　一线城市普通住房标准

城市	容积率	建筑面积	成交价格	成交价格细则	
北京 2014年10月8日起执行	1.0（含）以上	140平方米（含）以下	低于区域住房平均交易单价或套总价1.2倍以下	5环内	总价468.0 单价39600
				5－6环	总价374.4 单价31680
				6环外	总价280.8 单价23760

续附表 5

<table>
<tr><th>城市</th><th>容积率</th><th>建筑面积</th><th>成交价格</th><th colspan="2">成交价格细则</th></tr>
<tr><td rowspan="3">上海
2014 年 11 月 20 日起执行</td><td rowspan="3">五层以上（含五层）的多高层住房，以及不足五层的老式公寓、新式里弄、旧式里弄等</td><td rowspan="3">140 平方米以下</td><td rowspan="3">低于同级别土地上住房平均交易价格 1.44 倍以下</td><td>内环以内</td><td>总价 450</td></tr>
<tr><td>内外环间</td><td>总价 310</td></tr>
<tr><td>外环以外</td><td>总价 230</td></tr>
<tr><td>广州
2005 年 6 月 1 日起执行</td><td>1.0 以上</td><td>144 平方米（含）以下</td><td>低于同级别土地上住房平均交易价格 1.2 倍（含）以下</td><td colspan="2">住房平均交易价格由市、县房地产管理部门会同有关部门测算，报当地人民政府确定，每半年公布一次</td></tr>
<tr><td rowspan="6">深圳
2013 年 9 月 1 日起执行</td><td rowspan="6">1.0 以上</td><td rowspan="6">建筑面积 144 平方米以下
或套内面积 120 平方米以下</td><td rowspan="6">低于通告公布的区域普通住房价格标准以下</td><td>福田区、南山区</td><td>总价 390</td></tr>
<tr><td>罗湖区、盐田区</td><td>总价 310</td></tr>
<tr><td>宝安区、龙华区</td><td>总价 240</td></tr>
<tr><td>龙岗区</td><td>总价 210</td></tr>
<tr><td>光明新区</td><td>总价 190</td></tr>
<tr><td>坪山新区、大鹏新区</td><td>总价 160</td></tr>
</table>

注：总价单位：万元/套；单价单位：元/平方米。

资料来源：中原集团研究中心。

附表 6　个人住房贷款首付款比例及利率下限

<table>
<tr><th>时间</th><th>分类</th><th>首付款比例</th><th>利率下限</th><th>性质</th></tr>
<tr><td>2005.3.17 起</td><td>—</td><td>20%（房价上涨过快地区 30%）</td><td>基准利率 0.9 倍</td><td>收紧</td></tr>
<tr><td>2006.6.1 起</td><td>—</td><td>30%（90 平方米以下 20%）</td><td>基准利率 0.9 倍</td><td>收紧</td></tr>
<tr><td>2006.8.19 起</td><td>—</td><td>30%（90 平方米以下 20%）</td><td>基准利率 0.85 倍</td><td>放松</td></tr>
<tr><td rowspan="2">2007.9.27</td><td>首套</td><td>30%（90 平方米以下 20%）</td><td>基准利率 0.85 倍</td><td rowspan="2">收紧</td></tr>
<tr><td>第二套及以上</td><td>40%</td><td>基准利率 1.1 倍</td></tr>
<tr><td>2008.10.27 起</td><td>—</td><td>20%</td><td>基准利率 0.7 倍</td><td>放松</td></tr>
<tr><td rowspan="2">2010.1.7</td><td>首套</td><td>30%（90 平方米以下 20%）</td><td>基准利率 0.7 倍</td><td rowspan="2">收紧</td></tr>
<tr><td>第二套及以上</td><td>40%</td><td>基准利率 0.7 倍</td></tr>
<tr><td rowspan="2">2010.4.17</td><td>首套</td><td>30%（90 平方米以下 20%）</td><td>基准利率 0.7 倍</td><td rowspan="2">收紧</td></tr>
<tr><td>第二套及以上</td><td>50%</td><td>基准利率 1.1 倍</td></tr>
<tr><td rowspan="4">2010.9.29</td><td>首套</td><td>30%</td><td>基准利率 0.7 倍</td><td rowspan="4">收紧</td></tr>
<tr><td>第二套</td><td>50%</td><td>基准利率 1.1 倍</td></tr>
<tr><td>第三套及以上</td><td>暂停</td><td>/</td></tr>
<tr><td>无纳税或社保的非本地居民</td><td>暂停</td><td>/</td></tr>
</table>

续附表 6

时间	分类	首付款比例	利率下限	性质
2011. 1. 26	首套	30%	基准利率 0.7 倍	收紧
	第二套	60%	基准利率 1.1 倍	
	第三套及以上	暂停	/	
	无纳税或社保的非本地居民	暂停	/	
2013. 10	首套	30%	基准利率 0.7 倍	收紧
	第二套（部分城市）	70%	基准利率 1.1 倍	
	第三套及以上	暂停	/	
	无纳税或社保的非本地居民	暂停	/	
2014. 9. 30	首套	30%	基准利率 0.7 倍	放松
	第二套（已结清）	30%	基准利率 0.7 倍	
	第三套及以上（已结清）	（银行自定）	（银行自定）	
	非本地居民	（银行自定）	（银行自定）	

资料来源：中原集团研究中心。

新房市场：调整继续　各线城市表现分化

2014 年，房地产市场未能延续 2013 年高速增长的趋势。从整体来看，全国新房累计成交面积、销售金额等多项指标下滑趋势明显。但随着 2014 年下半年限购、限贷政策的取消，整体市场在逐步回暖。而主要城市的新房销售、新开工及土地出让等多项指标同样下滑明显，部分指标跌幅大于全国平均水平。虽然 2014 年的房地产市场与去年表现迥异，但有一点是相同的，即城市间的分化依然存在。这一趋势预计在 2015 年仍将持续。

（一）2014 年市场整体遇冷，多项指标跌幅明显

2014 年，房地产市场未能延续 2013 年高速增长的趋势。前 11 月全国新房累计成交面积、销售金额等多项指标下滑趋势明显。我们预计，2014 年全国新建住宅成交面积将同比下跌 8%，成为 1998 年房改以来第二个出现下跌的年份。

1. 整体步入下行通道，销售量价跌幅明显

全国主要城市新房市场整体呈现先冷后热的态势。前三季度，40 个城市累计新房成交面积同比下滑 15%，其中一线城市跌幅最大，同比下滑 27%。但随着“9·30”新政等一系列刺激性政策的出台，一二线城市新房市场逐步复苏，购房者信心修复，10、11 月新房成交量连续创年内新高。总体来看，2014 年主要城市新房市场热度明显下滑，市场需求趋于平稳。

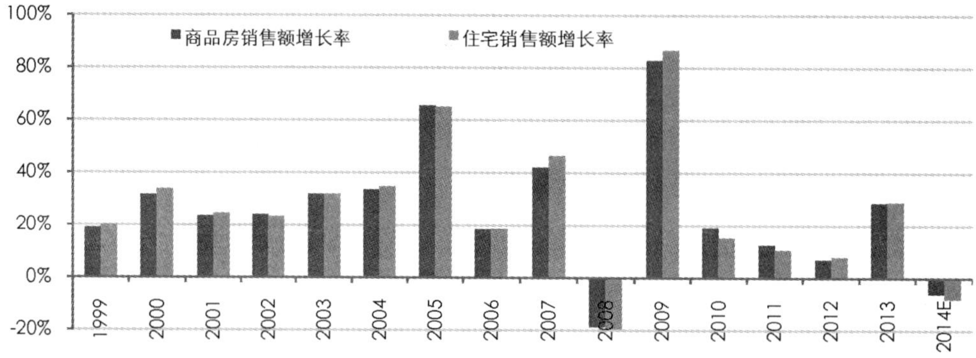

附图21　全国商品房及住宅销售面积增长率对比（1999—2014E）

数据来源：国家统计局，中原集团研究中心。

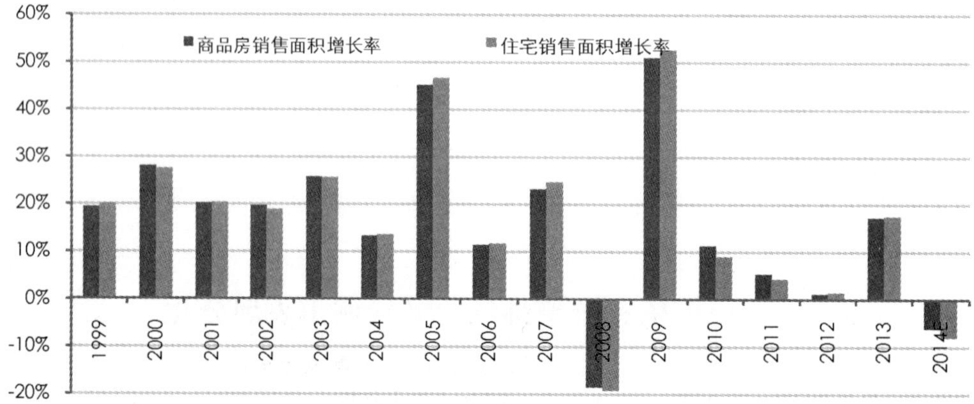

附图22　全国商品房及住宅销售额增长率对比（1999—2014E）

数据来源：国家统计局，中原集团研究中心。

2014年全国新房市场整体步入下行通道，销售量价均跌幅明显，库存量压力增大，市场供求关系严峻。分城市线来看，一线城市销售量跌幅最大，但随着一系列刺激性政策的出台，市场回暖也最为明显。三四线城市则整体表现相对平稳，量价均小幅下滑。另外值得注意的是40个主要城市以外的其他发展中地区，其新房市场表现明显强于40个重点城市，但同时其对于刺激政策的反应也较弱。

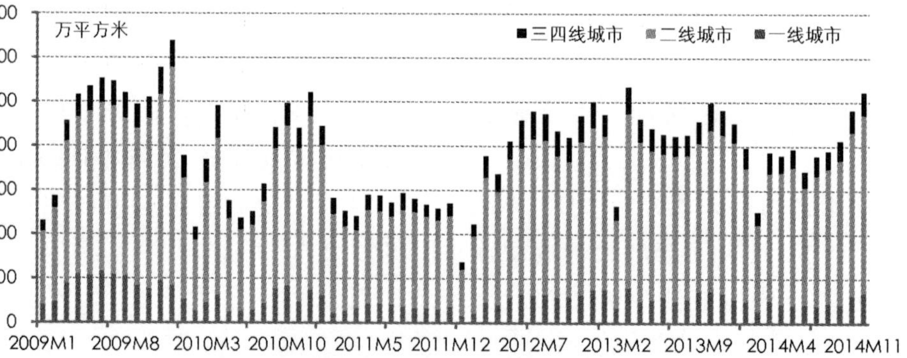

附图23　40个主要城市新建住宅成交量（2009.01—2014.11）

数据来源：中原集团研究中心。

2. 一线城市波动显著，三四线表现平淡

和前两年一线城市的优异表现不同，2014年一线城市新建住宅成交面积跌幅最大，前11个月同比下跌22.3%。二线城市与三四线城市表现稍好，跌幅分别为8.8%和14.2%。

从具体城市来看，一线城市中表现最好的是广州。京沪深前11个月新建住宅销售面积同比跌幅均超过20%，而广州仅微跌3%。三四线城市表现分化，部分城市同比跌幅超过四成。从时间上来看，2014年上半年40个重点城市新建住宅销售面积跌幅持续扩大。但随着限购、限贷政策的逐步取消以及降息刺激，下半年（尤其是10月、11月）新建住宅销售面积开始回升。其中一二线城市回升幅度最大，累计跌幅明显收窄，而三四线城市市场反应则相对平淡。从整体上看，虽然年末一二线城市成交量强势反弹，但市场热度依然远不及2013年。2014年成交下滑已成定局。

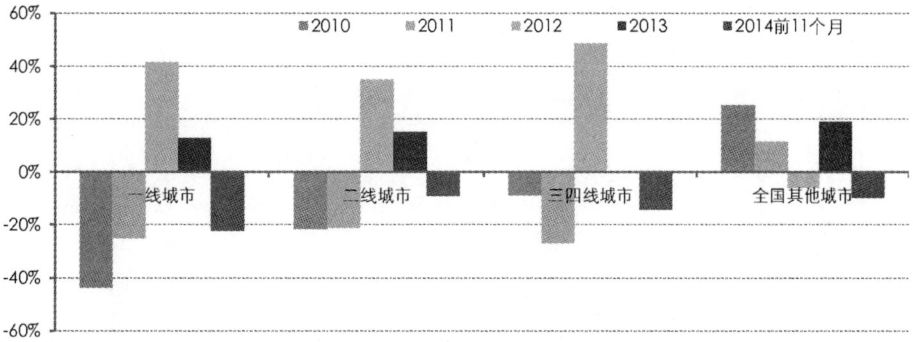

附图24　全国各类城市新建住宅成交同比涨幅（2010—2014前11个月）

注：一线城市4个，二线城市24个，三四线城市12个，其他为全国数据减去前述40个城市。

数据来源：国家统计局，中原集团研究中心。

（二）各线城市库存高企，供求关系严峻

1. 供过于求普遍加剧，二三四线城市矛盾显著

从总体来看，2014年各线城市的供求关系更加严峻。据中原监测，2013年一线城市平均供求比为0.97，二线城市为1.11，三四线城市为1.21；而截至2014年11月份，一线城市平均供求比骤升为1.40，出现供过于求的情况，而二线城市及三四线城市供应过剩的情况则相对温和，供求比分别为1.25和1.28。总体供求比的上升反应出需求减少，市场热度在明显下滑。

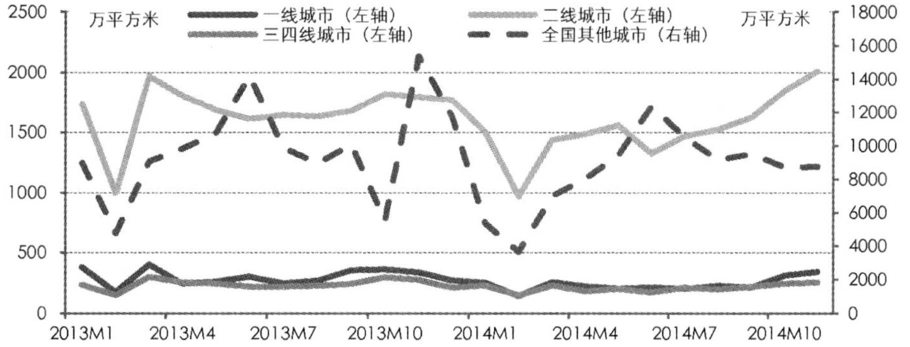

附图25　全国分类成交面积走势（2013.01-2014.11）

注：一线城市4个，二线城市24个，三四线城市12个，其他为全国数据减去前述40个城市。

数据来源：国家统计局，中原集团研究中心。

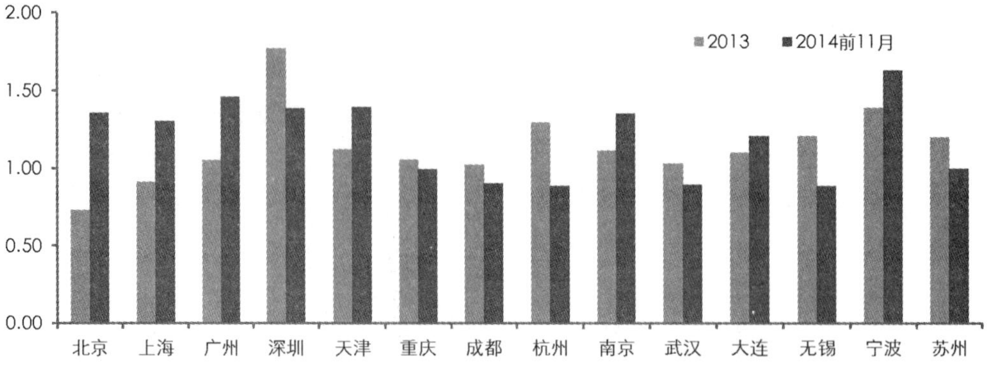

附图 26　重点城市新建住宅市场供应、需求对比（2013 vs 2014）

数据来源：中原集团研究中心。

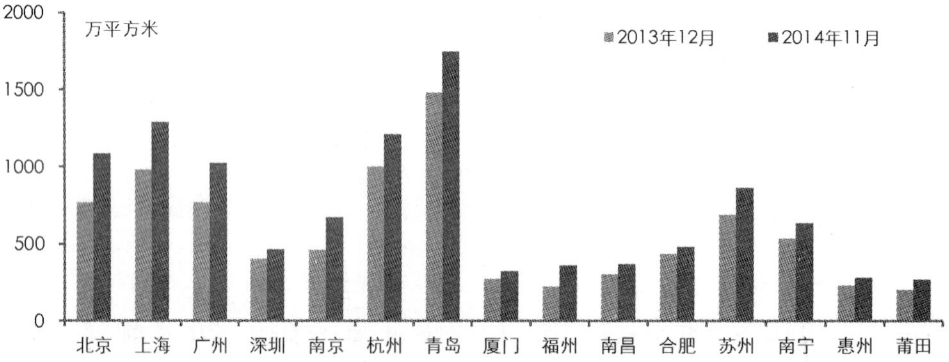

附图 27　15 个城市新建住宅库存面积对比（2013 vs 2014）

注：库存消化周期以当前可售量除以最近 6 个月的平均销售面积计算。

北京 2013 年 3 月对可售量进行了一次调整，日期前后有很大差距，不可直接对比。

数据来源：中原集团研究中心。

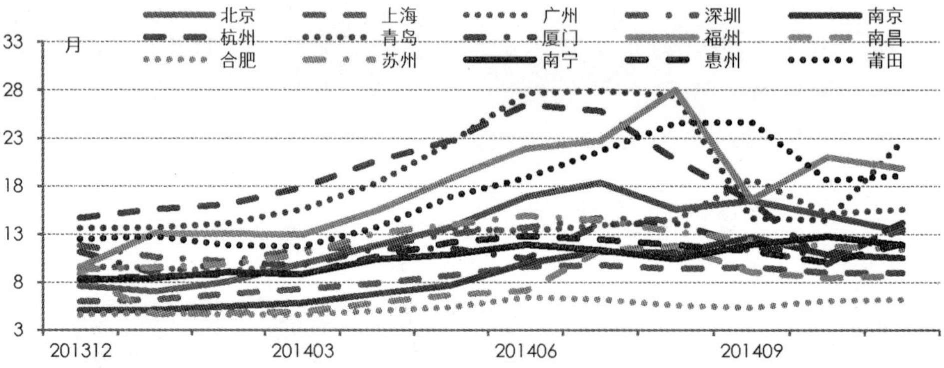

附图 28　15 个城市库存消化周期对比（2013. 12—2014. 11）

数据来源：中原集团研究中心。

库存量的变化和消化周期的分布情况也能反映一些特点。在与去年年末水平相比，15 个样本城市的新房库存面积均有不同幅度上涨。从动态来看，2 月至 9 月 15 个城市的总体库存量大幅上涨，10 月由于成交量的明显改善，库存量涨幅才有所收窄。截至 2014 年 11

月，15 个城市总体库存量较年初上涨 27.5%。

中原监测主要城市的年末库存消化周期主要集中在 10—15 个月，年内整体呈现先涨后跌的趋势。图中以红色标记的一二线城市库存消化周期处于相对高位，但随着销售情况的改善，库存消化周期下降趋势明显；而以灰黑色标记的三四线城市分布则较为分散，城市分化现象较为明显。这些城市如青岛等供应量明显偏大，而例如南昌、合肥这样的城市，成交表象尚可，供应量收缩明显，因此库存压力相对较小。

2. 全线价格微幅下跌，回升仍需时日

据国家统计局的 70 个大中城市新建商品住宅价格指数，无论是一线、二线或是三四线城市，2014 年房价均呈现小幅下跌的态势。其中，一线城市房价跌幅最小，平均跌幅约为 2%，二线和三四线城市房价跌幅分别约为 3.5% 和 3%。从具体城市来看，70 个城市中，仅有 3 个城市房价实现正增长（厦门、郑州、合肥），有 63 个城市房价微幅下跌（跌幅小于 5%），其余 4 个城市房价下跌幅度较大（杭州、韶关、温州、沈阳）。虽然年内限购、限贷政策的全面放开，吸引需求回升，但在多数情况下，降价才是刺激销售回升的关键因素。

3. 新开工普遍下滑，三四线存量压力仍在

2014 年，由于全国销售市场下滑，库存升高，全国新开工面积也未能延续去年的增长势头，整体出现回落。新开工的回落一方面体现开发商对后市信心不足，也预示着未来供应量的下滑，同时上下游相关产业也会受到不同程度的影响。随着政策环境的逐步放松，下半年销售市场的逐步好转，全国来看，2014 年新开工面积累计跌幅已逐月收窄，前 10 月累计跌幅为 9.8%。

从具体城市来看，40 个重点城市中，有 11 个城市新开工面积累计同比上涨，20 个城市累计同比跌幅超过 10%。虽然一二线城市整体新开工面积下滑幅度高于全国水平，但依然有部分城市表现抢眼。在一线城市中，广州新开工面积累计增幅走高，这与它年内销售表现稳定有关；在二线城市中，成都新开工面积小幅上涨，供求比下滑，预计 2015 年依旧会维持一个良好的销售走势；广大三四线城市新开工跌幅相对较小，且库存压力不容乐观，未来市场供应过剩依然会持续。鉴于房地产投资建设对整体经济的带动，近年大规模的棚改计划，将能平衡商品住宅市场投资放缓对经济的负面影响。然而就整体而言，新开工的复苏最早也要等待至 2015 年的下半年之后。

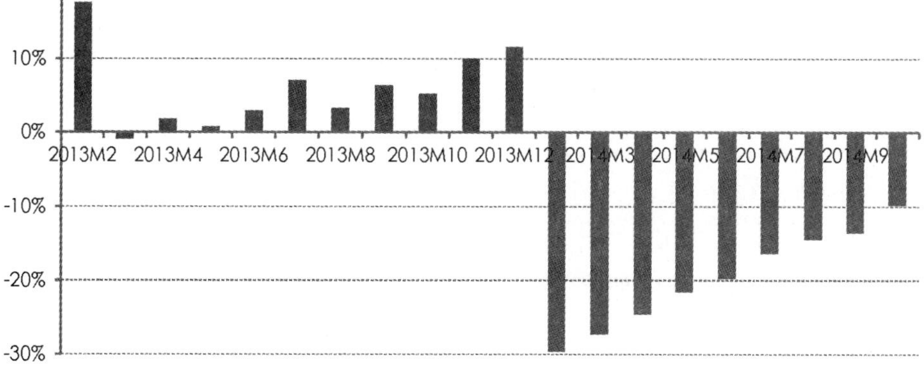

附图 29　全国新开工面积累计增幅（2013.02—2014.10）

数据来源：国家统计局，中原集团研究中心。

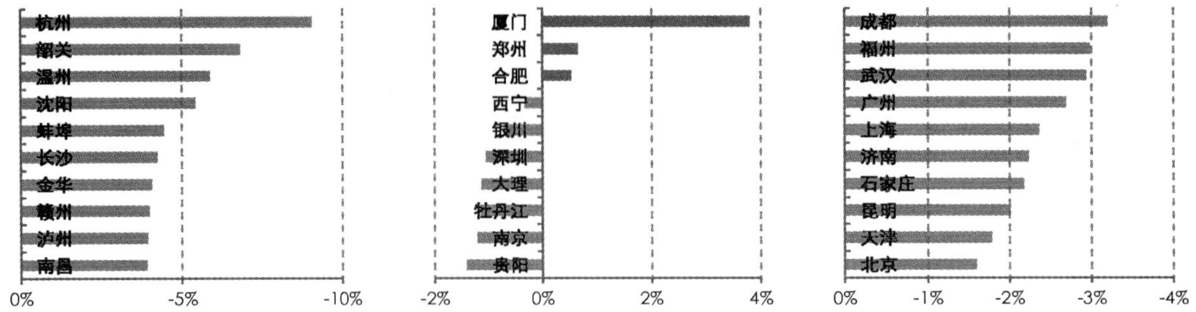

附图30　部分城市10月新建商品住宅销售价格同比涨幅
（跌幅TOP10、涨幅TOP10、重点城市）（2014.10）

数据来源：国家统计局，中原集团研究中心。

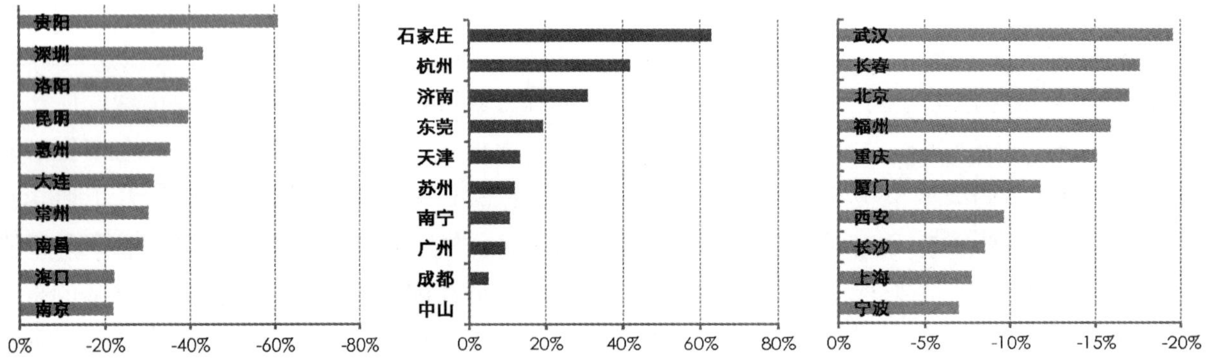

附图31　重点城市新开工面积累计增幅（跌幅TOP10、涨幅TOP10、重点城市）（2014.10）

数据来源：中原集团研究中心。

（三）需求增长有限，市场回归理性

1. 自住需求增长放缓，投资需求逐步分流

2014年房地产市场出现前低后高的调整，从表面上看是源自信贷环境的变化。年初流动性收紧，房贷实际利率提高、放款时间延长，导致购房需求回落，房价随之下调。而在9月底二套房贷标准放松，以及11月的不对称降息后，整体流动性修复，房地产市场出现量价回升。

但在信贷变化导致楼市起伏的表象背后，实质却是房地产市场的基本面出现了变化。年初银行之所以收紧信贷，并非源自行政指令，而是在自有资金成本上升、房地产行业风险增加的背景下，银行业自发做出的调整。而房地产市场随即风声鹤唳，根源则在于过去持续多年的供不应求的局面被打破，外部因素稍有变化即导致市场出现明显反应。

从房地产市场的基本供求关系来看，供应方面，在过去持续十年高增长的惯性影响下，施工规模、预售量等供应指标仍处高位。但需求层面却已悄然发生变化，传统上稳定的购房需求一方面受到限购、限贷等调控政策的限制，同时又有理财产品、海外置业的的兴起，大部分的投资需求被分流。而从城市角度来看，多数重点城市新房销售量已接近饱和，如果没有人口持续增长，未来楼市需求将缺乏支撑。虽然下半年各地限购逐渐取消，但大多数城市供应压力依然存在，而需求稳定的一线城市仍处限购之中，市场仅剩自住需求支撑。因此，供大于求的局面导致购房者不敢轻易入市。

而随着金融改革的推进，投资渠道多样化、利率市场化将是长期趋势。在这样的背景下，对投资需求而言，房地产投资不再是一枝独秀。整个房地产市场将恢复到由居住需求主导的理性状态，未来人口流动将决定城市房地产发展的前景，这将是楼市新常态的基本特点。因此，行业的参与各方应该主动适应这一变化，避免被市场淘汰。

2. 总量遭遇瓶颈，一线城市人口驱动

从新房市场的发展来看，由于多数重点城市已经接近甚至超过一线城市的水平，因此相对而言，这些二三线城市未来发展空间已经有限，但一线城市还有多大增长空间呢？境外的成熟市场的发展状态可以提供参考。

我们把各城市住宅的总存量套数和当年的常住人口对比，得到人均住宅套数这个指标。我们用这个指标来描述城市人口和住宅市场规模间的关系，可以看到上海和首尔发展程度近似，截至2013年，人均住宅套数在0.28套左右。香港略高，在0.31套，但这个是包含了公屋、居屋的数据，如果只计算私人住宅的话，则仅有0.16套，比上海还低。台北住宅的人均拥有量最高，达到0.35套，但考虑到台北仅有260万常住人口，相当于上海的1/9，因此可参考性不如1000万人口的首尔。国内的一线城市发展程度差异不大，北京、广州、深圳人均住宅套数均在0.27－0.28套左右。

从历史发展趋势可以看到，内地城市1998年之后人均住宅套数增长很快，目前已接近境外成熟市场的水平。如果以首尔为参考的话，未来上海人均套数增长空间有限。不过这并不意味着一线城市未来新房市场增长将陷于停滞。由于常住人口依然有稳定的增长，未来新房市场的增长主要受人口增长推动。

而从国内情况来看，虽然40个重点城市以外的区域受返乡置业需求推动，近年来表现稳定，增长幅度甚至优于40个重点城市。但如果用累计新房销售面积来看，这些发展中区域未来增长空间也将在2—3年内遇到瓶颈。

我们以前30个重点城市目前的发展程度为参考标准，假定全国住宅销量维持目前的水平不变，即年销量在11亿平方米，而城镇常住人口按照75%的城镇化率计算，即城镇常住人口达到10.3亿。那么，到2017年末，全国除40个重点城市以外地区的人均新建住宅累计销售面积，将达到10.5平方米/人，超过40个重点城市在2013年末的平均水平。换言之，占目前全国新房销售面积63%的三四线发展中城市，在3年后将达到目前经济发达城市的水平。全国新建住宅销售总量增长将遇到瓶颈。

因此，中央政府提出的新型城镇化政策，包括城市地区的棚户区改造，其实质就是增加市场需求，减缓商品房市场建设放缓的影响。同时，通过拓展海外投资，调整国内经济结构，寻找新的经济增长点。

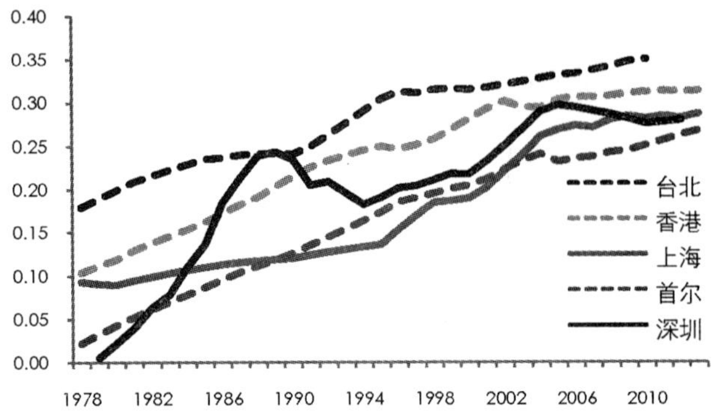

附图 32　各城市人均住宅套数对比（1978—2013）

数据来源：各城市统计局，中原集团研究中心。

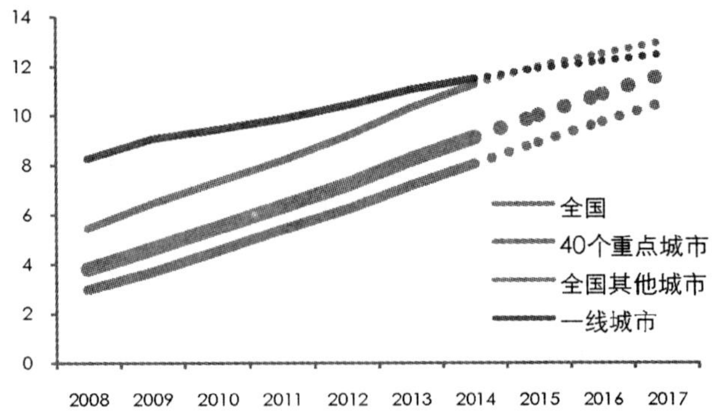

附图 33　人均累计新房销售面积（2008—2017E）

注：指 1999 年起历年累计新建住宅销售面积与当地常住人口比值。

土地市场：整体转淡　一线勉撑大市

2014 年土地市场遍历冷暖。1 月份仍延续去年活跃行情，春节后急转直下，各项指标持续走弱。同时，各类城市表现进一步分化，一线城市成交相对活跃；而楼市低迷、存量高企的城市，其土地市场则持续低迷。虽然成交回落，重点城市土地供求矛盾有所缓和，但宅地存量依然较大。预计 2015 年土地市场仍将维持平淡行情。

（一）市场热度骤降，成交量近年最低

2014 年土地市场经历了不同以往的变动：1 月份的活跃与后期的低迷形成了鲜明对比。虽然地方政府为维持市场活力，热点地块频出，但仍难以掩盖整体市场各类指标的持续走弱。

1. 行情差于去年同期，成交体量同期低位

2014 年前 11 个月，土地成交面积和土地出让金同比均下降，其中出让金收入降幅小于成交面积，而成交面积则跌至 2009 年以来的同期低位。

在中原监测的 40 个重点城市中，2014 年前 11 个月成交土地面积约 23938 公顷。预计全年成交面积将略低于 2009 年水平，成为 2009 年以来最低年份。与去年同期相比，2014 年前 11 个月土地总成交面积下降约 21%。其中含住用地同比下降约 31%，商服用地下降约 12%。

土地出让金则表现不俗，2014 年前 11 个月，40 个城市出让金约为 11969 亿元，同比下降约 16%，为历史同期第二高位，较前 5 年均值仍上升约 21%。

土地出让金之所以降幅较小，主要是受年初土地市场活跃，以及热点地块的高地价推动。但前 11 个月出让金仅占去年的约 73%，预计 2014 年出让金总额难及去年水平，同比跌幅在 20% 左右，但仍处于 2009 年以来相对高位。

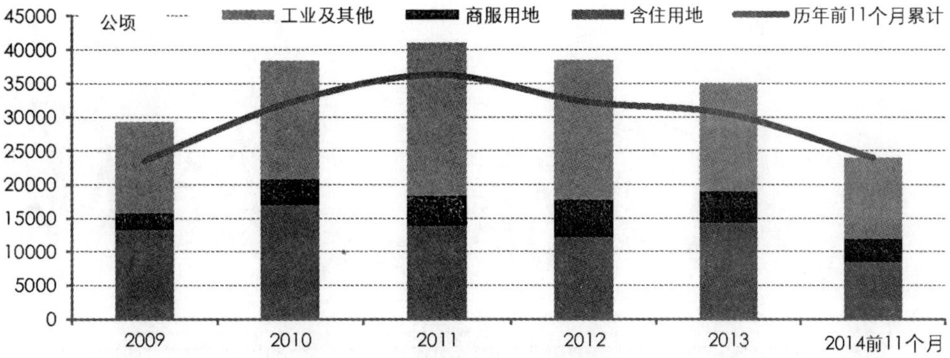

附图 34　40 个城市土地成交情况（2009—2014 前 11 个月）

数据来源：中原集团研究中心。

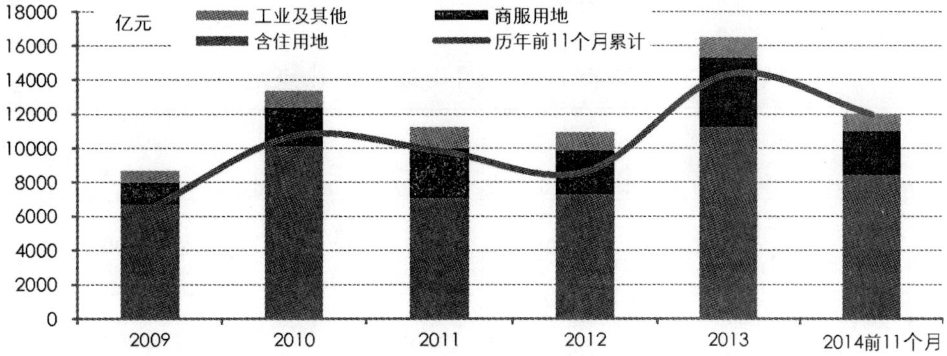

附图 35　40 个城市土地出让金（2009—2014 前 11 个月）

数据来源：中原集团研究中心。

2. 各线指标持续走弱，地王难掩整体低迷

2014 年 3 月份，受新房市场的降价、贷款紧张等负面消息的影响，土地市场迅速转冷。开发商出手谨慎，成交量大幅下降，到了 6 月份，一线城市也出现流标现象，土地市场跌至谷底。为了维持土地市场热度，地方政府调整推地策略，以优质地块吸引开发商。从 2014 年 7 月份起，热点地块逐渐入市，一线城市高溢价与流标并存。这也导致了 2014 年土地市场的独特现象，在楼市销售低迷的情况下，依然有地王逆市出现。但个别优质地块的高价成交，并不能掩盖整个土地市场走低的趋势。

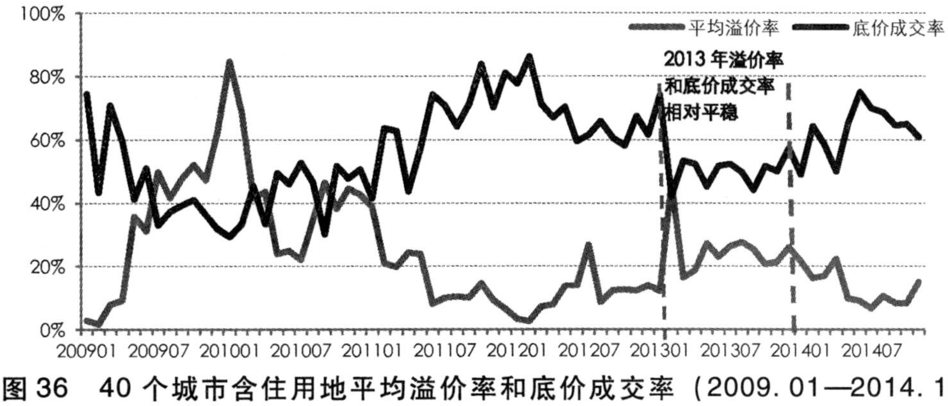

附图 36　40 个城市含住用地平均溢价率和底价成交率（2009. 01—2014. 11）

数据来源：中原集团研究中心。

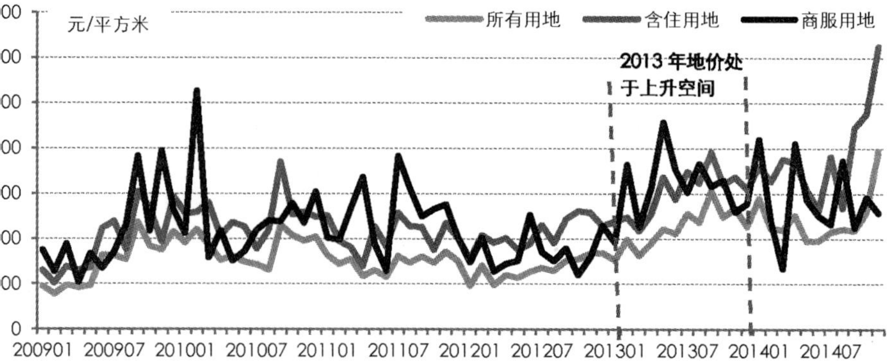

附图37　40个城市土地成交楼面地价（2009.01—2014.11）

数据来源：中原集团研究中心。

附表7　一线城市7—11月份成交的热点地块明细

城市	地块名称	用地性质	土地面积（公顷）	建筑面积（万平方米）	成交价格（亿元）	竞得人	折合楼面地价（元/平方米）	溢价率	备注
上海	黄浦区五里桥街道104街坊39/1	居住用地	0.69	0.96	5.77	东方动力（丽丰）	超85000	63%	全国单价地王
北京	西城区华嘉胡同0110－633	商住用地	2.07	11.77	74.60	北京金嘉（华融）	超95000	110%	全国单价地王
上海	浦东新区张江南区配套生活基地A1－05	居住用地	4.60	9.20	23.70	上海铧发创盛	25765	90%	张江内罕见宅地
上海	浦东新区张江南区配套生活基地A3－04	居住用地	1.85	3.70	9.65	上海三湘海&康晟发展	26057	93%	张江内罕见宅地
深圳	龙华新区民治办事处辖区	居住用地	4.66	18.65	46.80	深圳市金骏（龙光）	25094	85%	深圳单价地王
上海	杨浦区定海社区B5－5（大桥街道117街坊）	居住用地	0.72	1.80	6.07	珠海华发	33723	47%	——
上海	黄浦区小东门街道616，735街坊	商住用地	12.67	70.21	248.50	上海外滩投资&佳渡&民生（中民投）	35392	0.2%	上海总价地王
北京	朝阳区东坝南区1105－659，029	商住用地	2.25	5.64	13.80	湖南富兴	超33000	49%	现场竞报自住房3.10万平方米
广州	白云区华南快速路红云涂料化工厂	居住用地	14.77	46.08	64.51	栢盈国际	14000	0%	广州年内总价最高

续附表 7

城市	地块名称	用地性质	土地面积（公顷）	建筑面积（万平方米）	成交价格（亿元）	竞得人	折合楼面地价（元/平方米）	溢价率	备注
上海	杨浦区平凉社区 03F5－01（平凉街道 47 街坊）	居住用地	2.05	5.13	21.08	上海富利腾（阳光城）	41078	61%	——

数据来源：中原集团研究中心。

除土地成交面积和出让金同比下降外，40 个重点城市含住用地流标率也持续攀升。各线城市流标率较 2013 年同期均呈不同程度的上升；而底价成交率也由去年的 50% 上下小幅波动变为持续上升。同时，2014 年含住用地平均溢价率持续走低，处于历史相对低位，接近谷底。

在地价方面，2014 年前 11 个月，40 个城市各类用地价格震荡下跌，年底出现回升。其中含住用地价格受地王影响，出现大幅度波动，前 11 个月含住用地地价甚至上升至历史最高位，而商服用地价格则较去年波动下跌。

从整体来看，如果剔除高价地块对出让金和均价的影响，2014 年土地市场的趋势是总体走弱的。虽然年末受中央政府放松信贷的影响，开发商购地意愿回升而出现翘尾行情，但新房存量仍在高位，购房需求总体回落。在这样的大环境下，土地市场难以出现大幅反弹。

（二）各线城市分化明显，后市去化压力犹存

土地市场城市分化严重，一线城市表现明显好于其他城市。而在部分二三线城市中，新房市场过高的存量压力影响了开发商的购地意愿。

1. 一线城市一枝独秀，存量压力影响购地意愿

从 2014 年各线城市月度出让金走势来看，其累计同比均呈下降趋势，其中一线城市前 11 个月土地出让金略高于 2013 年同期；而二线城市和三四线城市出让金的跌幅则分别达到 24% 和 29%。

在土地成交价格方面，受成交结构的影响，一线城市表现抢眼，而二线及三四线城市则相对稳定。在中原监测 40 个重点城市中，前 11 个月所有用地平均楼面地价，一线城市同比上涨约 54%，二线城市微跌约 4%，三四线城市小幅下跌约 6%。

而各类城市土地市场的分化，主要是受新房市场的影响，除了房价、销量以外，新房的存量对土地市场也有直接的影响。在中原监测的 40 个重点城市中，各线城市库存消化周期在 3 月份后出现明显上升，其中三四线城市库存消化周期增速明显快于一线及二线城市，由 3 月份的约 13 个月上升到 8 月份的约 22 个月，9 月份有所下降，库存消化周期为 15 个月左右，市场供求矛盾严重，去库存压力较大。

开发商为规避风险而逐渐回归一线城市。中原监测十家标杆房企在一线城市购地占比为 2009 年以来的历史第二高位。一线城市热点地块虽受追捧，高溢价地块不断涌现，但成交热度明显低于 2013 年，开发商亦提高了对区域内存量和地价的关注，凡宅地必高溢价成交现象不复存在。以北京为例，2013 年热点的朝阳区孙河乡区域宅地在流标后调低价格再度遇冷流标。同时，我们通过对一线城市各区域宅地存量分析，发现一线城市也

并非购地“安全港”，区域板块间的差异也很显著。因此，开发商拿地必须结合区域存量及未来前景综合判断。

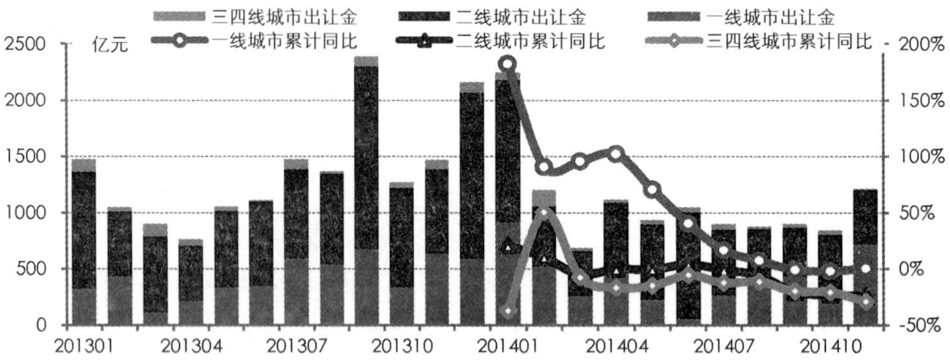

附图38　各线城市出让金及累计同比情况（2013.01—2014.11）

数据来源：中原集团研究中心。

2. 城市分化或将加剧，后市去化压力犹存

我们在去年的年度报告中，曾对比了40个重点城市过去5年累计土地供应面积和新房销售面积的情况，从中得出三四线发展中城市土地供应过量，而一线城市供地不足的结论。

2014年，宅地供求结构较往年有明显改善。在40个重点城市中，2014年前11个月的宅地购地销售比约为106%，基本维持平衡。具体来看，一线城市供应有所改善，购地销售比上升至104%；二线及三四线城市购地销售比分别降至116%和61%。

虽然三四线城市购地销售比数据较2013年有了较大的改善，但现实并不乐观。因其宅地供求结构的改变是由于开发商在面对新建住宅高库存、低销售的市场行情时，购地意愿下降，甚至退出土地市场引起的。2014年供求结构的改善无法掩盖三四线城市累计宅地存量过高的现状。

近6年累计购地销售比数据显示，二线及三四线城市土地存量仍较大，购地销售比均高于130%，土地存量的消化周期均超过2年，供大于求的压力在土地市场同样存在。

从分城市来看，自2009年至2014年，中原监测40个重点城市中有10个二线及三四线城市，累计购地销售比大于200%。其中武汉、大连、昆明和唐山累计购地销售比超过250%，土地存量去化周期为9—15年。过高的土地存量不仅意味着未来新房市场潜在竞争激烈，同时限制了地方政府未来的土地销售收入。

在房地产市场由高速增长逐渐进入平稳发展的背景下，房企对土地的选择和购买将更为谨慎。同时，在多数的发展中城市，新房市场和土地市场的高存量短期内难以消化。而从地方政府角度来看，地方债也为土地财政找到了短期替代，所以，我们预计2015年的土地市场将维持2014年的水平，很难有大幅回升。而在城市层面，分化仍将持续。一线城市需求稳定、存量压力小，未来仍将受开发商青睐，强者恒强；而大多数的二线及三四线城市中，去库存仍将是2015年的主要任务，土地市场短期不会复苏。

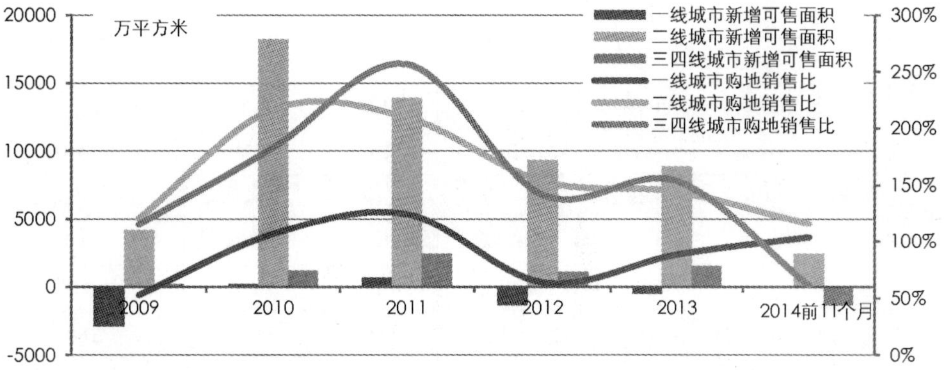

附图 39　各线城市历年新增含住用地可建面积与新房销售比（2009—2014 前 11 个月）

注：新增可售面积 = 当年含住用地成交建筑面积 - 同期新建住宅成交面积

购地销售比 = 当年宅地成交建筑面积/同期新建住宅销售面积

数据来源：中原集团研究中心。

附表 8　40 个城市购地销售比（2009—2014 前 11 个月）

城市类型	城市名称	时间						
		2009 年	2010 年	2011 年	2012 年	2013 年	2014 年前 11 个月	累计
一线城市	北京	71%	163%	171%	74%	127%	125%	112%
	上海	58%	94%	141%	76%	88%	130%	90%
	广州	106%	84%	134%	98%	77%	96%	99%
	深圳	29%	49%	126%	47%	13%	6%	39%
	合计	53%	107%	127%	64%	88%	104%	84%
二线城市	天津	286%	322%	260%	145%	110%	136%	211%
	重庆	114%	127%	195%	158%	219%	106%	151%
	成都	86%	190%	124%	142%	146%	80%	127%
	杭州	110%	163%	131%	70%	138%	121%	117%
	南京	55%	190%	251%	95%	85%	102%	109%
	武汉	359%	368%	318%	360%	160%	137%	267%
	大连	220%	602%	559%	321%	273%	107%	339%
	无锡	86%	235%	133%	59%	138%	57%	119%
	宁波	155%	335%	298%	244%	228%	114%	207%
	苏州	80%	130%	102%	56%	78%	74%	81%
	温州	24%	183%	78%	72%	84%	51%	71%
	厦门	143%	310%	90%	71%	28%	48%	101%
	长春	90%	304%	398%	181%	186%	88%	202%
	南昌	155%	212%	443%	153%	186%	156%	195%
	合肥	82%	143%	156%	210%	113%	247%	142%
	福州	55%	639%	186%	51%	77%	40%	115%

续附表 8

城市类型	城市名称	时间						
		2009 年	2010 年	2011 年	2012 年	2013 年	2014 年前 11 个月	累计
二线城市	长沙	69%	89%	120%	145%	157%	359%	121%
	昆明	96%	186%	645%	456%	200%	70%	256%
	南宁	64%	197%	87%	138%	140%	139%	124%
	中山	—	—	122%	73%	29%	32%	58%
	东莞	89%	122%	161%	58%	79%	284%	105%
	佛山	124%	181%	107%	169%	218%	229%	162%
	西安	114%	85%	211%	472%	98%	275%	176%
	济南	187%	193%	250%	260%	254%	132%	203%
	合计	121%	217%	209%	153%	144%	116%	156%
三四线城市	石家庄	—	—	247%	349%	267%	49%	192%
	贵阳	218%	229%	468%	187%	135%	91%	202%
	海口	151%	49%	88%	118%	26%	25%	68%
	扬州	—	—	—	390%	163%	24%	110%
	惠州	—	—	60%	86%	20%	65%	56%
	常州	141%	193%	312%	178%	131%	37%	152%
	泉州	—	—	—	150%	72%	33%	76%
	洛阳	—	—	—	287%	216%	160%	210%
	唐山	135%	405%	818%	298%	783%	192%	360%
	安庆	—	—	—	188%	27%	75%	97%
	泸州	—	—	176%	164%	102%	30%	120%
	襄阳	—	—	—	—	162%	239%	191%
	合计	115%	183%	257%	141%	154%	61%	138%

注：本表仅统计各地“招拍挂”土地成交面积，未包括协议出让。

深圳 2014 年来住宅用地供应方式主要是旧城改造，这部分供应未体现在本表数据中。

武汉近几年推行城中村改造，造成土地供应量较大。

灰色底纹部分为 2009 年至 2014 年购地销售比数据大于 200% 的城市。

数据来源：中原集团研究中心。

二手市场：成交萎缩　量价筑底回升

2014 年前三季度，主要城市二手房市场成交萎缩，跌至近三年以来的低谷，价格亦出现不同程度下调。然而，正当楼市悲观氛围扩散以致成交僵持之际，政府有节奏地推出了一系列救市政策：从限购松绑、信贷宽松、到 11 月央行降息等等，政策的累加效应有力地提振了二手房市场。年末成交量迅速攀升至年内高位，二手房价整体止跌企稳，市场重获信心。

虽说二手房市场的回升通道已打开，各城市表现却分化明显。尽管目前一线城市限购政策无放松可能，但是京沪普通住宅标准的相继调整，加之信贷的强势支撑，四大一线城市的反弹表现皆显著优于二三线城市。相对地，二三线城市的限购政策虽然已全面放开，然而受累于庞大的新房存量，成交回升缓慢，二手房市场也难有爆发性增长。因此，综合来看，预计明年主要城市二手楼市稳中有升。在价格方面，鉴于六大重点城市新房市场已趋稳定，二手住宅价格和成交量亦有望小幅增长。

（一）量价筑底回升，楼市迅速回暖

1. 政策效应刺激，年末成交翘尾

2014 年前三季度信贷持续收紧，致使观望氛围浓厚，主要城市二手住宅市场成交低位徘徊良久。根据中原统计，2014 年六城市二手住宅总成交面积预计达 4300 万平方米，环比下跌约 37%，为近三年以来的新低。然而观察发现，2008 年、2011 年和 2014 年连续 3 个楼市低位逐次有大于 15% 的增量趋势，显示二手住宅成交量始终是在波动中上行的。原因主要来自两方面，常住人口的持续增长和成熟市场二手占比稳定上升。这一趋势预计在未来仍将存在。

进入第四季度，得益于政府刺激政策的持续释放，市场预期逆转。在沉寂了整整 10 个月之后，二手住宅市场出现了一波年末翘尾的行情。根据中原统计，2014 年 11 月六大城市二手住宅总成交面积快速攀升至 458 万平方米的年度高位。虽然与 2013 年的月均值 574 万平方米仍有不小差距，然而平稳回升的趋势一旦确立，成交量有望在 2015 年持续复苏。

2. 房价止跌企稳，议价空间收窄

与 2013 年的一路上扬形成鲜明对比，2014 年二手住宅市场的整体回落带动中原二手房价格指数全面由涨转跌，至年末稍有喘息。从 2014 年价格变动情况来看，六大城市中仅深圳、天津累计上涨，其余四个城市均出现下跌。然而受最近信贷政策放宽刺激，京沪穗蓉跌幅逐步收窄。

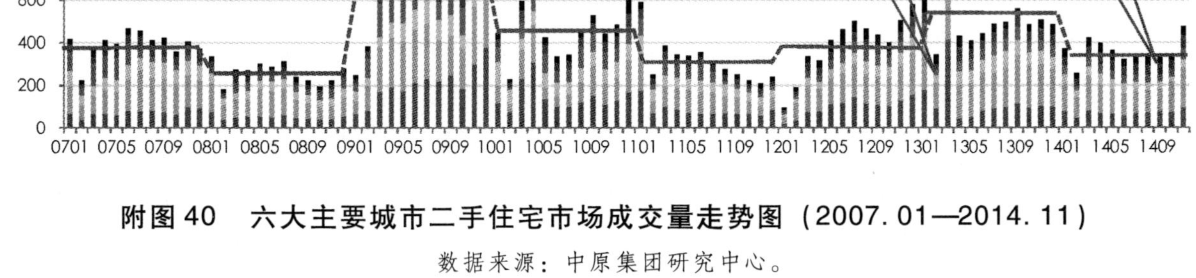

附图 40　六大主要城市二手住宅市场成交量走势图（2007.01—2014.11）

数据来源：中原集团研究中心。

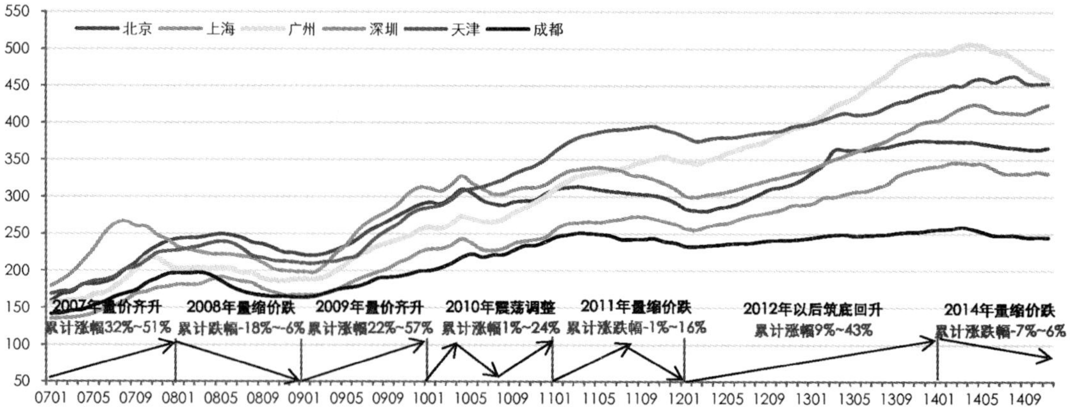

附图 41　CLI 中原二手住宅价格指数走势图（2007. 01—2014. 11）

数据来源：中原集团研究中心。

在上涨的城市中，深圳政策嗅觉灵敏，为六城市中最先回暖的城市。2014 年前 11 个月深圳累计涨幅达到 5. 56%，改善性需求稳定成为推高价格的原因之一；天津仅次于深圳，前 11 个月累计涨幅达 2. 86%，主要是由于蓝印户口政策于 2014 年 5 月 31 日起取消，促使一部分交易赶在 6 月份前完成，短期内的集中成交阻挡了楼市的颓势，使其成为本轮下跌最晚的城市，故得以迅速恢复。

在下跌的城市中，北京是下跌最早，也是下跌时间最长的城市，自 2013 年 12 月起连续下跌 11 个月，跌幅为 -2. 5%。其主要原因是受到年初大量自住房上市的冲击，分流了大量的刚需客户；而广州则是跌幅最大的城市，2014 年前 11 个月累计跌幅已经达到 6. 88%，主要是公积金贷款额度不足抑制了一大批的需求释放；上海房价小幅波动，前 11 个月累计下跌 1. 93%，外围的新房分流效应致使二手业主溢价空间有限；成都 2014 年前 11 个月累计跌幅达 3. 83%，主要由于新房促销力度较大，带动二手房价下滑，随着开发商促销活动淡出，成都二手房价格已基本企稳。

3. 租赁持续平稳　租金微幅上扬

由于销售市场回落，租赁市场也失去了持续上涨的动力。但由于租赁需求相对稳定，租金依然呈波动上涨的态势。根据中原领先指数系统数据显示，2014 年前 11 个月，仅成都二手住宅租金指数出现下滑，累计下跌 4. 59%；其他五城市租金指数波动上扬，累计涨幅在 1. 29% ~15. 11% 之间。其中，深圳的累计涨幅最高，为 15. 11%；沪津次之，累计涨幅在 5% 左右；京粤的租金指数累计涨幅较小，低于 2%。

租金相对平稳且价格滞涨，令租金回报率依然在低位徘徊。截至 2014 年 11 月底，六城市二手住宅租金回报率在 2. 09%—3. 23% 之间徘徊，除成都外，其他五城市租金回报率均不超过 2. 57%，以北京的租金回报率最低，仅为 2. 09%。

（二）政策托底楼市，改善性需求释放

1. 新房降价促销，抢占二手房份额

在楼市趋冷的环境下，二手房市场降温更为明显。中原监测一二手房成交量的 14 个城市中，有 11 个城市 2014 年前 11 个月的二手房成交量同比降幅超过新房同比降幅。其中，14 个城市 2014 年 1—11 月新房的成交面积同比平均降幅为 17%，而二手房成交面积的同比平均降幅高达 30%，二手房跌幅高出

13个百分点。

究其原因，相较于新房的集中促销，无资金压力的二手房业主更愿意选择持房观望，而不是降价抛售，故二手房价格降幅有限。每当楼市淡季来临，绝大部分购房者倾向于选择降价幅度较大的新房，导致二手房的份额被侵蚀，市场占比缩减。另一方面，对于大多数卖旧换新的改善型需求来说，由于2014年年初信贷紧张，放款时间大幅延长，部分卖家需要等3—6个月才能拿到下家的银行贷款，使得整个换房周期延长，风险增加。因而不得已放弃置换需求，导致了二手成交受影响更大。

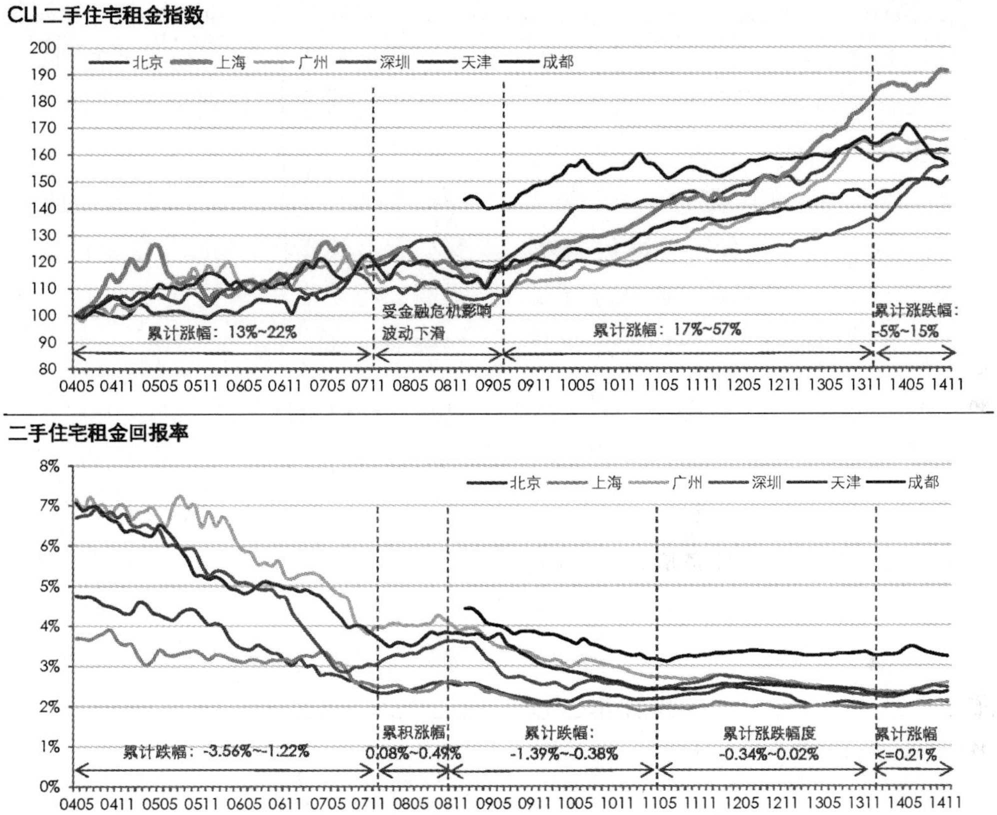

附图42　CLI二手住宅租金指数及租金回报率月度走势（2004.05—2014.11）

数据来源：中原集团研究中心。

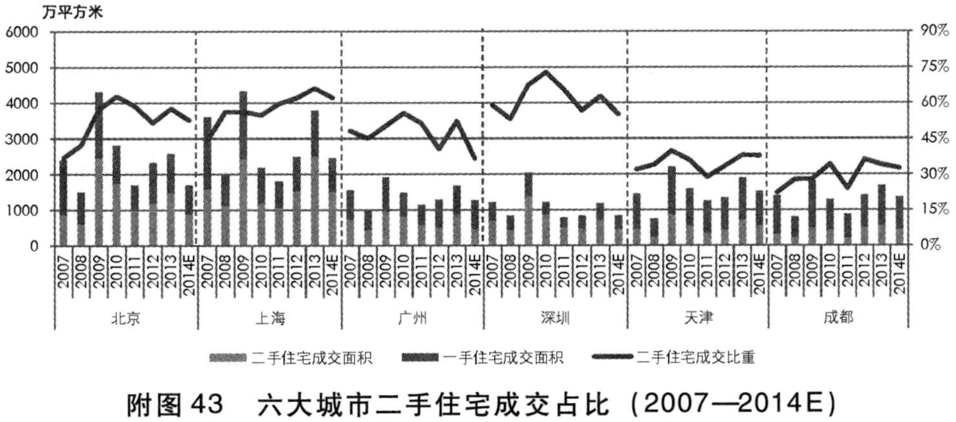

附图43　六大城市二手住宅成交占比（2007—2014E）

数据来源：中原集团研究中心。

2. 京沪普宅标准上调，二手房获益良多

2014 年下半年京沪相继调整了普通住宅的标准，使更多购房者享受税费减免以及房贷优惠。尤其是二手房交易中与普通住房标准直接相关的营业税、个人所得税随之大幅下调，直接降低了购房成本，激发京沪两个城市二手房成交活跃。

9 月 30 日，北京上调了享受税收优惠政策普通住房平均交易价格。按照新标准，五环内单价不超过 39600 元/平方米、总价不超过 468 万元的房屋，即可认定为“普通住宅”，享受税收优惠政策。新普宅标准价格线上浮 22%，普宅占比将超九成。此次调整，在普通住宅认定标准中除了单价标准还添加了总价标准。在满足其他条件后，价格只要满足其一即可认定为普宅，较之前更加完善，同时为改善性客户提供了更大的选择空间。

继北京之后，自 11 月 20 日起，上海执行新的普通住宅认定标准，外环外、内外环间及内环内的普通住宅总价标准分别为低于 230 万元、310 万元及 450 万元。与调整前的上海普通住宅标准相比，此次外环外、内外环间、内环内总价标准分别提高了 70 万元、110 万元及 120 万元。经初步计算，上海二手住宅中的普通住宅交易比重在调整前为 79%，调整后上升为 89%。上海普通住宅认定标准的提高，将使可以享受交易税费优惠的房源占比明显增加。

附表 9　北京普通住宅标准新旧对比

区域	2011 年 11 月公布标准		2014 年 9 月公布标准
	北部	南部	
三环四环之间	38880 元/平方米	34560 元/平方米	39600 元/平方米或总价 468 万元
四环至五环之间	32400 元/平方米	28080 元/平方米	
五环到六环	25920 元/平方米	21600 元/平方米	31680 元/平方米或总价 374.4 万元
六环以外	17280 元/平方米		23760 元/平方米或总价 280.8 万元

数据来源：中原集团研究中心。

附表 10　上海普通住宅标准新旧对比

日期	内环内	内外环间	外环外
2014 - 11 - 20	450 万元	310 万元	230 万元
2012 - 03 - 01	330 万元	220 万元	160 万元
调整幅度	36%	55%	44%

数据来源：中原集团研究中心。

3. 改善性需求释放，中等偏大户型受青睐

得益于“9・30”新政对首套房认定标准的放宽以及降息的双重利好，改善性需求加速入市，未来二手房成交结构里中等偏大户型的比重有望逐步增加。回顾近三年的户型分布，北京、成都两个城市已初露端倪。据中原数据监测，2014 年，北京 90—144 平方米的二手住宅成交套数占二手住宅总成交套数的比例为 32%，环比上升 4%；在 144 平方米以上的面积段中，北京、成都环比分别上升了 1.3%、5.6%。

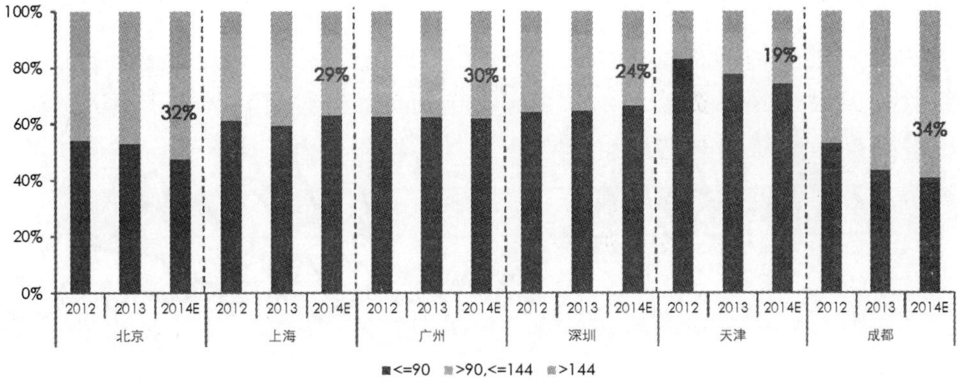

附图44　六大主要城市二手住宅成交面积结构变化（2012—2014E）

数据来源：中原集团研究中心。

虽然90平方米以下小户型依然是目前市场成交主力，但显然无法满足日益增长的改善性需求。随着“二孩”政策的放开，家庭人口数增长，购房者对居住面积的要求也水涨船高。加上对中心城区优质教育资源的旺盛需求，未来二手住宅市场，中等偏大户型将越来越受到购房者的青睐。

（三）本轮调整有限，后市谨慎乐观

从历次楼市调整的情况来看，楼市的复苏有赖于信贷和政策环境的放松。本次调整最先由北京自2013年12月始。截至2014年11月份，六城市中原二手住宅价格指数累计下跌5—11个月，累计跌幅在1.1%—9.2%，均未超过10%。随着9月底以来，首套房认定放宽以及降息的双重刺激，改善性需求得以释放，成交量大幅反弹，价格亦止跌回升。与前两次楼市调整相比，无论是下跌周期，还是下跌幅度都较低，本次二手房市场受影响幅度均属有限。

从2014年的政策和信贷环境来看，政府稳定楼市消费意图明显。作为反映业主放盘预期的领先指标，中原报价指数亦触底反弹，预示未来2—4个月价格回升将是大概率事件。然而，鉴于经济放缓及政府分类调控的指导思想，即使二手房价格见底，我们认为也不会出现前两年那样大幅反弹局面，企稳盘整的可能性更大。而新房价格，尤其是存量压力大的二三线城市，仍有下跌空间。此时，二手房业主应及时把握良机，加大议价空间，尽快促成交易。

附表11　CLI中原二手住宅价格指数历次下调幅度及周期对比

	2005年	2007－2008年	2011－2012年	本次（截至2014年11月份）
北京	—	－11.5%（9个月）	－10.5%（12个月）	－3.3%（11个月）
上海	－17.4%（9个月）	－12.8%（7个月）	－6.5%（5个月）	－4.3%（9个月）
广州	—	－14.4%（13个月）	－2.8%（3个月）	－9.2%（7个月）
深圳	—	－25.8%（18个月）	－11.7%（9个月）	－2.8%（5个月）
天津	—	－12.3%（9个月）	－5.1%（4个月）	－1.1%（5个月）
成都	—	－17.0%（10个月）	－4.4%（4个月）	－5.5%（6个月）

数据来源：中原集团研究中心。

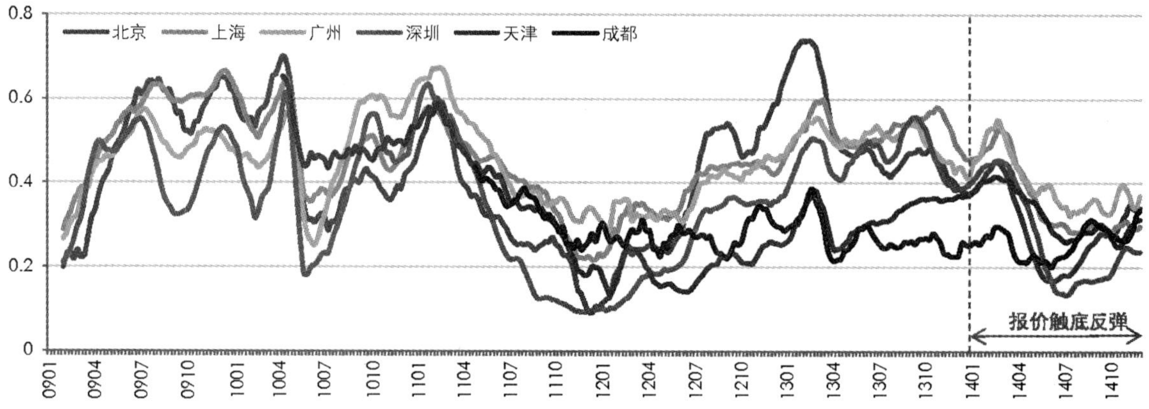

附图45　CLI 中原二手住宅报价指数走势图（2009 年第 1 周—2014 年第 48 周）

数据来源：中原集团研究中心。

尽管央行“9·30”新政中明确指出房贷最低可达7折优惠，然而从中原调研情况来看，大多数银行房贷利率并无变化，仅有个别银行推出95折优惠。当政策刺激效应衰减，则难以维持成交量持续回升，市场可能重陷胶着。因此对于2015年的二手住宅市场，我们的总体判断是谨慎乐观，量价止跌回稳。

城市分类标准及调整说明

我们从本期报告开始，调整了一二三四线城市的分类标准，历史数据也按同一标准相应调整，以保证前后期同质可比。以后报告除另有说明以外，均将按照新的分类标准。

本报告及将来报告中涉及二三四线城市相关数据，将与过往报告中同类数据不具可比性，请以新报告中数据为准。

关于城市分类调整的依据及相关数据，请查阅我们相关报告《一二三线城市应该怎么分？——城市分类调整及说明》（http://ccpr.centaline.com.cn/view_hy.asp? id=27901&l=18）。

本报告中一二三四线城市的划分标准如下：

一线城市：北京、上海、广州、深圳；

二线城市：杭州、天津、南京、重庆、宁波、厦门、东莞、沈阳、苏州、温州、成都、无锡、佛山、武汉、青岛、福州、大连、济南、珠海、合肥、哈尔滨、南昌、长春、郑州、长沙、南宁、太原、西安、昆明、中山、长春；

三线城市：兰州、吉林、贵阳、石家庄、海口、唐山、惠州、烟台、西宁、呼和浩特、乌鲁木齐、泉州、银川；

四线城市：安庆、岳阳、韶关、泸州、南充、襄阳等。

附新旧城市分类标准对比表

城市等级	分类调整前（旧）	分类调整后（新）
一线城市	北京、上海、广州、深圳	北京、上海、广州、深圳
二线城市	天津、重庆、成都、杭州、南京、武汉、大连、无锡、宁波、苏州	杭州、天津、南京、重庆、宁波、厦门、东莞、沈阳、苏州、温州、成都、无锡、佛山、武汉、青岛、福州、大连、济南、珠海、合肥、哈尔滨、南昌、长春、郑州、长沙、南宁、太原、西安、昆明、中山
三线城市	温州、厦门、长春、石家庄、南昌、合肥、福州、长沙、昆明、贵阳、南宁、海口、中山、扬州、惠州、泉州、东莞、佛山、常州、西安、济南、洛阳、唐山	兰州、吉林、贵阳、石家庄、海口、唐山、惠州、烟台、西宁、呼和浩特、乌鲁木齐、泉州、银川、常州
四线城市	安庆、泸州、襄阳等	安庆、岳阳、韶关、泸州、南充、襄阳等

2014 年北京房地产市场回顾及 2015 年展望

北京链家地产市场研究中心

土地篇

一、概述

土地市场处于房地产产业链的上游，是新房供应的前提，也是二手房流通市场的重要基础，对住宅市场有着重要的影响。土地地块中的配建比例是政府政策的直接反映，成交价格是房企对房价的预期，成交规模和位置则决定了未来的新房供应量和供应结构。

2014 年，受大量低价自住型商品房（以下简称自住房）上市的影响，住宅市场表现低迷，二手房价格最高下降了 11.7%，新房库存则由年初的 5.8 万套增长至年末的 8.9 万套。虽然住宅市场价格下降，库存高企，但是从土地市场表现看，房企的拿地热情依然没有减弱，即使土地供应规模缩小，配建保障房自住房的比例增加，但是地价以及土地出让金都创下历史新高，地价与周边二手房价倒挂成为常态。作为影响房价的重要因素之一，地价的上涨为未来房价上涨埋下隐忧。

（一）土地出让金达 1917 亿元，再创历史记录

从近两年的土地市场看，流拍现象极为个别，土地供应量是土地市场交易规模的决定因素。2014 年，北京土地成交 141 宗，土地面积为 1295 公顷，同比下降 37.8%，为 2008 年以来的新低。虽然土地成交规模走低，但是土地出让金依然维持高位，2014 年北京土地出让收入 1917 亿元，达到财政收入的 47.5%，也创下历史新高。从近几年趋势看，土地出让金的走势与土地出让面积走势首次出现明显背离。

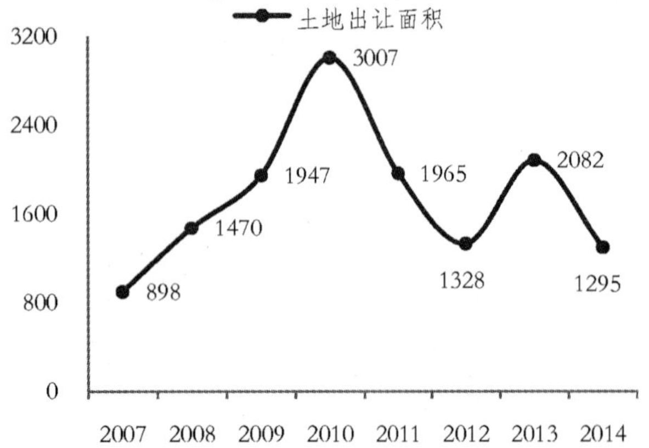

附图 46　2007—2014 年北京各年出让土地面积（单位：公顷）

数据来源：北京市国土资源局，链家地产市场研究中心。

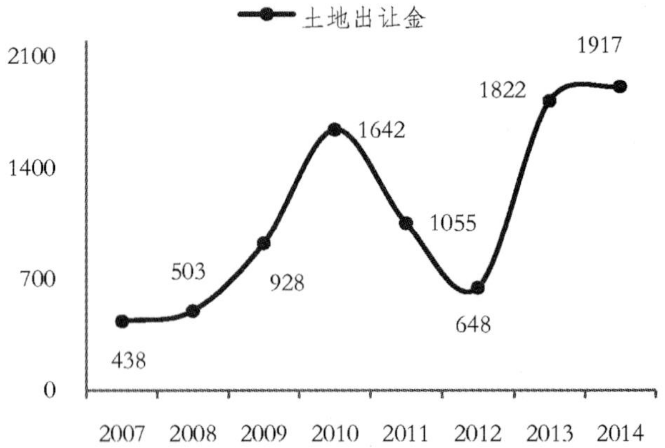

附图 47　2007—2014 年北京各年土地出让金（单位：亿元）

数据来源：北京市国土资源局，链家地产市场研究中心。

（二）住宅地块交易规模下降，年内出现“断档期”

2014年成交地块中，住宅类地块成交52宗，规划建筑面积为901万平方米，与2013年相比下降33%，仅为2007—2014年平均水平的84.6%。住宅类地块规划建筑面积占整个土地出让规模的54%，与近年来水平持平。

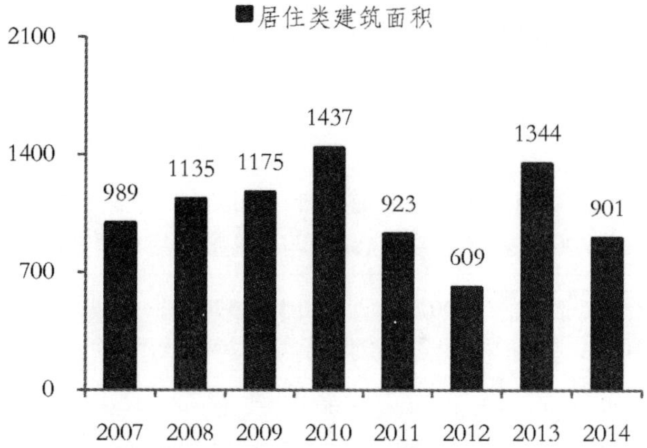

附图48　2007—2014年各年北京出让住宅类土地规划建筑面积（单位：万平方米）

数据来源：北京市国土资源局，链家地产市场研究中心。

住宅土地成交低迷主要受到整体土地供应降低的影响。

从年内各月的成交节奏看，1—4月的土地成交活跃，按照规划建筑面积计算，占到全年的62.7%，而在5、6月则出现断档期。虽然下半年各月都有住宅地块成交，但是也可以看出政府的推地积极性不高。

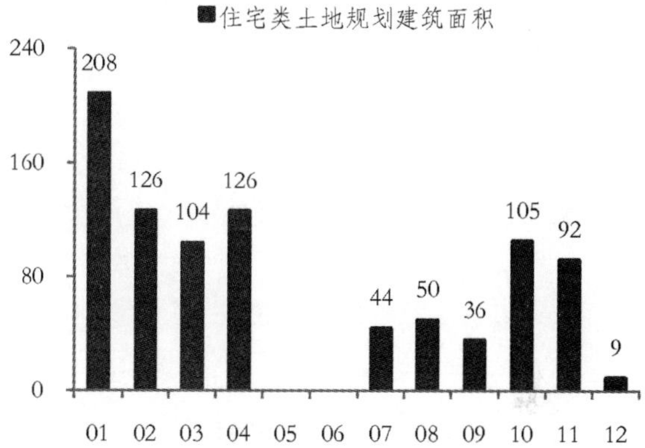

附图49　2014年各月北京出让住宅类土地规划建筑面积（单位：万平方米）

数据来源：北京市国土资源局，链家地产市场研究中心。

二、市场特征

（一）住宅楼面价创新高，同比暴涨55.8%

在2014年成交的住宅地块中，平均楼面价为14767元/平方米，同比上涨55.8%，楼面价和同比涨幅都创下历史最高水平。但是由于土地出让中的底价都比较高，且有总价合理上限的限制，整体的溢价率水平比较平稳，和近两年基本持平。从近两年土地出让的一些热点板块成交案例看，地价的上涨十分明显。

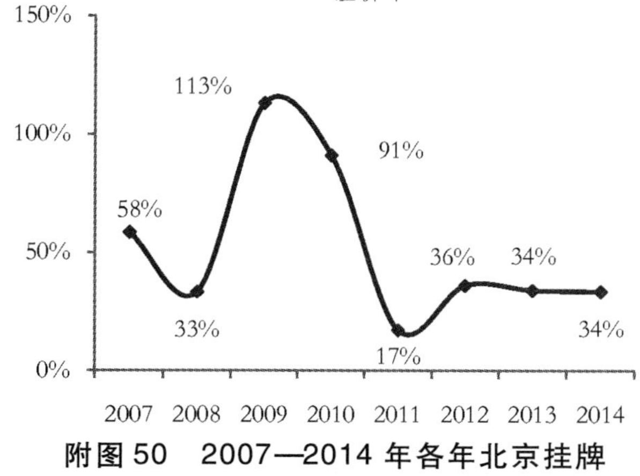

附图50　2007—2014年各年北京挂牌出让的住宅类土地成交溢价率

数据来源：北京市国土资源局，链家地产市场研究中心。

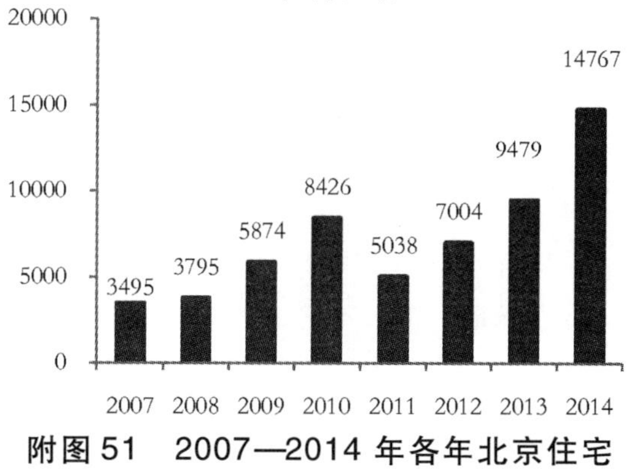

附图51　2007—2014年各年北京住宅土地成交楼面均价（单位：元/平方米）

数据来源：北京市国土资源局，链家地产市场研究中心。

（二）地价房价倒挂成常态

一般情况下，同一区域的新房与二手房相比，都会有不同程度的溢价，但是新出让土地楼面价很少超过周边二手房价格。从2014年以来，由于二手房价格出现不同程度的下降，再加上房企拿地热情高涨，地价上涨明显，导致成交地块的楼面价基本都高于周边二手房价格，地价和房价倒挂已经成为土地市场的常态。

如果考虑到开发、资金、税费成本以及合理的利润，未来的新房供应价格与周边二手房价格的差距将会更为惊人，未来这些土地的开发难度将会比较大。

附表12　2014年典型高价地块与周边房价对比

地块	规划建筑面积（平方米）	楼面价（元/平方米）	周边典型小区房价（元/平方米）
顺义新城第21街区地块	100024	29000	佳和宜园：17700；金宝城一期：20000；龙湖香醍漫步：19000；鲁能7号院：21000；香悦四季：23000
丰台卢沟桥乡西局地块	170535	55000	北大街北里：31000；东大街西里：32000；望园东里：34000；望园西里：34000；西局欣园南区：34000
大兴黄村镇地块	174841	29000	兴水家园：18000；义和庄北里：21000；漪景园：21000；车站中里：20000；艺苑桐城：28000

数据来源：北京市国土资源局，链家地产市场研究中心。
注：楼面价按照开发商拿地真实成本估算。

（三）近九成地块需配建，自住房供应295万平方米

在2014年成交的52宗住宅地块中，44宗地需要配建各类保障性住房及自住房，占比为88%，较2013年增长了9个百分点。这些配建中，各类保障房建筑规模约181万平方米、自住房建筑规模约295万平方米，共占整个住宅类土地规划建筑面积的52.8%。与2013年相比，纯商品住房的占比由63%下降到47.2%，考虑到住宅类土地还需配建社区商业、学校等配套，这个比例有可能会更低。

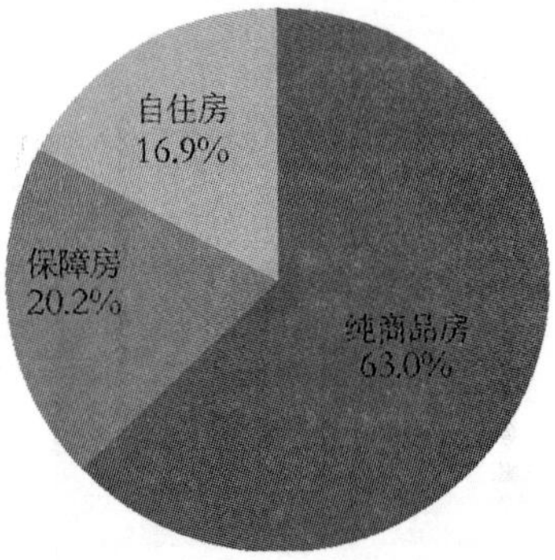

附图52　2013年北京出让住宅土地中配建情况

数据来源：北京市国土资源局，链家地产市场研究中心。

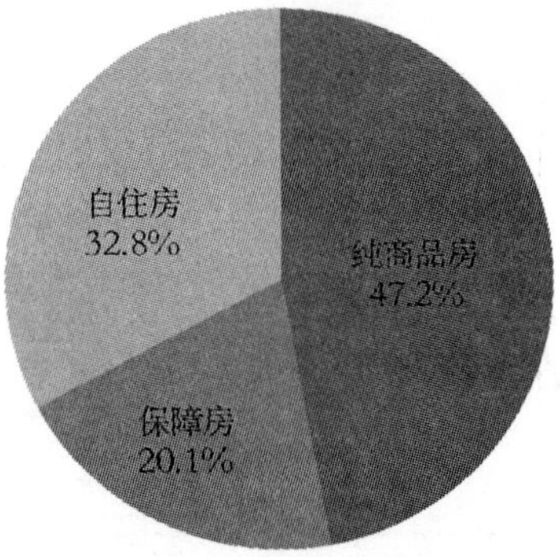

附图53　2014年北京出让住宅土地中配建情况

数据来源：北京市国土资源局，链家地产市场研究中心。

截至2014年年末，北京已经推出51宗自住房地块，按照建筑面积估计，约能提供5.5万套自住房。虽然2014年自住房地块推出力度很大，但是与政策出台伊始的7万套目标相比，依然有不小差距。下图显示已经出让的自住房土地分布情况。

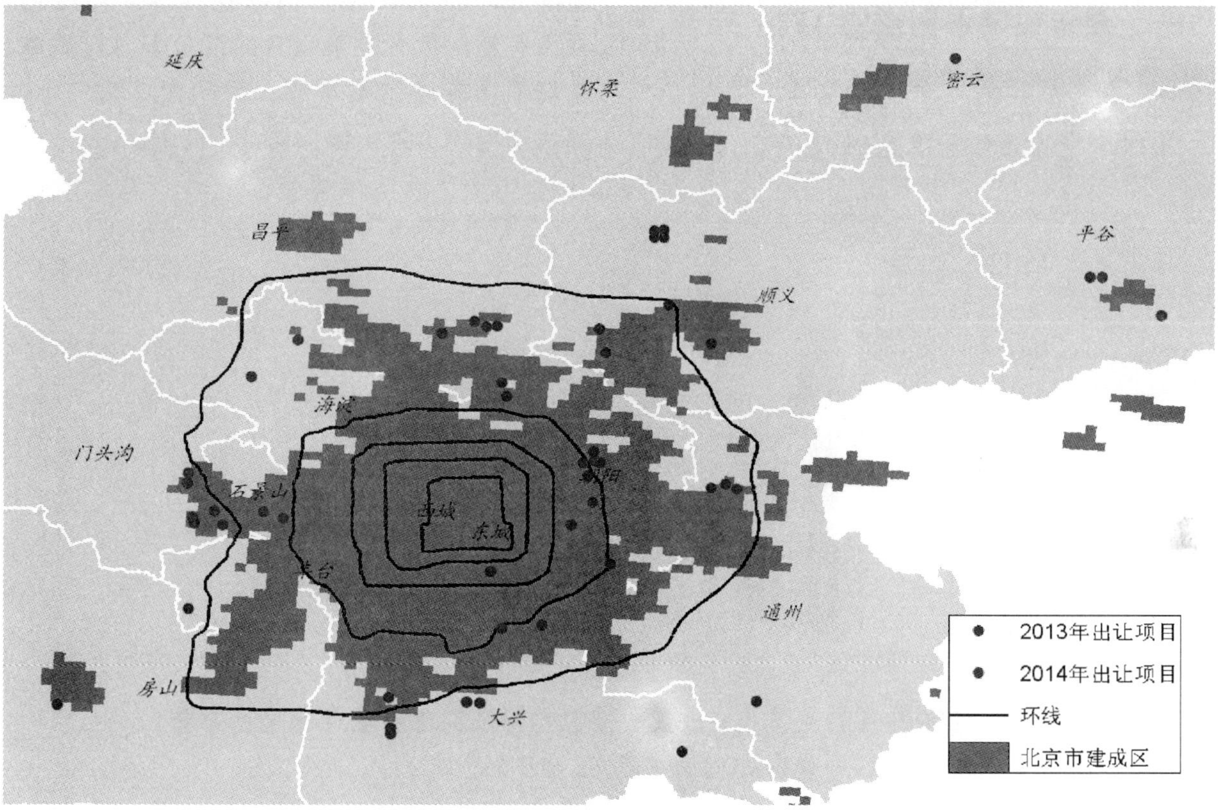

附图54　截至2014年年末北京出让自住房土地位置

数据来源：北京市国土资源局，链家地产市场研究中心。

三、总结与预测

2014年全国范围内的房价下行，使得整体市场对房地产行业的预期重回悲观。从2014年年末的趋势看，北京的房价率先回暖，2015年则有望反弹，而二三线城市市场出现明显改观的可能性还有待观察。在这种情况下，楼市的避险资金将会向北京等核心城市转移，推动北京的土地市场持续火热。

另外，对于全国布局的房企来说，在北京保持合理的项目规模，是全国化布局、平衡投资、对冲风险的重要手段；对于一些外地中型房企来说，布局北京是获得资本市场认可的敲门砖；对于传统的北京房企，在北京拿地是保持竞争优势的必备之举。这三者的角力也将会成为搅动2015年土地市场的重要力量。

2014年成交的高价地块将会对住宅市场产生深远影响。未来的大部分新房项目将会以远超过周边二手房的价格入市，一方面这些高价地块入市将会刺激购房者心理，推动房价预期转变，另一方面也会将部分需求推向相对中低端的二手房市场，房价上涨压力增加。

北京住宅市场总体概要

一、全年住宅市场成交 17.1 万套，市场进入深度调整阶段

2014 年北京市住宅成交 17.1 万套，同比下降 30.5%。房地产市场连续两年回暖后，在没有任何重大政策出台的情况下自行调整，市场整体观望情绪浓厚，商品住宅及二手住宅成交量均出现大幅回落。

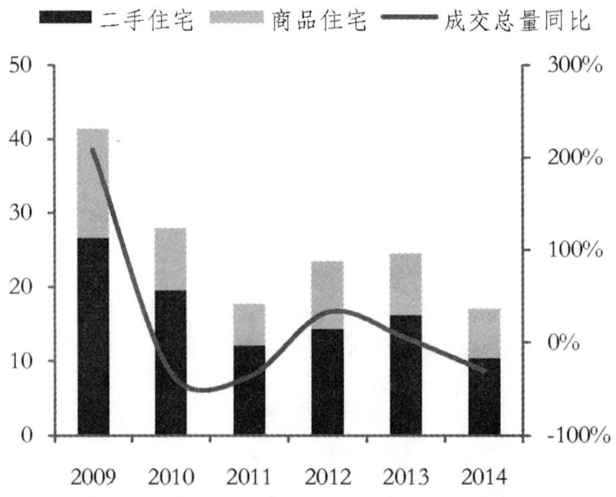

附图 55　2009—2014 年北京住宅成交量走势及同比变化（单位：万套）

数据来源：链家地产市场研究中心。

附表 13　2009—2014 年北京住宅成交量走势及同比变化

时间	二手住宅（万套）	商品住宅（万套）	总成交量（万套）	成交总量同比变化
2009	26.7	14.7	41.4	—
2010	19.7	8.3	27.9	-32.4%
2011	12.2	5.5	17.7	-36.8%
2012	14.4	9.0	23.4	32.3%
2013	16.3	8.3	24.6	5.1%
2014	10.5	6.6	17.1	-30.5%

数据来源：链家地产市场研究中心。

二、全年二手住宅成交占比回落，但成交量仍高于商品住宅

自 2008 年开始，北京进入存量房时代，二手住宅成交量持续高于商品住宅。2014 年二手住宅与商品住宅成交比例为 1.6:1，较 2013 年有所降低。从区域的成交格局上看，中心城区二手住宅占比达到 96.3%，而外城四区和郊区的成交占比均有小幅回落。商品住宅和二手住宅市场的差异，主要在于商品

住宅市场受到自住房带动作用较大，且供应量也大幅增长，对于成交量形成支撑作用，降幅小于二手住宅。

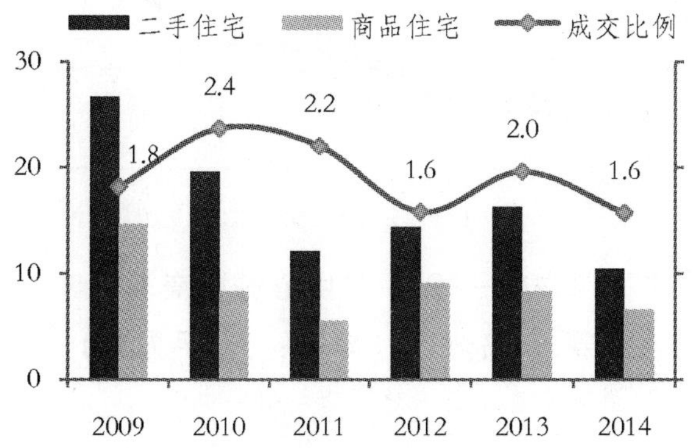

附图 56　2009—2014 年北京二手住宅、商品住宅成交量及比例（单位：万套）

数据来源：链家地产市场研究中心。

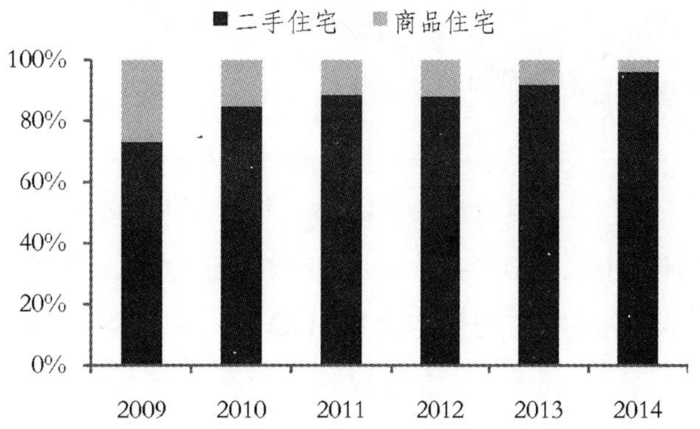

附图 57　2009—2014 年北京中心城区住宅成交结构

数据来源：链家地产市场研究中心。

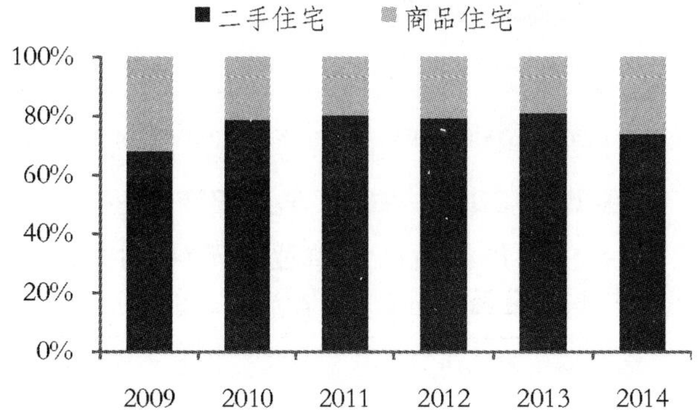

附图 58　2009—2014 年北京外城四区住宅成交结构

数据来源：链家地产市场研究中心。

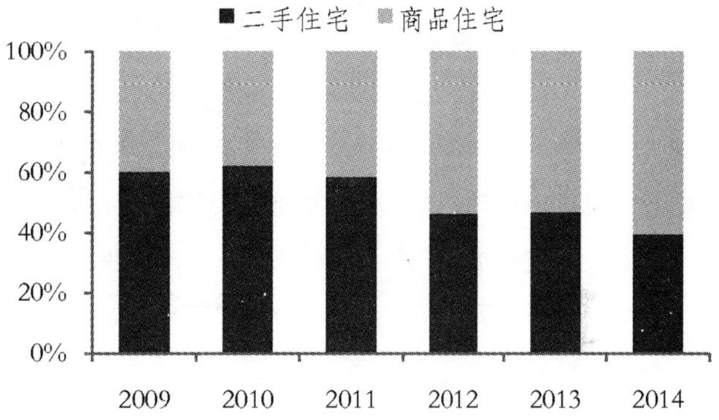

附图 59　2009—2014 年北京郊区住宅成交结构

数据来源：链家地产市场研究中心。

三、郊区二手住宅价格优势凸显

2014 年全市二手住宅成交均价为 34577 元/平方米，商品住宅成交均价 25278 元/平方米。由于二手住宅价格年内下滑明显，因此价格差距略有缩小。从各区域二手住宅和商品住宅历年均价走势看，除中心城区二手住宅与商品住宅价格差距有所增大外，外城四区和近郊区二手住宅与商品住宅价格差距均有缩小。尤其是近郊区，市场调整后房价由高回落，而新入市的商品住宅项目则由于成本高，其价格很难出现实质的下调。

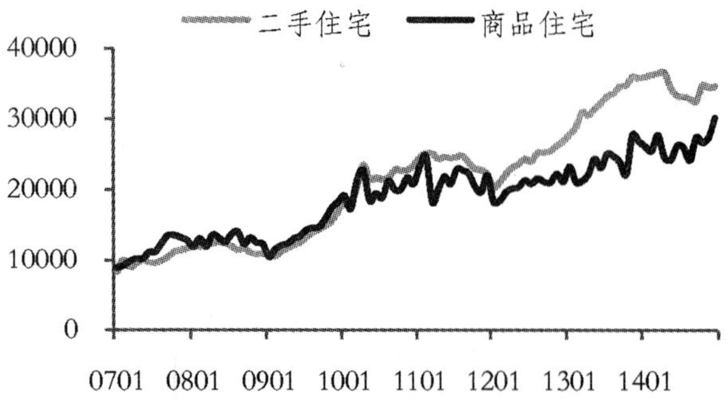

附图60　2007—2014年北京商品住宅、二手宅各月成交均价走势图（单位：元/平方米）

数据来源：链家地产市场研究中心。

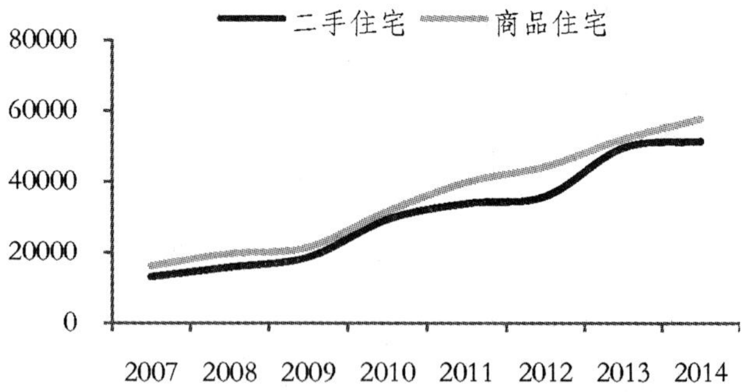

附图61　2007—2014年中心城区商品住宅、二手住宅价格对比（单位：元/平方米）

数据来源：链家地产市场研究中心。

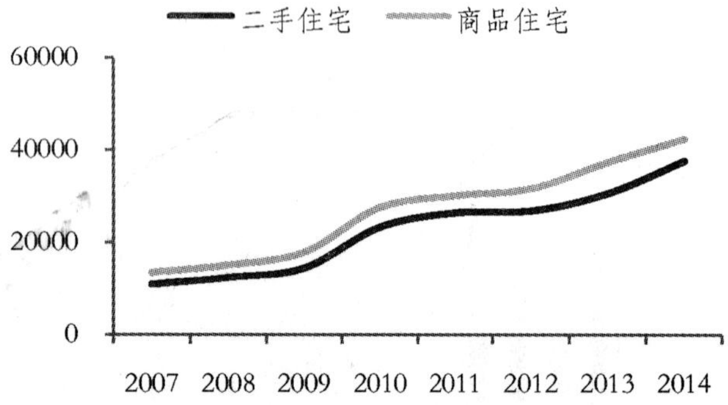

附图62　2007—2014年外城四区商品住宅、二手住宅价格对比（单位：元/平方米）

数据来源：链家地产市场研究中心。

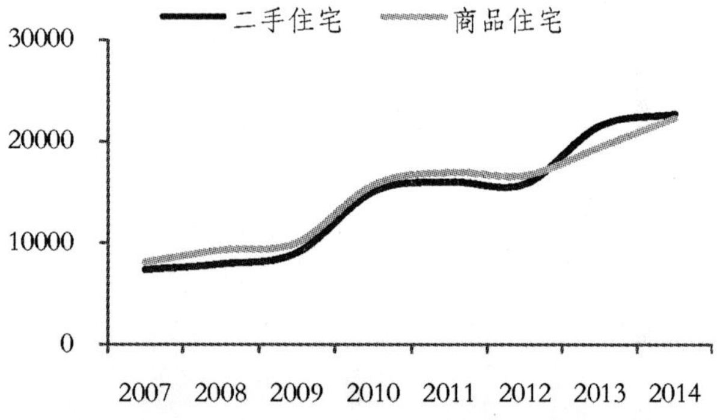

附图63　2007—2014年近郊商品住宅、二手住宅价格对比（单位：元/平方米）

数据来源：链家地产市场研究中心。

注：近郊为通州、大兴、顺义、昌平、房山。

商品住宅篇

一、概述

2014年北京市商品住宅共成交66338套，较去年下滑20%，连续两年需求回落。全年商品住宅成交均价为25278元/平方米，同比上涨7.6%，涨幅回落5个百分点。

2014年，北京市商品住宅市场降温，需求明显回落，库存压力明显上升。均价虽然同比上涨，但年内走势出现止涨，新开盘项目普遍报价较低。

此外，自住房的入市也影响了整个商品住宅市场。2014年自住房成交1.7万套，占商品住宅的比例为25.8%，成交均价为17652元/平方米，低于纯商品住宅均价35%。一方面拉低全市商品住宅均价，另一方面，明显的价格优势也分流了部分刚性购房需求。

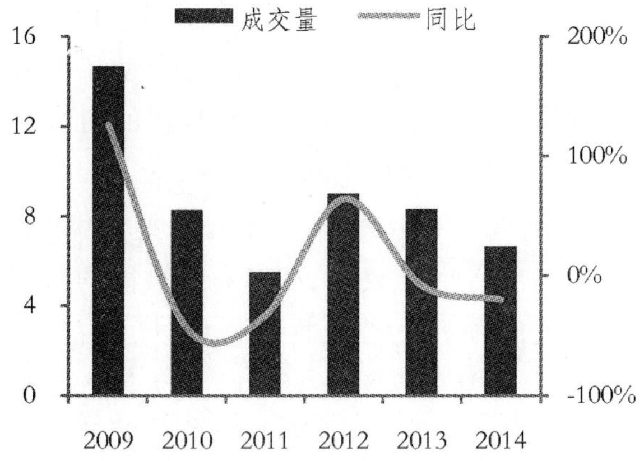

附图64　2009—2014年北京商品住宅成交量及同比变化（单位：万套）

数据来源：链家地产市场研究中心。

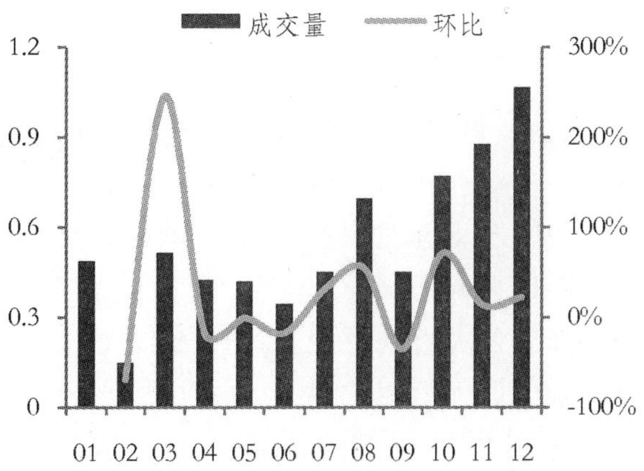

附图65　2014年北京商品住宅各月成交量及环比变化（单位：万套）

数据来源：链家地产市场研究中心。

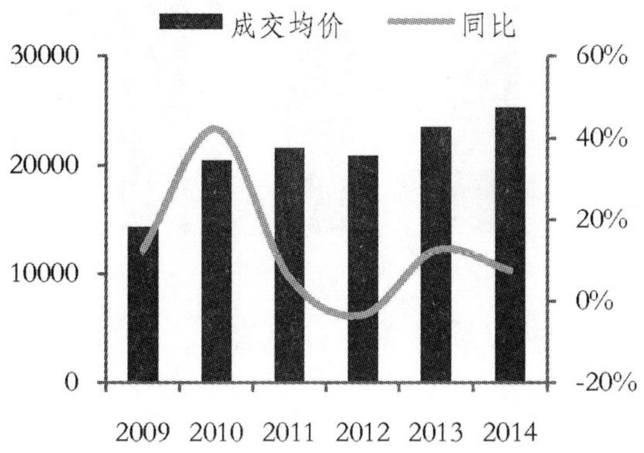

图66　2009—2014年商品住宅成交均价及同比变化（元/平方米）

数据来源：链家地产市场研究中心。

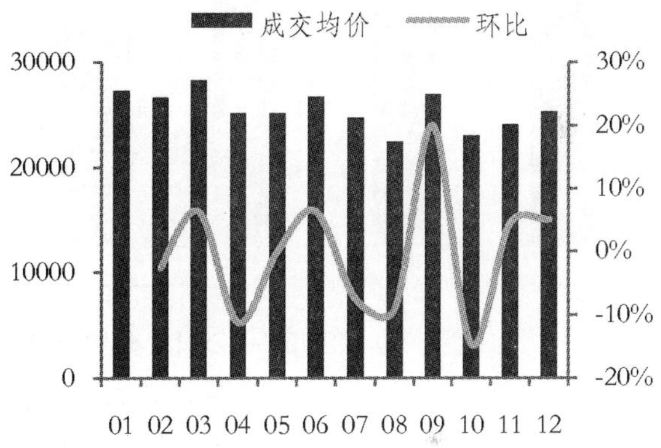

附图67　2014年商品住宅各月成交均价及同比变化（元/平方米）

数据来源：链家地产市场研究中心。

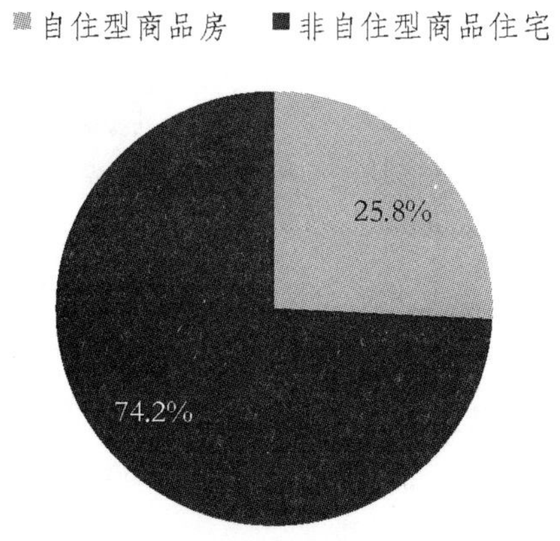

图68　2014年自住型商品住宅与非自住型商品住宅成交占比

数据来源：链家地产市场研究中心。

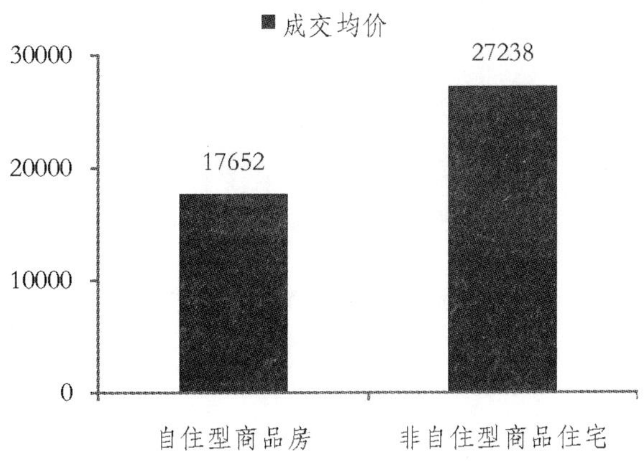

附图69　2014年自住商品房与非自住商品住宅价格对比（元/平方米）

数据来源：链家地产市场研究中心。

二、市场特征

（一）供应达6年最高，高端项目集中入市

2014年北京商品住宅新增供应量9.6万套，同比大幅上涨50.3%，结束了持续6年的下降后首次出现上涨。2013年土地供应规模的攀升，尤其是自住房的推出，是导致商品住宅新增供应上涨的最主要原因。截至2014年年末，自住房共有22个项目上市，占商品住宅供应量的三分之一，也带动了整体供应规模的上涨，若剔除2.5万套的自住房供应，则供应量同比上涨10.3%。

此外，2014年高端项目出现集中入市。由于预售价格审批放松，2014年拟售均价超过4万元的项目（按预售证号统计）占比达到25%，其中有一部分在2013年无法入市的项目延至2014年，形成集中供应。

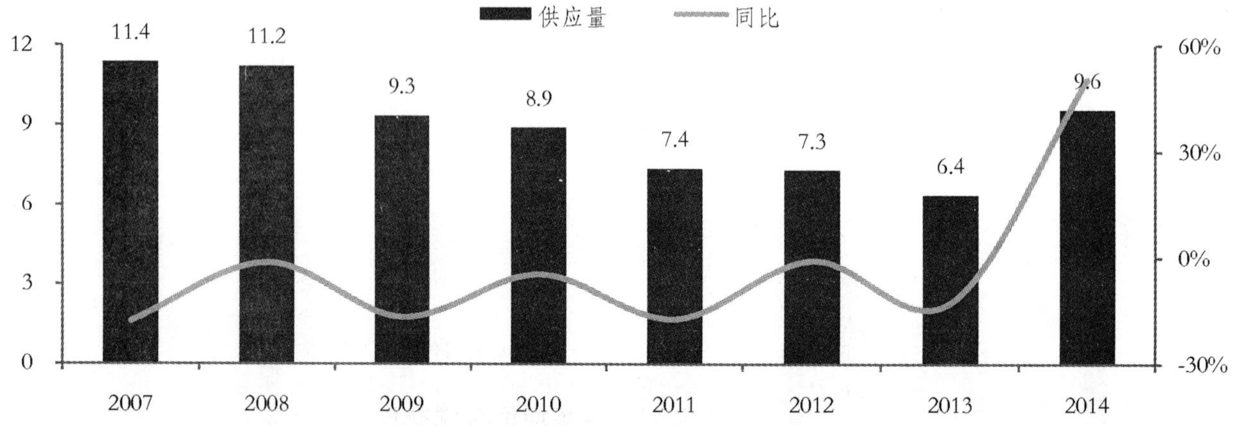

附图70 2007—2014年北京商品住宅新增供应量（单位：万套）

数据来源：链家地产市场研究中心。

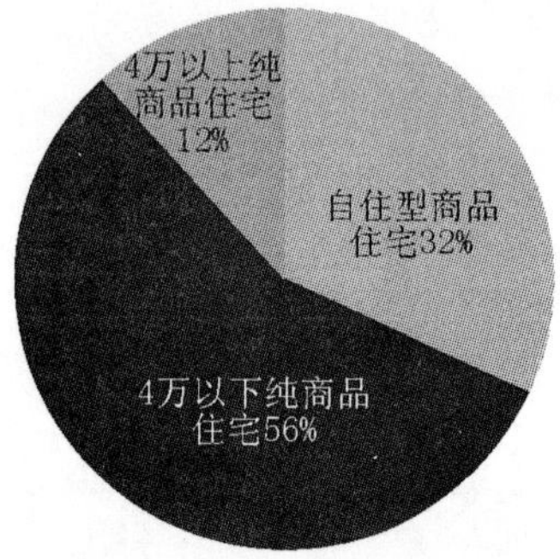

附图71 2014年北京各类住宅期房供应占比

数据来源：链家地产市场研究中心。

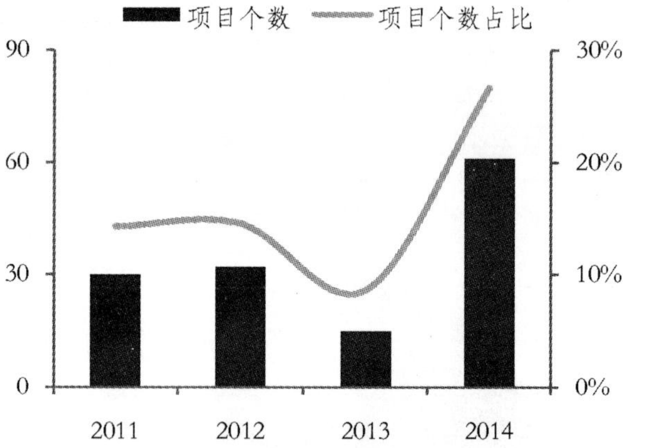

附图72 2011—2014年拟售均价4万元以上的项目供应占比

数据来源：链家地产市场研究中心。

（二）商品住宅价格止涨，低价开盘成主流

剔除自住房，2014年商品住宅成交均价为26217元/平方米。年内房价走势较为平缓，前10个月成交均价累计下降0.3%，11月、12月由于高端成交占比提高，导致价格出现结构性上升。但整体来看，虽然全年市

场需求明显回落，但成交均价却并未出现明显下降。

受到自住房入市，以及市场低迷的影响，新入市项目普遍采取了低价开盘的销售策略，以便达到快销走量的目的，实现资金回笼。新入市项目的平均拟售均价与成交均价相差幅度为18%，为4年来最高，不少项目都以低于预期的价格开盘。

从2014年新开盘期房项目的价格走势看，有25.9%的项目累计涨幅在5%以内，有28.1%的项目降幅在5%以内，即超过一半的项目均价的变化幅度不超过5%，大部分项目价格走势都较为平稳。2014年房企促销手段频出，如特价房、分期首付、月供打折等形式，但这些促销手段更多是为降低置业门槛，吸引需求入市，实质降价的幅度并不大。

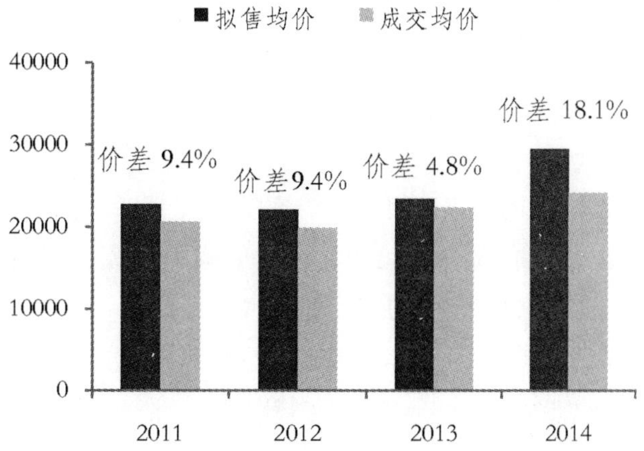

附图73　2011—2014年北京新增期房项目拟售均价与成交均价（单位：元/平方米）

数据来源：链家地产市场研究中心。

附表14　2014年北京新入市期房项目累计涨幅情况

年内累计涨幅	项目个数占比
10%以上的	8.9%
5%～10%	14.8%
0～5%	25.9%
-5%～0	28.1%
-10%～-5%	9.6%
-10%以下 12.6%	

数据来源：链家地产市场研究中心。

（三）去化率大幅降低，六环外降温最显著

与2013年北京商品住宅成交受制于供应的情况不同，2014年市场供大于求，除去自住房后的纯商品住宅平均去化率为48.5%，较2013年下降20个百分点。

从各环线情况看，六环外项目平均销售率为47.9%，较2013年降低27个百分点，降幅最大。2014年六环外商品住宅成交均价为18906元/平方米，市场以刚需为主，因此受到自住房的分流，以及信贷收紧的影响十分显著，大部分项目的蓄客难度都有所加大。

此外，在市场降温的过程中，购房者价格预期回落。而房企降价的幅度十分有限，造成购房者入市积极性降低。

四环内新增期房项目的销售率仅为37.6%，为各环线最低，也较2013年大幅回落。就高端市场来看，受到整体经济环境低迷以及贷款收紧的影响，购买力受到一定限制，另一方面，改善类购房者需要先卖再买，而2014年二手房市场同样低迷，出售难度较大，影响到中高端需求的释放。

（四）低端库存积压严重，库存持续升高

从库存日线走势看，2014年库存持续升高，由年初的6万套上涨至年末的近9万套，上涨幅度为54%。市场成交量的走低导致2014年商品住宅市场持续处于供大于求的状态，库存量攀升至近两年的高位，房企的销售和回款压力倍增。

（五）刚需市场库存积压严重

2014年北京市纯商品住宅各面积段库存同比来看，50—90平方米、90—120平方米的库存同比增长明显高于120平方米以上的大户型。从各环线的库存同比也可看出，环线越远、价位越低的区域库存的增幅反而越高。总价偏低、户型偏小的房源在本轮市场调整过程中库存积压最为严重，体现出首次置业以及首次改善需求的观望情绪较为浓厚，一方面是受到自住房以及环北京周边低价房的影响，另一方面，2014年信贷政策的收紧对于购房预算有限的刚需来说影响更大。

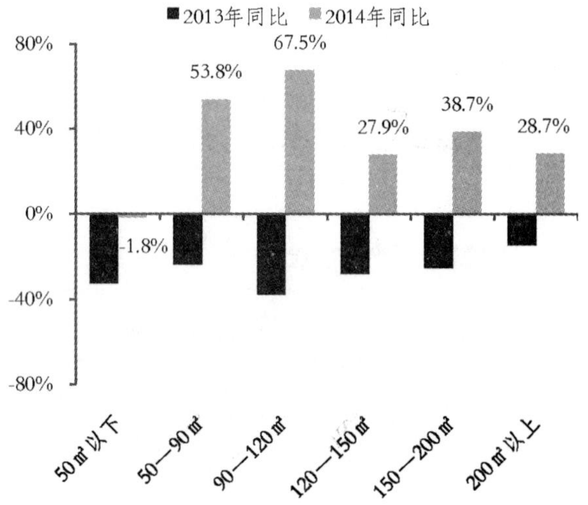

附图74　2013—2014年北京纯商品住宅各面积段库存同比

数据来源：链家地产市场研究中心。

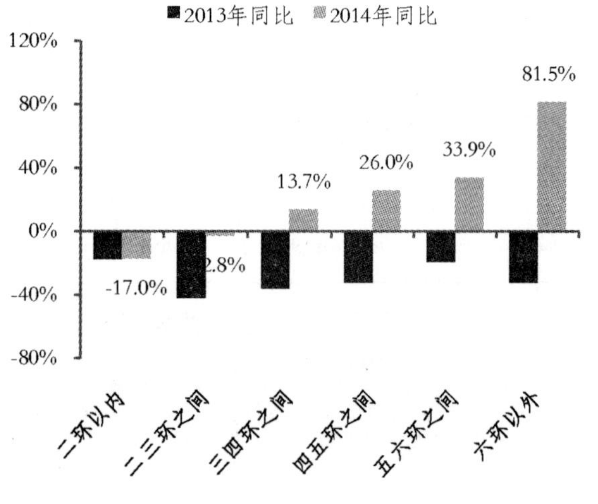

附图75　2013—2014年北京商品住宅各环线库存同比

数据来源：链家地产市场研究中心。

三、自住房建设情况及影响

（一）22个项目入市，成交1.7万套

2013年10月22日，北京发布《关于加快中低价位自住型改善型商品住房建设的意见》，正式推出自住房政策。2014年共有22个自住房项目陆续入市，供应达到2.5万套。自住房共成交1.7万套，平均销售率67.3%，成交均价17652元/平方米。

从区域分布看，五六环之间供应量占比达到53%，其次是六环外，占比为37%。从区县看，朝阳区最为集中，占比超过三成，其次是通州区、大兴区和顺义区。

附表 15　2014 年自住房供需情况

自住房供需情况	
新增供应套数	25398 套
新增供应面积	227.42 万平方米
成交套数	17097 套
成交面积	151.28 万平方米
成交均价	17652 元/平方米
成交金额	267.04 亿元
销售率	67.3%

数据来源：链家地产市场研究中心。

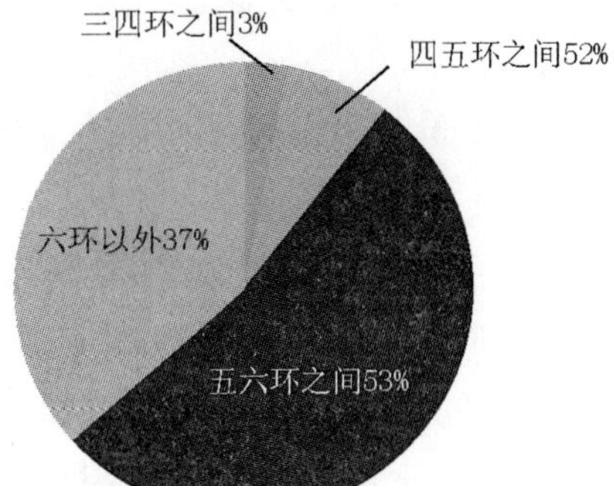

附图 76　2014 年北京自住房环线供应占比

数据来源：链家地产市场研究中心。

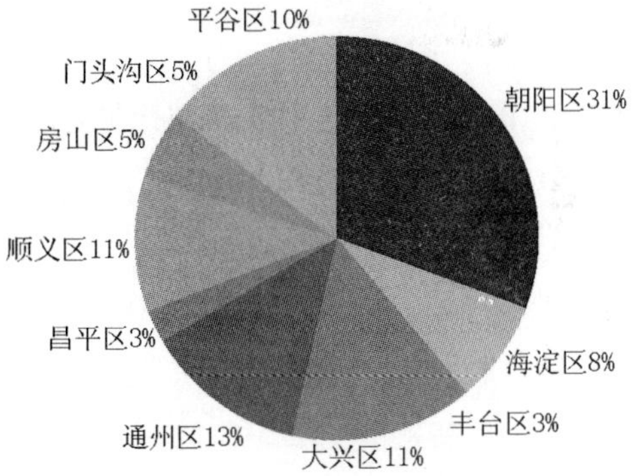

附图 77　2014 年北京自住房城区供应占比

数据来源：链家地产市场研究中心。

（二）自住房分流刚需，部分项目销售遇冷

1. 大量低端刚需申购自住房，助推市场观望情绪

2013 年自住房概念一经推出，立即吸引了大量购房人群的关注。由于符合限购条件的人群均可以申请自住房，且价格仅为周边商品住宅价格的 70% 左右，对于支付能力有限的刚需来说，无疑是一大利好，导致大量购房者进行申购，等待摇号。从项目的申购情况看，申购与供应的比例最高超过 500:1。2014 年全年自住房成交量达到 1.7 万套，占今年商品住宅总量的 25.8%。与 2014 年单价 2.2 万/平方米以下的纯商品住宅成交相比，相当于 40% 的低端需求被分流。

2. 项目表现差异化，户型配套存软肋

虽然整体来看自住房销售状况良好，但也出现一定的分化。一是项目关注程度的冷热不均，二是在购房者大量申购的同时，也出现弃购现象。究其原因，自住房在户型设计、建筑质量方面都存在瑕疵，房企为压缩成本，整体品质不及一般的纯商品住宅项目。而一些位置较远的项目虽然价格较低，但周边生活和交通配套都很不完善，无法满足刚需日常的生活和出行，这类自住房项目的去化存在一定难度。从已网签的项目来看，五环内的 2 个项目申购量较高，销售率也都在 95% 以上。而五环外的项目则明显出现分化特征，朝阳、丰台、通州、大兴等配套相对成熟的区域销售情况较好。

附图 78　2014 年自住房与低端商品住宅成交对比

数据来源：链家地产市场研究中心。

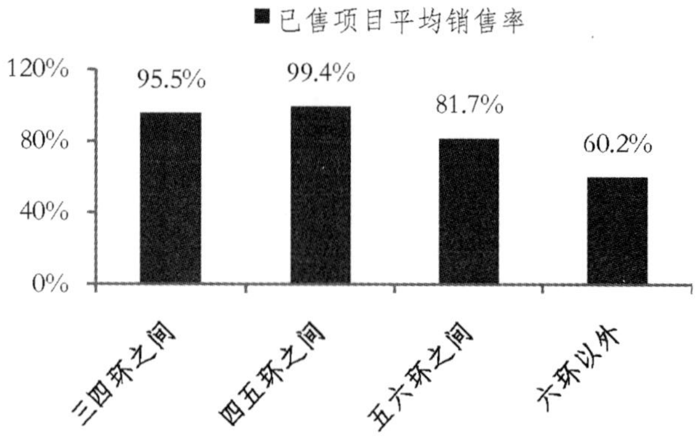

附图 79　2014 年自住房各环线销售率

数据来源：链家地产市场研究中心。

（三）市场下行，自住房价格优势有所减弱

随着 2014 年房地产市场整体下滑，自住房的价格优势相应减弱。一方面，二手房价年内明显走低，五环外成交均价在下行周期内累计下降 13.2%，自住房与周边房价的价格差距由 30% 左右降至 20% 左右；另一方面，自住房的上市也影响到了周边普通商品住宅的销售策略，低价开盘比较普遍。这些都使得自住房的价格优势有所减弱，自住房对购房者的吸引力逐渐降低。

此外，也有个别区域出现价格倒挂的现象，如顺义的住总正华·新国展满庭芳项目，限价 19000 元/平方米，基本等同于区域均价，甚至周边有的楼盘比自住房还低。因此出现部分需求反而流向二手房市场或者同价位的商品住宅的情况。该项目的销售率也仅达到 55%。

附表 16　2014 年自住房入市项目供需明细

环线	项目名称	行政区	累计供应套数	首个销证日期	累计成交套数	成交均价	销售率（%）	申购比
三四环之间	鲁能·丰和台	丰台区	799	2014-12-13	763	22000	95.5	99
四五环之间	金隅·汇星苑	朝阳区	1882	2014-6-20	1870	22000	99.4	92
五六环之间	金隅·汇景苑	朝阳区	3300	2014-7-12	3165	21994	95.9	48
	富力惠兰美居	通州区	3317	2014-9-3	2564	15997	77.3	16
	中国铁建·原香嘉苑	房山区	1401	2014-10-1	955	10500	68.2	15
	恒大御景湾	朝阳区	2041	2014-10-1	1591	22000	78.0	32
	中国铁建·北京山语城	丰台区	48	2014-10-29	48	17500	100.0	519
	保利首开·丽湾家园	朝阳区	578	2014-11-27	449	22014	77.7	92
	北京城建·畅悦居	昌平区	672	2014-12-7	504	19029	75.0	65
	海淀·嘉郡	海淀区	2070	2014-12-21	—	—	—	—
	已售项目供需总计		11357	—	9276	—	81.7	—

续附表 16

环线	项目名称	行政区	累计供应套数	首个销证日期	累计成交套数	成交均价	销售率（%）	申购比
六环以外	首创·悦都汇	大兴区	544	2014－7－5	544	13000	100.0	64
	当代采育满庭春 MOMA	大兴区	1482	2014－7－19	1455	9500	98.2	20
	住总正华·新国展满庭芳	顺义区	1168	2014－9－3	645	19000	55.2	35
	中国铁建·顺新嘉苑	顺义区	297	2014－9－6	241	16000	81.1	106
	住总众邦·长安生活港	门头沟	553	2014－11－15	511	18000	92.4	41
	金地悦景台	顺义区	583	2014－11－27	472	18985	81.0	44
	首创·悦树汇	顺义区	230	2014－11－29	95	14000	41.3	58
	首创·悦树湾	顺义区	448	2014－11－29	35	14000	7.8	29
	首创·悦迦汇	平谷区	1600	2014－12－4	708	11000	44.3	15
	华远和墅雅园	大兴区	853	2014－12－6	473	12980	55.5	26
	中弘·由山由谷	平谷区	860	2014－12－10	7	10821	0.8	14
	泷悦长安（长安嘉源）	门头沟	672	2014－12－28	—	—	—	—
	已售项目供需总计	—	8618	—	5186	—	60.2	—

数据来源：链家地产市场研究中心。

自2013年自住房政策推出以来，北京出让自住房土地共51宗，其中已入市销售的项目22个，供应规模2.5万套。粗略估算，预计2015年将有3万套左右的房源入市销售。

从2014年的市场表现看，自住房在定价上的优惠弥补了刚需购买力的不足。通过需求的分流起到平抑房价的作用，对于其他普通商品住宅项目的定价也形成冲击，成为带动市场降温的一个重要原因。自住房挤压掉开发商的部分利润，一是导致开发商不得不降低建设成本舍弃品质，二是对于一些配建自住房的项目。在分摊掉拿地成本后，在一定程度上抬高普通商品住宅的楼面价，未来的商品住宅价格也必然水涨船高。

四、总结与预测

2014年商品住宅市场供大于求，库存持续积压。从土地出让状况来看，2015年的供应量或有所缩减。但市场整体压力仍会较大。

第一，部分郊区新盘项目售价高端化。由于土地成本高涨，纯商品住宅的楼面价较高，导致未来会有一大批售价在4万元、甚至是6万元以上的项目入市，而这些项目大部分都位于郊区，对比当前的价格水平，售价会大幅上升。不仅彼此之间会形成很强的竞争关系，并且与当前郊区主流的刚需购买力并不匹配，去化将成为很大的难题。

第二，自住房分流刚需的作用较2014年更为显著。从供应结构上看，2015年仍然有大量自住房入市，会对纯商品住宅形成一定的分流作用。相比价格可能翻倍的郊区新盘来说，其价格优势会更为明显。从主管部门的表态来看，2015年自住房在制度上会有所优化，一是部分尾盘将转为公开摇号和销售，二是将加强管理，可能扭转当前高弃购率的局面，吸引更多的刚需。

第三，供应规模回落，但去库存压力依然较大。从年内土地出让规模推测，2015 年商品住宅市场供应规模将有所回落，但去库存的压力依然很大。一是 2014 年商品住宅市场供需关系严峻，库存积压严重。二是从需求规模上来看，在当前以自住刚需为支撑的商品住宅市场，在政策不明显松动的情况下，需求释放将逐渐稳定，购房者人群的预期也更为理性。三是面临供应结构与需求结构错位，销售难度较大。

综上所述，预计 2015 年商品住宅成交量难有增长，供大于求的状况或持续。对于房企来说，2015 年销售压力反而更大，仍会以走量为主，但在地价的带动下房价会有所上涨。

二手住宅篇

一、概述

（一）2014 年二手住宅成交量为近 6 年最低，价格同比涨幅降低

2014 年北京二手住宅共成交 104772 套，同比减少 35.8%，成交量跌落至 6 年来最低水平，月均成交量不足 9000 套，购房者观望情绪浓厚。2014 年二、三季度，市场在信贷收紧、自住房入市等影响下进入下行通道，年末虽有一定程度回升，但总体水平仍然较低。

2014 年北京市二手住宅成交均价为 34577 元/平方米，同比涨幅较去年下降 24.7 个百分点，且年内二手住宅均价由高位回落，持续 5 个月下滑。

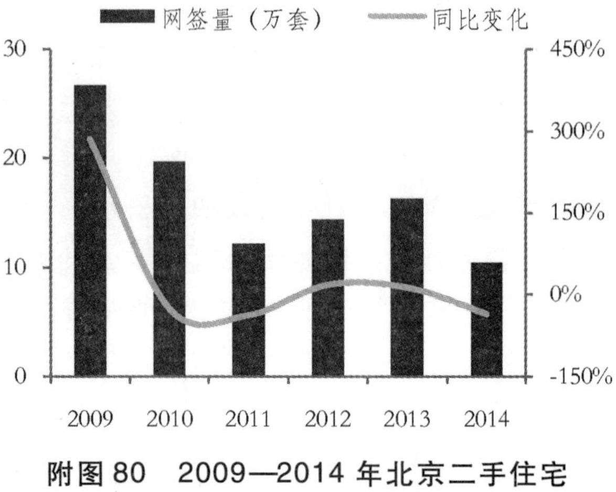

附图 80　2009—2014 年北京二手住宅成交量及同比变化（单位：万套）

数据来源：链家地产市场研究中心。

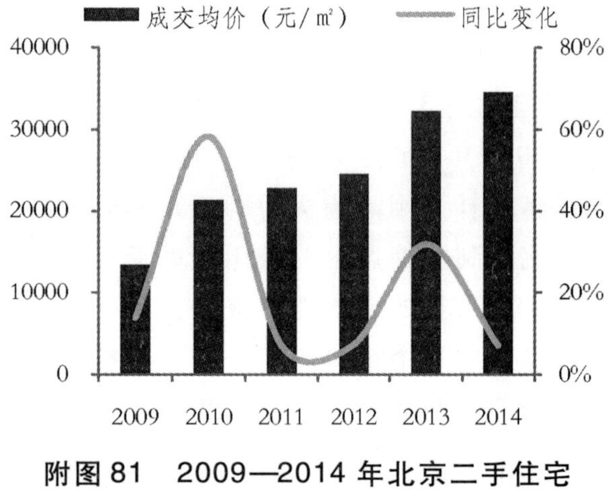

附图 81　2009—2014 年北京二手住宅成交均价及同比变化（单位：元/平方米）

数据来源：链家地产市场研究中心。

（二）二手住宅供应量保持增长趋势，新增需求量 4 年内首降

2014 年二手住宅日均新增房源量较 2013 年增加 7.7%，日均新增客源量较 2013 年减少 13.8%。2014 年二手住宅市场供应上涨，需求却回落至 4 年来的最低位，入市积极性明显降低。随着供需关系明显缓和，购房者逐渐占据主导地位。

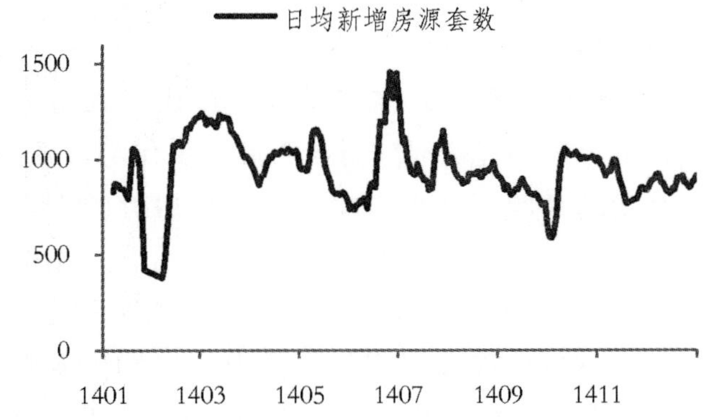

附图82　2014年北京二手住宅市场新增房源量走势

数据来源：链家地产市场研究中心。

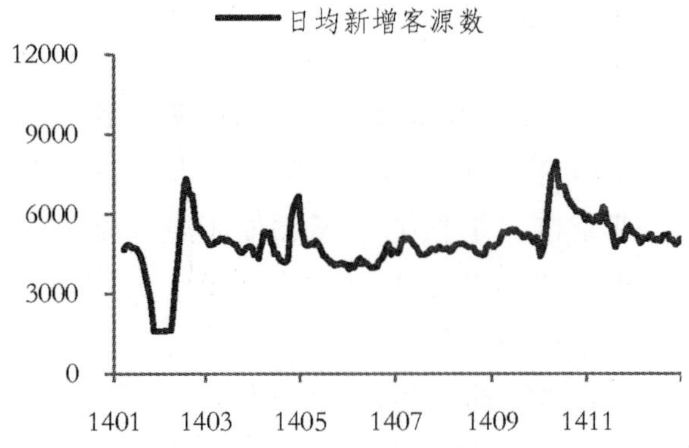

附图83　2014年北京二手住宅市场新增客源量走势

数据来源：链家地产市场研究中心。

（三）外地居民购房占比持续回升，限购影响减弱

2014年二手住宅市场外地人购房占比为20.2%，较2013年上涨2.2个百分点。自2011年北京实施限购政策以来，外地居民购房占比从低点逐渐上涨，限购政策对市场的影响持续减弱。另外，2014年出台了个体工商户在京购房的相关规定，在京连续纳税满5年的个体工商户可以申请购房，通过公司法人或企业负责人身份获得购房资格的购房者将有所增多。随着时间推移，外地居民购房比例还将有一定程度的上升。

（四）二手住宅购房者平均年龄推后

2014年，北京市二手住宅购房者平均年龄为35.4岁。从年龄档位看，26—36岁的购房者依然是购房群体的主要组成部分，占比为66.32%，较2013年增加2.5个百分点。

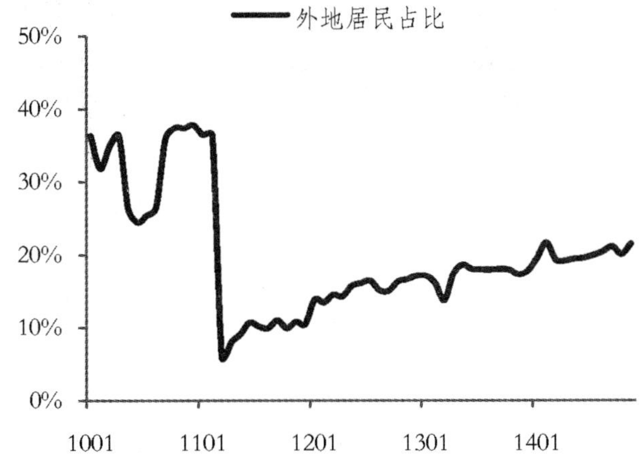

附图84　2010—2014年北京二手住宅外地购房者占比

数据来源：链家地产市场研究中心。

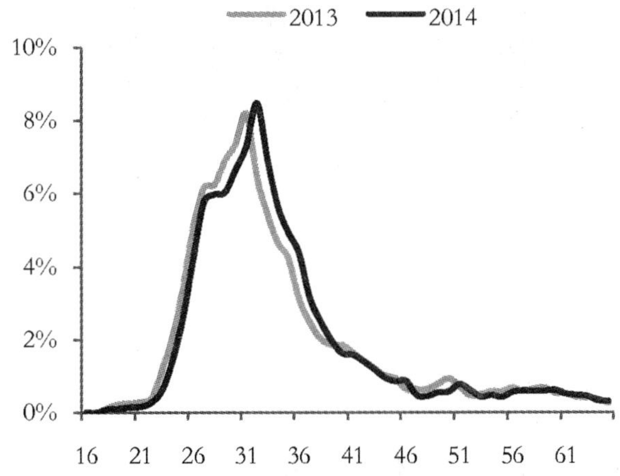

附图85　2013—2014年北京二手住宅购房者年龄分布变化

数据来源：链家地产市场研究中心。

二、市场特征

（一）年内楼市调整，市场波动明显

2014 年，在全国楼市整体下行的大趋势下，北京市二手住宅市场也处于自发性调整状态中，年内各季度市场成交量、价均表现出明显不同的波动特征：

增势放缓期：2014 年年初，二手住宅网签量并未延续 2013 年下半年各月万套以上水平。由于银行信贷政策自 2013 年末收紧后一直未有松动，抑制了部分购房需求的释放，而自住房政策也促使不少刚需购房者开始出现观望心理。需求入市积极性下降使得一季度成交量环比下降 30.1%，价格上涨趋势也明显放缓。

加速下行期：从二季度开始，成交量开始跌入 8000 套以下水平，购房者观望程度不断升级，房屋出售难度明显加大，房价松动趋势由近郊区向中心城区蔓延，最终二手住宅价格陷入全市普降局面。

低位盘整期：在三季度，自住房入市后的高弃购率促使部分需求回流二手住宅市场，房价的大幅下降也增加了部分购房者的入市意愿。市场成交量开始出现缓慢回升，在价格方面，与二季度房价快速下降的情况不同，三季度房价很大一部分是受到结构性因素影响，且价格降幅较二季度也出现明显收窄。

量增价稳期：在三季度末普宅标准调整、限贷放松以及 2014 年 11 月份下旬央行降息等一系列重大利好政策的拉动下，市场成交量出现一定回暖迹象。自 11 月份以后，网签量重回 1 万套以上水平，成交价格也开始全面止跌。但值得注意的是，虽然在利好政策作用下，市场有所好转，但并未出现量价飙升的反弹迹象，市场整体表现依然偏冷。

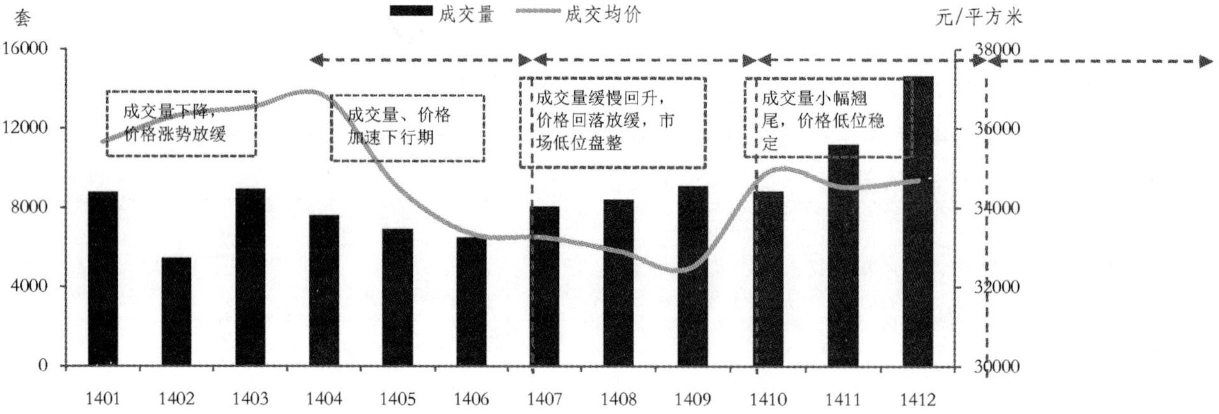

附图 86　2014 年北京市各月二手住宅成交量和成交均价走势

数据来源：链家地产市场研究中心。

（二）需求观望升级，步入买方市场

需求的深度观望是造成北京市二手住宅市场下行、成交量缩价跌的最主要原因，但此轮大范围的需求观望并不是由单一因素导致，而是多重因素共同作用的结果。需求观望程度不断加深的原因主要有以下几点：

第一，信贷政策。从 2013 年四季度以来，各大银行个人按揭信贷额度不足，房贷申请排期延长，利率收紧。而进入 2014 年后，个人按揭房贷政策的收紧在上半年有增无减。信贷政策的持续收紧导致申请贷款的难度和购房成本都有所上升，使得部分购房者尤其是资金承受能力有限的刚需购房者陷入观望。

第二，自住房政策。2013 年 10 月政府推出自住房政策，其销售均价低于周边同地段商品住宅价格 30% 的价格设置使得其一经推出便备受购房者关注，牢牢锁定了一部分购房需求，加重了购房者的观望程度，对二手住宅市场客源造成分流。

第三，购房者预期转冷。2013 年房价的大幅上涨削弱了需求的购房能力。而从 2014 年以来，受全国房地产市场整体冷淡因素影响，各方关于房价下降、市场下行甚至崩盘的舆论不绝于耳，对购房者心理预期也产生明显影响，带动需求陷入深度观望。

此外，在市场需求观望情绪浓厚的情况下，2014 年上半年北京市二手住宅市场的不断下行，二季度起各区域房价出现的实质下降，促使需求观望程度不断升级，市场逐渐走入低谷。

伴随供需水平的大幅回落、市场进入低谷，并呈现出由卖方市场过渡至买方市场的鲜明特征：

第一，业主心理预期有所降低，前三季度平均挂牌价累计下降 8.6%。

第二，购房者价格主导地位加深，议价空间自 4 月起连续 5 个月处于 3% 以上；业主为降低出售难度纷纷调低价格，调低挂牌价占比连续 8 个月维持 80% 以上。

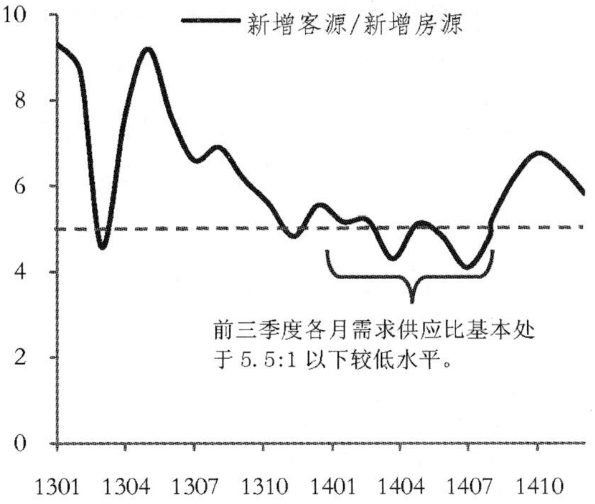

附图 87　2014 年北京二手住宅需求供应比走势

数据来源：链家地产市场研究中心。

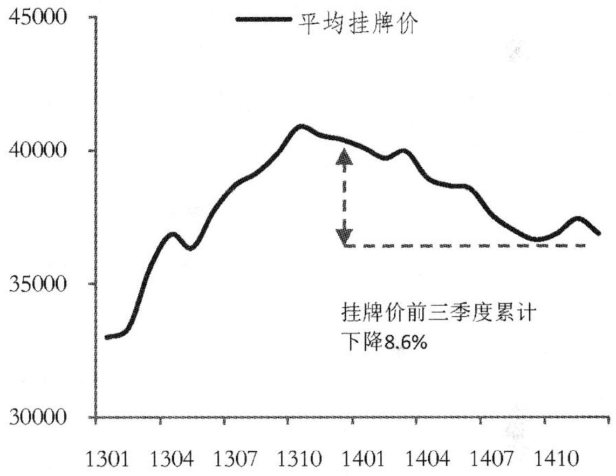

附图 88　2014 年北京二手住宅新增房源挂牌价走势

数据来源：链家地产市场研究中心。

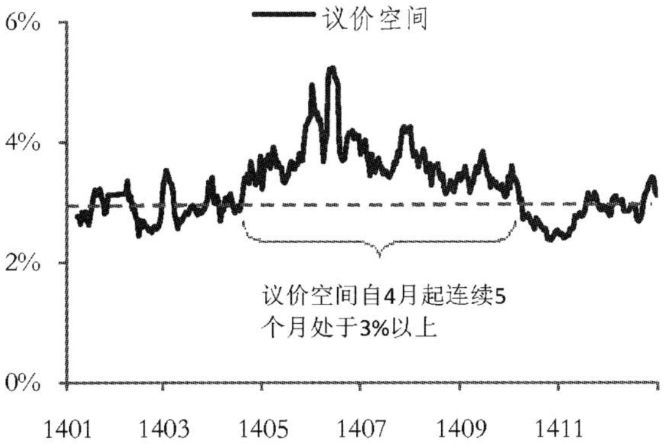

图 89　2014 年北京二手住宅议价空间走势

数据来源：链家地产市场研究中心。

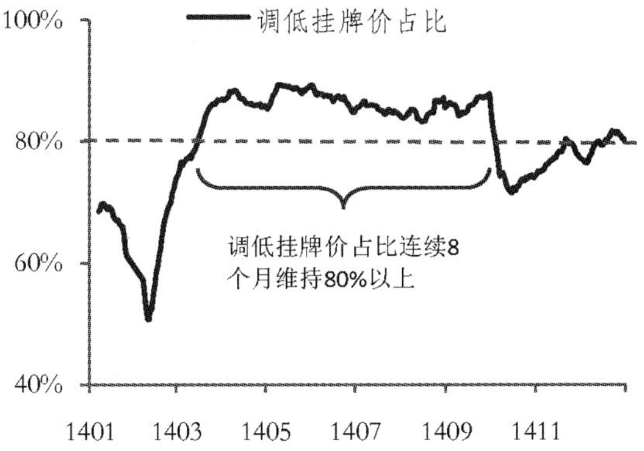

图 90　2014 年北京二手住宅调价中调低挂牌价占比

数据来源：链家地产市场研究中心。

（三）房价最高降 11.7%，三类房源价格降幅居前

1. 降价趋势由外向内蔓延，近郊区成交占比下滑

自2014年5月份起，北京市二手住宅成交均价经历了5个月的连续下滑，9月份全市二手住宅成交均价为32507元/平方米，达到2014年年内价格谷底水平，年内房价最大降幅（9月份房价与4月份房价相比）达到11.7%。从各区域二手住宅成交走势情况来看，有以下几方面特点：

第一，近郊区房价率先下降，降价趋势由外向内蔓延。春节后，近郊区（通州、大兴、昌平、顺义）二手住宅价格开始出现连续下滑，而外城四区（朝阳、海淀、丰台、石景山）和中心城区（东城、西城）价格出现明显下降趋势则分别是在4月份和5月份。

第二，近郊区价格下滑持续时间最长，降价程度深。近郊区、外城四区、中心城区价格连续下滑的持续时间分别为5个月、4个月和2个月，前三季度，其价格累计下降幅度分别为6.6%、6.3%和0.3%。

第三，近郊区二手住宅成交占比整体呈下降趋势，占比由此前的30%以上逐步下降至24%左右，城区成交占比相应上升。

伴随着轨道交通辐射范围的扩大以及周边配套设施的不断完善，近年来近郊区逐渐成为刚需置业的首选，而2014年自住房项目的入市，前三季度一直未有放松迹象的信贷政策以及关于房价下降的预期对于对价格更为敏感的刚需购房者产生了更大的影响，刚需购房者观望程度明显更深，这成为导致近郊区房价首先受到冲击的最主要原因。相比之下，中心城区二手住宅由于具备地理位置及稀缺性优势，同时具有名校入学资格的学区房占比也较高，使得淡市下的二手住宅价格表现相对坚挺。2014年刚需整体入市意愿较低，加之房价下降导致购买力略强的刚需置业范围出现一定程度的内移，也促使近郊区二手住宅成交占比出现下滑。

附表17　2014年各区域各月二手住宅均价环比变化情况

年月	中心城区（%）	外城四区（%）	近郊区（%）
2014.1	-1.5	0.1	-1.6
2014.2	6.2	0.9	4.2
2014.3	-3.4	0.4	-0.9
2014.4	1.8	-0.5	-2.8
2014.5	-5.5	-5.8	-3.7
2014.6	-3.1	-3.3	-3.3
2014.7	0.1	-1.4	-2.5
2014.8	0.6	0.6	1.2
2014.9	-1.1	-0.6	-2.1
2014.10	3.1	3.9	4.7
2014.11	-0.3	-0.6	1.2
2014.12	1.8	-0.1	-2.1
年内累计	-0.3	-6.3	-6.6

数据来源：链家地产市场研究中心。

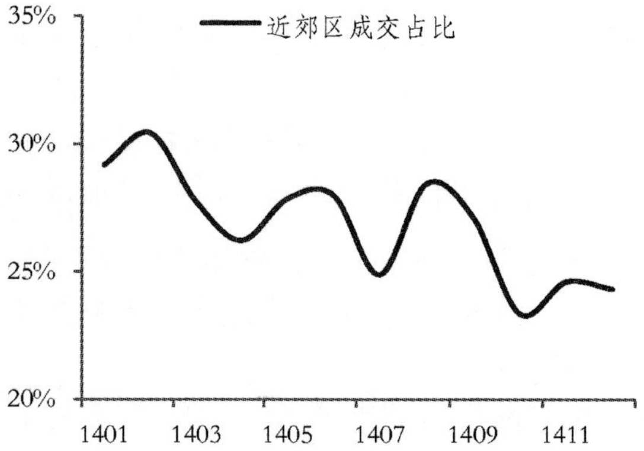

附图91　2014年北京市近郊区成交占比走势

数据来源：链家地产市场研究中心。

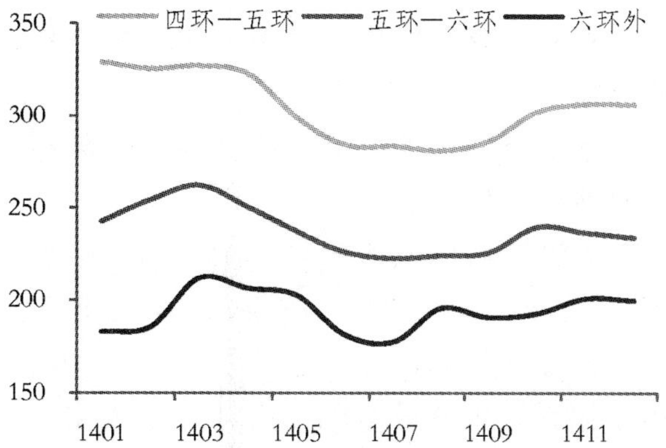

附图92　2014年北京四环外成交套均总价走势（单位：万元）

数据来源：链家地产市场研究中心。

2. 本轮市场调整过程中三类房源降价幅度最大

在2014年年内二手住宅价格下行过程当中，以下三类房源价格下降幅度相对更大：

第一，从区域方面来看，此前房价上涨过快的区域价格降幅更显著。前三季度石景山、昌平、顺义与丰台的降幅均在10%以上。而这几个区域也是前期价格涨幅较大的区域，其中顺义区、昌平区和丰台区，2013年涨幅均超过30%，这些区域在淡市下价格下降的空间也相对更大。

第二，从户型面积方面来看，120—140平方米的户型价格下降明显。从2014年年内北京市各面积段成交价格走势看，120—140平方米面积段的降价幅度最大。此面积档位一般为大三居户型，其购房主体主要为换房改善型需求，由于总价较高，大部分购房者需要通过卖一买一的方式来满足购房需求。而受市场形势影响，2014年年内房屋出售难度大，成交周期长，房价下降幅度也超出了部分业主心理预期，使得这部分购房者入市热情下降，大三居客源量减少使其价格受到明显影响。

第三，商住房价格降幅超全市平均水平。2013年商住房成交均价上涨36%，而2014年商住房价格最大降幅达到18.3%，明显高出全市二手住宅降价幅度。2014年楼市的不景气使得投资商住房的需求明显下降，而房地产市场的下行也使大量商住房投资者出于规避风险的原因出售套现，造成了商住房客源少而房源多的现象，导致房价出现大幅下滑。

附表18　2014年北京市降幅前五名商住楼盘降价情况

楼盘	2014.1	2014.9	累计降幅（%）
旭辉奥都	36250	24483	-32.5
东亚奥北中心北区	35528	24322	-31.5
东亚三环	36165	25143	-30.5
7克拉	45970	32685	-28.9
东亚上北中心	33142	25976	-21.6

数据来源：链家地产市场研究中心。

（四）市场调整叠加政策利好，购房好时机重现

1. 本轮楼市调整性质有别于以往，购房最佳时期持续时间更长

在本轮房地产市场调整之前，北京楼市于2011年下半年经历过一次调整周期，但造成这两次楼市调整的原因则不尽相同。2011年由于限购、限贷政策的出台，导致成交量走低，成交均价连降5个月下滑。

2014年市场新一轮的调整并非受到政策因素的影响，而主要是房地产市场各方预期转变，购房者深度观望等市场内在力量导致的自发性调整。房价自二季度起经历了连续两个季度的下滑，排除结构因素影响，四季度房价仍处于低位稳定状态。从目前的形势来看，未来一段时间内，房价仍不具备反弹的动力，此轮调整持续时间或将明显长于上一轮调整周期。

从房价调整周期来看，2014年无疑是时隔三年来房价的再度回落，对于购房者来说，此次房价回调也形成了新的购房窗口期，并且持续时间超过2011年。

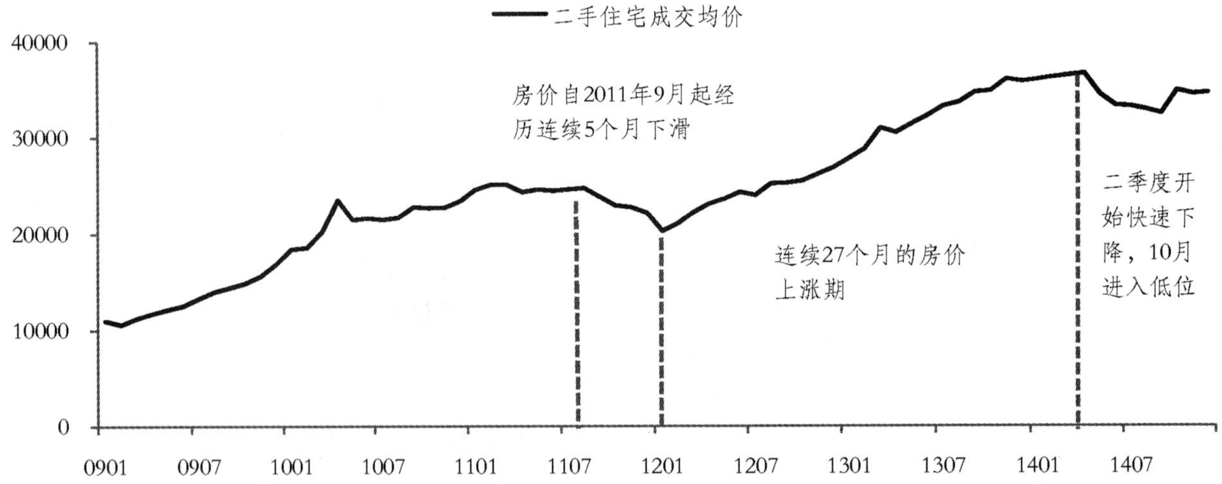

附图93　2009—2014年北京市各月二手住宅成交均价走势（单位：元/平方米）

数据来源：链家地产市场研究中心。

2. 税费及贷款成本下降，购房者压力减轻

在2014年年内房地产市场持续低迷的背景下，房地产市场迎来了新一轮政府救市举措。先是9月末北京市建委对普宅标准进行调整，使二手住宅交易过程中整体税费成本有所降低，再是“9·30”新政，央行放宽二套房首付标准的认定，降低改善性需求的购房门槛。最后是11月底央行时隔两年再次降息，减轻刚需的支付压力。

在限贷放松后，首套商贷占比迅速由80%左右上升至95%。11月份下旬，央行宣布降息，前三季度一直处于收紧状态的信贷政策明显改善，商贷占比大幅上升，降息后平均贷款利率明显下降，12月份，平均贷款利率降至5.62%，这相当于降息前利率八六折优惠的水平。四季度银行方面提供利率优惠的范围和幅度也有一定程度的扩大。

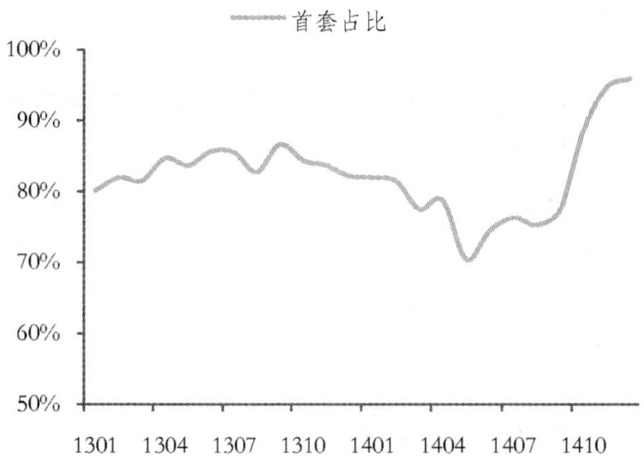

附图94 2013—2014年各月二手住宅商贷中首套占比

数据来源：链家地产市场研究中心。

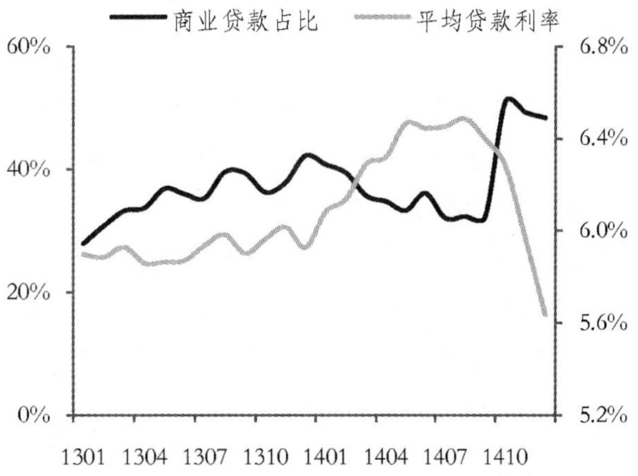

附图95 2013—2014年各月商贷占比及平均利率

数据来源：链家地产市场研究中心。

从新政策的影响来看，其作用一方面在于切实降低了购房者的购房难度和购房成本，另一方面对于扭转购房者的悲观预期产生了积极的作用。从新政后市场的表现来看，二手住宅带看量在“9·30”新政和央行降息后均出现明显增加。尤其在限贷放松政策的刺激下，10月链家成交量出现大幅上升，后期由于改善性需求逐渐被市场消化，市场成交量有所回落，但在降息政策的进一步支撑下，成交量水平仍好于前三季度市场低迷时期。

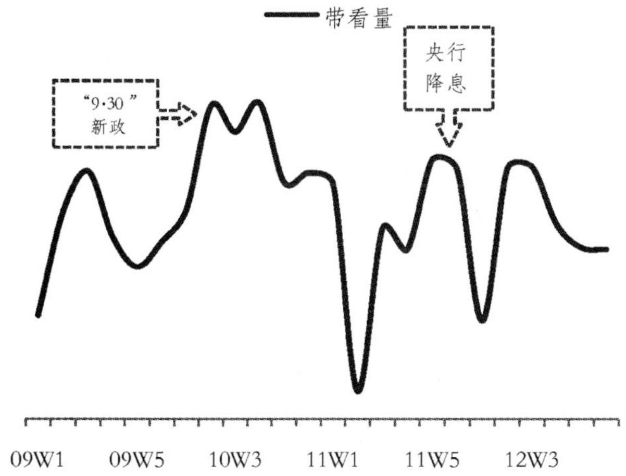

附图96 2014年9—12月各周二手住宅带看量情况

数据来源：链家地产市场研究中心。

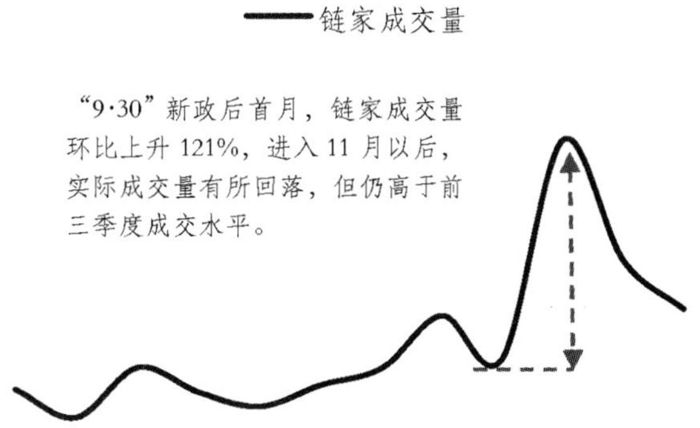

附图97 2014年各月链家成交量走势

数据来源：链家地产市场研究中心。

（五）学区房价格涨幅收窄，重点学区范围扩大

1. 2014年学区房成交总量萎缩，价格下行持续时间较短

从1000多个学区房楼盘成交情况看，2014年北京市学区房成交量同比减少12.9%，

降幅较全市二手住宅低23.9个百分点。其中重点小学学区房成交量同比上升3.5%，而普通小学的划片学区房成交量则下降了17.1%。

在价格方面，仅市重点学区房价格年内累计增长2.8%，区重点学区房和普通较好的学区房价格累计降幅分别为0.7%和1.9%，而非学区房和全市二手住宅价格累计降幅则分别为4.7%和3%。市重点学区房价格在市场下行周期中仅有两月连续下降，从2014年9月份开始出现一定程度的回升，而其他类型的房屋均有3—6个月的连续下滑，第四季度价格回升的速度也依学区房等级递增。学区房的抗跌性和保值性在本次市场调整中可见一斑，预计未来学区房价格将逐渐回升至2014年年内较高时水平。

附表19　2014年北京市各类学区房均价环比涨幅

年月	市重点（%）	区重点（%）	普通较好（%）	非学区房（%）	全市（%）
2014.1	-0.2	-1.4	-1.3	-0.9	-0.7
2014.2	9.8	1.1	1.2	0.3	1.8
2014.3	-4.3	1.4	0.5	1.0	0.6
2014.4	3.6	0.8	3.1%	-0.2	0.8
2014.5	-1.1	-2.5	-9.5	-5.9	-6.3
2014.6	-6.9	-4.4	-4.5	-3.4	-3.4
2014.7	0.7	-2.1	-2.0	-0.3	-0.3
2014.8	-5.7	0.8	-0.4	-0.2	-1.0
2014.9	1.3	-7.6	3.4	-2.1	-1.2
2014.10	0.5	11.1	7.3	6.8	7.4
2014.11	4.6	-1.1	0.6	-0.3	-1.1
2014.12	1.4	2.9	-0.7	-0.1	0.2
年内累计涨幅	2.8	-0.7	-1.9	-4.7	-3.0

数据来源：链家地产市场研究中心。

2. 重点学区范围扩大，入学标准细化

2014年4月，北京市教委公布了《北京市教育委员会关于2014年义务教育阶段入学工作的意见》，在新教改意见出台后，全市学区房格局和各学校招生政策均有部分调整。

在学区变动方面，一般情况是普通学校与重点学校合并或者改编为重点学校分校，使得原属于普通学区房序列的房屋变为重点小学学区房；二是推出九年一贯制的办学模式，免除小升初过程，试图用重点初中带动普通小学生源发展，这一变化也使得部分普通小学学区房升级成为重点学区房。

在入学标准方面，对于落户年限和房产所属关系进一步细化。根据对北京市教育质量较好的200所小学招生简章中对于划片学区房的落户、名额限制及落户年限的统计，65%的学校要求孩子和家长双方中的一方必须都为北京户口且户口和房本一致，绝大多数学区房一套房只有一个入学名额，另有48%的学校对于学区房购房年限有1—5年不等的限制。

3. 部分新晋重点学区房价格上涨明显

在新教改出台后，一部分普通小学学区房升级成为重点小学学区房，其成交均价出现明显上涨。以西城区青龙桥小学和东城区遂安伯小学为例，青龙桥小学并入育民小学后，青龙桥小学学区房价格比合并前上涨了20%—30%，并吸引了大量学区房需求。而东城区遂安伯小学成为史家小学遂安伯校区后，校内学生可以直升北京二中、五十五中，其学区房价格也有较大幅度上涨。

与此形成对比的是，部分没有完全合并、仅成为重点小学分校或者对口中学水平一般的普通小学学区房价格变化相对较小，有些甚至出现小幅下降。

附表 20　2014 年部分中心城区学区变动情况

城区	学校	学区变动
东城区	青年湖小学	九年一贯制对口一七一中学
	雍和宫小学	九年一贯制对口东直门中学
	史家胡同小学、曙光小学	九年一贯制对口二中分校、五十五中分校
	方家胡同小学	九年一贯制对口五中分校
	校尉胡同小学	九年一贯制对口一六一中学
	花市小学	九年一贯制对口广渠门中学
	文汇小学	九年一贯制对口文汇中学
西城区	青龙桥小学	并入育民小学
	官园小学	并入黄城根小学
	太平街小学	并入育才学校
	德外二小	并入育翔小学
	文星街小学	变为北京建筑大学附属小学
	北礼士路一小	变为西城外国语附属小学
	实验一小前门分校	变为一六一中学附属小学
	白云路小学、广外一小、玉桃园	实验二小分校
	天宁寺小学、北京小学广外分校、北京小学走读部	北京小学分校
	琉璃厂小学、后孙公园小学	实验一小分校

数据来源：链家地产市场研究中心。

从成交价格看，重点小学学区房成交均价较周边的非学区房高 5%—10%，价差幅度较 2013 年有所收窄。2014 年二手住宅市场整体遇冷，重点学区房价格年度涨幅回落，因此学区房与非学区房的价差也有所缩小。传统的教育强区依然是学区房成交热门区域，2014 年成交量排名前 20 的市重点学区房楼盘中，西城区有 10 个楼盘上榜。而在学区房成交量排名前 15 的学校中，海淀区三所学校占据前三席。

附表21　2014年重点小学学区房商圈二手住宅成交均价

城区	商圈	学区房成交均价（万元/m^2）	非学区房成交均价（万元/m^2）
西城区	长椿街	4.5－5.2	3.6－4.7
	德胜门	5.6－7.1	3.5－5.9
	阜成门	5.3－6.2	4.6－5.8
	广安门	3.8－5.3	3.6－4.8
	金融街	5.7－8.0	4.5－6.8
	木樨地	5.5－6.7	4.7－6.4
	西单	7.0－7.9	5.9－7.5
	小西天	6.1－6.3	3.1－5.9
	宣武门	5.5－7.1	3.8－6.9
东城区	朝阳门内	6.1－7.0	4.3－6.2
	地安门	5.5－7.4	5.0－5.5
	东直门	5.5－5.9	4.0－5.4
海淀区	世纪城	4.7－6.6	5.2－5.6
	中关村	5.8－7.2	4.9－6.6
	五道口	5.3－7.2	3.7－5.1
朝阳区	望京	3.5－4.2	3.0－4.1

数据来源：链家地产市场研究中心。

附表22　2014年北京市重点小学热点学区房楼盘

序号	学区房楼盘	商圈	区县	成交均价（元/m^2）	对应学校
1	新风南里	德胜门	西城区	62323	北京市西城区育翔小学
2	马甸南村	德胜门	西城区	63460	北京市西城区育翔小学
3	东南小区	中关村	海淀区	71528	北京市海淀区中关村第一小学
4	远大园	世纪城	海淀区	53394	中国人民大学附属小学
5	椿树园	宣武门	西城区	55544	北京市第一实验小学
6	宣武门西大街	长椿街	西城区	51698	北京小学走读部
7	花家地小区	望京	朝阳区	37740	北京市朝阳区花家地实验小学
8	复兴门外大街	木樨地	西城区	65720	北京市西城区育民小学
9	庄胜二期	宣武门	西城区	63491	北京市第一实验小学
10	新外大街甲8号院	德胜门	西城区	65088	北京市西城区育翔小学
11	中关村	中关村	海淀区	66136	北京市海淀区中关村第一小学
12	花家地西里一区	望京	朝阳区	35225	北京市朝阳区花家地实验小学
13	展览路	阜成门	西城区	53820	北京市西城区奋斗小学
14	晨月园	世纪城	海淀区	47722	中国人民大学附属小学
15	花家地南里	望京	朝阳区	37014	北京市朝阳区花家地实验小学
16	新文化街	西单	西城区	70707	北京第二实验小学

续附表 22

序号	学区房楼盘	商圈	区县	成交均价（元/m^2）	对应学校
17	花家地北里	望京	朝阳区	37601	北京市朝阳区花家地实验小学
18	红山世家	广安门	西城区	52361	北京小学
19	豆瓣胡同	朝阳门内	东城区	68261	北京市东城区史家小学
20	交道口东大街	交道口	东城区	67807	北京市东城区府学胡同小学

数据来源：链家地产市场研究中心。

附表 23　2014 年北京市热门重点小学学区房项目情况

序号	重点小学	主要学区项目	成交均价（万元/m^2）
1	北京市海淀区翠微小学	翠微北里、翠微南里、翠微路 2 号院、翠微路 14 号、柳林馆、普惠北里、普惠南里、万寿路 12 号院	4.8－5.7
2	北京市海淀区万泉小学	稻香园西里、海淀南路、苏州街 77 号院、万泉河 62 号院、万泉庄小区、小南庄社区、小南庄怡秀园	4.9－6.6
3	首都师范大学附属育新学校小学部	新康园、育新花园	3.2－4.4
4	北京市西城区育翔小学	马甸南村、新风北街、新风北里、新风街、新风南里、新明嘉园、新外大街	5.6－7.1
5	北京市朝阳区花家地实验小学	方舟苑一期、方舟苑二期、方舟苑三期、花家地北里、花家地南里、花家地西里一区、花家地西里二区、花家地西里三区、花家地小区、佳境天城、金隅国际、金隅丽港城	2.4－4.2
6	北京市西城区进步小学	榆树馆西里、新华里 12 号院、车公庄北里、德宝新园、西直门南大街、团结大院	4.7－5.7
7	北京市西城区师范学校附属小学	阳光丽景、六铺炕一区、六铺炕二区、六铺炕三区、安德路、安德东里	5.3－7.1
8	北京市海淀区中关村第一小学	东南小区、航天社区、教委计生委大院、科熙小区、科育小区、中关村、怡升园	5.8－7.2
9	中国人民大学附属小学	晨月园、垂虹园、春萌园、翠叠园、观山园、金夕园、晴波园、晴雪园、时雨园、烟树园、远大园	4.7－6.6
10	北京市朝阳区白家庄小学	白家庄北里、白家庄西里、东大桥斜街、富力爱丁堡公馆、关东店北街、农丰里、向军北里	4.0－5.8
11	北京市西城区五路通小学	北广家园、北三环中路、德外大街 2 号院、人定湖西里、什坊街、五路通北街	4.9－6.7
12	中国农业科学院附属小学	大慧寺 1 号、大柳树 7 号院、海洋局小区、双榆树南里二区、学院南路 72 号院、皂君东里、中关村南大街 40 号	4.5－6.0
13	石景山区古城第二小学	地铁古城家园、八角南路、古城南路	2.6－3.0

续附表 23

序号	重点小学	主要学区项目	成交均价（万元/m^2）
14	北京市东城区和平里第一小学	地坛北里、地坛北门、和平里一区、和平里二区、和平里三区、和平里四区、和平里五区、和平里六区、和平里中街	4.9－5.9
15	北京市西城区展览路第一小学	百万庄、北露园、黄瓜园、南露园、葡萄园、文兴东街	4.9－6.6

数据来源：链家地产市场研究中心。

三、行业变化

（一）行业集中度上升，中介店面数量下降

2014 年，全国房地产市场进入下行期，北京市二手住宅市场也出现明显降温，成交量、成交均价均出现下滑，全市二手住宅交易总金额约为 2600 亿元，与 2013 年相比也出现较为明显的下滑。由于二手住宅交易的流程环节复杂，对专业性要求较高，使得购房者在购房过程中对于经纪服务的依赖度不断增强。从 2009 年至 2014 年，中介委托占比呈持续上升趋势，2014 年北京市主要成交区域（城六区与通州、昌平、大兴、顺义）的中介委托占比达到 91.6%，较 2013 年上升 1.2 个百分点。

与此同时，2014 年，链家、我爱我家、麦田仍为经纪公司市占率前三名，三家公司总市占率达到 63.1%，较 2013 年上升 7.5 个百分点，其中链家地产市场占有率由 2013 年的 38.8% 升至 2014 年的 45.1%。经纪公司集中度进一步提升。一方面，大部分客户都认识到二手房交易流程的复杂性，及其潜在的风险，并提高交易风险的防范意识，更倾向于选择规范的大型中介公司交易。另一方面，在买方市场环境下，大型中介公司服务于购房者的优势凸显，例如，议价能力更强，帮助购房者以贴近心理价位的价格成交；利用自身资源和渠道给购房者提供更好的资金支持以及更优惠的银行贷款政策等。

截至 2014 年 12 月份，北京市中介门店数量为 4579 家，比年初减少了 266 家，从年内门店数量的走势情况来看，二季度起，伴随着市场的快速下行，中介门店数量也出现较为明显的下降趋势，但相比 2011 年市场低迷期出现的大量关店现象，目前经纪行业的规模也相对稳定。

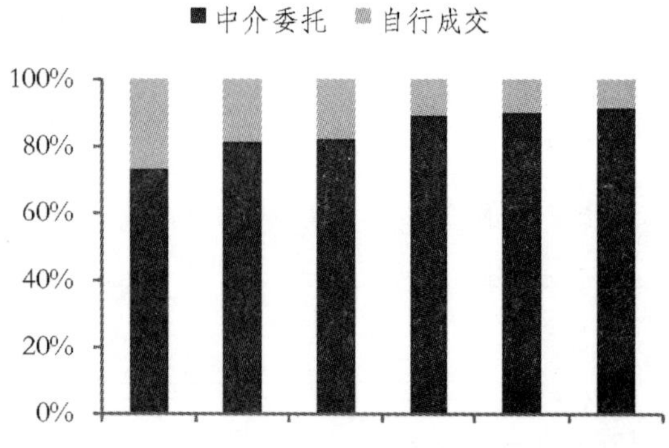

附图 98 2009—2014 年北京市二手住宅中介委托占比

数据来源：链家地产市场研究中心。

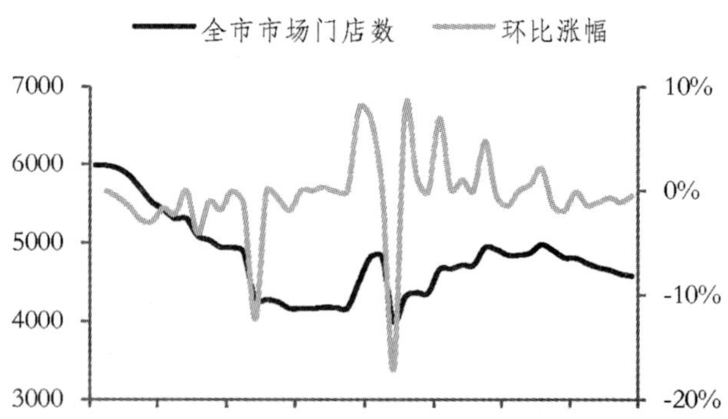

附图 99 2011—2014 年北京市中介机构店面数量

数据来源：链家地产市场研究中心。

（二）互联网思维渗透，打破传统竞争格局

近两年，国内互联网行业的蓬勃发展在影响人们消费及生活方式的同时，也对一大批传统行业产生了深刻的影响。这个过程当中既有新兴的互联网公司参与经纪业务，也有一些互联网公司依托其网络资源优势由线上转向线下，这使得传统的经纪公司感受到了来自互联网的巨大压力，同时也意识到了基于互联网进行变革的重要性和迫切性。

在以存量房交易为主导的北京房地产市场，大型经纪公司改革的步调更快步伐更大，一些颠覆性的变革也在酝酿当中，在可以预见的未来，经纪公司之间的竞争模式将不断升级。

综合来看，未来经纪行业将向着以下三方面发展。

第一，互联网线上、线下的融合。互联网时代的来临，打破了信息不对称的壁垒，人们进行房屋交易的第一步，即信息搜集过程逐渐由传统纸媒、中介门店等渠道转移至互联网甚至移动客户端。传统中介公司在信息资源掌握方面的优势逐渐减弱，经纪行业的商业逻辑逐渐由线下向线上转移。但由于房屋交易的特殊性，无论线上平台搭建得如何完善，撮合、看房、签约等环节基本都无法脱离线下经纪人的参与。因此，线上与线下是否能够完整、高效地结合起来，将是未来经纪行业互联网化能否成功的重要条件。

从目前经纪行业电商化发展的情况来看，主要可以概括为三大类：第一类是以搜房等为代表的传统互联网公司。第二类是以房多多、吉屋科技等互联网公司为代表的渠道整合电商。前两类公司的共同特点是线上优势明显，但线下实力较为薄弱。第三类是以链家网为代表的经纪公司自建互联网平台。经纪公司具备线下优势，但建立互联网平台需要巨大的投入。因此，传统中介公司向互联网公司转型的过程，对于实力不强的经纪公司来说，会存在一定困难。但相比互联网公司和渠道电商，以链家地产为典型的大型经纪公司既拥有强大的线上平台，又拥有强大的线下服务能力，最容易形成真正的O2O闭环。

第二，平台化。2014年底，链家率先宣布平台化战略：将依托链家网和1500家以上的门店以及近30000名经纪人，实现O2O闭环，真正意义上的线上线下联动，公司的组织架构方面也将有所改革，实现扁平化管理。经纪行业是典型的人力资本密集型行业，其发展受到门店、经纪人数量等规模因素的影响较大，但规模扩大的同时也会带来成本上升、利润率下降等方面的问题。通过开放平台的建立以及组织架构的扁平化改革，一方面，打破区域限制，大大降低了运营成本；另一方面，经纪人可以在大平台上实现自我经营，形成自己的口碑，有利于最大限度的释放经纪人的潜能，帮助每个经纪人最大化地实现价值。而平台的信用评价体系也会对经纪人的行为形成一定约束，促使其自发地提供更优质的服务。由此看来，大平台的出现将形成一个优质的、良性循环的行业生态圈，未来经纪行业一定会有一个或几个这样的大型平台出现。

第三，业务多元化。经纪公司掌握着大量的、第一手的客户资源。2014年房地产市场遇冷，越来越多的开发商通过一二手联动实现了良好的销售业绩。而在未来市场走势趋缓、房企销售压力大增的情况下，经纪公司作为有效的客户来源渠道，一定会备受青睐。从经纪公司内部角度来看，一方面是单一业务模式会受到市场形势的影响，另一方面依靠大量的客户资源，以及平台的搭建，有能力积极拓展业务范围，如金融业务。未来有实力的经纪公司将不局限于中介业务，从客户的需求出发，大型综合服务商的形式将成为大势所趋。

（三）竞争提升服务质量，客户受益最大

随着互联网化的深入，信息会更加透明，客户获取信息和交易的方式也会更加方便、快捷，且无论经纪公司之间如何竞争，发展模式如何变化，其竞争的核心都是为客户提供更好购房、租房体验。

从行业规范的角度来看，部分电商存在虚假房源吸户、窃取客户资源、不重视客户隐私、冲击行业竞争底线等问题。但传统经纪公司与电商竞争的结果，对于电商而言，会迫使电商改善现有的房源信息以及客户体验的问题，对于经纪企业而言，则会更加速提高自身的资源效率。但这种改变不会一蹴而就，需要逐渐改善，预计未来也会有相关的政策出台。

从服务的角度看，在竞争格局转变的背景下，行业已经进入经纪人时代，未来比拼的是服务水平以及经纪人的专业能力，而不仅仅要求经纪人能够签单，更重要的是需要足够的知识、服务意识以及职业精神，解决客户差异化的需求，避免潜在的交易风险。

四、总结与预测

（一）2015年利好大于利空，政策趋向宽松

2014年，在全国楼市整体下行的大环境下，北京市二手住宅市场也经历了一次与以往不同的调整过程。进入四季度以后，市场初现一定好转迹象。预计进入2015年以后，北京市二手住宅市场整体环境中利好因素将多于利空，对于市场恢复将产生一定支撑作用。

从市场方面来看，虽然自住房对于二手住宅市场的影响在一定时间内还将存在，但其对于需求的分流作用将明显弱于2014年。2013—2014年成交地块形成的新房供应将逐渐于2015年入市，从土地成本看，其售价要远超过周边二手住宅价格才能有所盈利，除去保障房和自住房，未来的新房供应将会全面高端化，一些新房市场上的刚需买家则有可能转向二手住宅市场。

从政策方面来看，预计2015年仍以宽松为主。虽然2014年末房贷利率明显下降，但各家银行并未因此出现惜贷行为，而是进一步加大了利率优惠的范围和力度。在宏观经济下行以及楼市深度调整的压力下，2015年整体购房金融环境将在一定时间内继续保持宽松状态。2014年政府对于房地产市场的调控思路逐渐由行政干预转向交由市场自发调节，因此，未来一段时间内政府出台限制性政策的可能性极小，整体政策环境稳中偏好的可能性较大。虽然北京市的限购政策不具备放开的可能性，但不排除未来在限制条件方面有小幅松动出现的可能性。

（二）市场或走出低谷，成交量价缓慢恢复

与新房市场相比，二手住宅市场影响因素相对简单，对于政策环境以及市场供需的变化更为敏感。2014年政策环境宽松，需求观望程度有所减轻，客源量有一定恢复，在此环境下，2015年北京市二手住宅成交量价将缓慢恢复，市场逐步走出低谷。

在成交量方面，相对于供大于求的部分二三线城市，北京市整体购房需求量庞大且稳定，2014年市场成交低迷，主要是由于需求受到抑制或陷入观望所致，而并不代表有购房需求的群体减少。在2014年宽松的政策环境下，购房者预期好转，入市积极性上升，加之满足购房要求的外地居民逐渐增加，2014年末市场成交量回升的趋势或将在2015年得以延续。

在价格方面，虽然2014年四季度受政策利好拉动，市场成交量出现较为明显的回升，但剔除成交结构因素影响，房价的实际涨幅则并不明显，整个四季度房价一直在低位维持较为稳定的状态。本轮调整中买卖双方与此前相比更为理性，预期也会出现调整。一方面，购房者并未受政策刺激而出现恐慌性入市，对于价格涨幅较大的房源接受度依然不高；另一方面，虽然业主方面预期向好，出现一定扛价现象，但并未大幅调高挂牌价。在这种状态下，预计短期内房价还将处于比较稳定的状态，但是由于2014年相关政策和金融环境日渐宽松，市场预期好转，因此2015年房价整体将保持上涨趋势。

住宅租赁篇

一、概述

（一）2014年租赁成交规模小幅上涨

2014年租赁成交规模较往年有小幅上涨，在淡旺季均有所体现。从月度的成交走势看，淡旺季特征依然明显，租赁市场历年均受到两个租赁高峰期影响：春节回城换租期以及暑期毕业生租房期，呈现出3月份与8月份两个成交高峰。从整体来看，2014年租赁市场成交走势基本稳定。

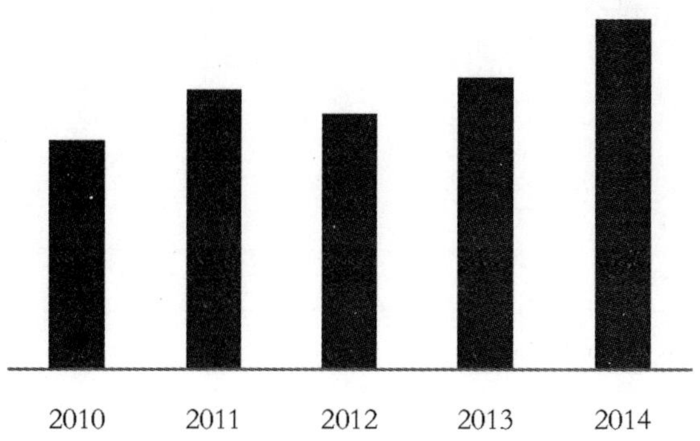

附图100　2010—2014年租赁年度成交趋势

数据来源：链家地产市场研究中心。

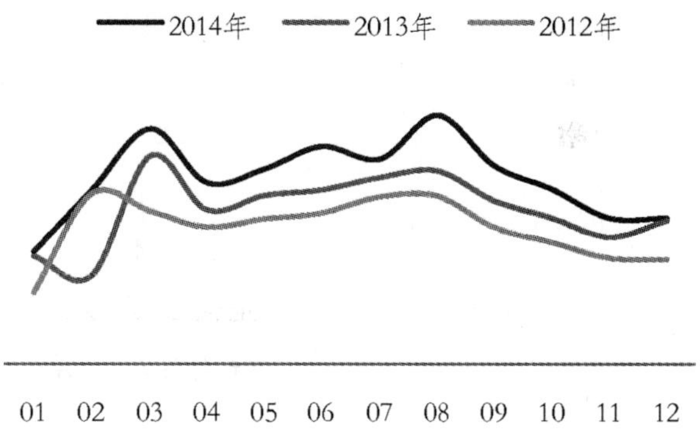

附图101　2012—2014年租赁月度成交趋势

数据来源：链家地产市场研究中心。

2014年租赁成交量前十商圈与成交量前十小区均集中在朝阳区与昌平区（详见附表24、25）。前十商圈成交量占总成交的8.5%，较2013年下降0.4个百分点，热点商圈的集中度有所下滑。

附表24　2014年租赁成交量前十商圈

商圈名称	所在城区	成交占所在区县比例（%）	2014排名	2013排名
望京	朝阳	8.2	1	2
顺义城	顺义	62.1	2	3
回龙观	昌平	39.7	3	4
黄村	大兴	34.3	4	1
北苑	朝阳	5.2	5	6
马家堡	丰台	11.4	6	5
广安门	西城	15.7	7	7

续附表 24

商圈名称	所在城区	成交占所在区县比例（%）	2014 排名	2013 排名
鲁谷	石景山	34.5	8	23
石佛营	朝阳	4.0	9	11
天通苑	昌平	23.6	10	18

数据来源：链家地产市场研究中心。

附表 25　2014 年租赁成交量前十小区

楼盘名称	所在城区	成交占所在区县比例（%）	2014 排名	2013 排名
后现代城	东城	1.0	1	3
远洋山水	石景山	8.4	2	2
北京新天地	朝阳	0.9	3	1
荣丰 2008	西城	3.4	4	4
东亚上北中心	昌平	5.2	5	10
芍药居北里	朝阳	0.8	6	7
新龙城	昌平	4.5	7	15
北京像素北区	朝阳	0.7	8	8
弘善家园	朝阳	0.7	9	5
苹果社区	朝阳	0.7	10	26

数据来源：链家地产市场研究中心。

（二）2014 年租金同比涨幅达 5 年来最低

2014 年北京住宅平均租金为 59.8 元/平方米/月，同比上涨 1.9%，涨幅为 5 年以来最低。而 2014 年年内累计涨幅仅为 0.3%，基本处于止涨状态，部分区域甚至出现下滑，近几年租赁市场的强势上涨趋势不复存在。从年内走势来看，租金自 8 月起进入下滑通道，9 月以后回落更加明显，一方面与租赁房源充足，供需矛盾有所缓解有关；另一方面，9 月后市场步入淡季，空置期拉长，业主降价现象增多。

附表 26　2011—2014 年租金年内累计涨幅

时间	平均租金（元/平方米/月）	同比（%）	年内累计涨幅（%）
2010	40.9	18.3	19.9
2011	47	15.0	9.0
2012	52	10.7	12.0
2013	58.6	12.7	3.4
2014	59.8	1.9	0.3

数据来源：链家地产市场研究中心。

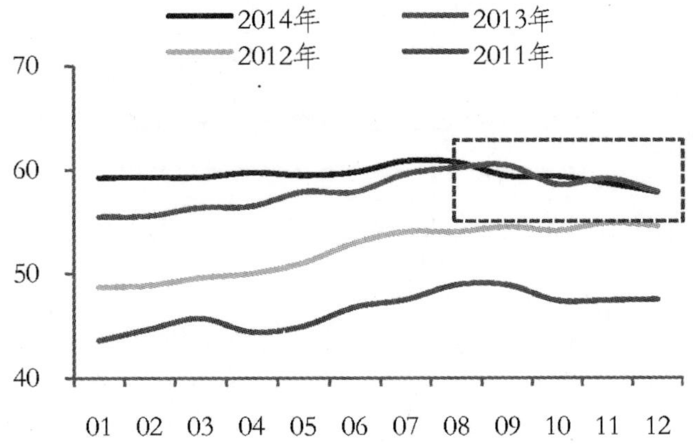

附图 102　2011—2014 年平均租金月度走势（单位：元/平方米/月）

数据来源：链家地产市场研究中心。

2014 年北京一居室、两居室以及三居室的平均租金分别为 68.7 元/平方米・月、56.3 元/平方米・月、56.1 元/平方米・月，呈现出户型越大单位租金越低的趋势。而中心城区、外城四区与郊区的平均租金分别为 77.8 元/平方米・月、64.5 元/平方米・月以及 36 元/平方米・月。

附表 27　2014 年各居室平均租金情况

（单位：元/平方米・月）

时间	一居室	两居室	三居室
1 月	66.3	55.5	56.8
2 月	68.1	55.6	54.9
3 月	68.5	55.9	54.9
4 月	68.5	55.9	56.7
5 月	69.0	55.5	56.1
6 月	67.9	56.9	55.5
7 月	69.0	57.8	58.6
8 月	69.7	57.3	57.6
9 月	69.1	56.1	55.6
10 月	68.9	55.5	55.7
11 月	68.3	55.2	54.6
12 月	69.7	56.5	56.0
合计	68.7	56.3	56.1

数据来源：链家地产市场研究中心。

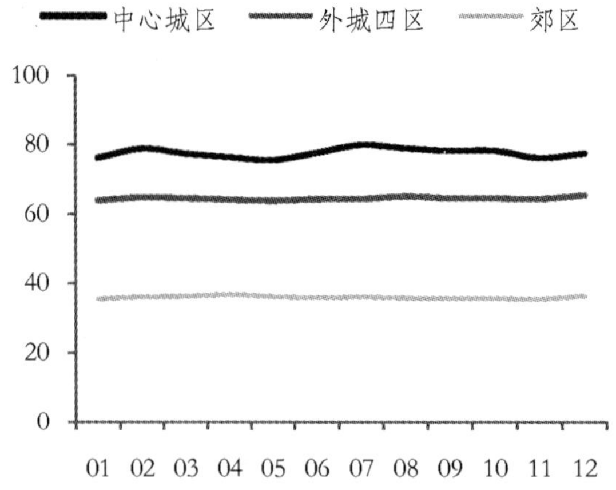

附图103　2014年各城区平均租金月度走势

数据来源：链家地产市场研究中心。

二、市场特征

（一）供应增加，租金止涨

2014年租金基本止涨，主要是由于以下原因：

第一，房源释放较为充分，供应量增加。2014年买卖市场不景气，多套房业主出售难度加大，业主心态发生变化，不仅“售转租”流入租赁市场房源增多，且“租转售”流出房源也出现减少。2014年由租转售的房屋占比为26.4%，比去年下降5.1个点。

第二，2014年房价下降，带动业主租金预期下降，调低报价现象明显增多，2014年平均调价中降价占比较去年增加4.1个百分点。

第三，租金在前几年上涨过快，未来上涨空间有限。加上2014年经济下行，租金的上涨动力不足。

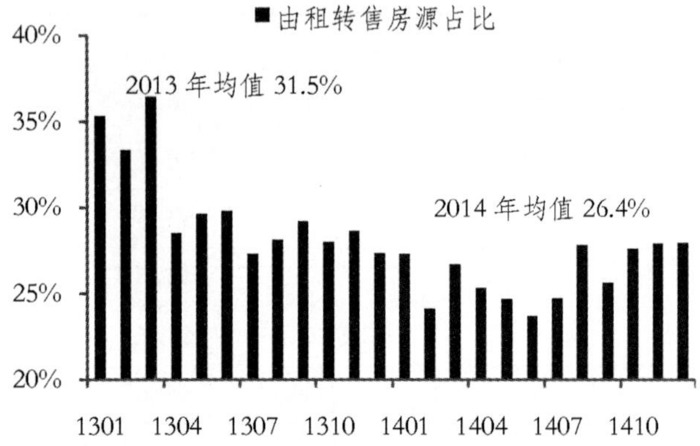

附图104　买卖市场由租转售房源占比

数据来源：链家地产市场研究中心。

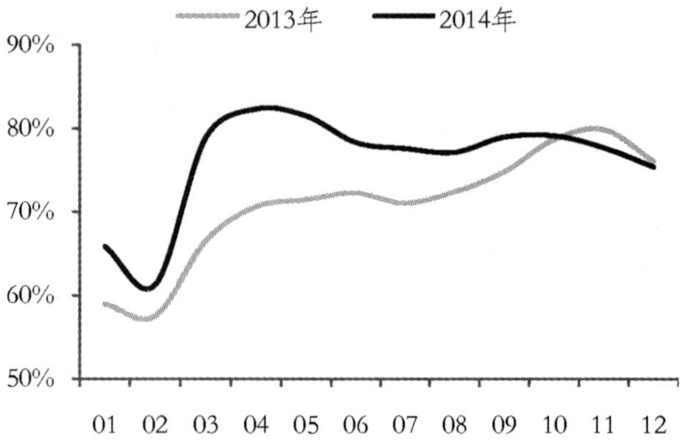

附图105　租赁市场调价房源中降价占比

数据来源：链家地产市场研究中心。

（二）郊区降价明显，过半商圈租金下滑

2014年中心城区、外城四区与郊区租金年内累计涨幅分别为-0.3%、0.1%与-1%，郊区租金降幅最大。其中以大兴黄村、通州武夷花园、昌平龙泽等区域最为明显，降幅均在3%以上，每套租金降价在200元左右。

郊区中租金下滑的商圈占比约为65%，明显高于城区4成左右的占比。郊区多数商圈租金下滑，主要与这些区域租赁房源供应增加，供需矛盾缓和有关，比如大兴黄村区域，2014年新增房源量较去年增加9.7%。一是，2014年以来大量回迁房陆续进入交房阶段，如三合北巷、盛嘉华苑等。二是，近几年郊区的新房供应也较大，部分房源也流入租赁市场，房源增多且价格便宜，对老旧房源构成竞争，带动房租回落。

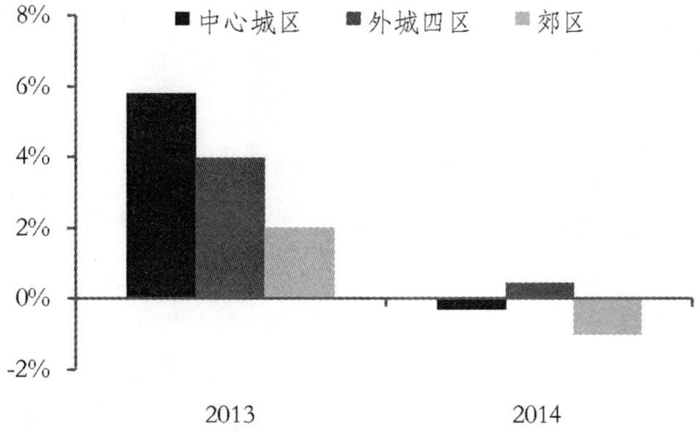

附图106　2013—2014年各城区租金年内累计涨幅

数据来源：链家地产市场研究中心。

附表28　2014年租金下滑较为明显商圈

商圈	2014年租金累计变化（元/套）
黄村	-231
武夷花园	-202
临河里	-187
龙泽	-216
西二旗	-188
亦庄	-198
霍营	-131

数据来源：链家地产市场研究中心。

（三）大户型业主心理价位下滑，租金涨幅最低

2014年成交的主力户型仍然为40—60平方米、60—90平方米，成交占比分别为30.1%与37.1%。而90平方米以上的户型成交占比为27.1%，较去年下降2.2个百分点，且90平方米以上的户型在各城区的成交占比均出现一定的下滑。

在价格方面，2014年租金价格呈现出户型面积越大，年内累计涨幅越低的趋势。其中120平方米以上大户型的租金年内出现唯一下滑，下滑幅度为0.2%。从各城区来看，基本都出现了大户型年内租金累计小幅下滑的现象。主要是由于：

第一，2014年大户型业主调低报价占比明显增加。其中，120平方米以上调低报价的房源占比较2013年增加8.9个百分点，增幅最大。呈现出户型越大降价占比增幅越高现象。

第二，相对其他户型来说，大户型房源供应相对充裕。2014年120平方米以上新增房源占比较去年增加3.9个百分点。

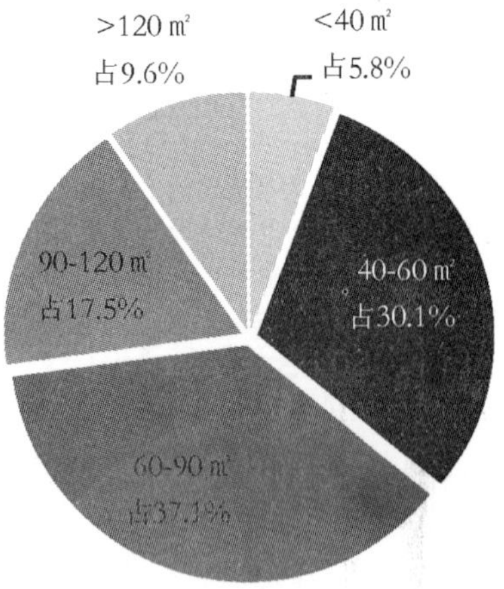

附图107　2014年各面积段成交占比

数据来源：链家地产市场研究中心。

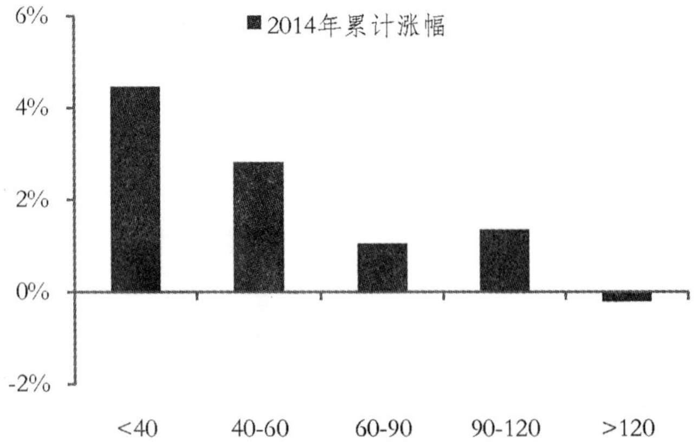

附图108　2014年各面积段租金累计涨幅

数据来源：链家地产市场研究中心。

附表29　2013—2014年各面积段调价房源中降价占比

面积档位	2013年（%）	2014年（%）	增加幅度（%）
<40m^2	75.6	76.7	1.1
40－60m^2	75.4	78.0	2.7
60－90m^2	73.5	78.4	4.9
90－120m^2	71.5	77.9	6.4
>120m^2	67.2	74.7	8.9

数据来源：链家地产市场研究中心。

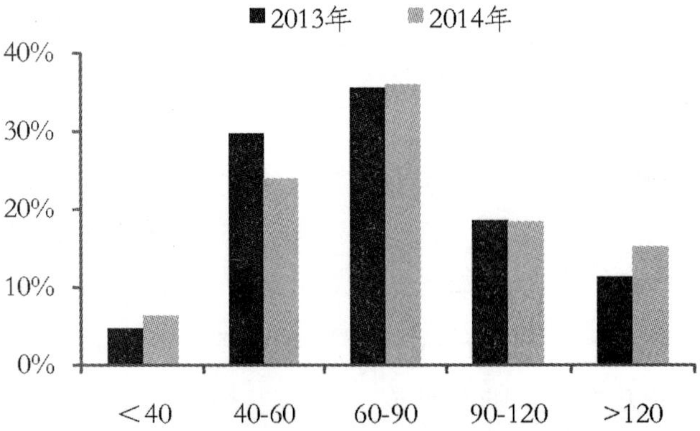

附图109　2013—2014年各面积段新增房源占比

数据来源：链家地产市场研究中心。

（四）五环外租金优势明显，郊区化趋势还将持续

2014 年三环内、三至五环以及五环以外的 2 居室套均租金分别为 5143 元/套、4927 元/套以及 3401 元/套。从各环线的租金差距来看，三环内与三至五环的套均租金相差仅 216 元，而五环内外的租金差距高达 1500 多元，占到五环外平均租金的近一半，且差距较 2013 年有所扩大。整体来看，五环外低端租赁的价格优势仍然较为明显。

从 2014 年各环线的成交占比看，五环外成交占比为 30.9%，仍然是租赁成交的主力市场。虽然 2014 年租金稳中有降，居住压力减弱下租客从城区向外围区域迁移的现象减少，但是预计未来随着城市的发展，地铁通轨道交通辐射范围的扩大以及周边配套设施的不断完善，外围郊区化趋势还将持续。

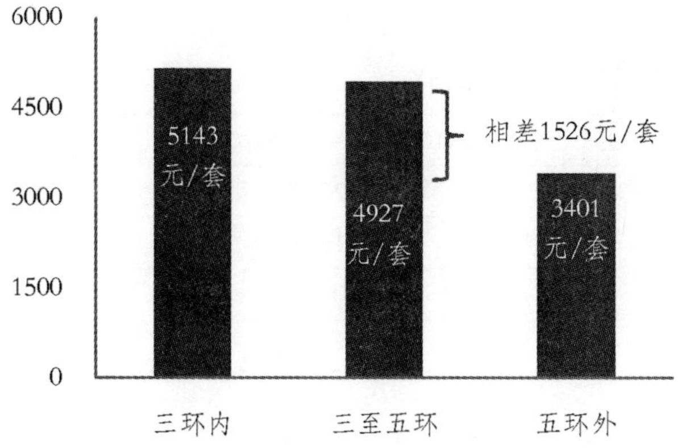

附图 110　2014 年各环线租金水平（以两居室为例/元/套）

数据来源：链家地产市场研究中心。

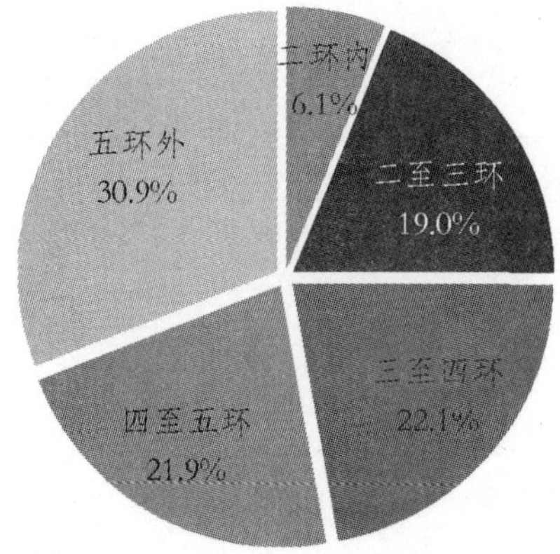

附图 111　2014 年各环线成交占比

数据来源：链家地产市场研究中心。

（五）客户成交周期缩短，网上找房或成主流

2014 年租赁市场客户的平均成交周期为 6.4 天，较 2013 年缩短 0.9 天。一方面，2014 年房源供给增多，客户需求匹配成功概率增大，成交的速度也会加快。另一方面，2014 年业主的挂牌价下调，业主的挂牌价与客户的心理价位更为接近，议价时间缩短的同时也更利于成交。最后，2014 年租金平稳租客向外围区域迁移情况减少，但同区域同小区换租的情况增多，此部分客户需求明确成交周期较短。

从客户的租房渠道来看，2014 年客户通过店面、网络以及人脉的占比分别为 53.2%，25.6% 与 21.1%，中介店面仍然是客户租房的主要渠道。但是 2014 年客户通过人脉与网络租房的数量分别增加 27.7% 与 13.8%，增幅最为明显。互联网的普及、手机移动客户端的大众化以及经纪行业重视线上发展等，使通过网络租房的客户越来越多，预计未来此部分客户量还将增加。

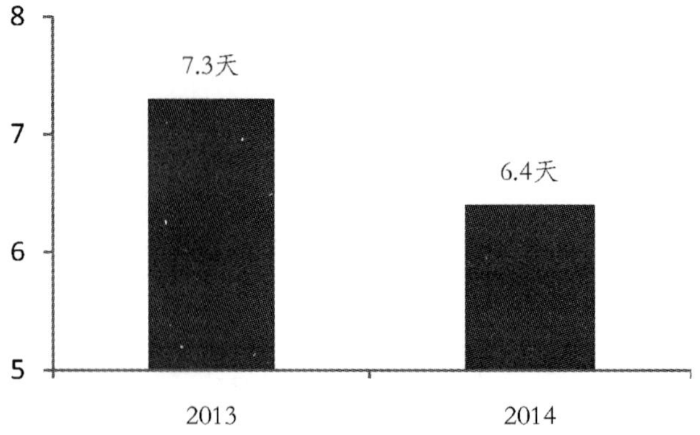

附图 112　2013 年与 2014 年客户成交周期变化

数据来源：链家地产市场研究中心。

附表 30　2014 年客户租房渠道变化

租房渠道	2014 年租房量增幅（%）
人脉	27.7
网络	13.8
店面	8.4
其他	-32.0

数据来源：链家地产市场研究中心。

三、总结与预测

（一）2015 年租金将保持平稳，供需关系逐渐缓解

租金经过 2009—2012 年的高涨阶段，进入 2013 年以后增速逐渐回落，2014 年租金止涨。从供需两个层面来看，租赁市场的供需矛盾将逐渐缓解，未来租金将有望保持平稳，再次大涨的可能性很小。

首先，在需求层面，近几年人口增速明显放缓，新增需求减少。根据北京市最新公布数据，2014 年新增常住人口比去年减少约 10 万人。疏散迁出人口力度不断加大，北京市已明确综合运用经济、法律、行政等多种手段，发挥功能疏解、产业疏解对人口疏解的带动作用。比如，2014 年北京已关停退出一般制造业和污染企业 392 家，推进产业转移疏解项目 53 个，拆除中心城商品交易市场 36 个。

其次，在供应层面，一方面，市场中存量房源盘活量增多。近几年新增房源量呈现出逐年增长趋势，2014 年租赁市场新增房源量比 2013 年增加 5.5%。此外，部分新房房源也会流入租赁市场。另一方面，政府保障性公租房建设也在加强。北京采取多种措施加大公租房建设，比如鼓励各个开发区的园区建设公租房、鼓励利用集体建设用地建设公租房、鼓励一些劳动密集型企业利用自有土地建设公租房等。

（二）局部区域租金将有所上扬

虽然整体市场走势将保持平稳，但对于局部区域，比如地铁新开通沿线，从历史经验来看，交通的利好带动这些区域租赁需求激增，沿线商圈成交量与租金均有明显升温。以 2013 年开通的 14 号线西段为例，地铁开通当年沿线商圈租金上涨幅度约为 7%—9%，如七里庄、青塔以及五里店等，明显高于全市3.4%的水平。

2014年12月28日，北京新开通的4条地铁：6号线二期、7号线、15号线西段、14号线东段，将带动沿线的租赁商圈活跃度增加，租金也将迎来小幅上扬，比如新华大街、乔庄、酒仙桥、北沙滩、欢乐谷、百子湾等。

附表31　2015年一季度预期租金小幅上涨商圈

分类	商圈名称	2014年两居室租金（元/月）	周边小区	2015年一季度预期
6号线二期	新华大街	2715	万福家园、如意园	预计涨幅5%—10%
	乔庄	2218	运河明珠、博客园	
	北关	2606	富河园、天赐良园二期	
14号线东段	酒仙桥	5238	丽都水岸、东风家园	
	大山子	4545	高家园二区、大山子北里	
	来广营	4133	北纬40度	
15号线西段	大屯	4997	慧忠里、安慧北里	
	北沙滩	4265	北沙滩1号院、华源冠军城	
7号线	垡头	3384	垡头东里、翠成馨园	
	欢乐谷	4832	金蝉北里、华侨城	
	百子湾	5955	沿海赛洛城、金泰先锋	

数据来源：链家地产市场研究中心。

（三）地铁提价影响不大

2014年12月28日，北京开始实施新的地铁计价方案，上班族通勤成本增加，尤其是居住在郊区的客户，交通成本增加比较明显。以通州北苑、大兴黄村、昌平天通苑等郊区热点租赁区域为例，地铁提价后月均交通成本的增加值均在200元以内，且增加值占本区域租金的比例大部分不足5%，比例较小。而2014年北京城区套均租金为4748元/月（两居室），与郊区相差1741元，向城区搬迁需额外付出的租金成本要远高于交通成本的增加。因此，地铁调价不会引起由郊区向城区大范围的搬迁。

附表32　地铁调价后典型商圈交通成本增加的情况

郊区热点租赁区域	平均租金/套（两居室）	一般办公区域	单程票价（元/次）	调价后交通成本（元/月）	占房租比重（%）	增加的交通成本（元/月）	增加比重（%）
通州北苑	3257	国贸	5	220	6.8	132	4.1
大兴黄村	2907	西单	6	264	9.1	176	6.1
昌平天通苑	3700	朝阳门	5	220	5.9	132	3.6
昌平回龙观	3838	上地	4	176	4.6	88	2.3
石景山苹果园	3010	西单	5	220	7.3	132	4.4
平均	—	—	5	220	6.7	132	4.1

数据来源：链家地产市场研究中心。

北京市2014年房地产市场分析

首佳地产顾问机构研究中心

一、北京市2014年房地产市场分析

（一）全市房地产发展环境及房地产调控相关政策解析

1. 限购政策延续，短期内难以取消

2014年1月，北京市第十四届人民代表大会第二次会议指出："严格执行房地产调控各项政策措施，坚决保持房价基本稳定，促进房地产市场平稳健康发展。"这体现了"限购"以满足居住需求依然是北京2014年房地产市场工作首要目标。

2014年全国房地产市场处于调整期，城市间表现分化，一线城市价格依然上涨，但涨幅收窄；部分二三线城市库存高企，价格出现明显下跌，大部分限购城市纷纷调整与取消限购政策。截至2014年底，47个限购城市中，只有北上广深及三亚没有取消或局部调整限购政策。北京作为特大城市，从首都功能定位和人口资源环境可持续发展的需要出发，预计限购政策短期内难以取消。

2. 上半年金融政策收紧、防范风险为重，下半年调控政策放宽

2014年上半年，北京市各银行房贷审批严格，周期变长，市场观望情绪加重。5月6日，北京银监局发布《北京银监局关于个人综合消费贷款领域风险提示的通知》，提示辖内各银行防范消费贷款风险，明确规定个人综合消费贷款不得用于购房、投资等非消费领域，该文件的实施又进一步降低了市场预期。

9月份，全国性、地方性楼市利好政策陆续出台。9月30日，央行、银监会联合出台《关于进一步做好住房金融服务工作的通知》，提出房贷利率以7折为下限，以及首套房"认贷不认房"。同一天，北京市发布新普宅认定标准，对当前北京市普通住宅标准以及契税缴纳标准进行了调整。普通住房的认定指导价格由18000元/平方米上浮至22000元/平方米，上调幅度达到22%。两项政策提升了市场预期，刺激了购房需求，10月份开始市场有所回暖。11月21日，央行意外宣布降息，自11月22日起，一年期存款基准利率调整为2.75%，下调了0.25个百分点。连续的信贷放松政策降低了购买成本，使需求进一步入市，楼市回暖节奏加快。

2014年12月31日，北京市公积金管理中心出台政策，将贷款上限由此前的80万元提高到120万元，这也标志着北京的调控政策又进一步放宽。

3. 保障房建设加快，住房保障立法工作启动

3月份，北京市住建委公布了北京市2014年保障性住房建设计划，计划新建保障性住房7万套，竣工10万套。3月13日，《关于进一步加强廉租住房与公共租赁住房并轨分配及运营管理有关问题的通知》正式出台，实现了公租房与廉租房的房源分配统一、

租金标准统一、退出管理标准统一。4月，北京市住建委发布《进一步加强住房保障廉政风险防控工作的若干意见》，指出经适房将试点封闭运行，旨在消除购房家庭牟利空间。6月，北京市委发布了《北京市城镇基本住房保障条例（草案）》，拟规定将有无房产证明代替收入审核作为申请依据，同时将非京籍家庭纳入住房保障范畴。

4. 自住房产权明确，年内供应目标完成

1月，北京市第十四届人民代表大会第二次会议表决通过的《政府工作报告》中，首次明确了自住房的性质为共有产权。2013年以来已成交住宅用地中累计可用于建设自住型商品住房建筑规模约522万平方米，可提供自住型商品住房约5.5万套。截至2014年年底，全年共有2.2万套自住型商品房取得预售许可并供应市场，与年初制定的“年内争取实现2万套进入销售环节”目标相比，超额完成13.6%。

（二）土地及各类房地产市场分析

1. 土地市场分析

（1）整体情况分析

第一，全年土地市场供应量明显下降，但成交价格有所增长。

2014年，全年共推出147宗土地，建设用地总面积967万平方米，较上年减少35.2%，规划总建筑面积1814万平方米；成交141宗，建设用地总面积938万平方米，较上年下降29%，规划总建筑面积1663万平方米。

土地出让金总计1917亿元，较上年增长10%，推出、成交楼面均价分别为9813元/平方米、11529元/平方米，同比增幅分别为97%和51%。三者均创历史新高。近六年土地市场供应、成交情况详见附图113。

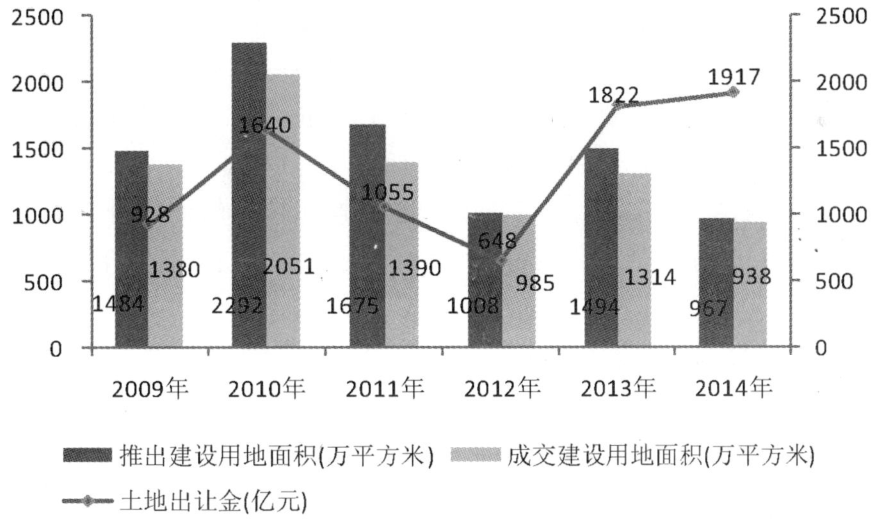

附图113 2009—2014年北京土地市场供应成交情况

第二，住宅用地仍唱主角，商业用地强势走高。

从成交结构来看，住宅用地仍为市场主力，成交建设用地总面积占总成交面积的45%；商业用地成交面积359万平方米，占比为38%，达历史最高值，较2013年提高了25个百分点。工业用地成交面积占比为17%，为历史最低水平，较2013年下降14个百分点。

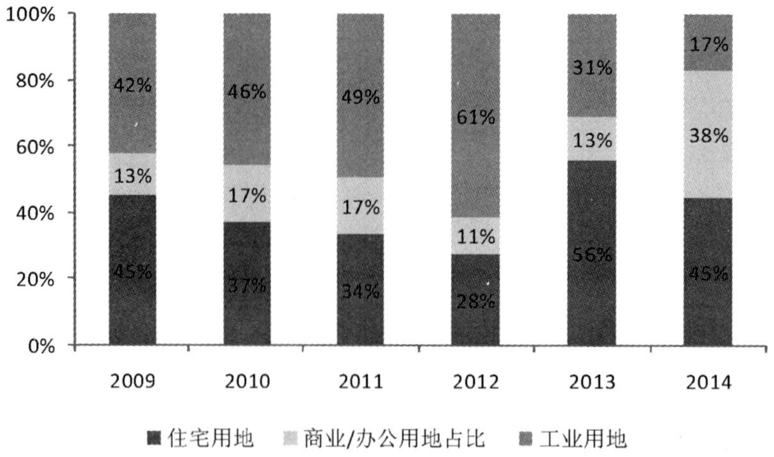

附图114　2009—2014年土地成交结构

（2）住宅用地分析

第一，供应面积明显减少，成交均价大幅上扬。

2014年全年共推出55宗住宅用地，建设用地总面积447万平方米，同比下降44.4%；成交52宗，成交建设用地总面积423万平方米，同比下降9%。

土地出让金全年达1311亿元，同比增加0.8%，创历史新高。推出楼面均价13069元/平方米，成交楼面均价14557元/平方米，同比上涨51%。

第二，远郊区县供求量居多，中心城区供求量同比上涨。

从供应地块所处区域来看，城内六区全年共推出土地25宗，建设用地总面积为178万平方米，占住宅建设用地总推出面积的40%，同比增加21%。其中朝阳区推出9宗地，建设用地总面积为71万平方米，为全市各区县之首。丰台区推出建设用地面积68万平方米，较2013年大幅增加1.5倍，涨幅最大。东城区无地块入市。

远郊区县共推出30宗地，建设用地总面积为269万平方米，占全市住宅建设用地总推出面积的60%。其中，门头沟区推出5宗，建设用地总面积为60万平方米，在远郊区县中推出建设用地面积最多。顺义区、昌平区、大兴区推出建设用地面积同比降幅在40%—55%之间，房山区推出建设用地面积同比大幅下降92%。怀柔区、密云县、延庆县均无地块入市。

从成交地块所处区域来看，城内六区共成交住宅用地19宗，建设用地总面积为119万平方米，占住宅用地总成交面积的28%，同比增长10%。其中丰台区成交7宗，成交面积49万平方米，较2013年大幅增长了1.7倍。朝阳区、海淀区分别成交33万平方米、9万平方米，分别同比下降47%、62%。

远郊区县共成交住宅用地33宗，建设用地总面积为304万平方米，占住宅建设用地成交总面积的72%，同比下降10%。从全市来看，顺义区成交建设用地面积最多，为87万平方米，同比上涨75%。

从成交价格来看，城内六区成交地块规划总建筑面积303万平方米，楼面成交均价为19241元/平方米，较上年增长19%，主要受西城区、石景山区、丰台区成交地块价格的拉动作用。其中西城区成交土地1宗，楼面地价高达63377元/平方米，为2014年住宅土地单价地王。

远郊区县成交地块规划总建筑面积598万平方米，楼面成交均价为12174元/平方米，较上年增长54%，主要是由于门头沟区、大兴区、顺义区、昌平区、怀柔区的拉动，其中，门头沟区楼面地价最高，为15264元/平方米。

城六区土地总成交金额为583亿元，占全市总成交金额的44%，同比增长9%。其中丰台区的成交金额最高，为235亿元。

远郊区县总成交金额为728亿元，同比下降14%。其中，顺义区的成交金额最高，为168亿元。

第三，过半成交地块需配建自住房，昌平区配建面积最大。

在全年成交的52宗地中，规划建设自住型商品房的地块为29宗，规划总建筑面积为356万平方米，占住宅用地规划总建筑面积的12.4%。其中，昌平区配建面积为84万平方米，占全市自住房总量的9.3%，在各区中占比最高。其次为朝阳区，配建面积76万平方米，占全市自住房总量的7.9%。海淀区、朝阳区、昌平区自住房配建面积在本区规划总建筑面积中的占比较高，均在77%以上。

远郊区县中，房山区、平谷区、密云县、延庆县、怀柔区无自住房用地出让。

（3）商业用地分析

第一，供应与成交面积大幅增加，成交单价小幅上涨。

2014年北京商业/办公用地推出面积、成交建设用地面积、成交金额均实现自2012年以来的连续上涨，创历史新高。全年共推出55宗土地，建设用地总面积399万平方米，较上年增加65%；成交44宗土地，建设用地总面积359万平方米，同比增加了1倍；土地出让金为588亿元，同比增幅为28%。

2014年北京商业用地推出规划建筑面积为711万平方米，仅低于2011年776万平方米的历史高位。成交地块规划总建筑面积563万平方米。推出楼面地价、楼面成交均价均创历史新高，分别为7475元/平方米、10427元/平方米，同比涨幅分别为48%、12%。

第二，远郊区县供应量居多，通州区、怀柔区领跑全城。

从成交地块所处区域看，城内六区共推出11宗商业用地，建设用地总面积为32万平方米，占全市商业用地推出面积总量的8%。成交9宗，建设用地总面积为22.4万平方米，占全市商业用地总成交量的6%。

远郊区县共推出44宗商业用地，建设用地总面积为367万平方米，占全市商业用地推出面积总量的92%。成交35宗，建设用地总面积336万平方米，占全市商业用地总成交量的94%。其中通州区成交12宗，成交用地面积141万平方米；怀柔区成交2宗，成交用地面积109万平方米。

第三，门头沟区成交单价一枝独秀，顺义区价格翻倍涨势迅猛。

从各区县成交价格来看，门头沟区成交价格最高，达16787元/平方米，海淀区紧随其后为13228元/平方米。丰台区与怀柔区在12500元/平方米左右，石景山区、大兴区、顺义区成交价格在11000—12000元/平方米之间。房山区、通州区、昌平区价格在8000—9000元/平方米之间。

在2014年度成交的地块中，各区县楼面成交单价涨跌不一。从价格走势来看，顺义区成交价格较上年上涨154%，在各区中涨幅最大。房山区紧随其后，为104%，门头沟区也达到了83%。昌平区降幅最大，为31%。

（4）工业用地分析

第一，工业用地供应量大幅下降，成交单价小幅回落。

全市工业用地市场推出与成交体量自2010

年开始持续下降，2014 年降至近 6 年最低位。全年共推出 37 宗土地，建设用地总面积 121 万平方米，同比下降 73%。包括 2013 年挂牌但未成交地块在内，全年成交 45 宗土地，建设用地面积 156 万平方米，同比下降 61%。土地出让金为 18 亿元，同比下降 67%，创历史新低。

2014 年工业用地市场推出规划建筑面积连续第 4 年下降，为 152 万平方米，同比下降 75%；成交规划建设面积连续第 3 年下降，为 198 万平方米，为近 6 年最低水平，同比下降 64%。

推出楼面均价创历史新高，为 921 元/平方米，同比微涨 1%。楼面成交均价为 894 元/平方米，低于上年 9%，为历史次高价格。

第二，房山区、顺义区分居成交量与成交单价榜首。

从成交地块所处区域来看，年内仅房山区、大兴区、顺义区、通州区、平谷区有工业用地成交。其中，房山区、大兴区成交建设用地面积列前两位，分别为 64 万平方米、36 万平方米，较上年分别下降 45%、76%。

从成交价格来看，顺义区成交价格最高，为 1995 元/平方米，同比下降 28%。平谷区成交价格最低，为 528 元/平方米，较 2013 年上涨 14%。

2. 商品住宅市场分析

（1）新建商品住宅市场

第一，商品住宅年内成交供大于求，长期来看市场需求仍有潜力。

2014 年全年供应面积剧增，下半年供应节奏加快。2014 年北京新建商品住宅（不含保障性住房）批准上市面积 1153 万平方米，同比涨幅达 74%，为近 6 年最高水平。

开发企业新房入市节奏年中相对保守，受政策等因素影响下半年节奏加快。年初由于元旦、春节等因素，批准上市面积低位徘徊。3—5 月份推出面积飙升，各月同比涨幅均高达 150% 以上。5 月份推出面积达到年内最高峰值 152 万平方米。6—8 月份，推出面积明显回落，与 2013 年基本持平。自 9 月份起，开发企业增大推盘力度，每月推出面积均维持在 85 万平方米以上。更由于“9・30”新政出台、开发企业市场销售规律等方面因素，12 月份新房批准上市面积达到了 150 万平方米，逼近全年月度最高值。

成交均价持续攀升，增幅较上年收窄。全年成交均价突破 2.5 万元/平方米，创历史新高。2014 年，北京市商品房（不含保障房）成交均价 25086 元/平方米，较 2013 年上涨 7%，与 2012 年相比，成交均价连续第 2 年上涨，创历史新高，但增幅较 2013 年有所回落。

总成交量低位盘旋，“9・30”新政促四季度回暖。成交面积连续两年下降，近 6 年来仅高于 2011 年水平。2014 年北京商品住宅市场（不含保障性住房）共成交 66931 套，总成交面积 739.4 万平方米。自 2012 年以来，成交面积连续第 2 年下降，降幅达 27%。

“9・30”新政与普宅标准调整带来成交量放大，2014 年第四季度成交好于 2013 年。受信贷政策收紧、自住房入市等因素影响，前三季度市场观望情绪持续，成交量低位徘徊，各月成交量均明显低于 2013 年同期水平，各月同比降幅最高达 62%。由于“9・30”新政出台及普宅标准调整等利好，四季度成交量持续反弹，尤其是 11 月份与 12 月份，同比涨幅高达 70% 以上，12 月份成交量 117 万平方米，达年内顶点。

年内供销差距明显，长期来看市场需求仍有潜力。2014 年北京商品房市场销供比为 0.64，创历史新低，较上年下降了 0.91，年内呈供大于求之势。但 2009 年至 2014 年间总销供比为 1.17，整体来看市场需求仍有潜力。

第二，自住型商品房强势登陆，朝阳区

成交量独占鳌头。

共有产权性质的自住型商品房自2013年11月份进入公众视野，2014年部分项目取得预售资格，7月份后开始正式办理网签，全年共成交17131套，总成交面积151万平方米，成交面积占年内商品房成交总量的20%。成交户型以90平方米以下的户型为主，该户型成交面积占自住房成交总面积的68%。

从各区县自住房成交面积来看，朝阳区总成交面积达60万平方米，占全市全年总成交面积的40%。大兴区、通州区紧随其后，面积占比分别为16%和15%。

朝阳区自住房成交量接近本区商品房成交量半数，位列各区之首。此外，平谷区、通州区自住房成交量区内占比均超过了25%。

从成交价格方面看，全市自住房成交均价17655元/平方米，低于商品房成交均价30%。其中，朝阳区自住房价格最高，房山区最低。据统计，年内朝阳区、大兴区自住房成交均价均超过了20000元/平方米，分别为21991元/平方米、20222元/平方米，套均总价分别为185万元/套、178万元/套。房山区成交均价为10498元/平方米，套均价格为98万元/套，位于各区之末。

第三，纯商品房（不含自住房）量跌价涨，远郊区县成市场热点。

近3年成交量持续下滑，四季度有所回暖。2014年纯商品房成交量为588万平方米，自2012年起持续下滑，创近6年新低。全年成交面积同比下降42%，为近6年最大降幅。

2014年一季度，纯商品房市场成交面积呈季节性变化，2月下降到年内最低值。二三季度成交量波动相对平缓，整体情况明显低于上年同期水平。受“9·30”新政影响，四季度成交量显著回升，11月份成交面积在年内首次超过去年同期水平，12月份成交面积达年内顶点。

远郊区县备受关注，90平方米以下户型需求渐涨。远郊区县是成交主力，大兴区、昌平区相对集中。从各区县成交面积情况来看，排名前五位的区县多为郊区。大兴区、昌平区、朝阳区分列前三，成交面积分别占全市总成交面积的16.4%、14.8%、13.4%。其中大兴区、昌平区占比较2013年分别提高3.4%与5.8%。

从成交房屋户型结构来看，90—140平方米户型仍为市场主要需求，在总成交面积中占比为37%，与2013年持平。但90平方米以下户型成交量占比增至31%，同比增加5%。

成交均价创历史新高，个别高价盘拉动区域价格增长。2014年，全市纯商品房成交均价27002元/平方米，同比上涨15%，自2012年以来实现持续增长。同时纯商品房成交均价较商品房成交均价25086元/平方米高出7.6%，较自住房成交均价高出53%。

从各区县成交价格来看，东城区、西城区成交均价位于5万至6万元/平方米价格区间，遥遥领先其他区县，东城区以57386元/平方米小幅胜出。海淀区、朝阳区并列位于第二梯队，成交均价为4万至5万元/平方米价格区间。门头沟、丰台区、开发区成交均价在3万至4万元/平方米之间，顺义区、大兴区、昌平区、石景山区成交均价在2万至2.5万/平方米之间，其他各区均价在2万元/平方米以下。在价格走势方面，除东城区同比较上年微跌2%，其余各区均同比上涨。开发区、门头沟、石景山区、海淀区由于大量高价楼盘入市销售，成交面积增多，价格上涨幅度较大，涨幅分别为78%、59%、38%、29%。

（2）二手住宅市场

第一，二手住宅成交量跌价涨，年末利好政策引领回暖。

2014年，北京二手住宅市场量跌价涨，总成交量1065万平方米，较上年大幅下降42%；同时，成交均价创历史新高，为33920元/平方米，较上年上涨21%，但涨幅收窄2%。

从近年二手住宅成交量走势来看，受2008年税费优惠、贷款利率下调政策影响，2009年成交量攀至历史峰值。2010年北京实行限购，2011年“京15条”的出台使限购令升级，当年成交量跌至谷底。2012年下半年由于降息及刚需释放，成交量有所回升，这种态势延续至2013年，全年成交1837万平方米，同比上涨82%。

2014年市场被自住房入市带来的市场预期、银行贷款收紧等方面影响，前三季度整体成交量低迷。四季度受“9·30”新政与普宅标准调整影响，楼市出现回暖，但全年成交量较上年大幅下降。

年内来看，前三季度成交量持续调整，各月成交面积呈现升降交错的形势。四季度受政策影响，成交量持续放大，出现翘尾现象，12月份成交面积年内首次出现同比增长。

从年内成交价格走势来看，1—4月，成交价格由31657元/平方米上涨到35493元/平方米，累计上涨12%。5—6月价格持续下降，7—10月价格保持平稳，10—12月，受成交量放大市场回暖影响，价格持续上涨，由33380元/平方米上涨到34734元/平方米。

第二，二手住宅成交量渐向城区集中。

从成交面积区域分布来看，朝阳区、海淀区、昌平区成交量位居前三，分别为294万平方米、143万平方米、115万平方米。城六区成交量占全市总成交量的65%，较上年增长了13%。显示了在二手房市场处于调整期时，中心城区市场更容易吸引购买者。

3. 商业用房房地产市场分析

(1) 批准上市面积连续第二年增长

2009—2012年，全市商业用房销售面积由133万平方米减少至54万平方米。2013年至2014年持续上升，供应力度逐渐加大，由118万平方米增长至131万平方米。

(2) 成交量创4年以来新低，成交均价小幅回落

近年来，北京商业用房成交量在2010年达到历史最高点235万平方米，之后则连续两年下降，至2012年降幅高达36%。虽然2013年成交量小幅回升至158万平方米，2014年全市商业用房成交面积仅为111万平方米，同比下降30%，创历史新低。

全市商业用房成交均价为22428元/平方米，为近5年次高价格，仅低于2013年成交价格，降幅为7.3%。

(3) 年内市场供大于求，但长期来看需求量仍有空间

2014年，北京商业用房销供比为0.8，6年来首次出现供应面积大于成交面积的情况。年内市场供大于求态势明显。但纵观6年来的平均数据，近6年销供比为1.64，北京商业用房市场需求仍有空间。

(4) 成交重心向远郊区县转移，城六区占比大幅下降

2014年，城六区成交量占全市总成交量的比例为34%，较上年下降了27个百分点。其中，朝阳区在城六区中成交量占全市总成交量的比重最大，为13%，同时降幅也最大，达17%。海淀区占比为9%，较上年下降7.8%。

远郊区县成交量总和占全市总成交量的66%，其中昌平区成交量占比最大，占总成交面积的17%，同比上涨8.2%。大兴区占比为14%，同比上涨7.5%。

从成交价格来看，西城区价格最高，门头沟区价格涨幅最大。西城区、朝阳区、石景山区、通州区、房山区、门头沟区、开发区成交均价都高于全市平均价格。其中西城区最

高，为77443元/平方米，石景山区为45984元/平方米。价格走势方面，门头沟区、西城区、石景山区的涨幅位于前列，分别为151%、122%、96%。东城区、顺义区、丰台区、怀柔区、大兴区的价格较上年出现了下跌，东城区跌幅为47%，其余各区跌幅在27%左右。

（5）核心商圈的优质零售物业依然抢手，空置率有所下降

近三年，北京市零售物业总存量由588万平方米增至732万平方米，但城六区所占比例逐渐减少，核心商圈的优质零售物业依然抢手，引起租金持续增长，空置率下降。市区优质零售物业首层租金由38.7元/平方米/月增长至44.3元/平方米/月；优质零售物业空置率由12.6%降至9.4%。

4. 写字楼房地产市场分析

（1）整体情况分析

第一，全年批准上市面积较上年略有下降。

2012—2014年，北京市写字楼市场上市批准面积保持在230万至265万平方米之间。其中，2014年的批准上市面积为261万平方米，较上年略微下降1.4%。

第二，销售面积大幅减少，成交价格再创新高。

2014年北京市写字楼市场成交面积为171万平方米，结束连续两年的增长趋势，同比下降49%。同时，成交均价为26470元/平方米，同比上涨17%，再创历史新高。

第三，年内市场供大于求，长期来看供需基本平衡。

近年来，北京市写字楼市场供需对比呈周期性变化。2009—2012年，销供比由1.27下降到0.73，2013年上升到1.27，2014年下降到0.66，创近6年新低。虽然数据显示本年度写字楼市场供大于求，但近6年的平均销供比达1.03，从市场整体情况来看，供求基本平衡。

第四，成交主要集中于远郊区县，西城区价格傲视群雄。

从全市范围来看，2014年城六区写字楼成交量占全市总成交量的比重为38%，较上年略降1个百分点。远郊区县写字楼总成交量占比为62%，总体占比与上年基本持平。

在各区县中，朝阳区写字楼成交量最大，占比为17.0%。而西城区成交量同比增幅最大，较上年同比增长8.6%。大兴区成交量同比下降8.2%，是降幅最大的区县。

在各区成交价格方面，城六区中，西城区、朝阳区、海淀区、丰台区超过26470元/平方米的平均价格。其中，西城区受年末高价盘入市影响，成交均价高居榜首，为61069元/平方米。

在成交价格变化方面，东城区、朝阳区、密云县、昌平区、开发区成交价格较2013年有所下降，其中密云区降幅最大，为68%。其他区县价格均呈上涨趋势，其中延庆县涨幅最高，为228%，西城紧随其后，为168%。

（2）甲级写字楼市场分析

第一，售价、租金齐涨至历史最高位。

2012年一季度至2014年三季度，北京市甲级写字楼市场租金持续平稳上涨，从278元/平方米·月涨至304元/平方米·月。而售价由2012年2月最低点56764元/平方米上涨到2014年3季度的65104元/平方米。

第二，资本化率保持平稳，市场处于稳定发展期。

2012年一季度至二季度，北京市甲级写字楼市场资本化率由5.82%上涨到6.10%，市场处于房地产周期中的上升期，此后资本化率在5.65%左右浮动。2014年三季度资本化率达到最低值5.6%，显示市场处于房地产周期中的稳定发展期。

（三）年度“地王”项目分析

2014年北京市土地出让总价、楼面地价双料地王为西城区华嘉胡同0110－633地块C2商业金融用地、0110－634地块R2二类居住用地。

该地块于2014年8月20日成交，出让文件显示：该地块建设用地面积2.07万平方米，建筑控制规模11.77万平方米。其中商业金融用地占地0.52万平方米，地上建筑规模7.44万平方米。二类居住用地占地1.55万平方米，地上建筑规模4.33万平方米，挂牌出让起始价35.5亿元，起始楼面价3.02万元/平方米，需无偿配建商品住宅建筑面积3.05万平方米，剩余房源全部由西城区政府回购，收购单价为4.24万元/平方米。竞得人需为被拆迁人提供地下车位312个，每个车位售价不得高于25万元。据悉，北京市国土局鼓励具有城市核心商务功能区开发经验、具有大型金融机构及金融监管机构服务建设办公楼的经验，具有3个及以上10万平方米以上甲级写字楼开发建设经验的企业参与竞买。

2009年至2013年，西城区只成交了3宗地块，土地供应稀缺。而华嘉胡同地块则是3年多以来北京市供应的唯一一宗二环内的住宅用地。竞标现场共吸引了5家房企参与竞拍，包括信达、华融、SOHO中国、方兴保利联合体、安邦保险。历经193轮角逐，该地块最终由华融旗下北京金嘉房地产开发有限公司以74.6亿元斩获，溢价率高达110.1%，楼面价6.34万元/平方米，一举成为2014年度北京市双料地王。

对于开发企业来说，该地块的出让条件着实较为苛刻。考虑到部分住宅由政府回购、而商业部分需要自持，地块的开发利用对企业要求非常高。虽然如此之高的成交价格出乎大多数人意料，但综合考虑地块区位，激烈的竞争和高价成交更多反映的是市场预期。地块本身定位于金融监管机构、国家级金融机构总部、世界500强金融机构总部等机构，区域商业办公物业空置率低、租金水平远高于其他区域，虽然目测该宗地的回报周期较长，但其价值仍为企业所看好。

2014年北京市土地市场较为冷清，但华嘉胡同地块的高价成交则明显反映出了部分房企的心态。优质地块永远是市场追逐的目标，房企拿地更为理性，土地市场二级分化现象渐显。

二、北京市房地产市场预警分析

近年来，北京市土地市场出让的住宅地块中大多要求按比例配建保障性住房。而2013年又将自住型商品房纳入到配建范畴，使得纯商品房的土地面积进一步受到挤压，也将土地成本再次转嫁给商品房地块，促使纯商品住宅土地成本不断抬升。2014年北京市纯住宅用地的楼面地价再创新高，达到了2.7万元/平方米。可以预见，未来入市的楼盘售价也会随之水涨船高。

相关数据显示，北京2014年12月可售商品房的住宅总量再次突破9万套，达到9.3万套，创下32个月以来的新高。因此，一方面是住宅被“高价”，另一方面是大量自住房入市引起的需求分流及人们对未来价格下行的预期。2015年纯商品住宅市场面临着出清周期变长、开发商回款时间延迟的风险。

同时，2014年9月，北京市政府常务会议对房地产市场调控提出了“基本住房有保障、中端需求有支持、高端市场有调控”的总体思路，显示了政府将对高端住宅市场的入市节奏、价格进行调控。根据近年来土地出让情况来看，2015年高端市场的价格竞争将更为激烈，特别是改善型楼盘扎堆的区域将可能出现以价换量的情况。同时，高端住宅如果集中申请上市，将有可能面临政府的批售管制，失去最佳的入市时机。

2014年北京商业物业市场回顾与展望

盈石集团研究中心

一、2014年北京商业物业市场回顾

（一）宏观经济运行平稳，消费需求潜力巨大

2014年，北京总体经济运行平稳，社会消费市场基本面较为稳定。2014年末，北京实现地区生产总值21330.8亿元，同比增长7.3%，增幅较去年略有放缓。同时，2014年北京实现社会消费品零售额9098.1亿元，同比增长8.6%，增幅较上年基本持平。其中网上零售额表现抢眼，同比增长69.7%，拉动全市零售额增长7.1个百分点。2014年消费者信心指数呈低开高走态势，全年平均维持在105，处于较高的水平。同期，城镇居民人均消费性支出达28009元，同比增长6.6%，其中服务性消费支出9197元，同比增长10.7%。

根据盈石中国城市商业物业供给与需求指数显示，北京商业物业需求指数得分在20大城市中排名上海之后，屈居次席。北京城市经济高速发展，人民生活水平持续上升，社会消费品零售总额继续稳居各大城市之首。城镇劳动人口系数、人均收入增长率系数及消费性支持系数等各项指标均在20大城市中排名前列，体现了北京商业物业的旺盛需求及巨大潜力。然而受消费需求结构变化的影响，北京商业物业市场仍将面临一定挑战。如何及时调整经营策略以迎合消费者不断变化的消费需求，是开发商及经营商面临的一大课题。

（二）核心商圈新增供应下降，购物中心持续主导地位

根据盈石集团研究中心数据显示，截至2014年年末，全国20大城市优质商业物业存量接近9000万平方米。其中，北京商业物业总体量达到1570万平方米，包括核心商圈约730万平方米，非核心商圈约840万平方米，北京商业物业总量占全国20大城市总存量的18%，继续位居20大城市首位（见附图115）。随着北京城区中心土地供应逐渐减少，核心商圈商业物业的增速也持续放缓，2014年优质商业物业体量仅增长5%。从商圈分布上来看，北京以望京、亚奥、CBD三个核心商圈的存量最大，占比分别为7.6%、6.8%和6.2%。从业态类型来看，全市购物中心存量约915万平方米，占总存量的约59%；百货总存量超过365万平方米，占总存量的23%（见附图116）。开发商为满足消费者对体验式消费的需求，购物中心供应量持续增加；而受商业物业市场去百货化趋势影响，百货新增供应持续走低。

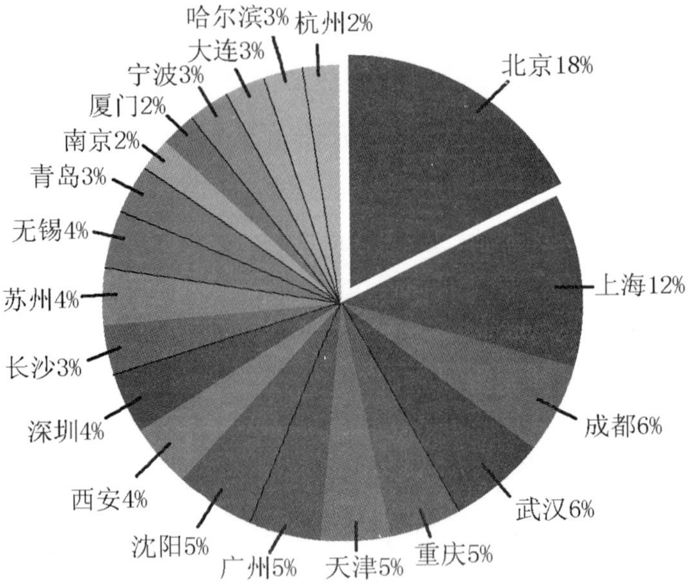

附图115　中国20大城市存量分布（2014）

数据来源：盈石集团研究中心。

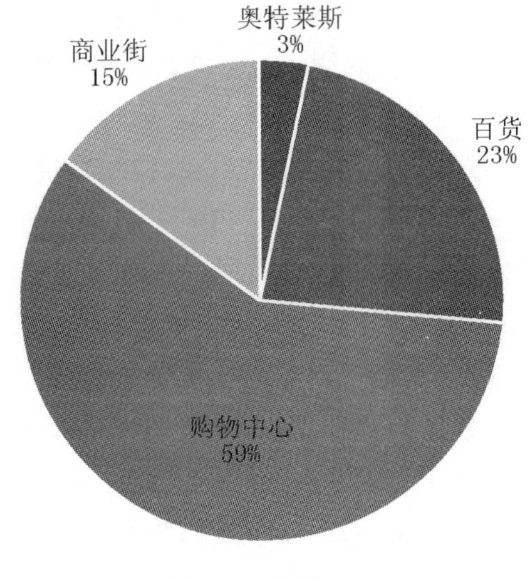

附图116　2014年北京商业物业存量分布分析

数据来源：盈石集团研究中心。

二、2014年北京商业物业市场特征解析

（一）商业地产与电商平台逐步融合

近两年，由于受到宏观经济收缩、购买力下降以及消费渠道的增加分流消费者的影响，不少零售品牌业绩增长出现下滑，经营压力进一步上升，扩张势头放缓，市场激烈竞争。越来越多具有前瞻意识的商业从业者意识到可以利用电商的思维模式甚至平台，

将购物中心线上线下进行打通，将受消费者欢迎的电商品牌实体化，加以创新和提升，增强消费者不断变化的购物需求黏性，最终提升其作为不动产物业的价值。

2014年3月8日，大悦城与阿里巴巴旗下的淘宝进行了整体合作。淘宝提供资源和活动指引，大悦城提供场地支持和现场维护。此次活动，朝阳大悦城的业绩明显提升。同比销售额增长55%，客流量增长25%。共有85%的商户参与了移动支付，通过移动支付的总销售额近100万元，支付笔数超过5000笔，占当日非现金交易笔数15%。

（二）大众餐饮消费继续升温，高端餐饮持续低迷

在中央反腐力度的持续作用下，高端餐饮消费市场继续低迷，而大众餐饮消费表现强劲。北京餐饮市场表现尤为明显，诸多高端餐饮企业纷纷采取自救措施，如通过降价、折扣、团购、特价菜以及取消最低消费、取消服务费等一系列优惠举措吸引大众消费。乙十六将70%的菜品价格调整至100元以下，并新增30—60元菜品；高端粤菜酒楼顺峰推出近100余种50—80元菜品，并在团购网站推出各种团购活动来拉动人气。

相较于高端餐饮市场的冷清，大众餐饮消费市场需求依然强劲。成功转型大众餐饮路线的小南国餐饮控股有限公司，得益于旗下新餐厅“南小馆”及“小小南国”的增长，2014年年报显示，其营业收入同比增长11.4%，净利润同比攀升53.8%。而作为连锁大众餐饮企业呷哺呷哺，2014年营业收入和净利润均有大幅增长，营业收入攀升至22亿元，同比增长16.5%；餐厅层面经营利润为4.5亿元，同比增长23.1%。

（三）“快时尚”的更新换代

根据盈石集团研究中心数据显示，优衣库、H&M、ZARA、GAP、C&A等五大快时尚品牌，加大在一线城市以外区域的渗透力，2014年这五大品牌在二三线城市的新开门店数均超过一线城市。而Top Shop、NEW LOOK、Old Navy等新引进国内的快时尚品牌则集中在一线城市并在短期内取得较好的业绩，成为快时尚市场上的“新鲜血液”。其中，NEW LOOK凭借2014年在华开店数量达18家的扩张速度，成为新引进快时尚品牌中的领军者，其第一家门店位于北京国瑞购物中心，该品牌目前已在北京开出5家门店；而另一被年轻消费者迅速认可的新引进的快时尚品牌Old Navy于2014年在华开店达到7家，在北京的一家门店位于西红门荟聚购物中心。

三、商业物业市场展望

（一）非核心商圈未来供应占比继续上升，2015年迎来小高峰

根据盈石集团研究中心数据显示，预计未来3年内，全国20大城市将有接近4000万平方米商业物业新增供应，其中北京商业物业市场将有超过218万平方米的新增项目入市，其中核心商圈将新增超114万平方米，整体新增供应量占20大城市未来同期新增供应量的6%左右（见附图117）。2015年，预计新增入市项目接近110万平方米，其中核心商圈约42万平方米，非核心商圈超过67万平方米；购物中心约95万平方米，占比达到87%。2015年北京商业物业市场是继2012年来的又一次小高峰。随着北京传统核心商圈的大型百货和购物中心的新增供应呈下降趋势，未来发展的重点将转移到非核心商圈。

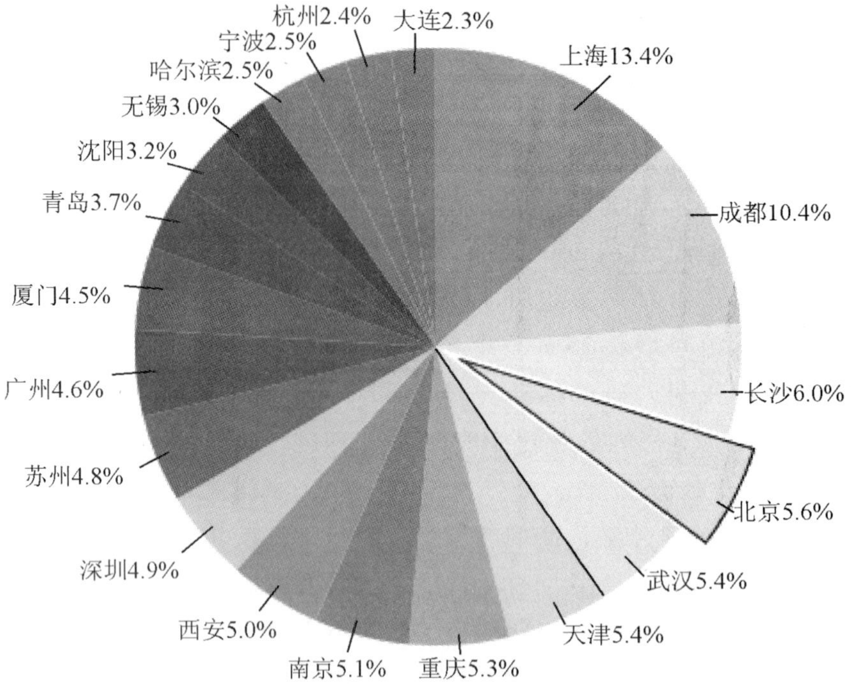

附图117　中国20大城市未来（2015—2017年）供应量分布

数据来源：盈石集团研究中心。

（二）未来商业物业市场的主要趋势

趋势一：商业地产的郊区化，购物中心同质化竞争加剧

据北京统计局数据显示，2014年北京城镇化率已达86.4%，仅次于上海、深圳，位居全国第三。随着城镇化进程不断加快，社区商业重要性日益凸显且潜力巨大。由于核心商圈土地供应受限、开发成本持续走高，在京津冀一体化的大背景之下，城市中心区人口向外导入的趋势将持续加速，北京商业物业开发也将加速由核心商圈向非核心商圈发展。作为新兴商圈的重要商业物业类型，社区型商业也将迎来更大的市场空间，为开发商、品牌商和运营商提供更多机会，并与市级商圈的商业物业形成互补共存。

根据盈石集团研究中心数据显示，预计未来三年，北京商业物业市场将新增商业物业供应223万平方米，其中购物中心占比超过九成（见附图118）。位于非核心商圈的新增供应将超过100万平方米，还有接近200万平方米新增供应入市时间待定，而在入市时间已确定的100多万平方米新增供应中，购物中心占比高达94%。由此可以预见，随着北京商业物业的郊区化将进一步加深，购物中心的同质化问题也将进一步加剧。

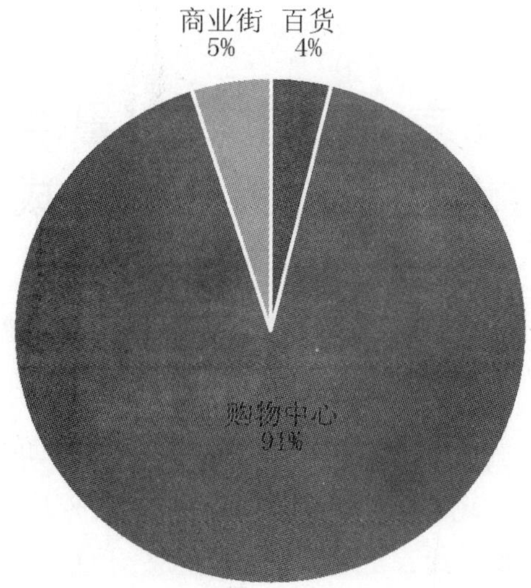

附图 118　北京商业物业未来供应（2015—2017 年）分析

数据来源：盈石集团研究中心。

趋势二：文化消费增长潜力巨大

2014 年全国居民人均可支配收入 20167 元，用于文化消费的支出占人均消费支出的比例呈现明显上升趋势。北京 2014 年全市规模以上文化创意产业收入达 11029 亿元，同比增长 9.5%。近年来，文化已经被上升到国家发展战略层面，政府对优秀传统文化倡导的力度不断加大，并对文化相关产业明显增加了扶持力度，文化相关的利好消息不断出台，预示着未来文化产业将大有作为。北京市政府推出了多项指导意见及对文创产业的扶持政策，旨在培养新的消费增长点，激发文化消费的促进带动作用。在文化创意产业快速发展的带动下，文化消费日益活跃，各大购物中心也积极寻求切入点力求达到差异化。如 2014 年朝阳大悦城打造的主题空间“悦界“正式揭幕，通过引入创意零售、艺术沙龙、音乐咖啡等特色业态，营造出独特的生活美学和互动氛围，吸引了众多消费者专程前来。

通过文化的商用化来获取价值，是购物中心未来发展中非常重要的部分。要将“文化”做到极致，通过文化提升商业自身的附加值并产生利润将是未来零售发展的重要方向。

趋势三：商业零售企业掀起资本整合浪潮

受外部经济复苏乏力影响，国内经济增速减缓，从而抑制了消费增速上升，而电商冲击、运营成本上涨过快等多重压力，也导致了零售企业经营压力加剧，为了增强抗风险能力，零售企业整合期逐步到来。在北京商业市场，伴随着国资国企改革的推进，行业间的资本整合将成为趋势。

股市作为市场晴雨表具有先行示范作用，并且也给产业资本提供了一个相对直接的权益转换场所。漫漫熊市的终结或许将迫使具有资本扩张意识的企业在未来加速并购进程，按照 2014 年行业间的动作幅度来推导，2015 年的整合浪潮将来势汹汹。

2014 年北京土地市场“量跌价涨”宅地楼面价大涨逾五成

伟业我爱我家市场研究部

2014 年，在北京楼市深度调整的年份，土地市场整体表现出量跌价涨的市场特征。

据伟业我爱我家市场研究部统计，北京市共成交各类土地 141 宗，比 2013 年同期下滑 34.1%；建设用地面积 937.63 万平方米，比 2013 年同期下滑 28.7%；规划建筑面积 1663.01 万平方米，比 2013 年同期下滑 30.3%；土地成交总金额 1916.9 亿，比 2013 年同期增长 5.2%；平均楼面价 11527 元/平方米，比 2013 年同期增长 50.9%。

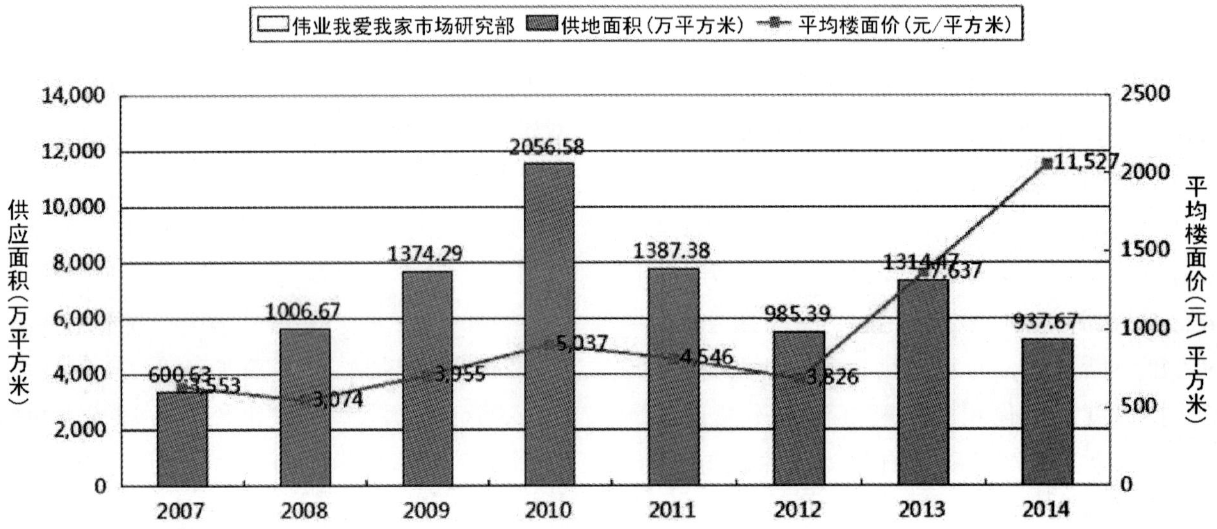

附图 119　北京市近年来土地成交量价情况

（数据为工业、商业金融、住宅等各类土地数据）

在宅地方面，北京市共成交宅地 52 宗，比 2013 年同期减少 29.7%；建设用地面积 423.35 万平方米，比 2013 年同期大幅下滑 41.4%；规划建筑面积 900.7 万平方米，比 2013 年同期大幅下滑 32.1%；成交总金额达 1311.1 亿，比 2013 年同期增长 2.6%；平均楼面价 14557 元/平方米，比 2013 年大幅增长51.1%。

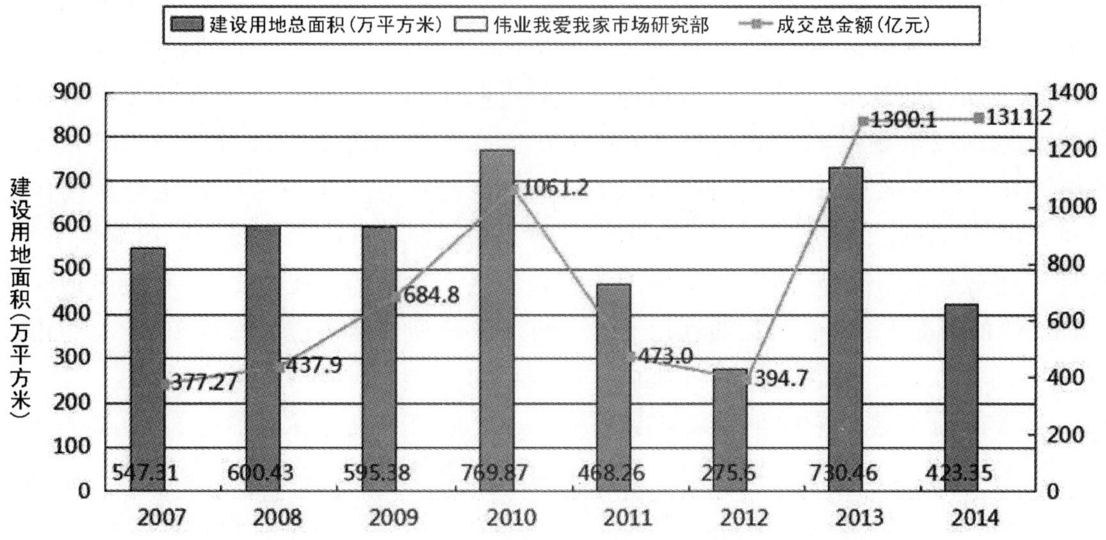

附图 120　北京市年度宅地成交量和总金额情况

对此，伟业我爱我家集团副总裁胡景晖表示，2014 年北京市土地市场成交的整体表现可以概括为“量跌价涨”。市场成交量受供应量和楼市下滑、房企拿地意愿走低等因素的影响出现了一定程度的下跌，与此同时，土地平均楼面价和土地出让金总额则进一步攀高，双双达到历史新高点。

一、“量跌价涨”原因多重

对于北京市土地市场“量跌价涨”市场特征的原因，胡景晖认为主要是几方面因素：

一是在经历了过去几年北京房地产市场价格快速上涨后，随着北京市城市规划建设、轨道交通和公共交通等方面的日渐成熟，北京市土地资源在日渐稀缺的同时也实现了自身的增值。土地增值是土地市场价格走高的基础性原因。

二是从供求方面来看，2013 年北京市土地供应放量走高之后，2014 年年初，土地市场成交热度不减，区位优越的优质地块受到许多房企热捧，成交地价也不断攀升；3 月份北京楼市下行势头出现之后，土地市场从二季度短供之后逐步开始降温，成交量受供应量和房企拿地意愿下降等因素，逐步放缓。

三是从政策方面来看，3 月 27 日，国土资源部审议通过了《节约集约利用土地规定》（国土资源部令第 61 号），并于 5 月 22 日发布，9 月 1 日起正式生效。《节约集约利用土地规定》明确了一线城市不再单纯依赖土地增量来解决城市土地需求问题，同时要重视盘活土地存量保障土地资源需求。《节约集约利用土地规定》对北京市制定自身的土地供应政策和计划也发挥了一定影响。2014 年年中，北京市主管部门上调土地基准地价，侧面反应了此因素的影响。随着北京市土地供应思路的调整，新增供应逐步的放缓，市场成交也表现为量跌价涨。

二、“稳定增量、盘活存量”或将成为 2015 年北京市土地供应的重要思路

对于 2015 年的北京市土地市场，伟业我爱我家集团副总裁胡景晖表示：在北京市土地价格再攀历史高点的 2014 年之后，“稳定增量、盘活存量”或将成为 2015 年北京土地

供应的基本思路。

胡景晖认为，从北京市现有的土地资源分布格局和中远期发展规划来看，未来几年北京市新增土地供应量逐步放缓的趋势已经出现；同时，在城市各区域，由于历史原因、拆迁原因等因素造成的土地资源闲置、利用率不高等问题也较为突出，盘活土地存量理所应当。在这样的情况下，《节约集约利用土地规定》发布的第二年，作为全国政策风向标的重镇，北京市的土地供应很可能将实践《规定》的思路，在稳定土地增量的同时，盘活城区不同区域的存量土地，在不大规模扩张城市空间（“摊大饼”）的情况下，保障市场各类土地供应，提高土地资源的利用效率。

三、“量跌价涨”将影响未来市场供应、增加开发商运营难度

2014 年，北京市宅地成交量显著下滑，宅地地价也不断走高，含有自住房的用地已达六成左右。胡景晖认为，北京市土地市场 2014 年的这三个特征将给未来楼市带来几方面影响。

一是影响中期楼市供应量和供应结构。随着成交量的下滑，未来 1—2 年内北京市新增住宅转化增量很可能会随着 2014 年成交量的走低而出现低谷，市场新增住宅供应量减少。在宅地地价走高的过程中，部分地价偏高的土地供应未来很可能转化为高端住宅项目，增加楼市高端项目供应，影响供求结构。自住房土地增加，在 2015 年将更多地转化为市场自住型住房供应，影响 2015 年的市场供应结构。

二是对开发商来说，土地成本显著上涨将增加开发商运营难度。随着地价的走高，中小房企在京拿地越来越困难，长期来看将形成挤出效应，促使实力有限的中小企业退出北京市场。价格的高企、土地属性（包括自住房在内）的日趋复杂，将使得开发商在进行项目规划和定位方面向“高端、高周转方向”转化，从而对房企的经营、运营能力提出更高要求，增加企业运营成本和难度。

胡景晖认为，在价格门槛高企、运营开发难度提高等情况下，2015 年北京市土地市场很可能将出现供应量和成交量小幅增加、价格微涨的情况。

附录二 2014年房地产法律法规编目

一、房地产税费篇

1. 中国人民银行和中国银行业监督管理委员会《关于进一步做好住房金融服务工作的通知》（银发〔2014〕287号）

2. 住房和城乡建设部、财政部、中国人民银行《关于发展住房公积金个人住房贷款业务的通知》（建金〔2014〕148号）

二、房地产二级市场及租赁市场篇

1. 住房和城乡建设部、国家工商总局关于印发《商品房买卖合同示范文本》的通知（建房〔2014〕53号）

2. 北京市住房和城乡建设委员会关于印发《北京市自住型商品住房销售管理暂行规定的通知》（京建发〔2014〕2号）

3. 北京市住房和城乡建设委员会《关于加强房地产经纪从业人员信息管理有关问题的通知》（京建发〔2014〕76号）

4. 北京市住房和城乡建设委员会、北京市财政局、北京市地方税务局《关于调整本市享受税收优惠政策普通住房平均交易价格有关问题的通知》（京建发〔2014〕382号）

三、房地产登记篇

1. 北京市住房和城乡建设委员会关于印发《北京市房屋登记工作规范的通知》（京建发〔2014〕10号）

2. 北京市住房和城乡建设委员会关于贯彻实施《北京市房屋登记工作规范有关问题的通知》（京建发〔2014〕218号）

3. 北京市住房和城乡建设委员会、北京市国土资源局《关于加强"三定三限三结合"定向安置房产权登记及上市交易管理有关问题的通知》（京建发〔2014〕13号）

4. 北京市住房和城乡建设委员会《关于进一步加强房产测绘管理工作的通知》（京建发

〔2014〕22号）

5. 北京市住房和城乡建设委员会《关于推广房屋所有权证加密服务工作的通知》（京建发〔2014〕158号）

四、房屋征收篇

1. 住房和城乡建设部《关于推进国有土地上房屋征收与补偿信息系统建设的指导意见》（建房〔2014〕95号）

2. 北京市住房和城乡建设委员会关于印发《关于推进国有土地上房屋征收与补偿信息系统建设的实施方案》的通知（京建发〔2014〕482号）

五、物业管理篇

1.《关于改革中央国家机关住宅专项维修资金使用管理的通知》（国机房改〔2014〕169号）

2. 国家发改委关于《电动汽车用电价格政策有关问题的通知》（发改价格〔2014〕1668号）

3. 北京市发展和改革委员会《关于调整本市销售电价分类结构有关问题的通知》（京发改〔2014〕410号）

4. 北京市住房和城乡建设委员会、北京市发展和改革委员会、北京市科学技术委员会、北京市民防局《关于推进物业管理区域新能源小客车自用充电设施安装的通知》（京建发〔2014〕238号）

六、住房制度改革和住房保障篇

1. 住房和城乡建设部《关于并轨后公共租赁住房有关运行管理工作的意见》（建保〔2014〕91号）

2. 住房和城乡建设部、民政部、财政部《关于做好住房救助有关工作的通知》（建保〔2014〕160号）

3. 住房和城乡建设部、发展改革委、财政部、国土资源部、人民银行、银监会《关于试点城市发展共有产权性质政策性商品住房的指导意见》（建保〔2014〕174号）

4. 北京市住房和城乡建设委员会《关于进一步加强廉租住房与公共租赁住房并轨分配及运营管理有关问题的通知》（京建发〔2014〕6号）

5. 北京市住房和城乡建设委员会《关于对保障性安居工程预拌混凝土生产质量实施监理的通知》（京建发〔2014〕20号）

6. 北京市住房和城乡建设委员会《关于进一步加强公共租赁住房分配管理的通知》（京建发〔2014〕21号）

7. 北京市住房和城乡建设委员会《关于妥善解决非公有制企业房改售房有关遗留问题的通

知》（京建发〔2014〕259号）

七、其他

1. 北京市政府《北京市民用建筑节能管理办法》（北京市人民政府令第256号）
2. 国家发改委《关于放开部分服务价格意见的通知》（发改价格〔2014〕2755号）

附录三　附表

附表1　2014年发放预售许可证

序号	项目名称	销售证号	开发商	地址
1	意墅园	京房售证字(2014)限1号	北京良誉房地产开发有限公司	拱辰街道办事处05-13-02、05-13-04、05-13-09地块项目
2	阅园	京房售证字(2014)2号	北京嘉源京大房地产开发有限公司	卢沟桥乡居住项目(配建公共租赁住房)
3	泰禾坊巷家园	京房售证字(2014)1号	北京中维泰禾房地产开发有限公司	孙河乡北甸西村
4	徜徉嘉园	京房售证字(2014)4号	北京城建兴泰房地产开发有限公司	长阳镇(长阳起步区4号地03、04地块)
5	中加荣园	京房售证字(2014)3号	北京东方地景房地产开发有限公司	果园街道首都师范大学附属密云中学西侧
6	城乡世纪财富广场	京房售证字(2014)开1号	北京国盛兴业投资有限公司	路东新区
7	永丰嘉园	京房售证字(2014)6号	北京德成兴业房地产开发有限公司	永丰乡永丰产业基地V-1号地永丰嘉园1、2组团住宅
8	格兰山水	京房售证字(2014)7号	北京京北双龙房地产开发有限公司	三里河路西侧自由街村
9	汇智商业中心	京房售证字(2014)5号	北京旭科置业有限公司	拱辰街道17-01-04地块
10	望京恒电大厦	京房售证字(2014)9号	北京中关村电子城建设有限公司	中关村科技园区电子城西区E8-2地块
11	富力尚悦居	京房售证字(2014)8号	北京极富房地产开发有限公司	马驹桥镇C-06-2地块居住用地、C-12地块社区综合服务用地项目(配建限价商品住房)
12	绿地启航中心	京房售证字(2014)10号	绿地集团北京京坤置业有限公司	后沙峪镇火神营村火寺路东侧
13	融科资讯中心	京房售证字(2014)11号	融科智地房地产股份有限公司	科学院南路6号综合楼

续表附表 1

序号	项目名称	销售证号	开发商	地址
14	联港嘉园	京房售证字(2014)13 号	北京联港置业有限公司	北臧村镇居住及配套用地项目
15	绿地中心	京房售证字(2014)12 号	北京绿地京华置业有限公司	崔各庄大望京村环境整治土地储备项目 3 号地 1008 - 627 地块商业金融项目用地
16	香堤清庭花园	京房售证字(2014)14 号	北京龙湖兴顺置业有限公司	牛栏山镇下坡屯村昌金路北侧
17	如缘居北里	京房售证字(2014)15 号	北京万湖房地产开发有限公司	西北旺镇
18	春熙雅园	京房售证字(2014)16 号	北京保利首开兴泰置业有限公司	生物医药基地东配套区 12 号地北侧、15 号地二类居住、其他类多功能、机动车停车场库、托幼用地项目
19	常楹大厦	京房售证字(2014)17 号	北京信远置业有限公司	管庄北二里(B 地块)
20	龙祥誉景花园	京房售证字(2014)18 号	北京中投创展置业有限公司	天竺空港商务区
21	云立方嘉苑	京房售证字(2014)19 号	北京海赋兴业房地产开发有限公司	生物医药基地东配套 10 号地二类居住用地项目
22	澜湾小区	京房售证字(2014)20 号	北京金隅嘉业房地产开发有限公司	昌平新城东沙河西岸居住项目(08 地块)(11 地块)
23	鑫苑嘉园	京房售证字(2014)21 号	北京鑫苑万众置业有限公司	生物医药基地东配套区 4 号地住宅混合公建、机动车停车场库、邮政设施用地项目
24	华玺瀚梈家园	京房售证字(2014)22 号	北京顺鑫佳宇房地产开发有限公司	站前街北侧
25	理想家园	京房售证字(2014)23 号	北京鸿坤伟业房地产开发有限公司	西红门镇中心规划区 0801 - 0705 地块
26	华侨城欢乐嘉园	京房售证字(2014)24 号	北京世纪华侨城实业有限公司	世纪华侨城旅游主题社区 A1 - 1、A1 - 2、A1 - 3、A1 - 5、A1 - 7 住宅项目
27	天宫融汇佳苑	京房售证字(2014)25 号	北京金融街奕兴天宫置业有限公司	生物医药基地东配套 11 号地居住项目
28	格林雅苑	京房售证字(2014)26 号	北京金水兴业房地产开发有限公司	黄村镇
29	西山艺境嘉园	京房售证字(2014)29 号	北京金水房地产开发有限公司	龙泉镇 MC10 - 038

续表附表 1

序号	项目名称	销售证号	开发商	地址
30	万德福家园	京房售证字(2014)27 号	北京九源富春房地产开发有限公司	平谷镇、王辛庄镇
31	中铁创业大厦	京房售证字(2014)28 号	中铁建设集团北京佳景晟房地产有限公司	苹果交通枢纽商务区 J 地块
32	西山艺境嘉园	京房售证字(2014)30 号	北京金水房地产开发有限公司	门头沟新城 MC10 – 035 – 1
33	臻园	京房售证字(2014)31 号	北京广盈房地产开发有限公司	来广营乡土地储备项目 A4 地块
34	紫云家园	京房售证字(2014)32 号	北京中粮万科房地产开发有限公司	长阳镇起步区 5 号地
35	众美雅苑	京房售证字(2014)33 号	北京众美房地产开发有限公司	庞各庄镇
36	福润四季家园	京房售证字(2014)34 号	北京城建房地产开发有限公司	东坝乡东坝南二街限价商品房项目用地(东地块)、东坝乡东坝南二街限价商品房项目用地(西地块)
37	中加荣园	京房售证字(2014)限 2 号	北京东方地景房地产开发有限公司	果园街道首都师范大学附属密云中学西侧
38	上兴佳园	京房售证字(2014)35 号	北京住总万科房地产开发有限公司	北臧村镇生物医药基地东配套区 5 号地二类居住小学用地项目(配建公共租赁住房)
39	富力金禧家园	京房售证字(2014)36 号	富力(北京)地产开发有限公司	新城南街
40	合生华景家园	京房售证字(2014)37 号	北京合生绿洲房地产开发有限公司	永顺镇乔庄村
41	意墅园	京房售证字(2014)38 号	北京良誉房地产开发有限公司	拱辰街道办事处 05 – 13 – 02、05 – 13 – 04、05 – 13 – 09 地块项目
42	悦都新苑	京房售证字(2014)40 号	北京兴泰吉成置业有限公司	长阳镇长阳西站 4 号地
43	智汇雅苑	京房售证字(2014)43 号	北京房开韩建置业有限公司	拱辰街道高教园区 09 – 03 – 09F1 地块
44	定泗路	京房售证字(2014)42 号	北京市八仙房地产开发有限责任公司	北七家镇世纪星城住宅小区

续表附表 1

序号	项目名称	销售证号	开发商	地址
45	悦都新苑	京房售证字(2014)41 号	北京兴泰吉成置业有限公司	长阳镇长阳西站 4 号地
46	悦都新苑	京房售证字(2014)39 号	北京兴泰吉成置业有限公司	长阳镇长阳西站 4 号地
47	丽来花园	京房售证字(2014)44 号	北京宝苑房地产开发有限公司	天竺镇薛大人庄村朝阳区孙河乡北甸村
48	芳轩园	京房售证字(2014)45 号	北京首城置业有限公司	马坊镇 A05－02 地块
49	春熙雅园	京房售证字(2014)46 号	北京保利首开兴泰置业有限公司	生物医药基地东配套区 12 号地北侧、15 号地二类居住、其他类多功能、机动车停车场库、托幼用地项目
50	润景茗苑	京房售证字(2014)47 号	北京春光置地房地产开发有限公司	来广营乡清河营村住宅及配套(2 号地 2－2 地块)
51	亦庄悦家园	京房售证字(2014)开 2 号	北京方兴亦城置业有限公司	河西区 X88R1 地块
52	盛达嘉园	京房售证字(2014)49 号	北京首开万科房地产开发有限公司	台湖镇 4－1－017、4－1－010 地块居住、医疗卫生项目用地
53	乐汇家园	京房售证字(2014)48 号	北京田家园新城房地产开发有限公司	窦店镇田家园住宅商业项目
54	上河湾家园	京房售证字(2014)52 号	北京城建兴云房地产有限公司	观光塔住宅小区 0702、1001 地块
55	上河湾家园	京房售证字(2014)51 号	北京城建兴云房地产有限公司	观光塔住宅小区 0702、1001 地块
56	上河湾家园	京房售证字(2014)50 号	北京城建兴云房地产有限公司	观光塔住宅小区 0702、1001 地块
57	润西山苑	京房售证字(2014)53 号	华润置地发展(北京)有限公司	永定镇冯村(新城地区一期居住项目)
58	裕龙华府	京房售证字(2014)54 号	北京市大龙房地产开发有限公司	顺平辅路东裕龙三区
59	九章花园	京房售证字(2014)55 号	北京诚通华亿房地产有限公司	首都机场高速公路北皋立交桥东别墅式住宅项目
60	东亚怡园	京房售证字(2014)56 号	北京硕日新宇投资有限公司	台湖镇居住用地、托幼用地及公建混合用地(配建"公共租赁住房")
61	新方向中心	京房售证字(2014)57 号	北京金隅大成开发有限公司	郭公庄车辆段项目四期 F2 公建混合住宅用地

续表附表 1

序号	项目名称	销售证号	开发商	地址
62	长龙家园	京房售证字(2014)经 3 号	北京长龙房地产开发有限公司	长阳镇高佃三村
63	锦城商业中心	京房售证字(2014)58 号	北京兴海创业投资管理有限公司	瀛海镇镇区改造土地一级开发项目(二期)用地
64	山语园	京房售证字(2014)59 号	中铁房地产集团北京丰昊置业有限公司	王佐镇西王佐村住宅项目 X-4 地块
65	云溪花园小区	京房售证字(2014)60 号	北京宁坤房地产开发有限责任公司	溪翁庄镇
66	意墅园	京房售证字(2014)62 号	北京良誉房地产开发有限公司	拱辰街道办事处 05-13-02、05-13-04、05-13-09 地块项目
67	圣水嘉苑	京房售证字(2014)61 号	中铁嘉业(北京)投资有限公司	城关街道圣水嘉名小区
68	花溪茗苑	京房售证字(2014)64 号	北京中铁润丰房地产开发有限公司	马坡镇(顺丰大街南侧)
69	悦然馨苑	京房售证字(2014)63 号	中铁房地产集团北京正达置业有限公司	长阳镇房山线长阳西站 5 号地 01-05-08、01-05-07 地块
70	华润九里	京房售证字(2014)65 号	华润置地开发(北京)有限公司	黄村镇卫星城北区 17 号地 B 区
71	汇景苑	京房售证字(2014)67 号	北京惠通华远国际会展中心有限公司	阎村镇大董村 02-0026 地块
72	格林雅苑	京房售证字(2014)66 号	北京金水兴业房地产开发有限公司	黄村镇
73	铭翔大厦	京房售证字(2014)69 号	北京市开源易通仓储有限公司	南法信晨光建材城东侧
74	京贸国际城	京房售证字(2014)68 号	北京天旭运河房地产开发有限责任公司	芙蓉路西侧
75	康宜家园	京房售证字(2014)经 4 号	北京市大兴城镇建设综合开发集团有限公司	黄村镇
76	华邑新苑	京房售证字(2014)70 号	北京京投银泰置业有限公司	郭公庄车辆段项目五期 1518-632 地块
77	和成璟园	京房售证字(2014)72 号	北京恒成伟业房地产开发有限公司	亦庄镇小羊坊村

续表附表 1

序号	项目名称	销售证号	开发商	地址
78	京汉铂寓	京房售证字(2014)71 号	北京鹏辉房地产开发有限公司	龙泉镇 F1 住宅混合公建用地项目
79	伊林西苑	京房售证字(2014)74 号	北京安顺园房地产开发有限公司	良乡地区黄辛庄小区 11 – 17 #楼
80	世外桃苑	京房售证字(2014)78 号	北京八通房地产开发有限公司	黄松峪乡黑豆峪村佛山南街 188 号
81	燕西华府家园	京房售证字(2014)76 号	北京西海龙湖置业有限公司	王佐镇(怪村村北 D 地块)
82	新里程家园	京房售证字(2014)75 号	北京京投万科房地产开发有限公司	拱辰街道水碾屯村改造一期 10 –03 –21 居住项目
83	上兴佳园	京房售证字(2014)77 号	北京住总万科房地产开发有限公司	北臧村镇生物医药基地东配套区 5 号地二类居住小学用地项目(配建公共租赁住房)
84	蓝城家园	京房售证字(2014)73 号	北京中冶京诚置业有限公司	城关街道饶乐府村(兴东园小区)居住项目
85	金域东郡	京房售证字(2014)开 3 号	北京万瑞房地产开发有限公司	
86	朗悦嘉园	京房售证字(2014)85 号	北京金地惠达房地产开发有限公司	长阳镇房山线理工大学站 3 号地及 5 号地局部地块
87	汇景嘉园	京房售证字(2014)80 号	北京城建和泰房地产开发有限责任公司	窦店镇(沁园春景二期)(配建回迁安置房)居住项目用地
88	汇景嘉园	京房售证字(2014)81 号	北京城建和泰房地产开发有限责任公司	窦店镇(沁园春景二期)(配建回迁安置房)居住项目用地
89	首开缇香家园	京房售证字(2014)82 号	北京首都开发股份有限公司	于家务乡乡中心项目(A –01 地块)
90	领峰四季园	京房售证字(2014)79 号	北京创誉房地产开发有限公司	长阳镇 01 –08 –03、01 –08 –04 地块用地项目
91	慧谷嘉园	京房售证字(2014)83 号	北京新华联伟业房地产有限公司	马坊镇
92	金隅香溪家园	京房售证字(2014)84 号	北京金隅嘉业房地产开发有限公司	梨园镇其他多功能用地与居住用地地块
93	华欣园	京房售证字(2014)88 号	北京东亚信中国际会展中心有限公司	庙城镇政府北侧(时尚岛一期)公共设施项目

续表附表 1

序号	项目名称	销售证号	开发商	地址
94	汇龙文苑	京房售证字(2014)86 号	北京牛栏山房地产开发有限责任公司	牛栏山镇半壁店住宅项目
95	搜宝崇文大厦	京房售证字(2014)87 号	北京裕昌置业股份有限公司	磁器口东北角(新景商务楼北侧遗留地块)
96	国锐广场	京房售证字(2014)开 4 号	北京国锐房地产开发有限公司	35 号街区
97	华远好天地中心	京房售证字(2014)89 号	北京华和房地产开发有限公司	梨园镇
98	恒大幸福家园	京房售证字(2014)91 号	北京沙河恒大置业有限公司	沙河镇[沙河高教园二期(一)地块]R2 二类居住用地项目、沙河镇[沙河高教园二期(一)地块 R2 二类居住用地项目]
99	绿地中心	京房售证字(2014)90 号	北京绿地京华置业有限公司	崔各庄大望京村环境整治土地储备项目 3 号地 1008－627 地块商业金融项目用地
100	怡景名苑	京房售证字(2014)94 号	北京保利融创房地产开发有限公司	亦庄新城 X1－1A 组团 B03R1－2 地块二类居住用地、其他市政设施用地项目(配建公共租赁住房)
101	东方玫瑰家园	京房售证字(2014)92 号	北京君合百年房地产开发有限公司	梨园镇小街村(自由小镇南区 2 号)
102	红杉溪谷嘉园	京房售证字(2014)93 号	北京智地愿景房地产开发有限公司	静水园 A1 区居住项目地块
103	长安运河会馆	京房售证字(2014)97 号	北京富华东方房地产开发有限公司	运河核心区项目 V－04、V－06 地块多功能用地
104	玉兰湾嘉园	京房售证字(2014)95 号	北京祈连房地产开发有限公司	九棵树大街居住项目地块
105	兴达大厦	京房售证字(2014)96 号	北京保利兴房地产开发有限公司	生物医药基地东配套 12、13、14 号地居住、商业金融项目
106	西山艺境嘉园	京房售证字(2014)98 号	北京金水房地产开发有限公司	龙泉镇 MC10－037
107	理想家园	京房售证字(2014)99 号	北京鸿坤伟业房地产开发有限公司	西红门中心规划区 0801－0705 地块

续表附表 1

序号	项目名称	销售证号	开发商	地址
108	龙山锦园小区	京房售证字(2014)100 号	北京正宏置业集团有限公司	城南街道办事处山峡村
109	远洋云廷嘉园	京房售证字(2014)101 号	北京远盛置业有限公司	亦庄新城Ⅲ－1 街区 F 地块
110	富松小区	京房售证字(2014)102 号	北京市昌平房地产开发有限责任公司	城东富松住宅小区
111	嘉悦中心	京房售证字(2014)103 号	北京盛玺置业有限公司	西红门镇
112	华远铭悦雅园	京房售证字(2014)限 5 号	北京华和房地产开发有限公司	梨园镇
113	金茂悦家园	京房售证字(2014)开 5 号	北京方兴亦城置业有限公司	河西区 X85 街区
114	意墅园	京房售证字(2014)107 号	北京良誉房地产开发有限公司	拱辰街道办事处 05－13－02、05－13－04、05－13－09 地块项目
115	徜徉嘉园	京房售证字(2014)105 号	北京城建兴泰房地产开发有限公司	长阳镇(长阳起步区 4 号地 03、04 地块)
116	梧桐中心	京房售证字(2014)104 号	中铁房地产集团北京顺捷金海置业有限公司	永定镇东辛秤村北(MC20－045 地块)
117	金宝鑫园	京房售证字(2014)106 号	北京金宝房地产开发有限公司	马坡镇
118	长安丽景家园	京房售证字(2014)108 号	北京住总骏洋置业有限公司	永定镇居住项目
119	保利罗谷小区	京房售证字(2014)限 6 号	北京润诚嘉信置业有限公司	沙河镇
120	悦府家园	京房售证字(2014)109 号	北京京投银泰尚德置业有限公司	东小口镇
121	美唐家园	京房售证字(2014)113 号	北京城市开发集团有限责任公司	回龙观镇 F05 住宅项目(北区)
122	臻园	京房售证字(2014)111 号	北京广盈房地产开发有限公司	来广营乡土地储备项目 A4 地块
123	鑫苑嘉园	京房售证字(2014)112 号	北京鑫苑万众置业有限公司	生物医药基地东配套区 4 号地住宅混合公建、机动车停车场库、邮政设施用地项目
124	芳轩园	京房售证字(2014)110 号	北京首城置业有限公司	马坊镇 A03－03
125	华远澜悦园	京房售证字(2014)115 号	北京馨悦致远房地产开发有限公司	新城 0202 街区 0901、0902、0903 地块
126	金科纳帕庄园	京房售证字(2014)114 号	北京金科纳帕置业有限公司	常兴庄组团北部地区 B 地块居住项目

续表附表 1

序号	项目名称	销售证号	开发商	地址
127	梦想家园	京房售证字(2014)116号	北京金第房地产开发有限责任公司	杨宋镇居住文化娱乐、商业金融及居住用地项目(配建租赁房)
128	中海惠通苑	京房售证字(2014)117号	北京通惠房地产开发有限责任公司	建外砖厂胡同54号院
129	领峰四季园	京房售证字(2014)118号	北京创誉房地产开发有限公司	长阳镇01－08－03、01－08－04地块用地项目
130	上兴佳园	京房售证字(2014)120号	北京住总万科房地产开发有限公司	北臧村镇生物医药基地东配套区5号地二类居住小学用地项目(配建公共租赁住房)
131	华侨城欢乐嘉园	京房售证字(2014)119号	北京世纪华侨城实业有限公司	世纪华侨城旅游主题社区A1－1、A1－2、A1－3、A1－5、A1－7住宅项目
132	富兴国际中心	京房售证字(2014)开6号	北京富兴金地置业有限公司	3号街区
133	熙兆嘉园	京房售证字(2014)122号	北京首开荣泰置业有限公司	长阳镇起步区3号地北侧住宅混合公建项目
134	京贸国际公馆	京房售证字(2014)121号	北京天旭运河房地产开发有限责任公司	梨园镇半壁店村居住及居住区配套教育用地项目
135	颐丰庄园	京房售证字(2014)127号	北京市宝斯特房地产开发有限公司	西北旺镇大牛坊村颐丰庄园
136	圣水嘉苑	京房售证字(2014)126号	中铁嘉业(北京)投资有限公司	城关街道圣水嘉名小区
137	滟澜小区	京房售证字(2014)123号	北京锦昊万华置业有限公司	沙河镇C－X06、C－X07、C－X10地块二类居住、公建混合住宅、托幼用地项目(配建人才公共租赁住房)
138	蓟门名居	京房售证字(2014)128号	北京世博宏业房地产开发有限公司	东升乡蓟门桥北
139	紫云家园	京房售证字(2014)125号	北京中粮万科房地产开发有限公司	长阳镇起步区5号地
140	紫宸苑	京房售证字(2014)124号	北京兴海创业投资管理有限公司	瀛海镇镇区改造土地一级开发项目(二期)用地

续表附表1

序号	项目名称	销售证号	开发商	地址
141	山语园	京房售证字(2014)131号	中铁房地产集团北京丰昊置业有限公司	王佐镇西王佐村住宅项目X-4地块
142	上林湾家园	京房售证字(2014)132号	北京京投阳光房地产开发有限公司	长阳镇(长阳西站3号地)居住项目
143	泰禾誉园	京房售证字(2014)130号	北京泰禾置业有限公司	台湖镇B-03地块居住、托幼项目(配建公共租赁住房)
144	保利罗谷小区	京房售证字(2014)129号	北京润诚嘉信置业有限公司	沙河镇
145	润景茗苑	京房售证字(2014)133号	北京春光置地房地产开发有限公司	来广营乡清河营村住宅及配套(2号地2-2地块)
146	双翼大厦	京房售证字(2014)135号	北京三元置业有限公司	南法信镇顺平路北侧
147	通州万达广场	京房售证字(2014)134号	北京万方置业有限公司	永顺镇北苑商务区西区商业金融、居住及托幼项目用地
148	丽湾西园	京房售证字(2014)137号	北京昊泰房地产开发有限公司	黑山地区居住用地(26-304)
149	金隅嘉秀苑	京房售证字(2014)136号	北京金隅嘉业房地产开发有限公司	朝阳北路(原星牌建材制品厂)B02地块二类居住
150	国韵村	京房售证字(2014)139号	国奥韵兴置地有限公司	旧宫镇绿隔地区建设旧村改造二期1号B地块二类居住用地、中学用地、托幼用地项目
151	云栖雅苑	京房售证字(2014)限7号	北京融创嘉业房地产开发有限公司	亦庄镇亦庄新城Ⅱ-1街区B02R1等地块
152	长河花园	京房售证字(2014)138号	北京天成天房地产开发有限公司	小汤山镇马坊村农业高科技示范园住宅小区专家公寓
153	千章墅嘉园	京房售证字(2014)140号	北京融科阳光房地产开发有限公司	宋庄镇居住及托幼项目用地
154	通盈中心	京房售证字(2014)141号	北京通盈房地产开发有限公司	南三里屯危改小区通盈首都花园巴黎城A地块
155	嘉逸商务园	京房售证字(2014)142号	北京嘉逸置业有限公司	台湖镇027东侧地块多功能用地项目
156	朗悦嘉园	京房售证字(2014)143号	北京金地惠达房地产开发有限公司	长阳镇房山线理工大学站3号地及5号地局部地块

续表附表 1

序号	项目名称	销售证号	开发商	地址
157	利锦新苑	京房售证字(2014)限 8 号	北京市利锦荣房地产开发有限公司	东坝中路红松园住宅混合公建项目用地
158	泰禾时代中心	京房售证字(2014)144 号	北京中维泰禾置业有限公司	台湖镇 4－1－011、4－1－013、4－1－018、4－1－022、4－1－026、4－1－037 地块
159	学府树家园	京房售证字(2014)145 号	北京华润新镇置业有限责任公司	清河镇住宅及配套 H－10 号
160	华润九里	京房售证字(2014)146 号	华润置地开发(北京)有限公司	黄村镇卫星城北区 17 号地 B 区
161	畅和园	京房售证字(2014)限 9 号	北京金隅长阳嘉业房地产开发有限公司	拱辰街道房山新城良乡组团
162	华润九里	京房售证字(2014)147 号	华润置地开发(北京)有限公司	黄村镇卫星城北区 17 号地 B 区
163	悦景苑	京房售证字(2014)148 号	北京创瑞祥安置业有限公司	孙村组团居住区 B－19、B－20 地块 R2 二类居住用地、F3 其他类多功能用地项目
164	云溪花园小区	京房售证字(2014)150 号	北京宁坤房地产开发有限责任公司	溪翁庄镇
165	白家疃尚品园	京房售证字(2014)149 号	北京世纪正源房地产开发有限公司	温泉镇中心区 D2 地块商业项目用地(D28 地块)
166	汇江大厦	京房售证字(2014)152 号	北京汇江亨通房地产开发有限责任公司	石龙北路 15 号
167	亚奥悦家园	京房售证字(2014)151 号	北京方兴融创房地产开发有限公司	来广营乡土地储备项目 B2 地块(居住用地)
168	朝新嘉园西里二区、三区、四区	京房售证字(2014)153 号	北京金隅嘉业房地产开发有限公司	东坝单店二类居住、小学用地项目
169	格林雅苑	京房售证字(2014)155 号	北京金水兴业房地产开发有限公司	黄村镇
170	汇智商业中心	京房售证字(2014)154 号	北京旭科置业有限公司	拱辰街道 17－01－04 地块
171	满庭春苑	京房售证字(2014)156 号	北京当代摩码置业有限公司	采育镇 DX10－0001－6006 地块二类居住用地
172	领秀翠骊家园	京房售证字(2014)157 号	北京科技园置地有限公司	王佐镇佃起村

续表附表1

序号	项目名称	销售证号	开发商	地址
173	水木兰亭花园	京房售证字(2014)158号	北京大地林肯房地产开发有限公司	天竺综合开发区天北路南侧
174	万悦家园	京房售证字(2014)160号	北京天竺万科房地产开发有限公司	薛大人庄村南
175	燕西华府家园	京房售证字(2014)159号	北京西海龙湖置业有限公司	王佐镇(怪村村北C-3地块)
176	滟澜小区	京房售证字(2014)161号	北京锦昊万华置业有限公司	沙河镇C-X06、C-X07、C-X10地块二类居住、公建混合住宅、托幼用地项目(配建人才公共租赁住房)
177	海悦嘉园	京房售证字(2014)162号	北京星华蓝光置业有限公司	西潞街道良乡组团06街区06-23-01、06-23-05地块
178	富松小区	京房售证字(2014)限10号	北京市昌平房地产开发有限责任公司	城东富松住宅小区
179	领峰四季园	京房售证字(2014)164号	北京创誉房地产开发有限公司	长阳镇01-08-03、01-08-04地块用地项目
180	香堤清庭花园	京房售证字(2014)163号	北京龙湖兴顺置业有限公司	牛栏山镇下坡屯村昌金路北侧
181	怡景名苑	京房售证字(2014)166号	北京保利融创房地产开发有限公司	亦庄新城X1-1A组团B03R1-2地块二类居住用地、其他市政设施用地项目(配建公共租赁住房)
182	首建金融大厦	京房售证字(2014)168号	北京科源房地产开发有限公司	西直门外南路19号
183	紫云家园	京房售证字(2014)165号	北京中粮万科房地产开发有限公司	长阳镇(长阳镇起步区5号地)
184	双桥嘉园	京房售证字(2014)167号	北京亿本房地产开发有限公司	双桥农场限价商品住房项目用地
185	富水良嘉园	京房售证字(2014)169号	北京韩建房地产开发有限公司	拱辰街道良乡中路南侧
186	泰禾时代中心	京房售证字(2014)170号	北京中维泰禾置业有限公司	台湖镇4-1-011、4-1-013、4-1-018、4-1-022、4-1-026、4-1-037地块
187	泰禾时代中心	京房售证字(2014)171号	北京中维泰禾置业有限公司	台湖镇4-1-011、4-1-013、4-1-018、4-1-022、4-1-026、4-1-037地块

续表附表 1

序号	项目名称	销售证号	开发商	地址
188	天同华苑	京房售证字(2014)172 号	北京君龙达星房地产开发有限公司	三中西巷南侧
189	橡树苑	京房售证字(2014)176 号	华润置地弘景(北京)房地产开发有限公司	水源路南侧
190	首开缇香家园	京房售证字(2014)178 号	北京首都开发股份有限公司	于家务乡乡中心项目(A-01 地块、A-13 地块)
191	领峰商业中心、裕景商业楼	京房售证字(2014)179 号	北京创誉房地产开发有限公司	长阳镇 01-08-04、01-11-04 地块用地项目
192	水镇家园	京房售证字(2014)177 号	北京古北水镇房地产开发有限公司	古北口镇司马台村
193	昆玉嘉园	京房售证字(2014)173 号	北京京投兴业置业有限公司	玉渊潭乡(落地区 B-2)(落地区 B-3)(落地区 B-1)(上盖区 A)
194	清苑嘉园	京房售证字(2014)限 11 号	北京万年基业长阳置业有限公司	长阳镇 18-02-13 地块(北京理工大学 9 号地)
195	春熙雅园	京房售证字(2014)175 号	北京保利首开兴泰置业有限公司	生物医药基地东配套区 12 号地北侧、15 号地二类居住、其他类多功能、机动车停车场库、托幼用地项目
196	鑫苑嘉园	京房售证字(2014)180 号	北京鑫苑万众置业有限公司	生物医药基地东配套区 4 号地住宅混合公建、机动车停车场库、邮政设施用地项目
197	永丰嘉园	京房售证字(2014)174 号	北京德成兴业房地产开发有限公司	永丰乡永丰产业基地 V-1 号地永丰嘉园 1、2 组团住宅
198	利锦新苑	京房售证字(2014)181 号	北京市利锦荣房地产开发有限公司	东坝中路红松园住宅混合用地
199	蓝城家园	京房售证字(2014)182 号	北京中冶京诚置业有限公司	城关街道饶乐府村(兴东园小区)居住项目
200	金帅府家园	京房售证字(2014)183 号	北京通州房地产开发有限责任公司	帅府小区
201	东亚鼎园	京房售证字(2014)184 号	北京世纪泰丰国际会展中心有限公司	台湖镇 H3-03 地块 F3 其他类多功能用地项目

续表附表 1

序号	项目名称	销售证号	开发商	地址
202	橡树苑	京房售证字(2014)185 号	华润置地弘景(北京)房地产开发有限公司	水源路南侧
203	臻园	京房售证字(2014)187 号	北京广盈房地产开发有限公司	来广营乡土地储备项目 A4 地块
204	西山艺境嘉园	京房售证字(2014)186 号	北京金水房地产开发有限公司	门头沟新城 MC10－033
205	鑫苑嘉园	京房售证字(2014)189 号	北京鑫苑万众置业有限公司	生物医药基地东配套区 4 号地住宅混合公建、机动车停车场库、邮政设施用地项目
206	满庭芳嘉园	京房售证字(2014)191 号	北京正华永顺房地产开发有限公司	后沙峪镇吉祥庄村东
207	首开溪园	京房售证字(2014)188 号	北京首都开发股份有限公司	宋庄镇 C－02 地块居住用地
208	富力惠兰美居	京房售证字(2014)190 号	北京东方长安房地产开发有限公司	永顺镇居住、托幼及小学项目
209	润西山苑	京房售证字(2014)192 号	华润置地发展(北京)有限公司	永定镇冯村(新城地区一期居住项目)
210	锦悦嘉苑	京房售证字(2014)196 号	中铁房地产集团北京浩达置业有限公司	仁和镇陶家坟村北
211	中建港湾大厦	京房售证字(2014)197 号	北京中建兴华房地产开发有限公司	黄村镇
212	影人四季酒店	京房售证字(2014)193 号	北京亿来置业有限公司	杨宋镇杨雁路东侧 0810－01、02 地块
213	紫石时代中心	京房售证字(2014)195 号	北京紫石房地产开发有限公司	永顺镇商务园 D1 南区(5、6、7 地块)商业，经营性办公用地项目
214	长安运河会馆	京房售证字(2014)194 号	北京富华东方房地产开发有限公司	运河核心区项目 V－04、V－06 地块多功能用地
215	万和商业广场	京房售证字(2014)198 号	北京五和万科房地产开发有限公司	长阳镇 01－09－09、01－09－02 等地块
216	通州万达广场	京房售证字(2014)199 号	北京万方置业有限公司	永顺镇北苑商务区东区商业金融、居住项目用地
217	远山嘉园	京房售证字(2014)200 号	北京昂内中天置业有限公司	王辛庄镇贾各庄村东

续表附表 1

序号	项目名称	销售证号	开发商	地址
218	尚华家园	京房售证字(2014)202 号	北京住总万科房地产开发有限公司	回龙观村旧村改造 1818 - 019 号住宅及商业金融用地
219	浅山香逸雅园	京房售证字(2014)201 号	北京天正华特房地产开发有限公司	张镇张各庄村
220	通州万达广场	京房售证字(2014)203 号	北京万方置业有限公司	永顺镇北苑商务区西区商业金融、居住及托幼项目用地
221	溪上雅苑	京房售证字(2014)限 12 号	北京融创嘉业房地产开发有限公司	亦庄镇亦庄新城Ⅱ - 1 街区 B01R1 - 1 等地块
222	万和四季家园	京房售证字(2014)204 号	远洋地产有限公司	来广营乡 A3 地块居住项目
223	路劲家园	京房售证字(2014)206 号	北京路劲隽御房地产开发有限公司	南邵镇
224	盛绣雅林嘉园	京房售证字(2014)205 号	北京昊远隆基房地产开发总公司	长沟镇沿村(镇区改造一期 A 地块北区)一类住宅用地 A
225	昆玉嘉园	京房售证字(2014)210 号	北京京投兴业置业有限公司	玉渊潭乡(落地区 B - 2)(落地区 B - 3)(落地区 B - 1)(上盖区 A)
226	云栖雅苑	京房售证字(2014)209 号	北京融创嘉业房地产开发有限公司	亦庄镇亦庄新城Ⅱ - 1 街区 B02R1 等地块
227	悦景苑	京房售证字(2014)限 13 号	北京创瑞祥安置业有限公司	孙村组团居住区 B - 19、B - 20 地块 R2 二类居住用地、F3 其他类多功能用地项目
228	文龙家园三里	京房售证字(2014)208 号	北京城建兴华地产有限公司	小营居住项目(C5 地块)
229	溪上雅苑	京房售证字(2014)207 号	北京融创嘉业房地产开发有限公司	亦庄镇亦庄新城Ⅱ - 1 街区 B01R1 - 1 等地块
230	原香嘉苑	京房售证字(2014)219 号	中铁嘉业(北京)投资有限公司	城关街道燕房片区 FS00 - YF05 - 0010、FS00 - YF05 - 0013 地块
231	富力惠兰美居	京房售证字(2014)限 14 号	北京东方长安房地产开发有限公司	永顺镇居住、托幼及小学项目
232	蔚云家园	京房售证字(2014)212 号	北京国伦房地产开发有限公司	昌平政府街南侧、西环路东侧，昌平西环路东侧
233	原香嘉苑	京房售证字(2014)218 号	中铁嘉业(北京)投资有限公司	城关街道燕房片区 FS00 - YF05 - 0005、FS00 - YF05 - 0006、FS00 - YF05 - 0009 地块

续表附表 1

序号	项目名称	销售证号	开发商	地址
234	泛海国际居住区	京房售证字(2014)215 号	北京泛海东风置业有限公司	东风乡绿隔地区第一宗地 J-2-6 地块
235	恒大怡景园	京房售证字(2014)221 号	恒大地产集团北京有限公司	豆各庄乡土地储备项目 B 地块(DGZ-47 地块)
236	建材城翡丽铂庭	京房售证字(2014)213 号	北京金隅程远房地产开发有限公司	西三旗建材城危改项目二期用地(配套“公共租赁房”)E12 地块
237	熙兆嘉园、悦兆大厦	京房售证字(2014)216 号	北京首开荣泰置业有限公司	长阳镇起步区 3 号地北侧住宅混合公建项目
238	西山艺境嘉园	京房售证字(2014)211 号	北京金水房地产开发有限公司	门头沟新城 MC10-036
239	通州万达广场	京房售证字(2014)217 号	北京万方置业有限公司	永顺镇北苑商务区西区商业金融、居住及托幼项目用地
240	麗新湾花园	京房售证字(2014)214 号	北京新世界华美房地产开发有限公司	高丽营镇于庄村
241	恒大怡景园	京房售证字(2014)222 号	恒大地产集团北京有限公司	豆各庄乡土地储备项目 C 地块(DGZ-49 地块)
242	南宫嘉园	京房售证字(2014)限 15 号	北京金石融景房地产开发有限公司	南宫住宅小区(B 地块)R2 类居住项目用地(保障性住房)
243	恒大怡景园	京房售证字(2014)220 号	恒大地产集团北京有限公司	豆各庄乡土地储备项目 C 地块(DGZ-58 地块)
244	广悦居	京房售证字(2014)限 16 号	北京城建兴泰房地产开发有限公司	拱辰街道良乡组团 10-01-13 地块
245	亦庄悦家园	京房售证字(2014)开 7 号	北京方兴亦城置业有限公司	河西区 X88 街区
246	紫南华苑	京房售证字(2014)223 号	北京中冶名弘置业有限公司	旧宫镇绿隔地区建设旧村改造二期 A1 地块二类居住用地、商业金融用地项目
247	山语园	京房售证字(2014)224 号	中铁房地产集团北京丰昊置业有限公司	王佐镇西王佐村住宅项目 X-4 地块
248	华远好天地中心	京房售证字(2014)225 号	北京华和房地产开发有限公司	梨园镇
249	远洋璟湖园	京房售证字(2014)226 号	北京东隆房地产开发有限公司	孙河乡东隆住宅 A、B 区

续表附表 1

序号	项目名称	销售证号	开发商	地址
250	海悦嘉园	京房售证字(2014)227 号	北京星华蓝光置业有限公司	西潞街道良乡组团 06 街区 06－23－01、06－23－05 地块
251	青秀尚园小区	京房售证字(2014)228 号	中铁房地产集团北京金达世纪房地产开发有限公司	中关村科技园昌平园东区二期 0303－04 地块住宅混合公建用地项目
252	山语园	京房售证字(2014)230 号	中铁房地产集团北京丰昊置业有限公司	王佐镇西王佐村住宅项目 X－4 地块
253	学府树家园	京房售证字(2014)229 号	北京华润新镇置业有限责任公司	清河镇住宅及配套 H－10 号
254	金地世家雅苑	京房售证字(2014)限 17 号	北京金地惠远房地产开发有限公司	后沙峪镇后沙峪村双裕路南侧
255	融泽嘉园	京房售证字(2014)定 8399 号	北京华融金晖置业有限公司	回龙观镇回龙观村
256	融泽嘉园	京房售证字(2014)定 8395 号	北京华融金晖置业有限公司	回龙观镇回龙观村
257	融泽嘉园	京房售证字(2014)定 8403 号	北京华融金晖置业有限公司	回龙观镇回龙观村
258	融泽嘉园	京房售证字(2014)定 8397 号	北京华融金晖置业有限公司	回龙观镇回龙观村
259	宏邦发展大厦	京房售证字(2014)231 号	北京京发置业有限公司	六里屯丽水园公建(A 地块)
260	融泽嘉园	京房售证字(2014)定 8401 号	北京华融金晖置业有限公司	回龙观镇回龙观村
261	尚华家园	京房售证字(2014)232 号	北京住总万科房地产开发有限公司	回龙观村旧村改造 1818－019 号住宅及商业金融用地
262	万和商业广场	京房售证字(2014)233 号	北京五和万科房地产开发有限公司	长阳镇 01－09－09、01－09－02 等地块
263	国安雅居	京房售证字(2014)238 号	北京信达置业有限公司	宣武门外大街东侧庄胜二期危改小区 B 地块
264	锦悦嘉苑	京房售证字(2014)限 18 号	中铁房地产集团北京浩达置业有限公司	仁和镇陶家坟村北
265	紫贵佳苑	京房售证字(2014)236 号	北京银宴禄辰房地产开发有限公司	马昌营
266	路劲家园	京房售证字(2014)234 号	北京路劲隽御房地产开发有限公司	南邵镇
267	通州万达广场	京房售证字(2014)237 号	北京万方置业有限公司	永顺镇北苑商务区西区商业金融、居住及托幼项目用地
268	映月台嘉园	京房售证字(2014)235 号	北京富愉房地产开发有限公司	东升乡(清河盒子房厂土地一级开发项目)R2 类居住用地项目(配建公共租赁房)

续表附表1

序号	项目名称	销售证号	开发商	地址
269	滟澜小区	京房售证字(2014)241号	北京锦昊万华置业有限公司	沙河镇C-X06、C-X07、C-X10地块二类居住、公建混合住宅、托幼用地项目(配建人才公共租赁住房)
270	泛海国际居住区	京房售证字(2014)239号	北京星火房地产开发有限责任公司	东风乡绿隔地区第六宗地东风家园五区
271	星光创意中心	京房售证字(2014)240号	北京星光拓诚投资有限公司	新城北区0302-008地块项目
272	昆玉嘉园	京房售证字(2014)247号	北京京投兴业置业有限公司	玉渊潭乡(落地区B-2)(落地区B-3)(落地区B-1)(上盖区A)
273	新干线家园	京房售证字(2014)246号	北京新领域房地产开发有限公司	东小口镇霍营村新干线住宅小区E9#-E23#楼及E-1地下车库
274	丽来花园	京房售证字(2014)245号	北京宝苑房地产开发有限公司	天竺镇薛大人庄村、朝阳区孙河乡北甸村
275	圣水嘉苑	京房售证字(2014)243号	中铁嘉业(北京)投资有限公司	城关街道圣水嘉名小区
276	文龙家园三里	京房售证字(2014)244号	北京城建兴华地产有限公司	小营居住项目(C5地块)
277	茉莉园西里	京房售证字(2014)248号	北京德成置地房地产开发有限公司	东北旺乡西北旺新村二期剩余安置房GII区II-14#、15#、16#、17#、18#、19#项目
278	如缘居北里	京房售证字(2014)242号	北京万湖房地产开发有限公司	西北旺镇
279	西悦中心	京房售证字(2014)249号	北京住总众邦地产有限公司	门头沟新城MC16-073地块、075地块
280	九晟商业广场	京房售证字(2014)250号	北京祥筑房地产开发有限公司	长阳镇起步区九号地03-09-15、03-09-16地块
281	冠芳园小区	京房售证字(2014)限19号	北京龙冠房地产开发有限责任公司	沙河镇七里渠限价商品房住房项目(配建公共租赁住房)用地
282	中昂时代中心	京房售证字(2014)252号	北京兴亚置业有限公司	门头沟新城MC04-149
283	燕西华府家园	京房售证字(2014)251号	北京西海龙湖置业有限公司	王佐镇(怪村村北B地块)
284	澜湾小区	京房售证字(2014)253号	北京金隅嘉业房地产开发有限公司	昌平新城东沙河西岸居住项目(06地块)

续表附表 1

序号	项目名称	销售证号	开发商	地址
285	金地世家雅苑	京房售证字(2014)255 号	北京金地惠远房地产开发有限公司	后沙峪镇后沙峪村双裕路南侧
286	东坝名居	京房售证字(2014)254 号	北京朗泰房地产开发有限公司	东坝南区,五环路七棵树以东、坝河以南
287	运潮馨苑	京房售证字(2014)257 号	北京金海鸿业房地产开发有限公司	西集镇金各庄村
288	林奥嘉园	京房售证字(2014)258 号	北京运达通汇文化产业有限公司	立水桥(奥运村地区办事处 5 号地)
289	悦树湾花园	京房售证字(2014)259 号	北京联创盛业房地产开发有限公司	赵全营镇板桥村
290	华远澜悦园	京房售证字(2014)限 20 号	北京馨悦致远房地产开发有限公司	新城 0202 街区 0901、0902、0903 地块
291	长安丽景家园	京房售证字(2014)256 号	北京住总骏洋置业有限公司	永定镇居住项目
292	悦树汇花园	京房售证字(2014)260 号	北京贵佳茂置业有限公司	赵全营镇镇中心区
293	胜茂嘉苑	京房售证字(2014)261 号	北京城建胜茂房地产开发有限责任公司	拱辰街道良乡组团 04 街区 04 - 06 - 12 地块
294	密水居科技园	京房售证字(2014)262 号	北京颢世中鸿科技发展有限公司	密云经济开发区一期云腾路 2 号
295	华远铭悦雅园	京房售证字(2014)经 21 号	北京华和房地产开发有限公司	梨园镇
296	悦洳汇小区	京房售证字(2014)264 号	北京泰浩盛垣置业有限公司	大兴庄镇 A04 - 02 地块
297	鼎顺嘉园	京房售证字(2014)限 22 号	北京东泽房地产投资有限公司	仁和镇顺通路东侧
298	玉璞家园	京房售证字(2014)限 23 号	北京葛洲坝龙湖置业有限公司	城乡一体化卢沟桥乡西局村旧村改造项目一期 XJ - 03 - 02 地块
299	恒大幸福家园	京房售证字(2014)263 号	北京沙河恒大置业有限公司	沙河镇[沙河高教园二期(一)地块 R2 二类居住用地项目]
300	美唐小区	京房售证字(2014)265 号	北京城市开发集团有限责任公司	回龙观镇 F05 住宅项目(南区)
301	华远和煦里	京房售证字(2014)268 号	北京尚居置业有限公司	孙村组团居住区 B - 17 地块 R2 二类居住用地项目(配建限价商品住房)

续表附表1

序号	项目名称	销售证号	开发商	地址
302	绿地云谷中心	京房售证字(2014)267号	绿地集团北京京腾置业有限公司	小汤山镇(B-04地块)、小汤山镇(B-05地块)、小汤山镇(B-07地块)
303	海悦嘉园	京房售证字(2014)限25号	北京星华蓝光置业有限公司	西潞街道良乡组团06街区06-23-01、06-23-05地块
304	恒大怡景园	京房售证字(2014)269号	恒大地产集团北京有限公司	豆各庄乡土地储备项目B地块(DGZ-47地块)
305	新尚家园	京房售证字(2014)271号	北京慧眼置业有限公司	仁和镇梅沟营村(南侧)
306	瑞绣佳园	京房售证字(2014)270号	北京首开万科置业有限公司	台湖镇4-1-005地块F3其他类多功能用地项目
307	西悦中心	京房售证字(2014)限24号	北京住总众邦地产有限公司	门头沟新城MC16-073地块
308	西悦中心	京房售证字(2014)272号	北京住总众邦地产有限公司	门头沟新城MC16-073地块
309	畅悦家园	京房售证字(2014)266号	北京世纪鸿城置业有限公司	北七家镇
310	澜茵山庄	京房售证字(2014)274号	北京新博城房地产开发有限公司	溪翁庄镇东智东村南
311	富松小区	京房售证字(2014)273号	北京市昌平房地产开发有限责任公司	城东富松住宅小区
312	由山嘉园	京房售证字(2014)275号	北京弘轩鼎成房地产开发有限公司	夏各庄镇5-02地块、5-03地块、5-06地块
313	铭品嘉苑	京房售证字(2014)限26号	北京金阳置业有限公司	长阳镇18-02-05、18-02-09地块、18-02-11、18-02-15地块
314	观澜嘉苑	京房售证字(2014)281号	北京融创恒裕地产有限公司	农展馆北路8号0304-622地块
315	榴景秀苑	京房售证字(2014)280号	北京顺义新城建设开发有限公司	南苑乡石榴庄村旧村改造S-24地块
316	月坛金融街中心	京房售证字(2014)276号	金融街控股股份有限公司	月坛南街;月坛南街地块三商业金融用地项目
317	青秀尚园小区	京房售证字(2014)277号	中铁房地产集团北京金达世纪房地产开发有限公司	中关村科技园昌平园东区二期0303-04地块住宅混合公建用地项目
318	蓝尚家园	京房售证字(2014)278号	北京东方京海投资有限公司	后沙峪镇火神营村南侧
319	颐景沁园	京房售证字(2014)279号	北京顺义新城建设开发有限公司	马坡镇

续表附表 1

序号	项目名称	销售证号	开发商	地址
320	润枫领尚苑	京房售证字(2014)287 号	北京润通鸿业房地产开发有限责任公司	台湖镇光机电一体化产业基地二期 E 地块居住项目
321	攀云中心	京房售证字(2014)282 号	北京福泉投资有限公司	温泉镇辛庄村工业用地(北地块)
322	梧桐中心	京房售证字(2014)284 号	中铁房地产集团北京顺捷金海置业有限公司	永定镇东辛秤村北(MC20 - 037 地块)
323	攀云中心	京房售证字(2014)283 号	北京福泉投资有限公司	温泉镇辛庄村工业用地(北地块)
324	熙悦尚郡家园	京房售证字(2014)286 号	北京首开仁信置业有限公司	高井 2 号地保障性住房用地 21 - 640 地块
325	智汇时代广场	京房售证字(2014)288 号	北京房开控股集团有限公司	拱辰街道良乡高教园区 09 - 04 - 14 地块
326	溪上雅苑	京房售证字(2014)285 号	北京融创嘉业房地产开发有限公司	亦庄镇亦庄新城Ⅱ - 1 街区 B01R1 - 1 等地块
327	京贸国际公馆	京房售证字(2014)289 号	北京天旭运河房地产开发有限责任公司	梨园镇半壁店村居住及居住区配套教育用地项目
328	翠成馨园	京房售证字(2014)293 号	北京住总房地产开发有限责任公司	垡头居住区(翠成)A - C 区垡头居住区(翠成)A - C11 楼
329	首信祥和苑	京房售证字(2014)292 号	北京首开亿信置业股份有限公司	榆垡镇
330	派尚青年花园	京房售证字(2014)291 号	北京益凯优置业有限公司	赵全营镇板桥村
331	京贸国际公馆	京房售证字(2014)290 号	北京天旭运河房地产开发有限责任公司	梨园镇半壁店村居住及居住区配套教育用地项目
332	华远和煦里	京房售证字(2014)限 27 号	北京尚居置业有限公司	孙村组团居住区 B - 17 地块 R2 二类居住用地项目(配建限价商品住房)
333	上庄馨怡嘉园	京房售证字(2014)294 号	北京三元嘉业房地产开发有限公司	上庄镇 B10 地块 R2 二类居住用地
334	上庄馨怡嘉园	京房售证字(2014)295 号	北京三元嘉业房地产开发有限公司	上庄镇 B10 地块 R2 二类居住用地
335	紫云家园	京房售证字(2014)300 号	北京中粮万科房地产开发有限公司	长阳镇(长阳镇起步区 5 号地)

续表附表 1

序号	项目名称	销售证号	开发商	地址
336	紫贵佳苑	京房售证字(2014)297 号	北京银宴禄辰房地产开发有限公司	马昌营
337	高米店南里	京房售证字(2014)296 号	北京兴创房地产开发有限公司	黄村镇京开高速路西侧
338	云集园	京房售证字(2014)298 号	北京宁科置业有限责任公司	北七家镇
339	悦树汇花园	京房售证字(2014)限 29 号	北京贵佳茂置业有限公司	赵全营镇镇中心区
340	东方玫瑰家园	京房售证字(2014)299 号	北京君合百年房地产开发有限公司	梨园镇小街村(自由小镇北区 1 号)
341	悦树湾花园	京房售证字(2014)限 28 号	北京联创盛业房地产开发有限公司	赵全营镇板桥村
342	尚鑫家园	京房售证字(2014)308 号	北京仁和燕都房地产开发有限公司	仁和镇梅沟营村(北侧)
343	泷悦长安嘉园	京房售证字(2014)302 号	中电建西元(北京)房地产开发有限公司	永定镇 MC00－0020－0048
344	玉景名苑	京房售证字(2014)304 号	北京房地置业发展有限公司	成寿寺
345	海蔚家园	京房售证字(2014)301 号	北京海润房地产开发有限公司	北洼路西里 23 号
346	鼎九大厦	京房售证字(2014)303 号	北京市神州百戏文化产业有限公司	长沟镇中心区 CG－076 等地块
347	新尚家园	京房售证字(2014)307 号	北京慧眼置业有限公司	仁和镇梅沟营村(南侧)
348	远山嘉园	京房售证字(2014)305 号	北京昂内中天置业有限公司	王辛庄镇贾各庄村东
349	腾飞园	京房售证字(2014)306 号	北京龙腾投资开发有限责任公司	马坊工业区内

附表2　2014年新建商品住房分区域成交均价

第一季度:

区　县	监测区域	均价(元)	套数	销售面积(平方米)
昌平区	北七家	20885	148	32650
	城南、城北	17201	197	22180
	东小口	22838	453	47393
	回龙观	29733	113	11540
	南邵镇	20881	629	66423
	沙河	19315	114	11337
	小汤山	24267	142	23532
朝阳区	北苑	33194	197	27465
	崔各庄、孙河	42536	104	27463
	定福庄、管庄	29802	344	36040
	东八里庄、青年路	49947	60	13066
	东坝	23776	240	29904
	双井	55422	10	2678
	松榆、磨房	51132	1	111
	太阳宫	49558	47	6819
	望京、酒仙桥	50235	140	30034
	亚运村	49222	43	4674
	姚家园	37011	14	2883
	四惠、甘露园	42688	1	264
崇文区	花市、前门	48586	58	6381
大兴区	采育镇	10567	46	6211
	黄村	18401	641	60232
	旧宫	24670	10	1878
	西红门	20081	5	472
	亦庄	24080	114	16217
	榆垡镇	16854	19	6585
	庞各庄镇	14538	590	63220
	北京经济技术开发区	30103	29	9472
东城区	二环内	88126	1	334
房山区	窦店	10394	439	42750
	良乡	23596	1108	112787
	阎村	13274	15	1562
	长阳	24221	1631	176924
丰台区	世界公园、宛平	36832	452	38756

续表附表 2

区 县	监测区域	均价(元)	套数	销售面积(平方米)
丰台区	王佐镇	27151	8	4208
	永外、方庄	37697	70	16168
	长辛店	19324	507	54497
海淀区	清河	35935	142	22947
	温泉	23777	13	1914
	西北旺	45674	71	18823
	羊坊店、五棵松	41891	100	10071
	西三旗	36903	216	26478
	杏石口路	37502	65	8443
怀柔区	怀柔	14850	129	16712
	庙城、杨宋镇	11917	86	9257
门头沟区	大峪、城子、龙泉	34104	321	31369
	永定镇	26232	195	28385
密云县	密云镇	16507	361	38033
平谷区	平谷镇	14445	59	4955
	马坊镇	14312	162	15241
石景山区	苹果园、八角、金顶街	34419	8	899
顺义区	后沙峪	19585	104	14843
	马坡镇	16031	461	53986
	南彩镇	12053	8	2532
	牛栏山	17237	31	6324
	天竺	25693	14	5498
通州区	马驹桥	16804	434	37977
	宋庄	19831	377	34788
	台湖	17741	278	20702
	通州北苑、玉桥梨园	21624	569	59008
	新华、中仓、永顺	21969	629	71055
西城区	广外	46877	81	6572
延庆县	延庆镇	12182	67	8040

第二季度:

区 县	监测区域	均价(元)	套数	销售面积(平方米)
昌平区	北七家	19841	141	31018
	城南、城北	16341	187	21071
	东小口	21696	430	45023
	回龙观	28246	107	10963

续表附表2

区县	监测区域	均价(元)	套数	销售面积(平方米)
昌平区	南邵镇	19837	598	63102
	沙河	18349	108	10770
	小汤山	23054	135	22355
朝阳区	北苑	31534	187	26092
	崔各庄、孙河	40409	99	26090
	定福庄、管庄	28312	327	34238
	东八里庄、青年路	47450	57	12413
	东坝	22587	228	28409
	双井	52651	10	2544
	太阳宫	47080	45	6478
	望京、酒仙桥	47723	133	28532
	亚运村	46761	41	4440
崇文区	花市、前门	46157	55	6062
大兴区	采育镇	10039	44	5900
	黄村	17481	609	57220
	旧宫	23437	10	1784
	亦庄	22876	108	15406
	庞各庄镇	13811	561	60059
	北京经济技术开发区	28598	28	8998
东城区	二环内	83720	1	317
房山区	良乡	22416	1053	107148
	阎村	12610	14	1484
	长阳	23010	1549	168078
丰台区	世界公园、宛平	34990	429	36818
	王佐镇	25793	8	3998
	永外、方庄	35812	67	15360
	长辛店	22358	482	51772
海淀区	清河	34138	135	21800
	温泉	22588	12	1818
	西北旺	43390	67	17882
	羊坊店、五棵松	39796	95	9567
	西三旗	35058	205	25154
怀柔区	怀柔	14108	123	15876
	庙城、杨宋镇	11321	82	8794
门头沟区	大峪、城子、龙泉	32399	305	29801

续表附表2

区县	监测区域	均价(元)	套数	销售面积(平方米)
门头沟区	永定镇	24920	185	26966
密云县	密云镇	15682	343	36131
平谷区	平谷镇	13723	56	4707
	马坊镇	13596	154	14479
石景山区	苹果园、八角、金顶街	32698	8	854
顺义区	后沙峪	18606	99	14101
	马坡镇	15229	438	51287
	牛栏山	16375	29	6008
通州区	马驹桥	15964	412	36078
	宋庄	18839	358	33049
	台湖	16854	264	19667
	通州北苑、玉桥梨园	20543	541	56058
	新华、中仓、永顺	20871	598	67502
西城区	广外	44533	77	6243
延庆县	延庆镇	11573	64	7638

第三季度:

区县	监测区域	均价(元)	套数	销售面积(平方米)
昌平区	北七家	21182	421	77658
	城南、城北	19057	480	62177
	东小口	23430	571	61850
	回龙观	23532	512	51313
	马池镇	22637	5	1763
	南邵镇	22415	1076	121076
	沙河	30269	289	46859
	小汤山	25820	313	54103
朝阳区	北苑	32647	2596	327735
	崔各庄、孙河	49229	337	97811
	定福庄、管庄	31371	941	106325
	东八里庄、青年路	51705	155	38914
	东坝	23674	331	42112
	东南4-5环沿线	36785	160	22445
	机场	79184	6	3733
	四惠、甘露园	51697	14	3712
	松榆、磨房	50791	1	133

续表附表 2

区县	监测区域	均价(元)	套数	销售面积(平方米)
朝阳区	太阳宫	60333	71	14984
朝阳区	望京、酒仙桥	49915	540	86605
朝阳区	亚运村	50921	74	8373
朝阳区	姚家园	36764	16	3459
朝阳区	奥运场馆周边	96102	4	2199
崇文区	花市、前门	48387	99	11235
大兴区	采育镇	11830	135	16858
大兴区	黄村	20292	3972	385871
大兴区	旧宫	26823	857	96447
大兴区	西红门	37061	70	15123
大兴区	亦庄	25762	568	81855
大兴区	榆垡镇	17203	53	19921
大兴区	庞各庄镇	15971	2084	209160
大兴区	北京经济技术开发区	33202	113	35459
东城区	二环内	87539	1	401
东城区	花市、前门	54890	17	2125
房山区	城关街道	15703	308	28046
房山区	窦店	11669	1797	173789
房山区	良乡	24544	1911	192115
房山区	阎村	16066	74	11142
房山区	长阳	25475	5349	538000
丰台区	刘家窑、大红门	28640	2	175
丰台区	梅市口路	20438	10	1000
丰台区	世界公园、宛平	37099	1107	101663
丰台区	王佐镇	23744	122	26911
丰台区	永外、方庄	37893	135	30667
丰台区	长辛店	20700	1358	170949
海淀区	清河	35672	171	27644
海淀区	温泉	27598	65	11094
海淀区	西北旺	46088	221	60819
海淀区	西三旗	35701	662	73045
海淀区	羊坊店、五棵松	39437	185	20120
海淀区	杏石口路	38925	86	11447
怀柔区	怀柔	15480	275	38105
怀柔区	庙城、杨宋镇	11753	145	14480

续表附表2

区 县	监测区域	均价(元)	套数	销售面积(平方米)
门头沟区	大峪、城子、龙泉	34876	778	84162
	永定镇	31484	313	48053
密云县	密云镇	15299	2858	281366
平谷区	平谷镇	21603	25	3363
	马坊镇	14412	734	64691
石景山区	苹果园、八角、金顶街	37323	10	1079
顺义区	后沙峪	21178	399	57984
	马坡镇	16439	739	89079
	南彩镇	11690	11	3511
	牛栏山	19747	149	37176
	天竺	24736	329	73194
通州区	马驹桥	18094	1861	177962
	宋庄	22735	2094	199500
	台湖	20062	705	58029
	通州北苑、玉桥梨园	22289	3119	324894
	新华、中仓、永顺	21377	1940	205772
西城区	广外	46895	130	10823
延庆县	延庆镇	12015	133	16230

第四季度:

区 县	监测区域	均价(元)	套数	销售面积(平方米)
昌平区	北七家	21606	472	86977
	城南、城北	19438	538	69638
	东小口	23899	640	69272
	回龙观	29003	573	57471
	南邵镇	22863	1205	135605
	沙河	30874	324	52482
	小汤山	26336	351	60595
朝阳区	北苑	33300	2908	367063
	崔各庄、孙河	50214	377	109548
	定福庄、管庄	31998	1054	119084
	东八里庄、青年路	52739	174	43584
	东坝	24147	371	47165
	东南4-5环沿线	37521	179	25138
	四惠、甘露园	52731	16	4157

续表附表2

区　县	监测区域	均价(元)	套数	销售面积(平方米)
朝阳区	太阳宫	61540	80	16782
	望京、酒仙桥	50913	605	96998
	亚运村	51939	83	9378
	姚家园	37499	18	3874
	奥运场馆周边	98024	4	2463
崇文区	花市、前门	49355	111	12583
大兴区	采育镇	12067	151	18881
	黄村	20698	4449	432176
	旧宫	27359	960	108021
	西红门	37802	78	16938
	亦庄	26277	636	91678
	榆垡镇	17547	59	22312
	庞各庄镇	16290	2334	234259
	北京经济技术开发区	33866	127	39714
东城区	二环内	89290	1	449
	花市、前门	55988	19	2380
房山区	城关街道	16017	345	31412
	窦店	11902	2013	194644
	房山	21221	16	2444
	良乡	18835	2140	215169
	阎村	16387	83	12479
	长阳	25985	5991	602560
丰台区	梅市口路	20847	11	1120
	世界公园、宛平	37841	1240	113863
	王佐镇	24219	137	30140
	永外、方庄	38651	151	34347
	长辛店	21114	1521	191463
海淀区	清河	36385	192	30961
	温泉	28150	73	12425
	西北旺	47010	248	68117
	西三旗	36415	741	81810
	羊坊店、五棵松	40226	207	22534
	杏石口路	39704	96	12821
怀柔区	怀柔	15790	308	42678
	庙城、杨宋镇	11988	162	16218

续表附表 2

区 县	监测区域	均价(元)	套数	销售面积(平方米)
门头沟区	大峪、城子、龙泉	35374	871	94261
	永定镇	30014	351	53819
密云县	密云镇	15605	3201	315130
平谷区	平谷镇	22035	28	3767
	马坊镇	14700	822	72454
石景山区	苹果园、八角、金顶街	38069	11	1208
顺义区	后沙峪	21602	447	64942
	马坡镇	16768	828	99768
	南彩镇	11924	12	3932
	牛栏山	20142	167	41637
	天竺	25231	368	81977
通州区	马驹桥	18456	2084	199317
	宋庄	23190	2345	223440
	台湖	20463	790	64992
	通州北苑、玉桥梨园	22735	3493	363881
	新华、中仓、永顺	21805	2173	230465
西城区	广外	47833	146	12122
延庆县	延庆镇	12255	149	18178

附表3 2014年二手住房指导价(买卖)

区县	区域	2014年1季度指导价	2014年2季度指导价	2014年3季度指导价	2014年4季度指导价
东城区	安定门外	52297	50071	47591	52297
	东直门外	47747	50080	48796	47747
	东北二环内	55711	59252	53637	55711
	花市、前门	50724	51045	46483	50724
	天坛、龙潭、体育馆路	45206	42839	42381	45206
	永定门外	41542	38075	35192	41542
西城区	新街口、什刹海	60704	60901	58254	60704
	金融街	66386	68142	65954	66386
	德胜门外	58157	57306	58717	58157
	展览路、月坛	60539	58794	57538	60539
	大栅栏、广内	53392	52497	50004	53392
	陶然亭、白纸坊	48419	49980	46483	48419
	广外	43853	43490	42291	43853
朝阳区	孙河	34830			34830
	来广营、清河营	42520	37340	37313	42520
	机场高速五环外沿线	24551	29895	21669	24551
	北苑	34305	35638	32582	34305
	奥运场馆周边	42287	47775	40460	42287
	亚运村	42380	41631	39639	42380
	望京、酒仙桥	38803	39662	38087	38803
	太阳宫	47584	50840	49818	47584
	柳芳、左家庄	42216	41899	39520	42216
	CBD	46140	45237	43396	46140
	朝阳公园	42186	43034	40491	42186
	姚家园	49818	51387	47322	49818
	东八里庄、青年路	38236	41292	37255	38236
	四惠、甘露园	36252	35677	34115	36252
	东坝	32554	31222	29287	32554
	定福庄、管庄	28993	27809	26283	28993
	双桥农场	22969	23294	22958	22969
	双井	48377	48617	44601	48377
	劲松	36981	35894	33268	36981
	东南三至四环	34026	34385	32617	34026
	松榆、磨房	39577	39461	37443	39577

续表附表 3

区县	区域	2014 年 1 季度指导价	2014 年 2 季度指导价	2014 年 3 季度指导价	2014 年 4 季度指导价
朝阳区	东南四至五环沿线	33969	35474	30966	33969
	豆各庄、黑庄户	28233	27097	25682	28233
海淀区	上庄、苏家坨	25058		22899	25058
	温泉	28605	28432	30348	28605
	西三旗	36959	37375	34598	36959
	清河	36772	39407	35030	36772
	上地	46498	50946	45986	46498
	马连洼	46993	46944	42837	46993
	西北旺	39725	35853	32135	39725
	圆明园、颐和园	51550	51197	43823	51550
	香山	61362	70944		61362
	杏石口路	46604	47898	45004	46604
	学清路	44942	40434	40346	44942
	学院路	50414	49184	46720	50414
	万柳	58138	55767	53390	58138
	中关村	52645	53384	52430	52645
	北太平庄	49876	51614	46493	49876
	紫竹院、甘家口	63995	56794	54032	63995
	羊坊店、五棵松	48705	48897	49491	48705
	定慧寺	48169	48007	45755	48169
	永定路	44369	46545	43872	44369
丰台区	方庄	37227	35645	35597	37227
	菜户营、西罗园	36901	37380	34207	36901
	六里桥	41409	38912	37501	41409
	京石高速三四环沿线	37049	36271	33000	37049
	梅市口路	38707	37735	34813	38707
	丰台镇	34947	34331	31062	34947
	马家堡、西马场	36262	34810	33268	36262
	刘家窑、大红门	33393	32497	30466	33393
	南苑	28899	28372	24794	28899
	新发地	28359	27853	25635	28359
	世界公园、宛平	31329	31878	28027	31329
	长辛店、王佐	19560	22561	19805	19560
石景山区	鲁谷、八宝山、老山	38892	35319	33406	38892

续表附表3

区县	区域	2014年1季度指导价	2014年2季度指导价	2014年3季度指导价	2014年4季度指导价
石景山区	苹果园、八角、金顶街	31125	29778	27223	31125
	五里坨	21520	20840	21188	21520
昌平区	昌平城区		30756	16662	
	回龙观镇	27930	26290	24551	27930
	东小口镇	23819	23594	21679	23819
	温榆河周边地区	22406	22284	20966	22406
	昌平城区南侧	19000	19818	23904	19000
	昌平西北部				
	昌平东北部				
大兴区	西红门	25672	26127	22556	25672
	旧宫	25724	25056	23898	25724
	大兴城区	25198	25171	23294	25198
	大兴东部	19989	30161	20732	19989
	大兴南部	19171	16116	16216	19171
通州区	新华、中仓、永顺	22436	21992	21034	22436
	通州北苑、玉桥、梨园	23419	22633	21631	23419
	马驹桥、台湖	18499	19458	23408	18499
	通州东南部				
	宋庄、潞城	19752	19341	17608	19752
顺义区	顺义城区	22247	20738	19527	22247
	后沙峪、天竺	24894	23067	21223	24894
	马坡、牛栏山、高丽营	20039	18623	18040	20039
	赵全营、北石槽				
	顺义东南部	19595	17354	15023	19595
	顺义东北部	13148	14333	12652	13148
房山区	良乡	16565	15445	15284	16565
	长阳	20244	22001	18696	20244
	京周路周边	16915	15492	11982	16915
	房山东南部	10453	23126	10486	10453
	房山西部			9189	
门头沟区	大峪、龙泉、城子	10820	33955	32368	10820
	门头沟城区周边	10293	14669	11976	10293
	门头沟西部				
怀柔区	怀柔城区	17510	18409	18880	17510

续表附表3

区县	区域	2014年1季度指导价	2014年2季度指导价	2014年3季度指导价	2014年4季度指导价
怀柔区	怀柔城区周边	13960	15353	16314	13960
	怀柔北部				
平谷区	平谷城区				
	平谷南部				
	平谷城北部		7749	7796	
密云县	密云城区	11841	16381	13841	11841
	密云城区周边	7827	11859	12052	7827
	密云北部				
延庆县	延庆城区				
	京包铁路沿线				
	延庆东北部				
北京经济技术开发区	亦庄	26795	29086	26917	26795

2014年住房租赁成交价格(分区域、分季度)

单位:元/(平方米·月)

区县	区域	2014年1季度指导价	2014年2季度指导价	2014年3季度指导价	2014年4季度指导价
东城区	安定门外	74.28	75.06	75.89	76.11
	东直门外	87.43	94.15	93.11	97.96
	东北二环内	84.98	83.58	86.46	85.41
	花市、前门	76.79	75.89	76.82	78.65
	天坛、龙潭、体育馆路	66.21	66.00	67.15	68.07
	永定门外	55.78	55.61	57.81	59.14
西城区	新街口、什刹海	84.70	84.77	88.65	86.44
	金融街	104.70	102.61	107.73	101.86
	德胜门外	75.64	77.80	79.32	79.07
	展览路、月坛	80.97	81.81	84.24	84.27
	大栅栏、广内	75.11	75.59	77.66	74.76
	陶然亭、白纸坊	65.85	66.24	65.27	66.69
	广外	61.28	60.16	61.05	60.97
朝阳区	孙河				
	来广营、清河营	58.43	57.55	58.41	60.78
	机场高速五环外沿线	48.51	45.93	47.19	46.45
	北苑	57.92	57.09	58.16	59.33

续表附表3

区县	区域	2014年1季度指导价	2014年2季度指导价	2014年3季度指导价	2014年4季度指导价
朝阳区	奥运场馆周边	69.88	68.85	69.98	70.35
	亚运村	70.87	70.66	72.16	71.05
	望京、酒仙桥	66.22	68.29	68.21	69.95
	太阳宫	83.70	83.84	85.97	87.90
	柳芳、左家庄	70.46	69.98	72.01	71.97
	CBD	80.75	83.15	85.02	87.50
	朝阳公园	72.31	74.47	77.09	78.46
	姚家园	83.55	84.29	85.04	90.79
	东八里庄、青年路	64.21	64.92	65.89	66.90
	四惠、甘露园	64.73	65.33	64.65	64.37
	东坝	43.47	43.29	41.56	43.71
	定福庄、管庄	45.04	44.48	45.67	45.69
	双桥农场	39.62	38.46	37.40	35.19
	双井	83.45	82.87	84.43	84.44
	劲松	59.52	59.59	61.52	60.95
	东南三至四环	57.79	57.74	59.83	58.82
	松榆、磨房	65.73	66.98	67.00	68.65
	东南四至五环沿线	45.68	46.03	45.31	46.33
	豆各庄、黑庄户	38.11	38.18	38.80	37.59
海淀区	上庄、苏家坨	29.41	57.88	25.87	35.34
	温泉	36.36	43.33	35.06	35.25
	西三旗	52.63	51.92	52.44	52.78
	清河	54.88	53.85	56.01	55.56
	上地	63.46	66.35	63.01	65.41
	马连洼	58.23	57.15	59.31	60.71
	西北旺	43.17	39.79	39.66	37.65
	圆明园、颐和园	78.17	78.45	87.14	80.26
	香山	48.63	36.08	89.68	53.13
	杏石口路	63.77	62.73	62.39	61.61
	学清路	68.96	65.65	67.27	67.13
	学院路	77.42	77.47	80.07	79.24
	万柳	80.61	80.15	81.67	81.25
	中关村	85.68	85.83	88.10	86.85
	北太平庄	76.60	78.36	77.76	78.15

续表附表 3

区县	区域	2014 年 1 季度指导价	2014 年 2 季度指导价	2014 年 3 季度指导价	2014 年 4 季度指导价
海淀区	紫竹院、甘家口	81.84	81.46	83.81	82.03
	羊坊店、五棵松	69.52	69.71	71.31	71.95
	定慧寺	69.64	69.53	70.66	70.44
	永定路	59.24	61.30	61.21	61.31
丰台区	方庄	58.56	59.06	59.88	60.64
	菜户营、西罗园	54.03	53.68	53.49	53.80
	六里桥	56.98	55.73	55.69	54.79
	京石高速三四环沿线	49.39	50.33	48.81	48.90
	梅市口路	51.52	47.17	45.80	46.18
	丰台镇	48.86	49.24	49.40	48.81
	马家堡、西马场	55.92	56.81	55.87	56.78
	刘家窑、大红门	53.35	51.81	52.40	51.72
	南苑	42.07	40.73	41.37	42.28
	新发地	43.43	41.63	41.54	43.21
	世界公园、宛平	46.62	47.68	46.11	45.21
	长辛店、王佐	46.52	36.67	44.33	50.00
石景山区	鲁谷、八宝山、老山	53.65	53.53	53.90	51.90
	苹果园、八角、金顶街	46.37	45.52	44.91	44.41
	五里坨	29.16	28.33	28.60	27.00
昌平区	昌平城区		28.24		
	回龙观镇	44.68	44.56	44.58	43.79
	东小口镇	41.02	41.02	40.86	40.88
	温榆河周边地区	31.61	35.77	30.52	31.75
	昌平城区南侧				
	昌平西北部				
	昌平东北部				
大兴区	西红门	38.56	37.51	37.29	37.45
	旧宫	34.79	35.04	35.04	36.60
	大兴城区	36.24	36.07	35.62	35.85
	大兴东部	21.99	22.18	29.24	27.37
	大兴南部	29.92	29.74	30.06	28.86
通州区	新华、中仓、永顺	29.25	29.10	28.80	28.08
	通州北苑、玉桥、梨园	34.61	34.38	34.38	34.32
	马驹桥、台湖	27.55	29.63	26.82	28.42

续表附表3

区县	区域	2014年1季度指导价	2014年2季度指导价	2014年3季度指导价	2014年4季度指导价
通州区	通州东南部				67.40
	宋庄、潞城	27.38	26.78	25.51	25.72
顺义区	顺义城区	30.79	30.45	28.44	27.84
	后沙峪、天竺	39.50	39.04	39.22	36.71
	马坡、牛栏山、高丽营	28.35	25.60	28.10	24.95
	赵全营、北石槽				
	顺义东南部	28.56	25.75	26.82	28.05
	顺义东北部				
房山区	良乡	20.09	26.20	28.05	25.03
	长阳	27.00	27.32	24.93	24.51
	京周路周边	19.69	18.59	18.84	19.64
	房山东南部	17.22	16.30	16.98	16.14
	房山西部				
门头沟区	大峪、龙泉、城子	33.14	31.83	29.81	27.47
	门头沟城区周边	28.99	19.90	25.34	22.35
	门头沟西部				
怀柔区	怀柔城区	24.50	26.11	23.55	22.11
	怀柔城区周边	19.78	18.92	20.35	20.53
	怀柔北部				
平谷区	平谷城区				
	平谷南部				
	平谷城北部				
密云县	密云城区	18.47	18.49	16.67	16.65
	密云城区周边	15.82	16.47		16.53
	密云北部				
延庆县	延庆城区				
	京包铁路沿线				
	延庆东北部				
北京经济技术开发区	亦庄	47.62	47.35	49.37	50.20

附表4 开发企业名录

序号	企业名称	级别
1	北京罗顿沙河建设发展有限公司	一级
2	北京泰益德置业集团有限公司	一级
3	中冶置业集团有限公司	一级
4	中国葛洲坝集团房地产开发有限公司	一级
5	北京融创恒基地产有限公司	一级
6	北京通州房地产开发有限责任公司	一级
7	永泰房地产(集团)有限公司	一级
8	北京金源鸿大房地产有限公司	一级
9	北京春光房地产开发有限公司	一级
10	北京市密云县房地产开发公司	一级
11	华通置业有限公司	一级
12	北京市大兴城镇建设综合开发集团有限公司	一级
13	北京天鸿置业有限公司	一级
14	中国铁建房地产集团有限公司	一级
15	北京建升房地产开发有限公司	一级
16	北京金泰房地产开发有限责任公司	一级
17	远洋地产有限公司	一级
18	隆泰实业(北京)有限公司	一级
19	京能置业股份有限公司	一级
20	和泓置地集团有限公司	一级
21	北京国瑞兴业地产股份有限公司	一级
22	北京国信嘉业房地产开发有限公司	一级
23	北京国锐房地产开发有限公司	一级
24	北京金远房地产开发集团有限公司	一级
25	北京建工集团有限责任公司	一级
26	北京科技园建设(集团)股份有限公司	一级
27	北京市大龙房地产开发有限公司	一级
28	北京城市开发集团有限责任公司	一级
29	北京广安置业投资公司	一级
30	北京和裕房地产开发有限公司	一级
31	北京城建投资发展股份有限公司	一级
32	北京富力城房地产开发有限公司	一级
33	北京龙湖中佰置业有限公司	一级
34	北京经济技术投资开发总公司	一级
35	北京住总房地产开发有限责任公司	一级

续表附表 4

序号	企业名称	级别
36	北京顺鑫佳宇房地产开发有限公司	一级
37	北京腾航房地产开发有限公司	一级
38	北京北辰实业股份有限公司	一级
39	凤凰城房地产开发集团有限公司	一级
40	北京君合百年房地产开发有限公司	一级
41	北京正阳恒瑞置业公司	一级
42	金融街控股股份有限公司	一级
43	北京金隅大成开发有限公司	一级
44	北京首都开发控股(集团)有限公司	一级
45	北京联东金桥置业有限责任公司	一级
46	北京鸿坤伟业房地产开发有限公司	一级
47	中国房地产开发集团公司	一级
48	中信房地产股份有限公司	一级
49	北京中联置地房地产开发有限公司	一级
50	北京城建兴华地产有限公司	一级
51	北京佰嘉置业集团有限公司	一级
52	中冶置业集团有限公司	一级
53	北京万通地产股份有限公司	一级
54	北京润丰房地产开发有限公司	一级
55	北京顺义新城建设开发有限公司	一级
56	北京鸿基世业房地产开发有限公司	一级
57	北京首都开发股份有限公司	一级
58	中铁置业集团有限公司	一级
59	茂华控股集团有限公司	一级
60	北京兆泰集团股份有限公司	一级
61	泛海建设集团股份有限公司	一级
62	北京金隅嘉业房地产开发有限公司	一级
63	保利(北京)房地产开发有限公司	一级
64	顺天通房地产开发集团有限公司	一级
65	北京天润置地房地产开发(集团)有限公司	一级
66	亚太房地产开发集团股份有限公司	一级
67	北京合生北方房地产开发有限公司	一级
68	北京天恒房地产股份有限公司	一级
69	北京首城置业有限公司	一级
70	当代节能置业股份有限公司	一级

续表附表4

序号	企业名称	级别
71	中国新型房屋集团有限公司	一级
72	华润置地(北京)股份有限公司	一级
73	北京华贸奥苑房地产开发有限公司	一级
74	华瀚投资集团有限公司	一级
75	北京瑞雪春堂房地产有限公司	一级
76	北京首钢房地产开发有限公司	一级
77	京汉置业集团股份有限公司	一级
78	北京丽富房地产开发有限公司	一级
79	北京城建房地产开发有限公司	一级
80	中国电建地产集团有限公司	一级
81	北京亿城山水房地产开发有限公司	一级
82	华纺房地产开发公司	一级
83	北京宝晟住房股份有限公司	一级
84	北京实兴腾飞置业发展公司	一级
85	北京市华远置业有限公司	一级
86	国奥投资发展有限公司	一级
87	北京威凯建设发展有限责任公司	一级
88	北京嘉铭房地产开发有限责任公司	一级
89	北京泰福恒投资发展有限公司	一级
90	北京市丰台区城市建设综合开发公司	一级
91	北京翔峰房地产开发有限公司	一级
92	北京华油房地产开发有限公司	二级
93	北京日兴房地产发展有限公司	二级
94	北京财富时代置业有限公司	二级
95	北京电子城有限责任公司	二级
96	北京融科卓越房地产开发有限公司	二级
97	招商局嘉铭(北京)房地产开发有限公司	二级
98	北京顺华房地产开发有限公司	二级
99	北京市朝阳城市建设综合开发公司	二级
100	中昂地产(集团)有限公司	二级
101	北京军建利司达房地产开发有限公司	二级
102	北京金隅置业有限公司	二级
103	北京新奥集团有限公司	二级
104	北京京茂房地产开发有限公司	二级
105	北京光辉伟业房地产开发有限公司	二级

续表附表4

序号	企业名称	级别
106	通用地产有限公司	二级
107	北京龙庆房地产开发有限公司	二级
108	北京京西北房地产开发集团有限公司	二级
109	北京市保障性住房建设投资中心	二级
110	北京市基础设施投资有限公司(原北京地铁集团有限责任公司)	二级
111	北京正宏置业集团有限公司	二级
112	北京江南投资集团有限公司	二级
113	北京市广厦房地产开发公司	二级
114	北京金隅股份有限公司	二级
115	北京百环房地产实业有限公司	二级
116	北京市泰华房地产开发集团有限公司	二级
117	北京住总集团有限责任公司	二级
118	北京昌信回龙园别墅有限公司	二级
119	北京德成置地房地产开发有限公司	二级
120	北京京铁房地产开发公司	二级
121	北京诚通圣邦房地产开发有限公司	二级
122	北京方恒置业股份有限公司	二级
123	中海宏洋地产集团有限公司	二级
124	北京玉泉新城房地产开发有限公司	二级
125	北京南宫恒业房地产开发有限公司	二级
126	北京博大兴房地产开发有限公司	二级
127	北京世纪鸿房地产开发有限责任公司	二级
128	北京林河兴业房地产开发有限公司	二级
129	北京金鹏苑房地产开发有限公司	二级
130	北京英才房地产开发有限公司	二级
131	北京中粮万科房地产开发有限公司	二级
132	北京匠心置业有限公司	二级
133	中国新兴置业公司	二级
134	北京崇文新世界房地产发展有限公司	二级
135	北京合生望景房地产开发有限公司	二级
136	中建一局集团房地产开发有限公司	二级
137	北京集达房地产开发有限公司	二级
138	北京志远伟业房地产开发有限公司	二级
139	北京永同昌房地产开发有限公司	二级
140	北京龙湖庆华置业有限公司	二级

续表附表4

序号	企业名称	级别
141	北京新鸿基盛城置业集团有限公司	二级
142	中铁建设集团房地产有限公司	二级
143	北京中加伟业房地产开发有限公司	二级
144	北京龙湖置业有限公司	二级
145	北京银通房地产开发有限责任公司	二级
146	北京中信房地产有限公司	二级
147	北京金兰甫房地产开发有限公司	二级
148	北京玺萌置业有限公司	二级
149	北京天源房地产开发有限公司	二级
150	北京裕发房地产开发有限公司	二级
151	北京新城兴业房地产开发有限公司	二级
152	北京海开房地产集团有限责任公司	二级
153	北京东方依水源房地产开发有限公司	二级
154	北京华融基础设施投资有限责任公司	二级
155	北京凯恒房地产有限公司	二级
156	北京中铁诺德房地产开发有限公司	二级
157	北京轻工房地产开发有限公司	二级
158	中化方兴置业(北京)有限公司	二级
159	北京中关村丰台园道丰科技商务园建设发展有限公司	二级
160	北京中实恒业房地产开发有限责任公司	二级
161	中合置业有限公司	二级
162	北京朝林置业有限公司	二级
163	北京天庆房地产开发有限公司	二级
164	北京中建地产有限责任公司	二级
165	北京慧诚房地产开发有限公司	二级
166	北京懋源房屋开发有限公司	二级
167	中铁置业集团北京有限公司	二级
168	北京春光置地房地产开发有限公司	二级
169	四海捷高(北京)置业有限公司	二级
170	北京八大处房地产开发集团有限公司	二级
171	北京经开投资开发股份有限公司	二级
172	北京铭嘉房地产开发有限公司	二级
173	泛华建设集团有限公司	二级
174	北京首都机场房地产有限公司	二级
175	北京邦达房地产开发有限公司	二级

续表附表4

序号	企业名称	级别
176	北京福洲房地产开发有限公司	二级
177	北京建机房地产有限责任公司	二级
178	北京昊泰房地产开发有限公司	二级
179	北京京奥港房地产开发有限责任公司	二级
180	北京正华永恒置业有限公司	二级
181	北京科技园置地有限公司	二级
182	纳帕地产开发集团有限公司	二级
183	北京实力房地产开发有限公司	二级
184	北京实创房地产开发有限责任公司	二级
185	北京极富房地产开发有限公司	二级
186	北京新兴建业房地产开发有限公司	二级
187	北京京投置地房地产有限公司	二级
188	北京硕和房地产开发有限公司	二级
189	北京华风腾龙房地产开发有限公司	二级
190	北京东亚信义国际会展中心有限公司	二级
191	北京盛荣房地产开发有限公司	二级
192	北京仁和日升房地产有限公司	二级
193	北京世纪景房地产开发有限公司	二级
194	招商局地产(北京)有限公司	二级
195	北京亚胜置业有限公司	二级
196	北方国际地产有限公司	二级
197	北京第六大洲房地产开发有限公司	二级
198	中铁十六局集团置业投资有限公司	二级
199	北京中鑫源房地产开发集团有限公司	二级
200	北京恒政通房地产开发管理有限责任公司	二级
201	北京盛邦基业房地产开发有限公司	二级
202	北京世博宏业房地产开发有限公司	二级
203	北京昊远隆基房地产开发总公司	二级
204	北京京创投资有限公司	二级
205	北京腾龙嘉华房地产开发有限公司	二级
206	北京新京润房地产有限公司	二级
207	北京通瑞万华置业有限公司	二级
208	北京润通房地产开发有限责任公司	二级
209	北京亚通房地产开发有限责任公司	二级
210	融科智地房地产股份有限公司	二级

续表附表4

序号	企业名称	级别
211	北京市丰台区鸿华房地产开发经营公司	二级
212	中奥(北京)房地产开发有限公司	二级
213	中铁二十二局集团房地产开发有限公司	二级
214	北京安宝房地产开发有限公司	二级
215	北京兴创房地产开发有限公司	二级
216	北京市永联房地产开发有限责任公司	二级
217	北京隆泰祥房地产开发有限公司	二级
218	北京中恒房地产开发有限公司	二级
219	北京市天竺房地产开发公司	二级
220	北京牛栏山房地产开发有限责任公司	二级
221	北京天旭运河房地产开发有限责任公司	二级
222	北京三元嘉业房地产开发有限公司	二级
223	北京新华联伟业房地产有限公司	二级
224	北京东方瑞平房地产开发有限公司	二级
225	中粮地产(北京)有限公司	二级
226	山水文园凯亚房地产开发有限公司	二级
227	北京国际商务中心区开发建设有限公司	二级
228	北京市昌平房地产开发有限责任公司	二级
229	首都机场地产集团有限公司	二级
230	北京颐德房地产开发有限公司	二级
231	北京市文化置业有限公司	二级
232	北京珠江房地产开发有限公司	二级
233	北京中凯置业有限公司	二级
234	北京韩建房地产开发有限公司	二级
235	北辰正方建设集团有限公司	二级
236	北京房地置业发展有限公司	二级
237	北京城建和泰房地产开发有限责任公司	二级
238	北京北控城市开发有限公司	二级
239	北京东亚新华投资有限公司	二级
240	北京嘉轩房地产开发有限公司	二级
241	首创置业股份有限公司	二级
242	北京新恒基房地产集团有限公司	二级
243	锋创科技发展(北京)有限公司	二级
244	北京首开天成房地产开发有限公司	二级
245	北京首开亿信置业股份有限公司	二级

续表附表4

序号	企业名称	级别
246	北京中弘投资有限公司	二级
247	北京华融金晖置业有限公司	二级
248	北京古城房地产开发有限公司	二级
249	北京裕昌置业股份有限公司	二级
250	北京博大新元房地产开发有限公司	二级
251	中矿宏业(北京)房地产开发有限公司	三级
252	北京星宝宏房地产开发有限公司	三级
253	北京市裕鑫房地产开发有限公司	三级
254	北京城建三房地产开发有限公司	三级
255	北京空港天瑞置业投资有限公司	三级
256	北京政泉控股有限公司	三级
257	北京经开工大投资管理有限公司	三级
258	北京市新时特房地产开发有限公司	三级
259	北京银科房地产开发有限公司	三级
260	北京市东湖房地产有限公司	三级
261	北京北亚华欣置业有限公司	三级
262	北京财富花园房地产开发有限公司	三级
263	北京冠城新纪房地产开发有限公司	三级
264	北京市兴地房地产经营开发公司	三级
265	北京力迅房地产开发有限公司	三级
266	北京景欣世纪房地产开发有限公司	三级
267	北京育龙房地产开发有限责任公司	三级
268	北京福环房地产开发有限公司	三级
269	北京寅丰房地产开发有限责任公司	三级
270	汇豪实业投资有限公司	三级
271	民福置业集团有限公司	三级
272	北京天元广建房地产开发有限公司	三级
273	北京倚基土地开发有限公司	三级
274	北京宏城房地产开发有限公司	三级
275	北京西都地产发展有限公司	三级
276	北京兴广厦房地产开发有限责任公司	三级
277	北京鹏睿房地产开发有限公司	三级
278	北京新城时代房地产开发有限公司	三级
279	北京京辰房地产开发有限公司	三级
280	北京亿城房地产开发有限公司	三级

续表附表 4

序号	企业名称	级别
281	北京中鸿房地产开发有限公司	三级
282	北京建工四建房地产开发有限公司	三级
283	中赫置地投资控股有限公司	三级
284	北京双全房地产开发有限公司	三级
285	北京华恩房地产开发有限公司	三级
286	北京绿宸控股集团有限公司	三级
287	北京市潮云房地产开发有限公司	三级
288	北京西山产业投资有限公司	三级
289	北京京通天泰房地产开发有限公司	三级
290	北京艺苑房地产开发有限责任公司	三级
291	北京新建房地产开发有限公司	三级
292	北京泓源投资集团有限公司	三级
293	北京城建远东地产投资有限公司	三级
294	北京联港置业有限公司	三级
295	北京青远房地产开发有限公司	三级
296	北京京北鑫民房地产开发有限公司	三级
297	北京房开置业股份有限公司	三级
298	北京顺兴广厦房地产开发有限公司	三级
299	北京中关村软件园发展有限责任公司	三级
300	北京玉亭房地产开发有限公司	三级
301	北京中关村科学城建设股份有限公司	三级
302	富力(北京)地产开发有限公司	三级
303	华岳原林投资(北京)有限公司	三级
304	北京中基宏源房地产开发有限公司	三级
305	北京合景房地产开发有限公司	三级
306	北京密狮房地产开发有限责任公司	三级
307	北京浩洋房地产开发有限公司	三级
308	北京特尔特置业有限公司	三级
309	北京鑫丰信德房地产开发有限公司	三级
310	北京安福房地产开发有限公司	三级
311	北京市凯龙房地产开发有限公司	三级
312	北京顺驰置地达兴房地产开发有限公司	三级
313	北京首开仁信置业有限公司	三级
314	北京融科景元房地产开发有限公司	三级
315	北京利山房地产开发有限公司	三级

续表附表4

序号	企业名称	级别
316	北京金融街奕兴置业有限公司	三级
317	恒盛合天和信(北京)房地产开发有限公司	三级
318	北京首创奥特莱斯房山置业有限公司	三级
319	北京奥林匹克置业投资有限公司	三级
320	北京将台房地产开发有限公司	三级
321	北京信远置业有限公司	三级
322	北京天街集团有限公司	三级
323	北京丽来房地产开发有限公司	三级
324	北京京伯房地产开发有限公司	三级
325	北京龙湖天行置业有限公司	三级
326	北京天正华特房地产开发有限公司	三级
327	北京亿天龙房地产开发有限公司	三级
328	北京金宝房地产开发有限公司	三级
329	北京鸿安兴业房地产开发有限公司	三级
330	北京卓越房地产开发有限公司	三级
331	北京天润诚泽房地产开发有限公司	三级
332	北京亿来置业有限公司	三级
333	北京静水园房地产开发有限公司	三级
334	北京安地房地产开发有限责任公司	三级
335	北京太平洋城房地产开发有限公司	三级
336	北京未来科技城开发建设有限公司	三级
337	北京东方太阳城房地产开发有限责任公司	三级
338	北京田家园房地产开发有限公司	三级
339	北京森阳房地产开发有限责任公司	三级
340	北京丰裕房地产开发有限公司	三级
341	北京百顺达房地产开发有限公司	三级
342	北京富通基业房地产有限责任公司	三级
343	北京紫金长宁房地产开发有限责任公司	三级
344	中铁房地产集团北京丰昊置业有限公司	三级
345	北京京投万科房地产开发有限公司	三级
346	中铁嘉业(北京)投资有限公司	三级
347	北京富源盛达房地产开发有限公司	三级
348	北京世纪开元房地产开发有限公司	三级
349	北京运通博远房地产开发有限公司	三级
350	北京东方康泰房地产开发经营有限责任公司	三级

续表附表4

序号	企业名称	级别
351	北京恒联房地产开发有限公司	三级
352	北京万年基业房地产开发有限公司	三级
353	北京首地兴业置业有限公司	三级
354	北京中天顺通房地产开发有限公司	三级
355	北京兴集房地产开发有限公司	三级
356	北京永翌置业有限公司	三级
357	新能(北京)国际房地产开发有限公司	三级
358	北京信远筑诚房地产开发有限公司	三级
359	北京市安达房地产开发公司	三级
360	北京银座合智房地产开发有限公司	三级
361	北京市碧桂园房地产开发有限公司	三级
362	首创朝阳房地产发展有限公司	三级
363	北京枫树置业有限公司	三级
364	北京天创世缘房地产开发有限公司	三级
365	北京丰泰新房地产开发有限责任公司	三级
366	北京国隆置业有限公司	三级
367	北京达义兴业房地产开发有限公司	三级
368	北京银海房地产开发有限公司	三级
369	北京远坤房地产开发有限公司	三级
370	北京强佑房地产开发有限公司	三级
371	北京荟宏房地产开发有限责任公司	三级
372	北京象地房地产开发有限公司	三级
373	北京德成兴业房地产开发有限公司	三级
374	北京天伦房地产有限公司	三级
375	北京昆泰房地产开发集团有限公司	三级
376	和记黄埔地产(北京朝阳)有限公司	三级
377	北京建工置地有限责任公司	三级
378	北京旺晟房地产开发有限公司	三级
379	北京龙源顺景房地产开发有限公司	三级
380	北京丰台科技园建设发展有限公司	三级
381	北京冠城正业房地产开发有限公司	三级
382	北京三义房地产开发有限公司	三级
383	北京中关村国际商城发展有限公司	三级